Éducation à la citoyenneté

Enseignement secondaire général Luxembourg

Édition française

Éditeur :

**Ministère de l'Éducation nationale,
de l'Enfance et de la Jeunesse Luxembourg**

Élaborée par :

**Marie-Paule Eyschen
Simone Kayser
Véronique Krettels
Guido Lessing
Michèle Schilt
Marc Schoentgen**

2e édition mise à jour avec :

**Isabelle Frank
Edouard Theis**

En collaboration avec la maison d'édition

Cornelsen

Traduction de l'édition allemande :
Antonie Bruch, Luxembourg (chapitres 4, 12)
Lila van Huyen, Berlin (chapitres 8, 10, 11, annexes)
Nadia Lafi, Berlin (chapitres 5, 7, 9)
Nathalie Medernach, Bech (chapitres 1, 2, 3, 6)
Edmée Besch, Luxembourg (correction finale)

Le présent manuel reprend des contributions des auteurs suivants :
Mechthild Freifrau von Gillhausen 308 ;   Renate Harter-Meyer 80, 81, 85 M4, 94 M1, 98 M1, 126 M1, 156, 157 ;   Karl-Heinz Holstein 90 M2 ;   Christel Löscher 310 M7, M8; 311 ; Heinrich Meyer 92, 93 ;   Bärbel Oelmann 308, 309 M2, 310 M6 ;   Tanja Rüchardt 308 ; Ellen Rudyk 90 M2 ;   Christoph Scheele 318 Präsentieren ;   Andrea Szukala 287 ; Ellen Wilms S. 49 M3 ;   Thomas Zimmerman 317, Mindmap

Verlagsredaktion: Uta Kural
Außenredaktion: Dr. Barbara Hammerschmitt, Stuttgart; Elisabeth Berten, Berlin
Bildredaktion: Gertha Maly, Christina Scheuerer
Layout: Christoph Berten, Berlin; Buchgestaltung +/Anna Bakalovic
Technische Umsetzung: zweiband.media GmbH, Berlin
Umschlaggestaltung: Buchgestaltung +/Anna Bakalovic
Titelfoto: Corbis/Don Hammond/Design Pics
Umschlagkarten: Dr. Volkhard Binder, Berlin

www.cornelsen.de

2. Auflage, 8. Druck 2024

© 2012 Cornelsen Verlag, Berlin
© 2016 Cornelsen Verlag GmbH, Mecklenburgische Str. 53, 14197 Berlin,
E-Mail: service@cornelsen.de

Das Werk und seine Teile sind urheberrechtlich geschützt.
Jede Nutzung in anderen als den gesetzlich zugelassenen Fällen bedarf der vorherigen schriftlichen Einwilligung des Verlages. Hinweis zu §§ 60a, 60b UrhG: Weder das Werk noch seine Teile dürfen ohne eine solche Einwilligung an Schulen oder in Unterrichts- und Lehrmedien (§ 60b Abs. 3 UrhG) vervielfältigt, insbesondere kopiert oder eingescannt, verbreitet oder in ein Netzwerk eingestellt oder sonst öffentlich zugänglich gemacht oder wiedergegeben werden. Dies gilt auch für Intranets von Schulen und anderen Bildungseinrichtungen. Der Anbieter behält sich eine Nutzung der Inhalte für Text- und Data-Mining im Sinne § 44b UrhG ausdrücklich vor.

Druck: GZH d.o.o., Zagreb

ISBN 978-3-06-451507-9 (Schülerbuch)
ISBN 978-3-06-451508-6 (E-Book)

Table des matières

Travailler avec ce livre 8

1 Découvrir la politique 10

1.1   Tous concernés par la politique 12
1.2   Les Droits de l'homme et du citoyen 14
1.3   Comprendre la démocratie 16
1.4   Les Droits de l'homme dans le monde 18
1.5   Les formes de la démocratie 20
1.6   La majorité a-t-elle toujours raison ? 22
1.7   Démocratie oui – participation non 24
        Méthode Faire un sondage 25
1.8   Défendre la démocratie 26
1.9   En bref 28

2 Vivre ensemble 30

2.1   Des relations sociales 32
2.2   Vivre en famille 34
        Méthode Jeu de rôle : Éduquer – mais comment ? 36
2.3   Les droits dans la famille 38
2.4   Politique en faveur des familles 40
2.5   École et formation 42
2.6   La formation – hier et aujourd'hui 44
2.7   Jeunesse et loisirs 46
2.8   Projet : Étudier des groupes 48
2.9   En bref 50

3 Vivre dans la commune 52

3.1   Découvrir sa commune 54
3.2   Les missions de la commune 56
3.3   Les finances communales 58
3.4   Qui décide dans la commune ? 60
3.5   Le projet « Haardt » 62
        Méthode Le débat pour ou contre 63
3.6   Élire et être élu 64
3.7   Comment voter ? 66
3.8   S'engager dans sa commune 68
3.9   Les communes coopèrent 70
3.10 Étude de cas : De nouveaux quartiers 72
3.11 En bref 74

4 À la découverte de l'économie 76

4.1	Agir de façon économique	78
4.2	Le consommateur	80
4.3	Séduire le consommateur	82
	Méthode Étudier des marchés	83
4.4	Le marché	84
4.5	La formation des prix	86
4.6	La concurrence	88
4.7	Les entreprises	90
4.8	L'entrepreneur	92
4.9	Économie sociale du marché	94
4.10	L'État – facteur économique	96
4.11	La monnaie – un moyen d'échange	98
4.12	Le circuit économique	100
4.13	À la bourse	102
4.14	En bref	104

5 Le monde du travail et de la sécurité sociale 106

5.1	Le monde du travail en mutation	108
5.2	Le marché du travail luxembourgeois	110
5.3	À la recherche d'un emploi	112
5.4	Le contrat de travail	114
5.5	Le droit du travail	116
5.6	Le lieu de travail	118
5.7	Les organisations professionnelles	120
	Méthode Jeu de simulation: Négocier une convention collective	122
5.8	La protection sociale	124
5.9	La rémunération	126
5.10	Le chômage	128
5.11	L'avenir de l'État-providence	130
	Méthode Analyser des statistiques	132
5.12	En bref	134

6 Le monde autour de nous 136

6.1	Un pays – beaucoup de paysages	138
6.2	Une ville en mutation	140
6.3	L'aménagement du territoire	142
6.4	Le problème de la mobilité	144
6.5	Le défi de l'eau	146
6.6	Le problème des déchets	148
6.7	Le réchauffement climatique	150

6.8	„Think global …"	152
6.9	„… act local!"	154
6.10	L'environnement – un enjeu global	156
	Méthode Atelier avenir	158
6.11	En bref	160

7 Identité et histoire ... 162

7.1	Typiquement luxembourgeois	164
7.2	Nation et nationalité	166
7.3	La naissance de l'État luxembourgeois	168
7.4	L'évolution économique et sociale	170
7.5	Vers un État démocratique	172
7.6	Le Luxembourg et ses voisins	174
7.7	1940–1944 : L'indépendance en danger	176
7.8	La migration	178
	Méthode Analyser une pyramide des âges	180
7.9	Un pays multiculturel	182
7.10	Le Luxembourg – une société d'abondance ?	184
7.11	En bref	186

8 L'État luxembourgeois ... 188

8.1	Qui détient le pouvoir ?	190
8.2	Les élections	192
8.3	Les partis politiques	194
8.4	La campagne électorale	196
	Méthode Analyser des affiches électorales	197
8.5	La Chambre des Députés	198
8.6	Le quotidien d'un député	200
8.7	Le gouvernement	202
8.8	La procédure législative	204
8.9	Le pouvoir judiciaire	206
8.10	Le chef d'État	208
8.11	Médias et associations	210
8.12	En bref	212

9 Vivre dans un État de droit ... 214

9.1	L'État de droit	216
9.2	Les branches du droit	218
9.3	Les juridictions	220
9.4	Enfin majeur !	222
9.5	Le procès	224
	Méthode Interroger un expert	225
9.6	La délinquance juvénile	226
9.7	Des sanctions justes ?	228
9.8	Les contrats	230
9.9	Conclure des contrats	232
9.10	J'ai besoin d'aide…	234
9.11	En bref	236

10 Les médias ... 238

10.1	Les médias hier et aujourd'hui	240
10.2	Les médias au quotidien	242
10.3	Chances et risques du web	244
10.4	Le web : un mode d'emploi	246
10.5	Les médias de masse	248
10.6	Créer l'actualité	250
10.7	Les hommes politiques et les médias	252
	Méthode Analyser des photos	254
10.8	Étude de cas : les émissions de casting	256
10.9	En bref	258

11 L'Europe sous la loupe ... 260

11.1	L'intégration européenne	262
11.2	L'élargissement de l'UE	264
11.3	Symboles et valeurs	266
11.4	L'Europe au quotidien	268
11.5	Être citoyen en Europe	270
11.6	Le fonctionnement de l'UE	272
11.7	L'Europe au Luxembourg – Le Luxembourg en Europe	274
11.8	Les régions en Europe	276
11.9	L'Europe et le monde	278
	Méthode Analyser des caricatures	280
11.10	En bref	282

12 Le monde d'aujourd'hui 284

12.1	La mondialisation	286
12.2	Les flux commerciaux	288
12.3	Un développement inégal	290
12.4	Les causes des inégalités	292
12.5	Les hommes en mouvement	294
12.6	La coopération au développement	296
12.7	L'eau – une source de conflits	298
12.8	La protection de l'environnement	300
12.9	Problèmes et solutions à l'échelle globale	302
12.10	Le maintien de la paix	304
12.11	Le terrorisme mondial	306
	Méthode Analyse d'un conflit politique	308
12.12	En bref	312

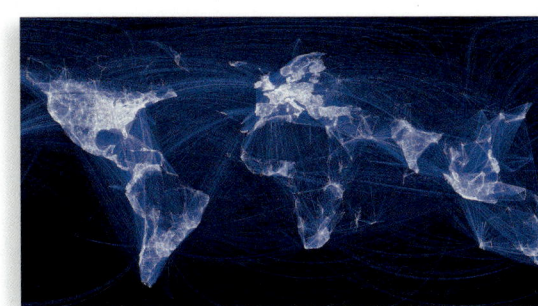

ANNEXE

Méthodes et techniques de travail 314
Index 323
Crédits iconographiques 326

Chère élève, cher élève,

le livre *Éducation à la citoyenneté* est un nouveau manuel pour une nouvelle branche. Dans cette branche, vous allez vous familiariser avec le fonctionnement de la politique et vous allez découvrir ce qu'il signifie d'être citoyen. Avant de commencer à travailler avec ce livre, lisez attentivement cette double-page d'introduction.

Introduction

Les pages bleues représentent l'introduction, à savoir le début de chaque chapitre. Vous y trouvez de premières suggestions pour aborder le sujet. Vous y découvrez aussi une liste des compétences (maîtriser des savoirs, utiliser des méthodes, juger et agir) à acquérir tout au long du chapitre.

Sous-chapitres

Les sous-chapitres traitent un aspect précis du chapitre. Les textes introductifs présentent brièvement le sujet. Ensuite, vous pourrez travailler de façon autonome avec les matériaux et les consignes données que ce soit en classe, en groupes ou seuls. Ainsi, vous allez saisir les différents aspects du sujet.

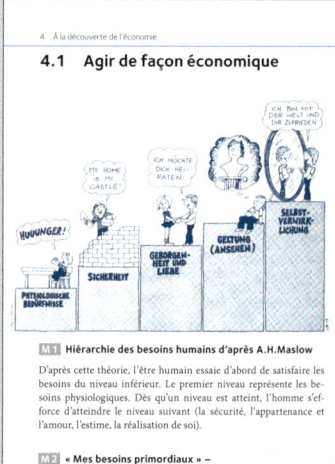

Méthode

Il s'agit ici moins de contenus et de savoirs que des méthodes de la branche. À travers un exemple concret vous apprenez comment vous approprier le savoir. Ainsi, vous saurez comment faire des sondages, des discussions ou d'autres activités. Vous y trouvez aussi des clés pour l'application pratique de ces méthodes.

Annexes

Les annexes sont divisées en deux parties.
Premièrement, un index vous permet de retrouver facilement dans le manuel des définitions et des expressions politiques. Une deuxième partie regroupe les techniques et méthodes de travail que vous utilisez dans cette branche. Vous découvrez ici des explications précises pour chacune de ces méthodes.

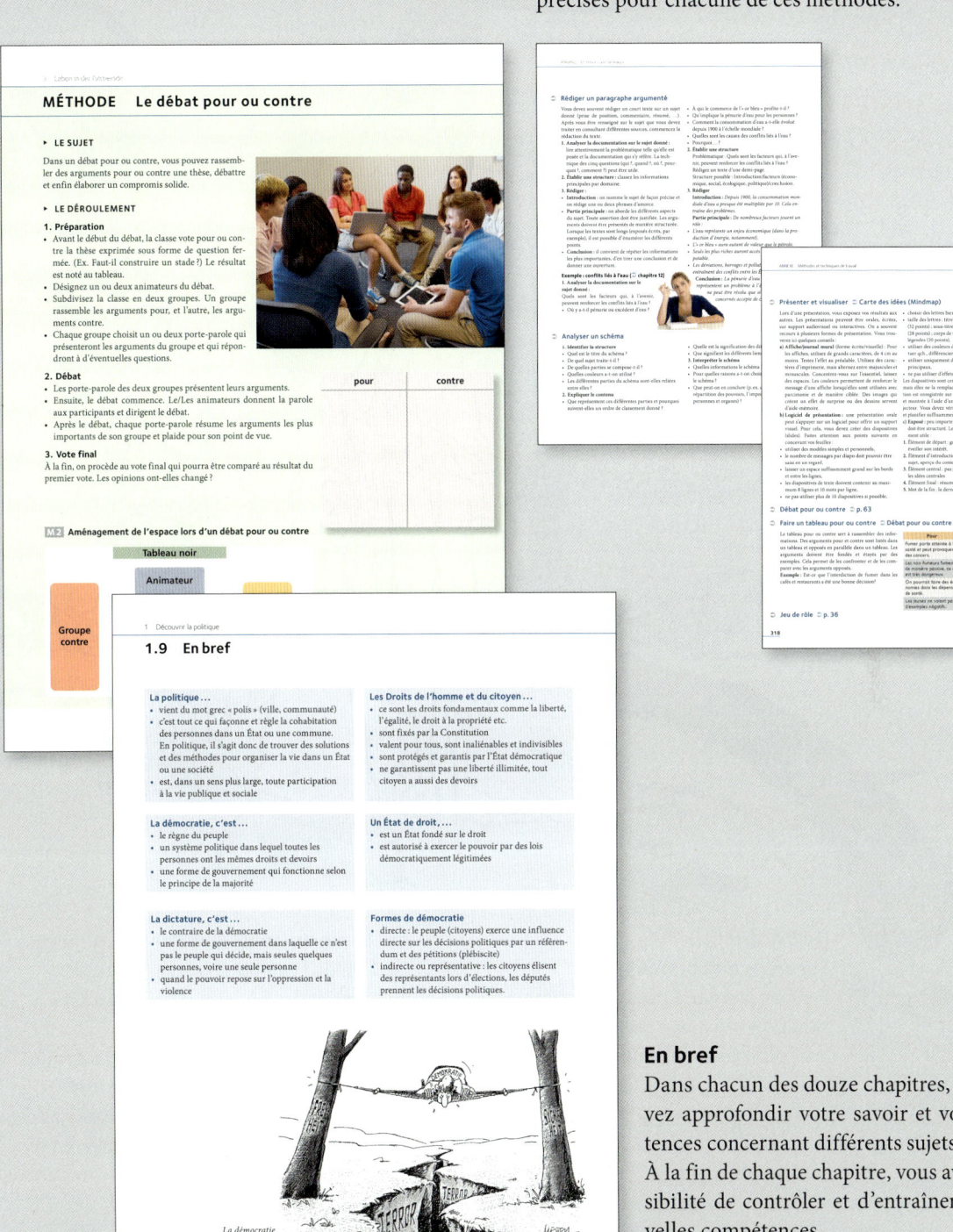

En bref

Dans chacun des douze chapitres, vous pouvez approfondir votre savoir et vos compétences concernant différents sujets.
À la fin de chaque chapitre, vous avez la possibilité de contrôler et d'entraîner vos nouvelles compétences.

1 Découvrir la politique

Engloutis par le triangle des Bermudes ?

Navire de croisière disparaît dans un ouragan

Plus de 2000 passagers à bord. Tous morts ?
Après un changement de direction soudain de l'ouragan Michael, le paquebot « Rêve des Caraïbes » semble avoir été heurté de plein fouet par la tempête. Depuis le SOS du capitaine, on n'a plus de nouvelles du navire. On craint le pire.

De l'ordre !
Survivre en communauté
Formez plusieurs groupes et simulez la situation suivante : imaginez que vous ayez pu vous sauver sur une île avec un groupe de 25 personnes. Partez de l'hypothèse qu'un sauvetage est très improbable dans un avenir proche. Ensemble avec les autres survivants, il faut que vous organisiez la cohabitation sur cette île. Admettez qu'il y a de l'eau potable, des fruits, des poissons et des oiseaux. On ignore s'il y a des dangers.
Discutez les questions énumérées à droite. Réfléchissez bien et pensez aux conséquences. Notez ensuite les décisions, lois et accords sur des affiches et présentez les résultats à la classe.

Politik entdecken

Île des hors-la-loi ?
Vous débarquez sur une île déserte. Comment établir des règles et des lois ? Comment réglez-vous la répartition des tâches et les loisirs ? Quelles règles s'appliquent aux hommes, aux femmes et aux enfants ? Qui possède quoi ? Propriétés privées et/ou propriété commune ? Quels droits a-t-on sur son terrain ? Quelles lois s'appliquent à l'environnement (eau, air, plantes et animaux) ?

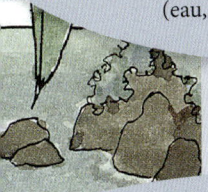

Île des ermites
Vous remarquez que l'île est peuplée (bien que très peu) : faut-il accepter des habitants de l'île dans votre groupe ? Qui peut y entrer ? Quelles conditions cette personne doit-elle remplir ? Respectez les lois et accords déjà élaborés.

Île sans argent ?
Sur votre île, il n'y a pas d'argent. Les perles pourraient servir à payer les biens et le travail. Des coquillages pour payer ? Est-ce possible ? Qui gère la nouvelle monnaie ? Combien gagne-t-on ? Le prix d'un morceau de bois, d'un poisson ?

Île des rois ?
Quand vous êtes arrivés sur l'île, personne ne détenait le pouvoir. Comment réglez-vous cela à l'avenir ? N'y aura-t-il personne pour décider et régner ? Est-ce que chacun décidera pour soi ou tous décideront ensemble ? Y aura-t-il un roi ou une autre forme de gouvernement ?

Là où de nombreuses personnes vivent ensemble, elles doivent non seulement remplir beaucoup de tâches, mais aussi déterminer des règles et un cadre pour leur cohabitation.

Par la politique, les êtres humains établissent des règles (contrats, lois, règlements) valables pour tous, malgré leurs intérêts opposés.

Ce chapitre sert à introduire la branche Éducation à la Citoyenneté. Vous allez y apprendre les notions fondamentales de la politique, telles que la démocratie, les Droits de l'homme et du citoyen ou la liberté.

COMPÉTENCES VISÉES

Maîtriser des savoirs
(◇ Sachkompetenz)
- Savoir ce que signifie la politique et où on la rencontre dans la vie quotidienne
- Connaître les droits et les devoirs du citoyen
- Connaître les différences entre démocratie et dictature et savoir en donner des exemples concrets

Utiliser des méthodes
(◇ Methodenkompetenz)
- Faire un sondage et interpréter les résultats
- Participer à un débat en argumentant

Juger et agir
(◇ Urteils- und Handlungskompetenz)
- Remettre en question les droits et devoirs du citoyen
- Évaluer différentes formes de société et de gouvernement
- Saisir les processus de décision et les évaluer

1.1 Tous concernés par la politique

Dans la Grèce antique, le mot « polis » désignait une cité. Il s'agissait d'une ville qui s'administrait de façon autonome. C'est de là que vient le mot « politique ». La politique englobe tout ce qui est décidé par le gouvernement (◇ die Regierung), le parlement mais aussi, par exemple par les administrations et les maires des communes. Or, il n'est pas nécessaire d'appartenir à ces institutions pour s'engager. Dans un sens plus large, toute participation à la vie publique peut être considérée comme de la politique.

Les gens veulent souvent atteindre des buts très différents. Voilà pourquoi ils entrent en conflit les uns avec les autres : leurs objectifs s'opposent et chacun veut imposer le sien. Pour que la cohabitation de tous fonctionne, et pour qu'on trouve des solutions acceptables pour tout le monde, on a besoin de règles et de savoir-vivre. En politique, il s'agit donc de trouver des solutions et des procédures qui concernent la vie publique et sociale.

M 1 Attitudes face à la politique

	Tout à fait d'accord	Pas du tout d'accord
1. Chacun devrait avoir le droit de défendre sa propre opinion, même si la majorité est d'un avis différent.		
2. Je trouve bien que, dans notre pays, le vote soit obligatoire.		
3. Tout citoyen a le droit de manifester pour ses convictions.		
4. Une démocratie vivante ne peut pas exister sans opposition politique.		
5. Même celui qui représente la majorité dans un affrontement politique devrait rechercher un compromis avec la minorité.		
6. Je ne crois pas que les politiciens se soucient de l'avis de gens comme moi.		
7. Il faudrait un homme fort pour remettre de l'ordre dans notre État.		
8. La politique est trop compliquée.		
9. Dans une démocratie, on doit avoir des égards pour chacun.		
10. Je suis fièr(e) de notre démocratie.		

Questions d'après : Jugend 2002. 14. Shell Jugendstudie, Frankfurt/M 2002, p. 109 (trad.)

M 2

1.1 Politik geht alle an

M3 Où s'engagent les jeunes européens ?

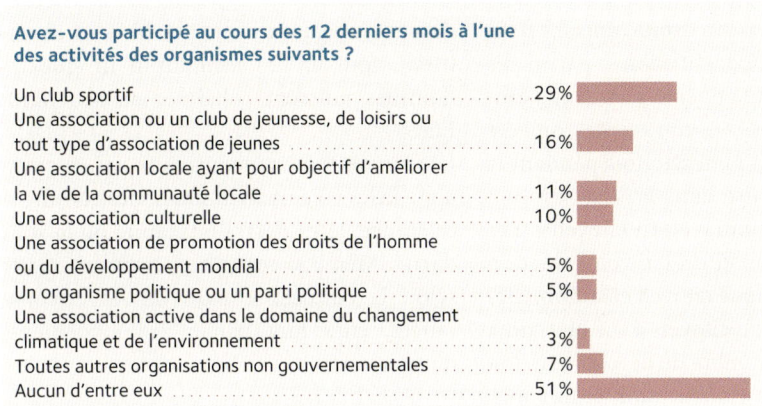

Avez-vous participé au cours des 12 derniers mois à l'une des activités des organismes suivants ?

Un club sportif	29%
Une association ou un club de jeunesse, de loisirs ou tout type d'association de jeunes	16%
Une association locale ayant pour objectif d'améliorer la vie de la communauté locale	11%
Une association culturelle	10%
Une association de promotion des droits de l'homme ou du développement mondial	5%
Un organisme politique ou un parti politique	5%
Une association active dans le domaine du changement climatique et de l'environnement	3%
Toutes autres organisations non gouvernementales	7%
Aucun d'entre eux	51%

d'après : Flash Eurobarometer 408, Dezember 2014, http://ec.europa.eu/public_opinion/flash/fl_408_en.pdf, p. 10

M4 Manifestation devant la Chambre des Députés

M5 Un portrait de Sammy Wagner, premier Président du Parlement des Jeunes du Luxembourg, créé en 2009

La politique ? Surtout pas ! Cela n'intéresse personne ! Sammy Wagner n'est pas d'accord. Voilà pourquoi il s'engage dans le Parlement des Jeunes, même si cela lui prend beaucoup de temps. « Je m'intéresse depuis toujours à la politique, j'aime discuter et je veux faire bouger les choses. » Avant d'entrer au Parlement des Jeunes, il exprimait son opinion sur Internet et dans le courrier des lecteurs. « Je trouve que les décisions politiques n'ont souvent pas un caractère durable, parce qu'on ne se préoccupe pas des conditions de vie des générations futures. C'est maintenant qu'il faut agir ! » Il pense que quand il s'agit de problèmes qui concernent la jeunesse, les jeunes doivent participer au débat. Le Parlement offre cette possibilité et on l'écoute. « Nous sommes en contact régulier avec beaucoup de ministres et de députés de la Chambre. Même si nous ne pouvons pas voter de lois, nous pouvons émettre des avis sur différents sujets – avis qui sont soumis à la Chambre des Députés. » Voilà la garantie que la voix des jeunes sera entendue.

Michèle Schilt d'après une interview avec Sammy Wagner du 4 avril 2010 (trad.)

M6 Salariés manifestant

1. Faites des groupes et discutez les affirmations de M1.
   - Avec quelles affirmations êtes-vous d'accord et lesquelles rejetez-vous ? Justifiez votre point de vue !
   - Recueillez les résultats du questionnaire (M1) et faites-en un diagramme. Que constatez-vous ?
   - Faites un sondage dans votre école et comparez les résultats avec ceux de votre classe.
2. Expliquez la caricature M2.
3. Exposez à l'aide de M3 dans quelles organisations les jeunes s'engagent en Europe. Vous sentez-vous représentés par cette statistique ? Prenez position.
4. Énumérez les possibilités d'engagement politique à l'aide des exemples de cette page. Quelles autres possibilités y a-t-il autour de vous ?
5. Vous engageriez-vous dans le Parlement des Jeunes ? Énumérez les avantages et les désavantages ?

1.2 Les Droits de l'homme et du citoyen

La Constitution
(◇ die Verfassung)
Document qui détermine la forme du gouvernement, l'organisation territoriale et les lois fondamentales (droits et devoirs des citoyens) d'un pays.

Les habitants d'un État sont appelés citoyens (◇ die Bürger). Chaque citoyen et chaque citoyenne a des droits qui sont fixés par écrit dans la Constitution – parmi ces droits : l'égalité et la liberté. Ces droits fondamentaux (◇ die Grundrechte) ont été proclamés pour la première fois pendant la Révolution française dans la « Déclaration des Droits de l'homme et du citoyen ». Les droits de l'homme et du citoyen valent en principe pour chaque citoyen et sont inaliénables. En tant que citoyen d'un État, on a aussi un certain nombre de devoirs : on doit se conformer à la Constitution et aux lois, payer des impôts, participer aux élections, envoyer ses enfants à l'école. Les droits fondamentaux garantissent les libertés du citoyen, tout en les limitant pour que les hommes puissent cohabiter au sein d'un État.

La Constitution ne mentionne pas ce qu'on appelle les valeurs fondamentales comme la tolérance, le respect, l'humanité ou la solidarité. Même si ces valeurs peuvent varier selon la culture, le pays ou les circonstances, elles font partie des fondements d'une société.

M1 Déclaration des Droits de l'homme et du citoyen, 1789

1. Les hommes naissent et demeurent libres et égaux en droits.
2. Le but de toute association politique est la conservation des droits de l'homme. Ces droits sont la liberté, la propriété, la sûreté et la résistance à l'oppression.

1. Die Menschen werden frei und gleich an Rechten geboren und bleiben es.
2. Der Zweck jedes politischen Zusammenschlusses ist die Bewahrung der Menschenrechte. Diese Rechte sind Freiheit, Eigentum, Sicherheit und Widerstand gegen Unterdrückung.

M2 L'évolution des droits civiques au Luxembourg

1848 Une Constitution garantit les libertés et les droits fondamentaux des Luxembourgeois, mais pas encore l'égalité.
Le droit de vote reste limité aux citoyens aisés (suffrage censitaire), 5 pour cent des Luxembourgeois ont le droit de vote.

1919 Suffrage universel pour les femmes et les hommes à partir de 21 ans.

1972 Égalité hommes/femmes. Les femmes mariées ont maintenant le droit p.ex. d'aller travailler, d'ouvrir un compte bancaire sans la permission de leur mari et de disposer de leurs propres revenus.

1975 Majorité à 18 ans (au lieu de 21).

1999 Droit de vote pour citoyens de l'UE au niveau communal.

2003 Droit de vote pour les non-ressortissants de l'UE au niveau communal.

M3 Extraits de la Constitution luxembourgeoise

Art. 10 (1) Les Luxembourgeois sont égaux devant la loi.
Art. 11 (1) L'État garantit les droits naturels de la personne humaine et de la famille.
(2) Les femmes et les hommes sont égaux en droits et en devoirs.
Art. 12 La liberté individuelle est garantie.

Constitution du Grand-Duché de Luxembourg 2009, p. 10

1.2 Menschen- und Bürgerrechte

M 4 Carte des idées : droits fondamentaux

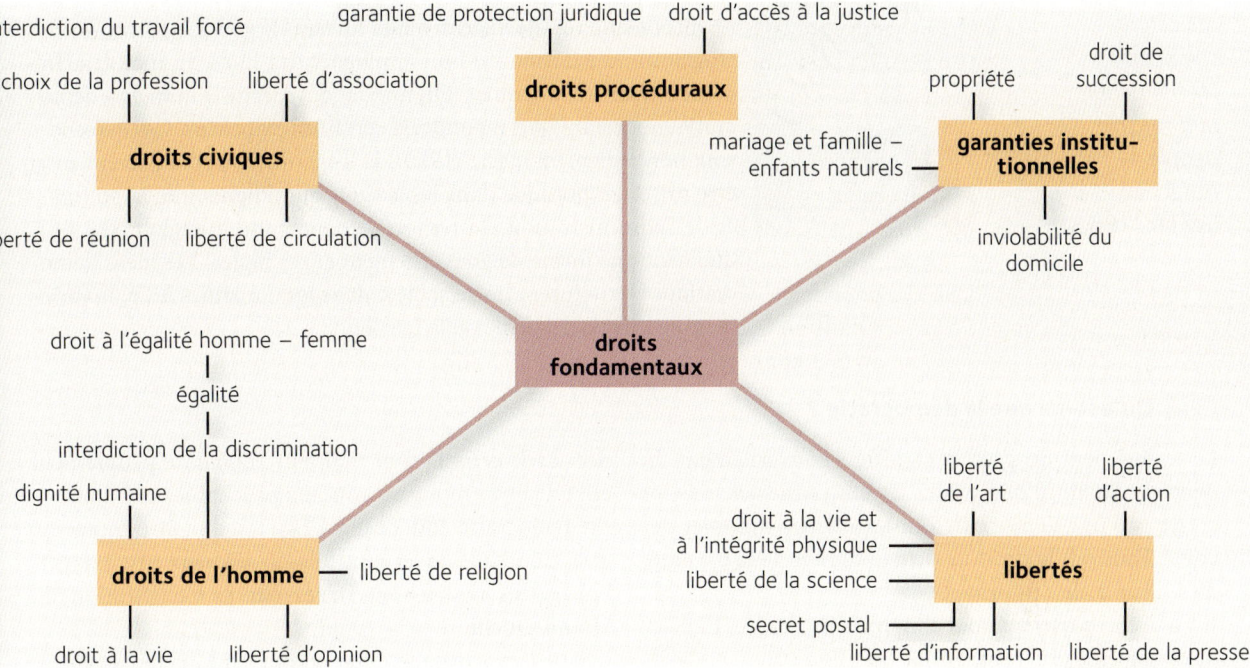

M 5 Liberté sans limites ?

Les droits fondamentaux garantissent les libertés du citoyen, mais ils les limitent également pour que les hommes puissent cohabiter dans un État. Ainsi la liberté d'action de chacun est bornée par le fait qu'il ne peut pas porter atteinte aux droits des autres ni contrevenir à l'ordre constitutionnel. Le « Code de la route », p. ex. fixe des règles strictes que tous les usagers de la route doivent respecter afin de ne pas mettre en danger les autres. La liberté d'opinion est limitée par le fait qu'on n'a pas le droit de blesser une personne en l'insultant ou en la diffamant.

M 6 Dessin de J. F. Batellier, 1988

1. Quels droits fondamentaux sont mentionnés dans la Constitution luxembourgeoise (M3) ?
2. Quels principes de la Révolution française (1789) se retrouvent dans la Constitution luxembourgeoise ? Qu'est-ce qu'est venu s'y ajouter au fil du temps ?
3. Illustrez la notion de droits fondamentaux à l'aide d'exemples concrets de la vie quotidienne.
4. Décrivez M6 et donnez un titre adapté.
5. Au niveau international, il existe aussi des conventions des Droits de l'homme et du citoyen (p.ex. Conseil de l'Europe, ONU). Recherchez-les sur Internet et comparez-les à la Constitution luxembourgeoise.
6. Discutez la phrase : « La liberté de l'individu s'arrête là où commence le droit de l'autre. »

1.3 Comprendre la démocratie

M 1

« *Democracy is government of the people, by the people and for the people.* »
Abraham Lincoln, 1863

Il faut des règles pour qu'un grand nombre de gens puissent cohabiter. Comme la cohabitation dans un État peut être organisée de différentes manières, il existe diverses formes de gouvernement (◇ die Staatsordnung). Aujourd'hui, la plupart des États du monde affirment être des démocraties. Or, un État qui mérite le nom de « démocratie moderne » doit répondre à certaines exigences. Ces exigences sont non seulement inscrites dans la Constitution, elles doivent aussi être mises en pratique dans les actions quotidiennes de la politique et de l'administration. La notion de démocratie n'englobe pas uniquement une forme de gouvernement et ses règles. Les idées démocratiques structurent notre société dans les domaines les plus variés comme le travail, l'école ou la famille.

M 2 Qu'est-ce que la démocratie ?

Le terme vient du grec et signifie « gouvernement du peuple ». Aujourd'hui, toutes les citoyennes et tous les citoyens d'une démocratie ont les mêmes droits et devoirs. Tous ont le droit de dire librement leur opinion, de se réunir, de s'informer.

Il y a divers partis qui font connaître leurs idées dans ce qu'on appelle un programme politique. Les citoyens élisent des personnes et des partis par lesquels ils veulent être gouvernés pendant une période déterminée. Et si ceux-là font mal leur travail, le peuple peut élire d'autres représentants aux prochaines élections.

En démocratie, tout ce que l'État fait doit être conforme à la Constitution et aux lois en vigueur. Au Luxembourg, ces règles sont fixées par la Constitution du Grand-Duché.

L'État démocratique étant soumis aux lois et au droit, on l'appelle aussi État de droit (◇ der Rechtsstaat).

M 3 La démocratie au quotidien – conflits

1. Sarah a seize ans. Elle a un frère jumeau. Or, pour ne pas lui faire courir de risque, les parents demandent à Sarah de rentrer avant 22 heures. Son jumeau Léon peut faire à peu près tout ce qu'il veut. Les parents ferment souvent les deux yeux – c'est un garçon et il peut veiller sur lui-même, disent-ils.

2. La bande de Jessy et de Kevin est très soudée. Les jeunes portent les mêmes jeans de marque et écoutent le même genre de musique. Lucas, qui vient d'arriver dans la ville, est nouveau dans la classe. Il a d'autres préférences, n'attache pas d'importance aux fringues de marque et aime un autre style de musique. Il est déjà ami avec Michel, un membre de la bande. Mais les autres rejettent Lucas…

3. Dans une entreprise de toiture, un intérimaire a été gravement blessé en tombant d'un échafaudage. Les autres salariés se réunissent pour débattre de l'opportunité d'une grève. À leurs yeux, une trop grande charge de travail est à l'origine de l'accident. Dans sa première prise de position, le patron de l'entreprise déplore l'accident mais souligne en même temps que les revendications des salariés n'ont aucun fondement. La direction pense qu'une grève potentielle menacerait l'existence économique de la firme.

1.3 Demokratie verstehen

M4 Extraits de la Constitution luxembourgeoise

Chapitre Ier. – De l'État, de son territoire et du Grand-Duc :
Art. 1er.
Le Grand-Duché de Luxembourg est un État démocratique, libre, indépendant et indivisible.
Art. 5.
(1) Lorsque, [le Grand-Duc] accède au trône, il prête, […] en présence de la Chambre des Députés ou d'une députation nommée par elle, le serment suivant :
(2) « Je jure d'observer la Constitution et les lois du Grand-Duché de Luxembourg, de maintenir l'indépendance nationale et l'intégrité du territoire ainsi que les libertés publiques et individuelles. »

Constitution du Grand-Duché de Luxembourg 2009, p. 9.

M5 Un seul avis compte

M6 Pluralité des avis : le Parlement européen

M7 Dictature vs. démocratie

- Pouvoir illimité d'une seule personne ou d'un groupe de personnes sur le peuple et l'État
- S'appuie sur l'emploi de la force ou la menace
- Souvent justifié par un prétendu danger extérieur ou intérieur
- Libertés fondamentales suspendues
- Institutions démocratiques fonctionnent de façon fictive
- Expression critique étouffée
- Presse censurée

- *Exercice du pouvoir limité dans le temps et légitimé par les électeurs*
- …
- …

---

1 Discutez les trois conflits en M3 et faites des propositions de solution. Quelle décision prenez-vous après avoir écouté tous les arguments ?
2 Lisez la sélection d'articles de la Constitution en M4. Relevez-y ce qui fait de notre État une démocratie.
3 Attribuez les images M5 et M6 à la forme de gouvernement correspondante. Expliquez votre choix.
4 Complétez le tableau M7 avec d'autres caractéristiques d'une démocratie.

1.4 Les Droits de l'homme dans le monde

Les Droits de l'homme et les droits civiques ne devraient en fait pas être remis en question. Mais leur application ne va pas de soi et ils sont régulièrement bafoués : torture, assassinats politiques, persécutions de dissidents, discrimination pour diverses raisons… La liste est longue.

Dans beaucoup d'États, il est très difficile d'imposer les Droits de l'homme et les droits civiques. Dans les dictatures et autres régimes autoritaires, les Droits de l'homme sont très souvent violés. Comme il n'y a pas vraiment d'autorité supérieure aux États, les contrôles efficaces, voire même les sanctions en cas de violation des Droits de l'homme, font défaut.

La plupart des États européens ont ratifié la Convention européenne des Droits de l'homme de 1950. La Cour européenne des Droits de l'homme de Strasbourg surveille le respect des Droits de l'homme et accepte les plaintes en cas de violation de ces droits.

M 1 Démocratique – antidémocratique ?

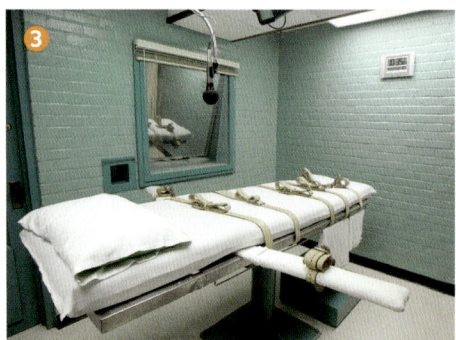

Kim Jong-Un lors de la parade militaire à l'occasion du 70e anniversaire du parti des travailleurs le 10.10.2015

1.4 Menschenrechte weltweit

M2 Réalisation des droits politiques et des libertés civiles dans le monde

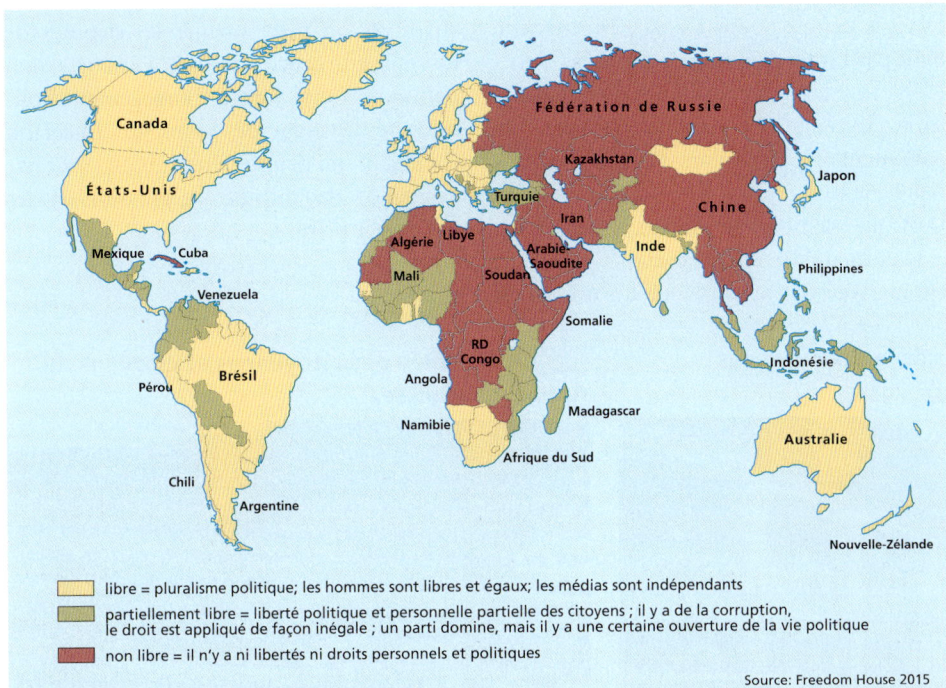

■ libre = pluralisme politique; les hommes sont libres et égaux; les médias sont indépendants
■ partiellement libre = liberté politique et personnelle partielle des citoyens ; il y a de la corruption, le droit est appliqué de façon inégale ; un parti domine, mais il y a une certaine ouverture de la vie politique
■ non libre = il n'y a ni libertés ni droits personnels et politiques

Source: Freedom House 2015

ONU, UNO
(Organisation des Nations Unies, United Nations Organization, Vereinte Nationen)
Les principales missions de l'organisation sont le maintien de la paix dans le monde, le respect du droit international, la protection des Droits de l'homme et l'encouragement de la coopération internationale.

Amnesty International
Organisation fondée en 1961 ; milite e. a. pour la libération de prisonniers politiques incarcérés à cause de leur opinion, de leur appartenance ethnique ou de leur religion.

M3 Saviez-vous que…

… l'adultère est aujourd'hui encore puni de lapidation dans certains États africains et asiatiques ?
… la peine de mort existe dans environ 60 États, et qu'en Chine 3 000 exécutions ont lieu chaque année ?
… en Arabie Saoudite, les femmes ne sont autorisées à conduire une voiture que depuis juin 2018 ?

… que le dernier grand génocide au Ruanda a coûté la vie à 800 000 Tutsis ?
… que l'homosexualité est punie dans 78 États du monde, dans certains même par la peine de mort ?
… qu'à peu près 300 000 enfants soldats sont contraints de combattre et de tuer dans le monde ?

1. Que signifie pour vous « démocratique » ? Attribuez les images de M1 aux notions « démocratique – antidémocratique ». Justifiez.
2. Dans quelles régions du monde les violations des Droits de l'homme sont-elles les plus nombreuses ?
3. Consultez sur Internet la version interactive de la « Map of Freedom ». Pourquoi différents États sont-ils représentés comme « libres », « partiellement libres » ou « non libres » ?
4. Dans les États démocratiques il y a aussi des violations des Droits de l'homme. Informez-vous sur la situation actuelle, p. ex. par Internet (Amnesty International, Human Rights Watch, Reporters sans Frontières).
5. Pourquoi est-il difficile de demander des comptes à un État en cas de violation des Droits de l'homme ?
6. Nombreux sont les documents traitant des Droits de l'homme et du citoyen :
La Déclaration Universelle des Droits de l'homme (1948), la Convention contre la torture (1984), la Convention relative aux Droits de l'enfant (1989), la Charte des droits fondamentaux de l'UE (2000), la Convention des Droits des personnes handicapées (2008).
   a) Quels sont leurs origines et leurs buts ?
   b) Quelles sont les différences avec la Déclaration des Droits de l'homme et du citoyen de 1789 ?

1.5 Les formes de la démocratie

Il y a différentes formes de participation démocratique. Dans une démocratie indirecte, le peuple ne décide pas directement, mais par l'intermédiaire de députés (<> der Abgeordnete) qui, comme représentants de leurs électeurs, prennent les décisions au parlement. On parle alors d'une démocratie représentative.

Dans une démocratie directe, le peuple décide de façon directe sur certains points.

De nos jours, l'Internet joue un rôle croissant comme plateforme politique. Par le biais d'une pétition sur le site internet de la chambre, on peut amener les députés de discuter en séance publique d'une question politique. Cette forme d'engagement politique se distingue des votes sur un forum (Internet) qui peuvent être mis en place par des partis, des groupes de pression ou des personnes privées.

M1 Salle des séances de la Chambre des Députés (Luxembourg)

M2 Assemblée des citoyennes et citoyens du Appenzell (Suisse)

M3 Les pétitions en ligne gagnent en popularité

Entre octobre 2018 et juillet 2019, les 13 membres de la commission des pétitions ont examiné 180 pétitions. Six pétitions ont atteint les 4 500 signatures requises pour donner lieu à un débat public à la Chambre des Députés.

Les sujets sont très variés : Chasse, commissions bancaires, imposition des « célibataires » ou la cigarette en terrasse.

« Le système des pétitions en ligne, introduit en 2014, a revitalisé la démocratie », dit Fernand Etgen, président de la Chambre des Députés. « Les citoyens proposent des sujets qui sont parfois oubliés par les députés ».

Source: http://www.lessentiel.lu/de/luxemburg/story/petitionen-in-luxemburg-immer-beliebter-27680154

M4 Pétition remise au parlement

En août 2019, la pétition « Refill Luxembourg » a atteint le nombre requis de signatures et sera donc débattue à la Chambre. Cette pétition exige que les clients puissent remplir gratuitement leur bouteille d'eau dans les cafés et les restaurants.

1.5 Demokratie – aber wie ?

M5 La démocratie directe – pour et contre

Pour :
Les citoyennes et les citoyens influent directement sur les décisions politiques par un référendum. Pour les questions qui les concernent, ils devraient pouvoir participer aux décisions. Le « pouvoir » du peuple ne doit pas se résumer à faire une croix tous les cinq ou six ans aux élections.

Contre :
On ne peut pas répondre à toutes les questions par un simple oui ou non. De nombreux problèmes doivent être abordés de préférence par des experts et des politiciens qui s'y connaissent. Les citoyens n'ont pas toujours les connaissances requises. Il y a aussi le risque de prendre des décisions uniquement selon l'humeur du moment.

M6 La démocratie en question

- Les citoyens risquent de voter selon leur humeur du moment. Ceci est dangereux car l'humeur peut aisément être manipulée.
- Si on ne vote que tous les cinq ans, on ne se sent par ailleurs pas responsable de la démocratie.
- Les politiciens ne sont pas des spécialistes pour toutes les questions. Ils doivent s'informer, tout comme les citoyens.
- Si tout le monde pouvait donner son avis, on n'arriverait à rien.
- Les référendums sont très compliqués et risquent de paralyser la démocratie.
- …
- Désormais, dès l'âge de 15 ans, les jeunes peuvent présenter et signer des pétitions.
- On devrait constamment s'informer sur tous les sujets importants. Mais on n'a pas le temps !

M7 Démocratie directe et représentative (schéma simplifié)

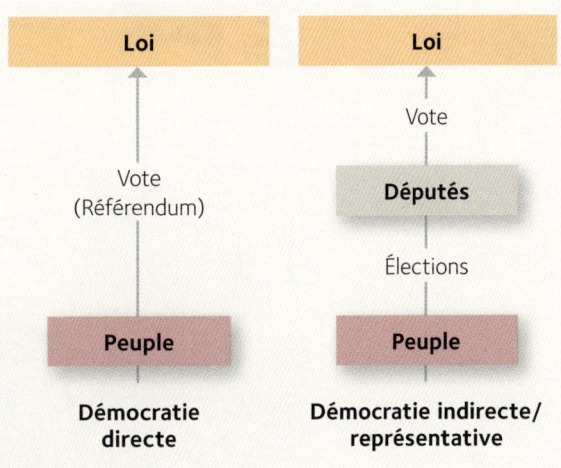

1 Décrivez M1 et M2 et répondez aux questions suivantes :
   a) De quelle manière le peuple exerce-t-il le pouvoir au Luxembourg ?
   b) Recherchez de quelle manière les citoyens du canton de Appenzell exercent le pouvoir.
   c) Discutez des difficultés qui se présentent dans les différentes formes de démocratie.
2 Expliquez à quelle forme de participation démocratique correspondent M3 et M4.
3 Attribuez les affirmations en M6 aux positions en M5.
4 Formulez la différence entre démocratie directe et indirecte (M7). Quelle forme de démocratie y a-t-il au Luxembourg ?

1.6 La majorité a-t-elle toujours raison ?

M1 « Désolé mais c'est le résultat d'un vote. »

Un des principes de base d'une démocratie, c'est que, lors des élections ou d'un vote, la majorité décide et que la minorité accepte cette décision. La minorité de son côté peut tenter de remporter la majorité lors des prochaines élections et attendre que ses décisions soient alors respectées. Le principe de majorité est un compromis. En effet, la décision majoritaire ne doit pas nécessairement être la meilleure, elle garantit cependant une résolution pacifique des conflits.

Cependant, si les intérêts d'une minorité sont constamment ignorés, la démocratie peut subir des dommages. Dans l'État de droit qu'est le Luxembourg, les décisions majoritaires de la Chambre des Députés sont toujours soumises aux principes du droit fondamental et de la Constitution. La Constitution peut être modifiée, mais les droits fondamentaux comme l'égalité et la liberté ne peuvent pas être abolis, même pas par la majorité.

M2

M3 Comment décideriez-vous ?

A Un club des jeunes doit décider du but de la prochaine excursion : Europapark ou Eurodisney ?
B Lors de l'assemblée du club, on doit décider si avec le profit de la fête d'été on fera des t-shirts pour les participants ou si on fera don de cet argent.
C La classe a travaillé en groupes et il s'agit maintenant de décider si tous les membres d'un groupe auront la même note.
D On veut introduire l'uniforme à l'école : pour ou contre ?

1.6 Hat die Mehrheit immer recht ?

M4 Majorité-minorité

M5 L'ancien président de la RFA Richard von Weizsäcker a dit le 1er juillet 1984 :

> Pour que nous puissions arriver à des décisions, nous avons besoin du principe de majorité. Mais nous savons tous que la majorité ne dispose pas plus de la vérité absolue que la minorité.... Or, celui qui veut abolir le principe de majorité et le remplacer par le règne de la vérité absolue abolit la démocratie libérale.... La minorité doit accorder à la majorité le droit de décider.... Les décisions doivent être acceptables. Personne ne devrait se sentir menacée dans son existence.
>
> Bulletin der Bundesregierung N° 80 du 3 juillet 1984, p.716 sq. (trad.)

M6 Avis sur le principe de majorité

A « La majorité n'a pas toujours raison. Sinon la majorité qui a élu Hitler aurait eu raison aussi. »
(Reinhard Bütikofer, politicien UE de « Die Grünen » dans une interview avec EurActiv.de le 3.12.2009), trad.

B « Une démocratie sans État de droit est une construction dangereuse. Si les décisions démocratiques ne sont plus encadrées par l'État de droit, c'est la tyrannie de la majorité. Si la majorité a le pouvoir absolu, les minorités sont menacées. Avec des conséquences difficiles à prévoir : aujourd'hui on vise les musulmans, après peut-être les juifs, les homosexuels, les Tessinois. »
(Hannes Nussbaumer, journaliste suisse dans: www.tagesanzeiger.ch du 1.12.2009), trad.

C « Qu'est-ce que la majorité ? La majorité, c'est la bêtise. La raison a toujours été le privilège de quelques-uns. »
(Friedrich Schiller, 1759–1805, poète allemand), trad.

1 Décrivez M1 et M2 et réfléchissez au sens de ces dessins.
2 Réfléchissez et décidez pour quels exemples en M3 une décision majoritaire serait raisonnable et pour lesquels non. Justifiez et trouvez d'autres exemples.
3 Comment est jugé le rapport majorité – minorité en M4 ?
4 Déterminez comment Richard von Weizsäcker juge le principe de majorité en M5.
5 Discutez les avis sur le principe de majorité en M6.
6 Établissez un tableau avec les colonnes suivantes : Avantages du principe de majorité / Désavantages du principe de majorité. Comparez !

1.7 Démocratie oui – participation non
Demokratie ja – Beteiligung nein

Les jeunes s'intéressent-ils à la politique ou en sont-ils dégoûtés ? Cette question, importante pour l'avenir de la démocratie est l'objet de nombreux sondages.

M1 La politique – matière à disputes. Proposition de sondage

		++	+	0	–	– –
1.	La politique, c'est une sale affaire !					
2.	De toute façon, ceux d'en haut ne font que ce qu'ils veulent !					
3.	La politique nous concerne tous !					
4.	La politique est importante pour faire valoir ses droits et ses intérêts !					
5.	Les citoyens exigent beaucoup trop des politiciens !					
6.	Un des désavantages de la démocratie, c'est que chacun pense pouvoir participer aux débats !					
7.	En politique, il y a trop de disputes.					
8.	Les politiciens ne pensent qu'à obtenir un maximum de voix !					
9.	Les mécontents devraient s'engager plus en politique !					
10.	Le gouvernement devrait avoir plus de pouvoir, pour que ces disputes cessent !					
11.	La démocratie est la meilleure forme de gouvernement.					
12.	Si je veux, je peux intervenir – et ça, c'est essentiel !					

++ = tout à fait d'accord,   **+** = plutôt d'accord,   **0** = indécis/e,   **–** = plutôt pas d'accord,   **– –** = pas du tout d'accord.

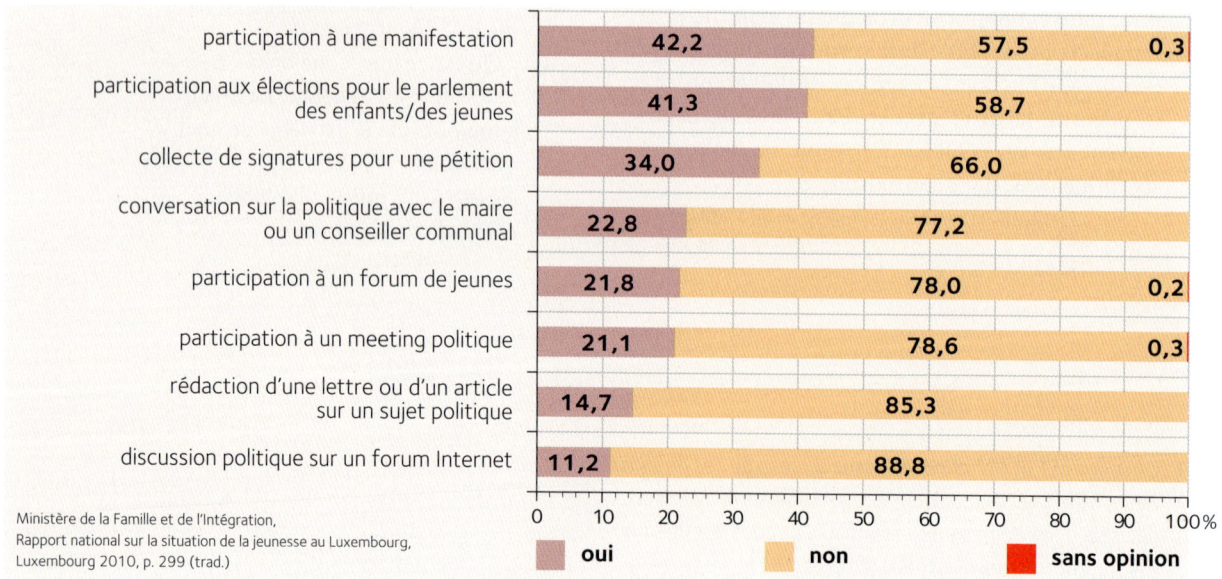

M2 Formes de participation politique chez les jeunes de 12 à 25 ans au Luxembourg

Forme de participation	oui	non	sans opinion
participation à une manifestation	42,2	57,5	0,3
participation aux élections pour le parlement des enfants/des jeunes	41,3	58,7	
collecte de signatures pour une pétition	34,0	66,0	
conversation sur la politique avec le maire ou un conseiller communal	22,8	77,2	
participation à un forum de jeunes	21,8	78,0	0,2
participation à un meeting politique	21,1	78,6	0,3
rédaction d'une lettre ou d'un article sur un sujet politique	14,7	85,3	
discussion politique sur un forum Internet	11,2	88,8	

Ministère de la Famille et de l'Intégration, Rapport national sur la situation de la jeunesse au Luxembourg, Luxembourg 2010, p. 299 (trad.)

1 En M1, vous trouvez des avis sur la politique. Quel est le vôtre ?

2 Expliquez à quoi correspondent les formes de participation politique reprises en M2 et dites lesquelles sont envisageables pour vous personnellement.

Indication : depuis 2014, dès l'âge de 15 ans, les jeunes peuvent signer des pétitions. Cependant, ils ne peuvent pas voter avant l'âge de 18 ans.

MÉTHODE   Faire un sondage

▸ LE SUJET

Saviez-vous qu'aujourd'hui les hommes se lavent deux fois plus souvent qu'il y a 30 ans ? C'est par des sondages que nous savons cela. Le sondage est un moyen pour obtenir des informations sur les personnes, les événements et la vie.

Un sondage est effectué de manière professionnelle avec des questionnaires standardisés par de grands instituts, tels que TNS-ILRES. Ces instituts utilisent des échantillons représentatifs : ils n'interrogent qu'un nombre restreint de personnes. Parmi les critères de sélection des personnes interrogées il y a l'âge, le domicile, le sexe, la profession, le niveau d'éducation, le salaire etc. Les résultats sont ensuite appliqués à l'ensemble de la population. Plus l'échantillon est grand, plus la marge d'erreur est réduite.

On peut aussi faire des sondages dans un petit groupe, pour se faire une idée des divers avis, p.ex. dans une école, dans votre groupe d'âge ou seulement dans une classe. Mais les résultats ne seront pas représentatifs, c.-à-d. qu'on ne pourra pas les appliquer à la population totale de notre pays.

▸ LE DÉROULEMENT

1. Préparer le sondage
- Déterminez le sujet du sondage, le groupe cible et le nombre de personnes à interroger.
- Formulez les questions adéquates. Attention : ne posez pas de questions ouvertes ! (faux : Combien de fois utilisez-vous votre voiture ? mieux : Combien de fois utilisez-vous votre voiture en moyenne, p.ex. par semaine ? etc.). Ne posez pas de questions tendancieuses (faux : Ne pensez-vous pas aussi que… ? mieux : questions à choix multiple).
- Attention à ne pas poser trop de questions ! Déterminez si vous acceptez une ou plusieurs réponses.

2. Faire le sondage
- Présentez-vous et informez les personnes interrogées sur les raisons de votre sondage.
- Demandez à la personne cible si elle est d'accord pour vous répondre et si elle en a le temps.
- Restez toujours poli et n'oubliez pas de dire merci.

3. Exploiter le sondage
- Comptez les réponses en faisant des traits sur un questionnaire vierge et puis additionnez les traits.
- Présentez les résultats, p.ex. sous forme de diagramme ou de tableau.
- Exploitez les résultats. Formulez des affirmations à propos des résultats. Peut-on déceler des tendances générales ? Un sondage sur le même sujet fait un peu plus tard permettra des comparaisons.

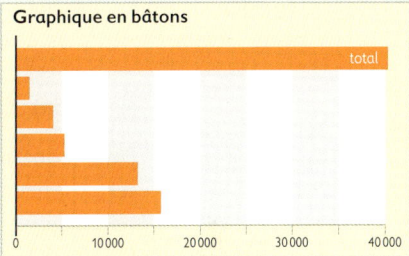

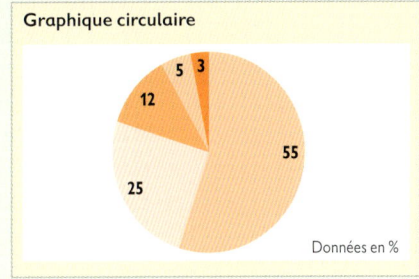

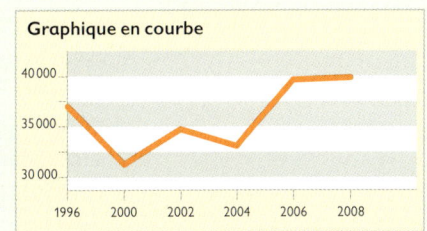

1.8 Défendre la démocratie

M 1

La démocratie ne va pas de soi. Au cours de l'histoire, elle a toujours fait l'objet de revendications et de combats. Aujourd'hui encore, elle a besoin d'être défendue. Il serait cependant naïf de vouloir fermer les yeux sur les points faibles de la démocratie, comme p.ex. l'abstention, la corruption ou l'influence des groupes de pression. L'extrémisme est un danger pour les démocraties. Les extrémistes – ce sont des personnes avec des opinions politiques radicales – rejettent les règles de base d'un État démocratique. Les extrémistes refusent la tolérance et l'ouverture vis-à-vis des personnes qui ont des avis différents. Or, la démocratie doit respecter les droits fondamentaux et les Droits de l'homme. L'État démocratique ne limite ces droits qu'en cas de menace de la sécurité et de l'ordre public.

M 2 **Débat: Quel pouvoir pour l'État dans une démocratie ?**

- Pour le maintien de l'ordre public et pour une meilleure élucidation des infractions, certains lieux publics des centres villes, p.ex. les gares, devraient être mis sous vidéosurveillance.
- En cas de suspicion de menées terroristes, il devrait être permis aux enquêteurs de prendre rapidement et de façon non bureaucratique des mesures de mise sur écoute, p.ex. des écoutes téléphoniques ou la mise sur écoute d'un appartement.
- La présence de hooligans anglais est annoncée pour un match de foot Angleterre – Luxembourg. Ces hooligans revendiquent le droit fondamental de réunion et de liberté d'opinion. Des citoyens engagés demandent une interdiction d'entrer sur le territoire pour les hooligans.
- Les demandeurs d'asile sans titre de séjour devraient être expulsés vers leur pays d'origine, même si leurs enfants sont scolarisés au Luxembourg.

1 Travail en groupe sur M2 :
- Votez pour ou contre les avis en M2 et notez les résultats sans les évaluer.
- Déterminez ensuite quels droits fondamentaux s'opposent dans chaque cas.
- Cherchez des arguments pour et contre pour chaque problème. Pesez le pour et le contre et votez une deuxième fois, en vote secret. Le résultat a-t-il changé ? Quels arguments ont été les plus importants pour vous ?
- Réfléchissez à d'autres exemples dans lesquels il y a dilemme entre liberté et sécurité dans une démocratie.

1.8 Demokratie verteidigen

M3 Caricatures

M4 Extrémismes

Extrémisme de droite

L'extrémisme de droite… n'est pas un ensemble idéologique homogène, il présente plutôt des justifications et des objectifs divers. Les idéologies d'extrême droite sont marquées par le nationalisme et le racisme. La conviction prédominante est celle que l'appartenance ethnique à une nation ou race détermine la valeur d'un être humain.

Extrémisme de gauche

Les extrémistes de gauche sont des adversaires déclarés de l'ordre (démocratique) étatique et social… Selon leur orientation idéologique et politique – marxiste-révolutionnaire ou anarchiste – ils cherchent à établir un système socialiste/communiste ou une société sans domination (anarchie). Ils instrumentalisent souvent des mouvements sociaux et essaient de les faire évoluer vers un refus du « système ».

Islamisme

L'islamisme… revendique, en se fondant sur l'islam des débuts (7e siècle), le « rétablissement » d'un « ordre islamique ». …Certains islamistes militants se croient légitimés à imposer cet « ordre islamique » par la violence…. Cette revendication radicale se heurte à quelques principes fondamentaux des démocraties libérales, en particulier la souveraineté du peuple, le principe de majorité, le droit à l'éducation et à l'exercice de l'opposition parlementaire.

Bundesamt für Verfassungsschutz,
Extremismus in Deutschland.
Ein Kurzlagebild, Köln 2004, p. 9, 20, 30 (trad.).

2 Décrivez les caricatures en M3. Quelles sont les intentions des dessinateurs ? Quelle est votre opinion ?

3 Attribuez les mots-clés suivants aux caricatures en M3 : non violence, terrorisme, abstention, extrémisme, courage civique. Expliquez ces termes avec vos propres mots.

1.9 En bref

La politique…
- vient du mot grec « polis » (ville, communauté)
- c'est tout ce qui façonne et règle la cohabitation des personnes dans un État ou une commune. En politique, il s'agit donc de trouver des solutions et des méthodes pour organiser la vie dans un État ou une société
- est, dans un sens plus large, toute participation à la vie publique et sociale

Les Droits de l'homme et du citoyen…
- ce sont les droits fondamentaux comme la liberté, l'égalité, le droit à la propriété etc.
- sont fixés par la Constitution
- valent pour tous, sont inaliénables et indivisibles
- sont protégés et garantis par l'État démocratique
- ne garantissent pas une liberté illimitée, tout citoyen a aussi des devoirs

La démocratie, c'est…
- le règne du peuple
- un système politique dans lequel toutes les personnes ont les mêmes droits et devoirs
- une forme de gouvernement qui fonctionne selon le principe de la majorité

Un État de droit,…
- est un État fondé sur le droit
- est autorisé à exercer le pouvoir par des lois démocratiquement légitimées

La dictature, c'est…
- le contraire de la démocratie
- une forme de gouvernement dans laquelle ce n'est pas le peuple qui décide, mais seules quelques personnes, voire une seule personne
- quand le pouvoir repose sur l'oppression et la violence

Formes de démocratie
- directe : le peuple (citoyens) exerce une influence directe sur les décisions politiques par un référendum et des pétitions (plébiscite)
- indirecte ou représentative : les citoyens élisent des représentants lors d'élections, les députés prennent les décisions politiques.

La démocratie entre liberté et sécurité.

1.9 Das Wichtigste auf einen Blick

Démocratie et dictature – un quiz
Photocopiez cette page et cochez les bonnes réponses.

Citations
Voltaire, écrivain et philosophe, 1694–1778 :
« Monsieur, je ne suis pas d'accord avec ce que vous dites, mais je me battrai jusqu'à la mort pour que vous ayez le droit de le dire »

Karl Popper, philosophe, 1902–1994 :
« Il n'y a que deux formes de gouvernement : celle où on peut se débarrasser du gouvernement, par un vote, sans verser de sang, et celle où cela est impossible. »

Winston Churchill, politicien britannique, 1874–1965 :
« La démocratie est la pire forme de gouvernement, à l'exception de toutes les autres. »

Joseph Goebbels, ministre nazi de la propagande, 1897–1945 :
« Cela restera une des meilleures blagues de la démocratie qu'elle ait mis elle-même à la disposition de ses ennemis jurés les moyens par lesquels elle fut détruite. »

Dans une dictature, il y a…
- a) des élections libres à vote secret
- b) de nombreuses violations des Droits de l'homme
- c) la liberté d'opinion et de la presse
- d) beaucoup de groupements d'intérêts non contrôlés de l'État

Les dictatures ont besoin…
- a) d'indicateurs et de délateurs
- b) d'un culte de la personnalité du leader
- c) d'un ennemi déclaré (« l'autre » qui menace)
- d) de la séparation des pouvoirs

Les dictatures respectent…
- a) la dignité de chacun
- b) la liberté des citoyennes et citoyens
- c) les adversaires politiques
- d) tout ce que dit, ordonne et fait le dictateur

La démocratie signifie…
- a) le règne d'une élite
- b) le règne d'un seul
- c) le règne du peuple
- d) le règne continu d'un groupe

Dans une démocratie, il y a…
- a) une diversité d'opinions et de modes de vie
- b) absence de constitution
- c) l'égalité homme/femme
- d) des élections libres à vote secret

Les démocraties ont besoin de…
- a) citoyens actifs, engagés et informés
- b) droits garantis par la Constitution
- c) tribunaux indépendants
- d) décisions à la majorité

Les démocraties respectent…
- a) la presse libre et les médias critiques
- b) les oppresseurs et les criminels
- c) toutes les religions
- d) les droits et opinions des minorités

Maîtriser des savoirs (◇ Sachkompetenz)
1. Expliquez les mots les plus importants de ce chapitre, p.ex. démocratie, État de droit, principe de la majorité, Constitution, Droits de l'homme, droits fondamentaux…
2. Quelle forme de démocratie y a-t-il au Luxembourg ? Expliquez.
3. À quels dangers la démocratie est-elle exposée ? Donnez des exemples.
4. Expliquez la différence entre démocratie et dictature.

Utiliser des méthodes (◇ Methodenkompetenz)
5. Faites un sondage sur le sujet suivant : « Qu'est-ce que les politiciens peuvent améliorer ? »
6. Débattez en classe pour savoir si le Luxembourg doit s'engager pour la défense des Droits de l'homme dans le monde. Justifiez votre opinion.

Juger et agir (◇ Urteils- und Handlungskompetenz)
7. La famille – démocratie ou dictature ? Qu'en pensez-vous ?
8. Discutez des droits et devoirs du citoyen en-dehors des périodes d'élections.
9. Explicitez les forces et faiblesses de l'État démocratique.
10. Évaluez les avantages de la démocratie indirecte par rapport à la démocratie directe.
11. Discutez les citations données plus haut.
12. « Dans une démocratie, tous ne sont pas égaux. » En quoi cette affirmation est-elle vraie ? Argumentez.

2 Vivre ensemble

In Gruppen leben

L'homme est un être social qui vit en groupes. Même si nous sommes tous des individus, nous vivons néanmoins en communauté avec d'autres personnes, la société.

Notre entourage influence toujours notre personnalité. Les pages suivantes traitent de la vie de famille, de la vie à l'école et avec les amis.

1 Quelles relations sociales voit-on sur les images ?
2 Notez des mots-clés pour chaque image. Quelle importance ces relations ont-elles pour vous ?
3 Quels types de relations importantes manquent sur les photos ?

COMPÉTENCES VISÉES

Maîtriser des savoirs
(◇ **Sachkompetenz**)
- Comprendre que l'homme est toujours influencé par son entourage
- Comprendre l'importance de la famille pour notre société
- Savoir comment l'État soutient les familles
- Être conscient des aptitudes à transmettre par l'école

Utiliser des méthodes
(◇ **Methodenkompetenz**)
- Faire un jeu de rôles et l'évaluer

Juger et agir
(◇ **Urteils- und Handlungskompetenz**)
- Comprendre et savoir évaluer l'importance du groupe pour l'individu
- Interroger son propre comportement lié à un rôle social
- Savoir apprécier à leur juste valeur les politiques éducative et familiale de l'État

2.1 Des relations sociales

La sociologie (◇ die Soziologie), lat. socius « camarade », gr. logos « science », est la science qui étudie la vie des êtres humains en société.

La socialisation désigne le fait qu'un individu, en grandissant, s'intègre dans la société. Dans ce processus, certains groupes sociaux jouent un rôle important. Une place prépondérante y revient à la famille qui, au début de la vie d'un enfant, constitue pour ainsi dire tout son « monde » et qui, par la suite, marque particulièrement toute son enfance et sa jeunesse. Au préscolaire et ensuite à l'école, les enfants font de nouvelles expériences. Ils y entrent en contact avec des valeurs, des habitudes et des intérêts différents. Des hiérarchies, des bandes et des amitiés s'établissent entre élèves.

Au plus tard à l'adolescence, les relations avec les parents changent. Des désirs d'autonomie et d'émancipation se manifestent. Les relations avec les jeunes du même âge (angl. : peergroup) prennent plus d'importance. Les jeunes entre eux ont la possibilité de montrer leur façon d'aborder la vie. En même temps, le groupe exerce une certaine pression concernant le style vestimentaire et le comportement.

Les médias agissent comme des « éducateurs cachés » lors de la socialisation. Les stars de la musique, les acteurs et les sportifs peuvent devenir des idoles dont les jeunes imitent en partie le comportement.

M1 Vers la vie

M2 Le développement de la personnalité sous influence

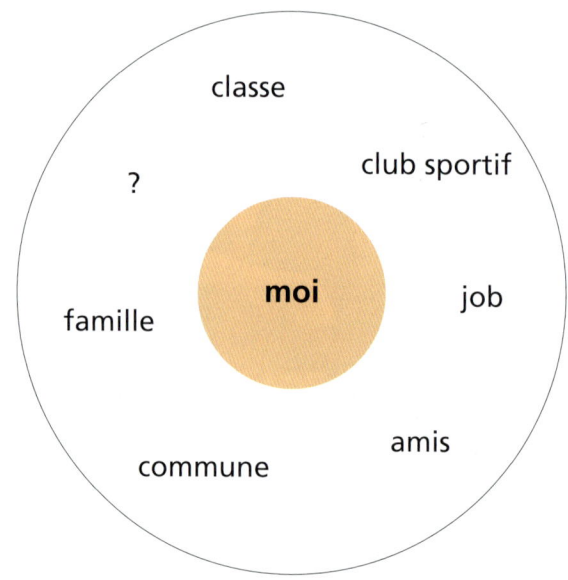

1 Nommez les étapes du développement d'un individu depuis la naissance jusqu'à la vieillesse.

2 Quels groupes jouent un rôle important à chaque étape ? Quelle influence ces groupes exercent-ils ?

3 Discutez du rôle des médias en tant qu' « éducateurs cachés ».

2.1 Soziale Beziehungen

M 3 Les règles du jeu au quotidien

Les sociologues expliquent notre comportement comme une succession de rôles. À chaque place que nous occupons dans la vie quotidienne, correspond un rôle social que nous jouons dans la situation correspondante (comportement spécifique lié à un rôle). À ces rôles sont liées des attentes que les autres ont vis-à-vis de nous (attentes liées à un rôle). On distingue deux types de rôles :

Les rôles formels

Les activités scolaires et professionnelles font partie de cette catégorie. C'est surtout la vie professionnelle qui est réglementée par des lois et des règlements (p.ex. les règles de sécurité, les devoirs vis-à-vis de l'employeur etc.) Or, souvent le comportement y est aussi marqué par des règles de comportement non explicites (code). La société a des attentes auxquelles l'individu doit répondre. Les vêtements et un niveau de langue « adaptés » à la situation en font partie. Mentionnons p.ex. la blouse blanche du médecin, qui n'est pas indispensable dans l'exercice de cette profession.

Les rôles informels

Nous jouons ces rôles avant tout dans notre vie privée : frère, sœur, mère, père, amie, ami, membre d'un club, bénévole, sportif et ainsi de suite. Les attentes changent continuellement dans la vie quotidienne. Il n'y a pas beaucoup de règlements ni de lois pour ces comportements. Au fond, de nombreuses variations sont possibles. Mais, là aussi, il y a des limites. Ceci concerne par exemple l'obligation prescrite par la loi aux parents de s'occuper de leurs enfants.

M 4

4 Donnez des exemples de comportements liés à des rôles.

5 Que signifie pour vous la liberté en considérant les attentes de votre entourage ?

6 Qu'est-ce que les sociologues entendent par rôles formels et informels ?

7 Appliquez la théorie sociologique des rôles à des exemples de votre vie quotidienne. Quelles sont les conséquences d'un comportement adapté respectivement non adapté à un rôle ?

2.2 Vivre en famille

L'importance de la famille

Le mot famille vient du latin « familia » et signifie communauté domestique car autrefois, les familles élargies vivaient sous un même toit. De nos jours, c'est différent. La plupart du temps, seuls le père, la mère et les enfants vivent ensemble sous le même toit : ils forment ce qu'on appelle la famille restreinte. Les familles nombreuses de plus de cinq personnes deviennent de plus en plus rares. Parallèlement, de nombreuses autres formes de familles et de communautés de vie se sont développées. La famille s'occupe avant tout des enfants et les prépare à leur vie future.

M1 Les formes de cohabitation

M2

« Et quel parent doit signer ? Mon père biologique, mon beau-père, le troisième mari de ma mère, ma mère biologique ou la quatrième femme de mon père qui habite chez nous ? »

M3 Ménages au Luxembourg 1970–2011 (nombre de personnes vivant sous un même toit)

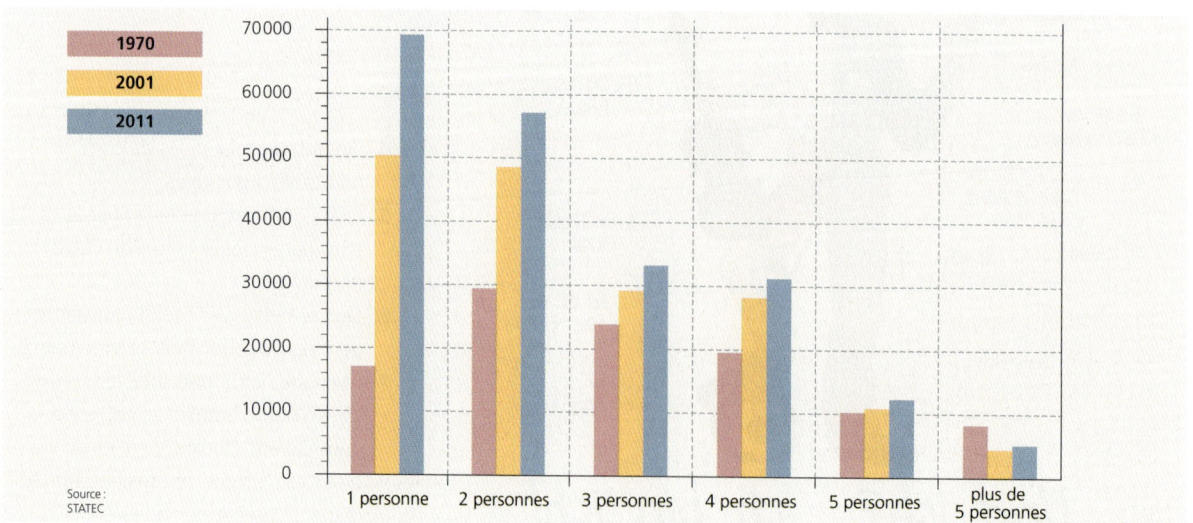

Source : STATEC

2.2 Leben in der Familie

La parenté

Les enfants nés d'un couple marié sont apparentés entre eux et à leurs parents et portent tous le même nom ou un nom double. La parenté comprend les personnes qui sont liées par la naissance, l'adoption, le mariage ou par alliance. La parenté au sens légal c'est la consanguinité et elle joue un grand rôle lors du mariage, de la succession ou des élections. Pour déterminer le degré de parenté entre deux personnes, il faut calculer le nombre de générations qui séparent l'ancêtre de son descendant. Le mariage établit l'alliance entre les familles des deux partenaires.

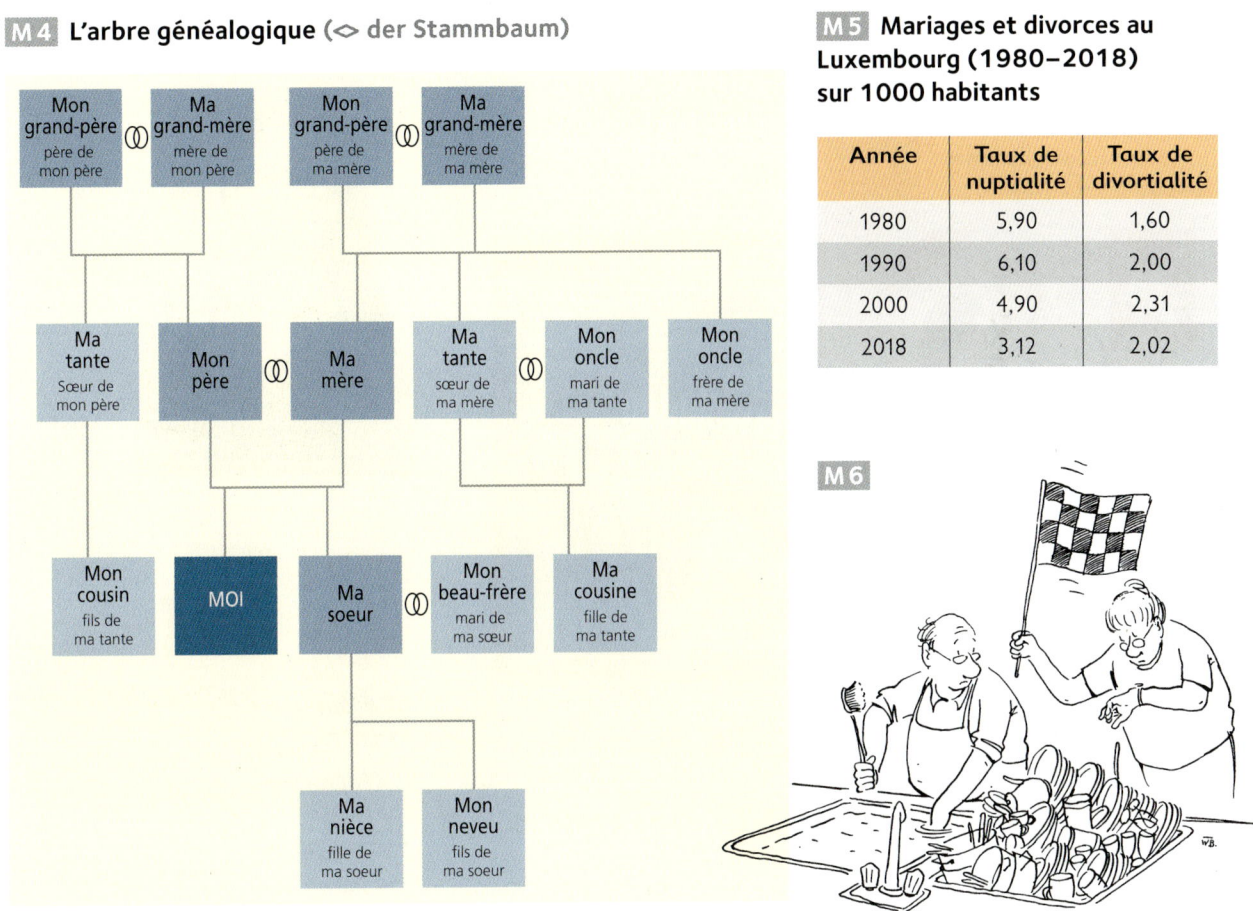

M4 L'arbre généalogique (◇ der Stammbaum)

M5 Mariages et divorces au Luxembourg (1980–2018) sur 1000 habitants

Année	Taux de nuptialité	Taux de divortialité
1980	5,90	1,60
1990	6,10	2,00
2000	4,90	2,31
2018	3,12	2,02

M6

1. Dessinez un arbre généalogique de votre famille. Indiquez les degrés de parenté.
2. Énumérez les avantages et les désavantages des différentes formes de cohabitation.
3. Dans quelle communauté de vie vivez-vous ?
    a) Quelle importance cette communauté a-t-elle pour vous ? Dessinez une carte des idées.
    b) Comparez vos résultats.
4. Décrivez l'évolution du nombre des divorces et des mariages au Luxembourg depuis 1980.
5. Recherchez les chiffres actuels pour M5 et et dessinez un graphique qui reprend les chiffres depuis 1980.
6. Informez-vous sur la répartition des rôles entre hommes et femmes et rédigez un rapport.
7. Discutez le sujet suivant : « La femme doit rester à la maison, les hommes vont travailler ».

MÉTHODE   Jeu de rôle : Éduquer – mais comment ?

M1 Quelles valeurs enseigner aux enfants ?

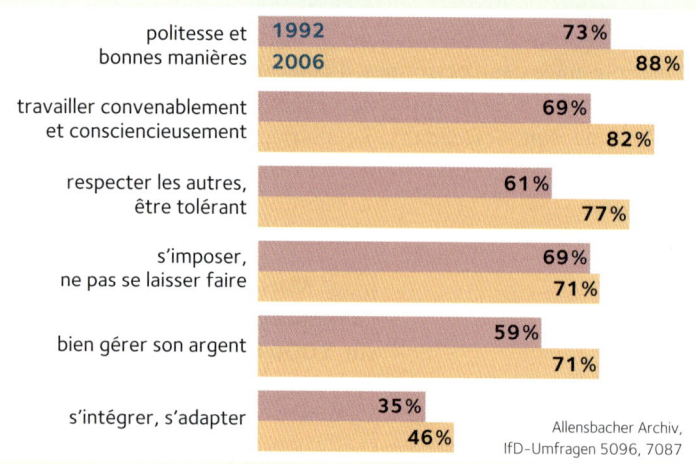

	1992	2006
politesse et bonnes manières	73 %	88 %
travailler convenablement et consciencieusement	69 %	82 %
respecter les autres, être tolérant	61 %	77 %
s'imposer, ne pas se laisser faire	69 %	71 %
bien gérer son argent	59 %	71 %
s'intégrer, s'adapter	35 %	46 %

Allensbacher Archiv, IfD-Umfragen 5096, 7087

Les parents ont le droit et le devoir de s'occuper de leurs enfants. Voilà la volonté du législateur. Ce droit de garde s'applique à la personne et aux biens de l'enfant. Les parents doivent éduquer l'enfant et le soutenir dans son développement pour qu'il puisse devenir une personnalité autonome. Comme dans notre société, il y a des divergences de vue sur les valeurs à enseigner, ces sujets sont souvent repris par les médias.

▸ **LE SUJET**

Dans un jeu de rôle, il faut se mettre à la place d'une autre personne dans une situation donnée. Le sujet est imposé.

▸ **LE DÉROULEMENT**

La carte de situation et les cartes de rôle informent sur le déroulement et le sujet du jeu. Des élèves jouent les rôles imposés, mais on peut aussi ajouter d'autres rôles inventés. Le reste de la classe, le public, peut participer à la discussion. À la fin, on évalue le jeu de rôle.

Règles
- écouter
- laisser parler les autres
- toujours répondre à la question posée
- attendre qu'on vous attribue la parole ou le micro
- n'insulter personne

1. Quelles valeurs semblent être très importantes dans l'éducation ? Comparez avec la réalité.
2. Pourquoi le sujet de l'éducation est-il si prisé par la presse et la télé ?
3. Quels problèmes peut-on rencontrer dans l'éducation ? Comment les aborder ?
4. Formulez votre propre avis sur l'éducation.

Carte de situation

Dans une émission de télé, le sujet du débat est : « Comment élever son enfant ? » L'animateur (élève ou professeur) attribue la parole, pose des questions et dirige le débat. Les élèves jouant le rôle d'un invité sont placés devant la classe. Le public peut à tout moment participer au débat.

Carte de rôle

Nom : Patricia ; **Âge :** 48
Profession : artiste indépendante
Parcours : Ses parents vivaient dans une communauté et étaient des hippies ; elle a été élevée de façon antiautoritaire et ne fréquentait pas régulièrement l'école. Elle a deux enfants adultes et une petite fille de six ans prénommée Sunshine. Elle vit à la ferme avec sa fille.
Convictions : Les enfants ne devraient pas être élevés de façon autoritaire ; il n'y a pas de règles sévères ; chacun est libre et peut faire ce qu'il veut. Le caractère de l'enfant se développe de manière naturelle.
Phrase clé : Il est interdit d'interdire !

Carte de rôle

Nom : Marc ; **Âge :** 50
Profession : agriculteur
Parcours : Depuis son enfance il a aidé ses parents à la ferme et a eu une éducation religieuse très sévère. Marc et sa femme sont croyants et ont neuf enfants.
Convictions : Les enfants doivent avoir une éducation religieuse et doivent obéir à leurs parents. Les enfants doivent travailler tous les jours dès leur plus jeune âge ; les jeux et la paresse gâchent le caractère.
Phrase clé : Les enfants doivent obéir et travailler dur !

Carte de rôle

Nom : Jean-Pierre ; **Âge :** 47
Profession : employé
Parcours : Elevé très sévèrement, il a dû très tôt renoncer à beaucoup de choses et apprendre à se limiter à l'essentiel ; apprenti à quinze ans, il est, depuis, employé.
Convictions : Il n'avait pas de droits en tant qu'enfant ; la rigueur n'a jamais nui à personne ; les enfants ne sont pas capables de décider par eux-mêmes, ils ont besoin d'adultes pour leur fixer des limites. Les punitions servent à montrer aux enfants les suites de leurs actes ; les enfants doivent obéir.
Phrase clé : Les Droits des enfants ? – Une bonne fessée n'a jamais fait de mal à personne !

Carte de rôle

Nom : José ; **Âge :** 38
Profession : manager
Parcours : Elevé par des parents pauvres, il est parvenu tout seul en haut de l'échelle sociale. Il avait fait son premier million à 23 ans ; il veut que ses enfants aient plus de facilités, donc il les gâte. Sa fille de 12 ans fait du shopping tous les jours, elle a sa propre carte de crédit.
Convictions : Les enfants ont le droit de vivre heureux.
Phrase clé : J'achète tout ce qu'ils veulent à mes enfants.

Carte de rôle

Nom : Cindy ; **Âge :** 16
Profession : élève
Parcours : Tombée enceinte quand elle était en 10e, elle est maintenant en congé parental. Elle n'a plus de contact avec Jamie, le père de son enfant. Mais elle sort avec Kevin depuis un mois. L'année prochaine, elle veut reprendre sa formation de vendeuse ; elle habite encore chez ses parents.
Convictions : Tous les enfants devraient avoir des parents jeunes ; ceux-ci savent mieux jouer avec eux et en plus, ils pourront sortir avec eux le soir.
Phrase clé : Les personnes d'un certain âge ne devraient plus avoir d'enfants !

Carte de rôle

Nom : Joséphine ; **Âge :** 75
Profession : institutrice en retraite
Parcours : Elle a été institutrice pendant plus de 40 ans et a toujours été considérée comme sévère mais juste ; elle est restée célibataire et s'est consacrée pleinement à sa profession.
Convictions : Autrefois, tout était mieux. Les enfants étaient plus polis, plus intelligents et plus appliqués. L'éducation moderne gâche les enfants.
Phrase clé : La jeunesse d'aujourd'hui ne vaut rien !

2.3 Les droits dans la famille

Dans une famille, des personnes ayant des besoins et des intérêts différents vivent ensemble, elles ont parfois des avis divergents. Pour que la vie en commun soit harmonieuse, il est important que chacun prenne ses responsabilités. La famille est également une communauté de droit, dans laquelle chacun a des droits et des devoirs. Ces droits et devoirs sont soumis à la loi. Ils sont inscrits dans le Code civil et ils sont adaptés, si nécessaire, aux nouvelles exigences de la société.

Ainsi, le législateur a réagi à la situation des couples non-mariés, insuffisamment couverts par la législation, en introduisant le partenariat (PACS) en 2004 et le mariage pour les couples homosexuels en 2014. L'adoption est également possible pour les couples homosexuels.

M1 Implication familiale des jeunes de 13 à 19 ans

	total	garçons	filles	B1	B2	B3
Je discute avec mes parents	55,8 %	54,1 %	57,6 %	63,8 %	53,8 %	48,0 %
Je participe à la prise de décisions familiales	38,3 %	37,5 %	39,1 %	46,0 %	35,5 %	31,1 %
Je participe aux tâches familiales	52,8 %	46,2 %	59,4 %	57,3 %	52,1 %	46,7 %

B1 = études supérieures, B2 = études moyennes, B3 = études inférieures

Y. Wagener, P. Petry: Das Wohlbefinden der Jugendlichen in Luxemburg, Luxembourg 2002, p. 87 (trad.)

M2 Extrait du Code civil concernant l'autorité parentale

Art. 371. L'enfant à tout âge, doit honneur et respect à ses parents.
Art. 372. Il reste sous leur autorité jusqu'à sa majorité ou son émancipation. L'autorité appartient aux parents pour protéger l'enfant dans sa sécurité, sa santé et sa moralité. Ils ont à son égard droit et devoir de garde, de surveillance et d'éducation.
Art. 373. L'enfant ne peut quitter la maison paternelle sans la permission de ses parents …
Art. 387-9. Peut être déchu de l'autorité parentale … l'un des parents qui, par mauvais traitements, abus d'autorité, inconduite notoire ou négligence grave met en péril la santé, la sécurité ou la moralité de son enfant.

Mémorial A n° 150 du 4.8.2015

M3

« Ist dort amnesty international ? Man mutet mir hier allen Ernstes die Entleerung des Mülleimers zu ! »

Caricature : Horst Haitzinger

1 Exploitez le tableau M1. Cette statistique reflète-t-elle votre situation familiale ?
2 Expliquez le dessin humoristique !

2.3 Rechte in der Familie

M4 Droits et devoirs des conjoints d'après le Code Civil

Les conjoints doivent
- donner leur accord mutuel pour le mariage
- nourrir leurs enfants, subvenir à leurs besoins et les élever
- nourrir la famille proche (parents, grands-parents, beaux-parents) s'ils sont dans le besoin
- s'accorder fidélité, aide et assistance
- habiter ensemble

Chacun des deux conjoints
- doit contribuer aux frais du ménage selon ses moyens (p.ex. par son salaire ou en faisant des travaux ménagers)
- a le droit d'exercer une profession
- a le droit de conclure seul des contrats pour les besoins du ménage ou la garde des enfants. Les dettes et les intérêts qui résulteraient de ces contrats, sont à la charge des deux conjoints – sauf dans le cas de dépenses exagérées ou inutiles qui pèseraient sur le budget commun.

Le Code civil
Recueil de lois (droit civil) concernant la famille, le mariage, le divorce, le droit de propriété, les dommages et intérêts…

Le mariage
(◇ die Ehe) est un contrat officiel entre époux de sexe différent ou de même sexe. Il ne peut être dissout que par la mort ou le divorce. Le mariage religieux, admis seulement entre femme et homme, ne peut avoir lieu qu'après le mariage civil et n'a pas de conséquences juridiques.

Le partenariat
(PACS = pacte civil de solidarité) est une communauté de vie entre deux personnes qui vivent en couple et fixent cela par une déclaration devant l'officier de l'état civil. Le partenariat se distingue juridiquement du mariage surtout dans le droit à l'héritage.

M5 La communauté légale (◇ der gesetzliche Güterstand)

Les dispositions de la communauté légale s'appliquent automatiquement si aucun contrat de mariage (devant un notaire) ne règle la question de la propriété des biens des époux.

actif	Biens communs	passif
• Produit du travail de chaque époux • Ressources des biens propres, p.ex. loyer d'une maison appartenant à l'un des époux • Biens acquis pendant le mariage		• Dettes contractées par chaque époux pour l'entretien du ménage • Intérêts des dettes propres de chaque époux

actif	Biens propres	passif
• Biens dont chaque époux avait la propriété avant le mariage ou qui lui adviennent pendant le mariage par succession • Biens qui ont un caractère personnel (p.ex. vêtements)		• Dettes contractées avant le mariage • Dettes contractées pendant le mariage dans l'intérêt de ses biens propres

3 Établissez deux tableaux reprenant les principaux droits et devoirs des parents et des enfants. (M1–M4)

4 Comment seraient réglés les cas suivants lors d'un divorce ?
   a) Alors qu'ils sont mariés, l'homme achète un tapis persan et la femme une voiture.
   b) La femme hérite d'un terrain à bâtir et l'homme finance la construction de la maison.
   c) L'homme a contracté des dettes importantes pour s'acheter une voiture de sport.

5 Réfléchissez aux raisons pour lesquelles les personnes se marient ou s'engagent dans un partenariat.

2.4 Politique en faveur des familles

Les chèques-service
Aide par laquelle des familles avec enfants (0–13 ans) peuvent bénéficier de services (crèche, sport, musique) au tarif réduit.

Les enfants et les jeunes sont importants pour toute société. Ainsi, les enfants d'aujourd'hui financeront par leurs impôts et cotisations, dans quelques années, les retraites de la génération précédente.

La politique familiale englobe tout ce que fait un gouvernement pour aider les familles : elles bénéficient d'avantages fiscaux et reçoivent des allocations familiales. Depuis leur introduction en 1947, les allocations familiales sont continuellement adaptées à l'évolution des familles et de la société.

Elles sont également versées à des non-résidents, à condition qu'une relation de travail soit établie au Luxembourg.

La politique soutient les familles, entre autres, par le renforcement des structures de garde des enfants, le système des chèques-services et le congé parental.

M1 La politique familiale au Luxembourg

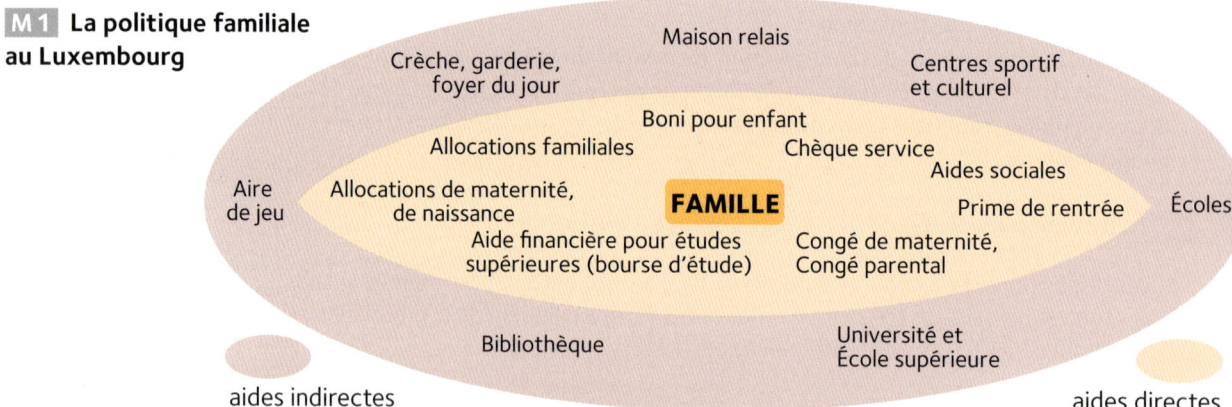

M2 Familles protégées par l'État. Dépenses de protection sociale pour familles et enfants (en % du BIP)

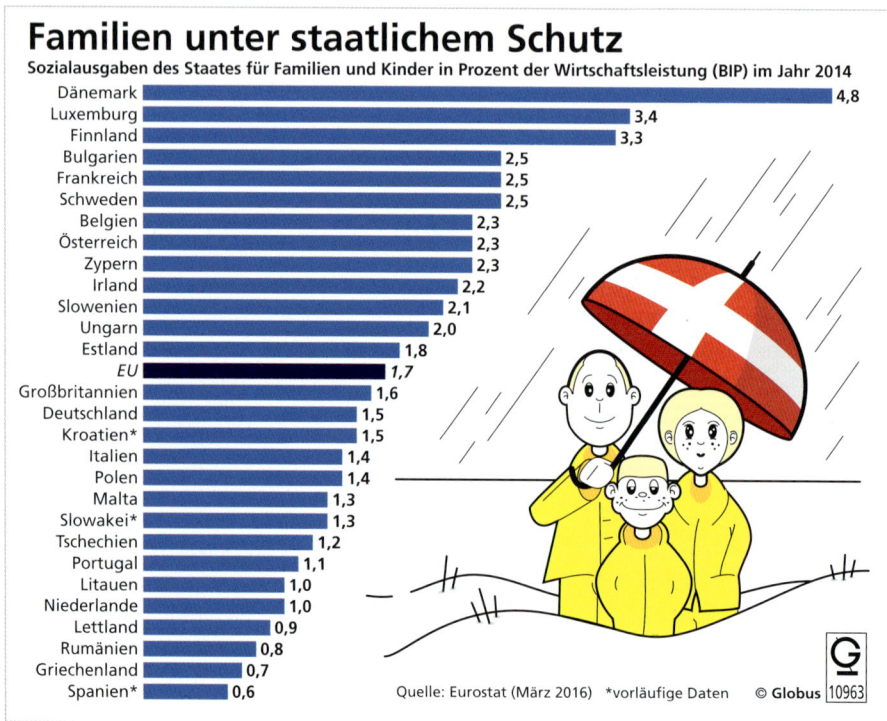

Le congé parental
(◇ der Elternurlaub)
Les deux parents ont droit au congé parental. L'État paie une somme fixe pour remplacer au moins une partie du salaire.

2.4 Politik für Familien

M3 Dépenses annuelles moyennes par ménage 2017

Listes des produits et services	en euro	en %
Produits alimentaires et boissons non alcoolisées	5370,9	8,39
Boissons alcoolisées et tabac	860,1	1,34
Articles d'habillement et articles chaussants	3258,0	5,09
Logement, eau, électricité, gaz et autres combustibles	23.356,1	36,5
Ameublement, équipement ménager en entretien courant de la maison	3875,4	6,06
Santé	1768,3	2,76
Transports	8448,6	13,2
Communications	1676,0	2,62
Loisirs et culture	3985,9	6,23
Services éducatifs	501,5	0,78
Hôtels, cafés et restaurants	5468,2	8,55
Autres biens et services	5418,0	8,47
Total	**63.987,0**	**100,00**

STATEC: https://statistiques.public.lu/stat/TableViewer/tableView.aspx?ReportId=12967&IF_Language=eng&MainTheme=3&FldrName=1&RFPath=28 (10/09/2019)

M4 Entre travail et enfants

1. Quelles sont les aides directes et indirectes que les familles reçoivent au Luxembourg ?
2. Informez-vous sur les prestations familiales d'un pays « à faible protection sociale » et comparez-les au Luxembourg.
3. Analysez le tableau M3. Pour quels produits et services les familles dépensent-elles beaucoup d'argent et pour lesquels dépensent-elles peu ?
4. Expliquez la caricature M4. Discutez les différentes options.
5. L'État devrait-il arrêter de payer l'allocation familiale si les parents ne remplissent pas leur devoir de surveillance, p.ex. si les enfants sèchent l'école ? Discutez !

2.5 École et formation

M1 Bande dessinée

M2 Vers la vie active

L'obligation scolaire au Luxembourg prend fin à 16 ans. Ainsi chacun passe au moins 12 ans de sa vie à l'école. Pour la plupart cependant, la scolarité ne s'arrête pas là : soit ils commencent une formation professionnelle, soit ils continuent l'école. Même un diplôme ne signifie pas nécessairement la fin des études car le perfectionnement et la formation continue font aujourd'hui partie intégrante de la vie de tout salarié.

La société et les entreprises ont de nombreuses attentes, parfois contradictoires, par rapport à ce qu'un élève devrait apprendre. Il est donc très important d'avoir une bonne formation, d'être qualifié. Pour beaucoup de professions, on a en plus besoin d'un diplôme universitaire.

M3 Les élèves évaluent l'école

A l'école, il existe différentes manières d'apprendre. Laquelle préférez-vous ? (cochez seulement une case)
- ☐ le cours magistral : l'enseignant, debout devant la classe, donne des explications
- ☐ travail en groupes : de petits groupes d'environ 6 élèves travaillent de façon autonome sur un sujet donné
- ☐ travail individuel : travailler seul et de façon autonome sur un sujet

Quelle note globale donnez-vous à vos enseignant/es ?
Très bien (1)   bien (2)   satisfaisant (3)   suffisant (4)
insuffisant (5)   mauvais (6)

Qu'attendez-vous d'une personne (enseignant, entraîneur, …), qui doit vous apprendre quelque chose ? (vous pouvez faire plusieurs croix)
- ☐ cette personne devrait respecter mes désirs
- ☐ prendre en compte mes points faibles
- ☐ prendre en compte mes points forts
- ☐ être juste
- ☐ être sévère
- ☐ rendre la matière compréhensible
- ☐ bien maîtriser sa matière
- ☐ savoir parfois mettre la pression
- ☐ cela ne m'intéresse pas

2.5 Schule und Ausbildung

M4 Offres d'emploi

Verkeefer (m/w)

Sproochen : däitsch a franséisch, lëtzebuergesch an all aner Sprooch as vu Virdeel

- **Miwwel**departement (m/w)
  - Verkaf, Zeechnen a Bestellungen souwéi de Suivi vun de Clienten
  - Kompetenz am Ariichten an techneschen Zeechnen
- Departement **Boutique an Textile** (m/w)
  - Verkaf, Betreiung, Bestellung a Suivi vun de Clienten
  - Hochzäitsleschten
- **Luuchten** an **Teppech**departement (m/w)
  - Verkaf, Zeechnen a Bestellungen souwéi de Suivi vun de Clienten
  - Kompetenz am Ariichten an techneschen Zeechnen
- **Kichen- a Buedzëmmer**departement (m/w)
  - Verkaf, Zeechnen a Bestellungen souwéi de Suivi vun de Clienten
  - Kompetenz am Ariichten an techneschen Zeechnen

Garage Martin Bölles
77, rue de Bridel
L-4567 Differdange

Nous engageons :
1 débosseleur qualifié (m/f)

requise :
- expérience professionnelle
- langues parlées : luxembourgeois et francais
- travail autonome
- Permis de conduire classe B

Lettre de candidature à Monsieur Albert Schoen

M5 L'apprenti idéal

Ce que les entreprises attendent d'un/e apprenti/e.

	%
sérieux/fiabilité	94
maîtrise de la lecture, de l'écriture et du calcul	91
capacité de travailler en équipe	87
être prêt à faire des efforts	85
politesse/amabilité	78
sens des responsabilités	75
bonne culture générale	68
autonomie	65
persévérance/résistance au stress	60
avoir le sens critique et savoir accepter les critiques	48
savoir gérer les conflits	40
savoir parler l'anglais	29
avoir des notions d'économie	29
avoir des notions de sciences naturelles	17
comprendre et utiliser les médias	9

en 2003
plusieurs réponses possibles
© Globus 8975

M6 Transmission de valeurs ?

Q. : L'école doit transmettre des savoirs et des savoir-faire. A-t-elle en outre la mission d'éduquer les élèves, de leur transmettre des valeurs importantes et de contribuer au développement de leur personnalité ?

Indications en %

L'école a cette mission	78
Elle la remplit bien	6
pas assez bien	53
indécis	19
L'école n'a pas cette mission	13
indécis	9

GEO Wissen 03/99, p. 23, auteur : Edgar Piel (trad.)

Les compétences (◇ die Kompetenzen), capacités à résoudre des problèmes. On distingue les compétences liées à une matière et les compétences sociales.

1. Résumez avec vos propres mots le sens de M1 et M2.
2. Répondez aux questions dans M3. Compilez ensuite les réponses de toute la classe.
3. Quelles branches devraient, selon vous, avoir plus d'heures hebdomadaires que d'autres, lesquelles devraient disparaître et quelles nouvelles branches aimeriez-vous introduire dans votre école ?
4. En M5 vous trouvez des attentes formulées par des employeurs en 2003. Pensez-vous que celles-ci sont toujours d'actualité?
5. Dans quelle mesure votre école essaie-t-elle de transmettre les capacités listées en M5 ? Évaluez votre école.
6. Prenez position par rapport à M6.

2.6 La formation – hier et aujourd'hui

M1 L'école hier et aujourd'hui

D'une part, l'école et ses objectifs, ses programmes et ses méthodes changent pour s'adapter aux attentes de la société et du monde du travail. D'autre part, les attentes vis-à-vis des apprenants grandissent. Là où, il y a cent ans, on pouvait passer toute sa vie professionnelle dans un seul et même métier, on demande aujourd'hui de la flexibilité.

M2 Règlement interne vers 1880

- Tous les élèves sont assis droits, le dos contre le dossier, en rangs parallèles.
- Les pieds sont posés par terre l'un à côté de l'autre.
- Pour répondre, l'enfant doit se lever rapidement, se tenir droit, regarder l'instituteur droit dans les yeux et parler haut et de façon intelligible.
- Les livres sont sortis et rangés en trois temps, sur l'ordre du maître ; premier temps : les enfants saisissent le livre sous le banc ; deuxième temps : ils lèvent le livre par-dessus la table et, troisième mouvement, ils le déposent sur leur pupitre sans faire de bruit et fixent leur regard de nouveau sur le maître.

Carl Kehr,
Die Praxis der Volksschule, Gotha 1880, trad. et simpl.

M3 La participation démocratique à l'école en 2004

Art. 34. Le comité des élèves
Il est créé auprès de chaque lycée un comité des élèves. Il a pour attributions :
- de représenter les élèves auprès de la direction et auprès des comités formés respectivement par les enseignants et les parents ;
- d'informer les élèves sur leurs droits et leurs devoirs au sein de la communauté scolaire, notamment par l'intermédiaire des délégués de classe ;
…
- d'organiser des activités culturelles, sociales ou sportives ;
- de formuler des propositions concernant la vie scolaire et le travail des élèves.

Le directeur se réunit avec le comité des élèves chaque fois que celui-ci en fait la demande.
Le comité des élèves délègue les représentants des élèves à la conférence nationale des élèves et au conseil d'éducation.

Loi du 25 juin 2004, in : Mémorial A No 126 du 16 juillet 2004, p. 1861

2.6 Ausbildung im Wandel

M4 Apprentissage et formation au Luxembourg – la loi de 1929

Art. 7. Le chef d'entreprise doit enseigner ou faire enseigner à l'apprenti progressivement et complètement l'art, le métier ou la profession spéciale qui fait l'objet du contrat et il ne peut employer l'apprenti à des travaux ou services étrangers à cet enseignement, à moins de convention contraire et si l'achèvement de l'éducation professionnelle de l'apprenti, dans le délai prévu par le contrat, n'en souffre pas. Il ne l'emploiera jamais à des travaux ou services qui seraient insalubres ou au-dessus de ses forces ; …

Il doit se conduire envers l'apprenti en bon père de famille, surveiller sa conduite et ses mœurs, soit dans la maison, soit au dehors, et avertir ses parents ou son représentant légal des fautes graves qu'il pourrait commettre ou des penchants vicieux qu'il pourrait manifester.

Il doit aussi les prévenir, sans retard, en cas de maladie, d'absence …

Il doit s'abstenir de tous mauvais traitements à son égard et le protéger contre les mauvais traitements des ouvriers ou des gens de la maison.

Il lui est interdit de donner aux apprentis du travail à domicile en dehors de la journée légale de travail à l'atelier.

S'il existe … des cours professionnels, il doit être accordé à l'apprenti, et ce nonobstant toute convention contraire, et sans déduction de salaire, le temps nécessaire pour les fréquenter ; l'apprenti devra justifier de son inscription et de la fréquentation régulière de ces cours.

Art. 9. L'apprenti doit au chef d'entreprise fidélité, obéissance et respect ; il doit l'aider, par son travail, dans la mesure de son aptitude et de ses forces et observer la plus grande discrétion sur les affaires de son patron si ce dernier l'exige.
Il doit prévenir sans retard le patron du motif de toute absence.

Loi du 5 janvier, in: Mémorial A No 3 du 19 janvier 1929, p. 18

1. En quoi l'école d'autrefois est différente de celle d'aujourd'hui? Expliquez.
2. Lisez les extraits de la loi sur l'apprentissage de 1929. Quelles points vous paraissent aujourd'hui inhabituels ?
3. Comparez les articles de la loi (M4) avec les points correspondants d'un contrat de formation professionnelle actuel. Faites un tableau des points communs et des différences.
4. Dessinez un organigramme : « La hiérarchie dans mon école ».
5. Quels sont aujourd'hui les moyens de participation démocratique des élèves (M3) ? Une école peut-elle fonctionner de manière démocratique ? Discutez.

2.7 Jeunesse et loisirs

Les loisirs des jeunes ne dépendent pas que de leurs propres décisions. Les adolescents sont plutôt soumis à de nombreuses influences, en relation les unes avec les autres, qui conditionnent les choix de leurs loisirs. Un magazine pour jeunes fait annuellement un sondage afin de découvrir ce qui est important à leurs yeux. Les personnes interrogées ont entre 12 et 18 ans et on leur pose des questions sur leurs opinions et valeurs ainsi que sur leurs loisirs et leurs habitudes de consommation. Vous trouvez un résumé des résultats de ce sondage en M1 et M2.

M1
Ce qui compte pour les jeunes aujourd'hui

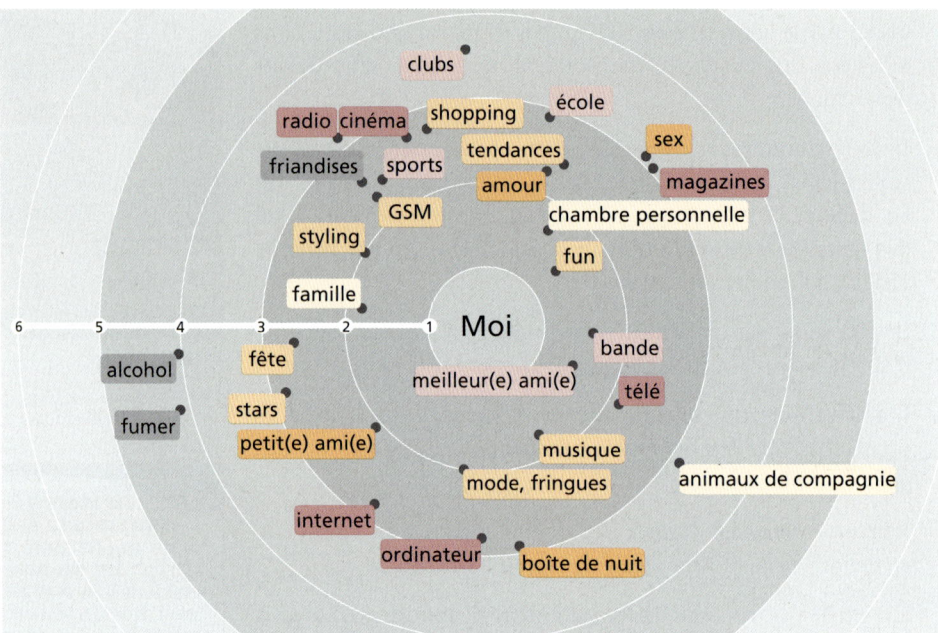

M2
Ce qui compte plus/moins avec l'âge

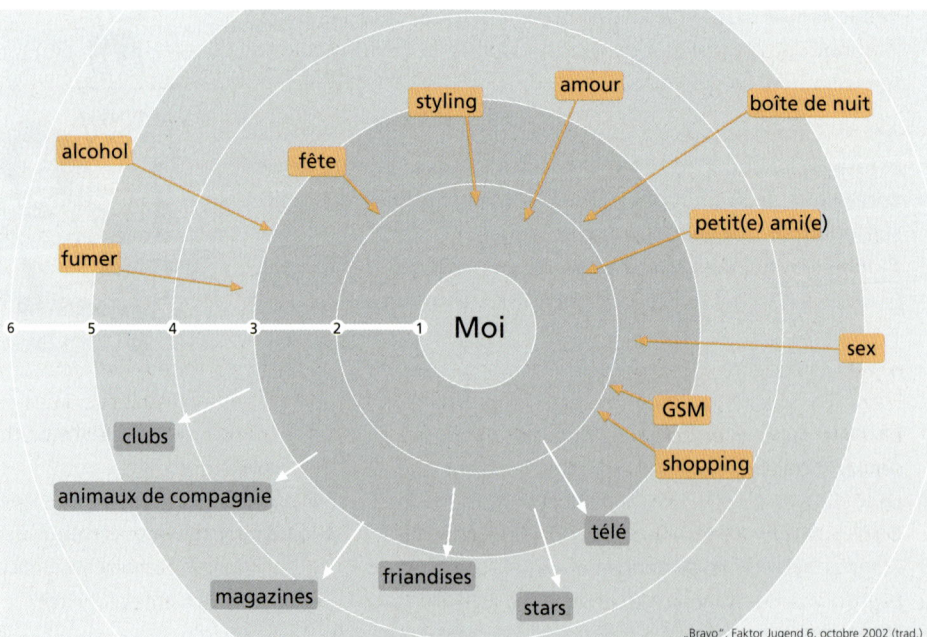

„Bravo", Faktor Jugend 6, octobre 2002 (trad.)

2.7 Jugend und Freizeit

M3 Loisirs d'hier et d'aujourd'hui

Le droit du travail a beaucoup changé entre 1918 et 1926 : journée de 8 heures dans la grande industrie, congés payés pour les employés, puis pour les ouvriers. En 1950, tout salarié avait droit à 8 jours de congés payés. Les loisirs ?... Ce n'était pas vraiment notre préoccupation !

Le nombre de jours de congés payés s'élève aujourd'hui à 26 jours. Plus 11 jours fériés payés ! Je ne peux pas me plaindre d'un manque de temps libre !

M4 Passer le temps

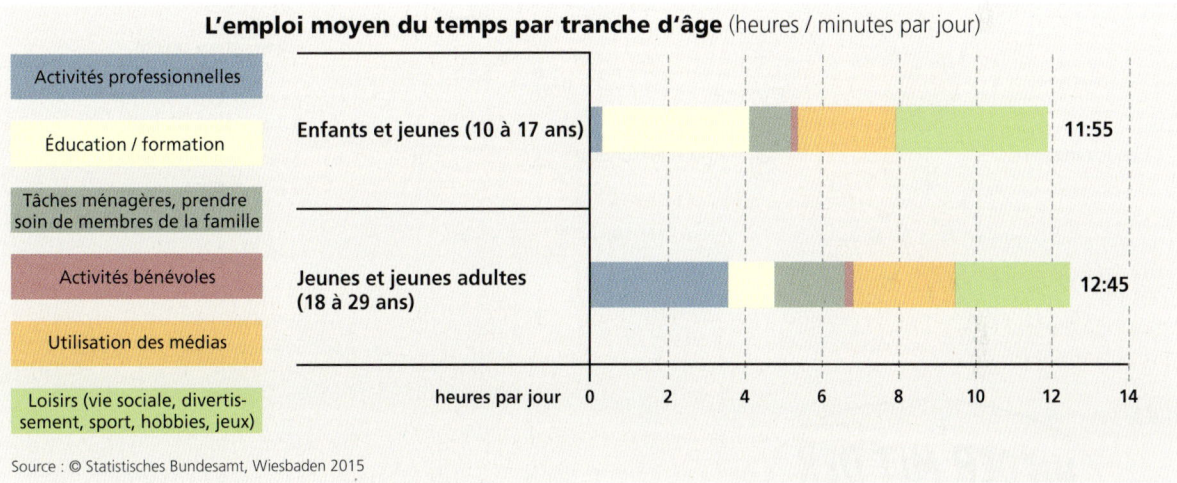

Source : © Statistisches Bundesamt, Wiesbaden 2015

1. Exploitez M1 :
   a) Les termes qui font partie d'un même domaine ont une même couleur. Trouvez des termes génériques pour ces domaines (ex. : médias = rouge = magazine, télé, …)
   b) Expliquez le graphique par un exemple : qu'est-ce qui est plus important pour un jeune – la radio ou le cinéma ?
   c) Déterminez quels domaines ou quels aspects précis sont particulièrement importants pour les jeunes.
   d) Qu'est-ce qui est important pour vous ? Faites un graphique pour le domaine de votre choix. Comparez à M1. Y a-t-il des points communs ou des différences ?
2. Expliquez ce qui, d'après M2, devient plus important avec l'âge et ce qui perd en importance.
3. Pourquoi les termes en gris perdent-ils en importance ? Discutez-en !
4. Cette étude est cofinancée par des entreprises publicitaires.
   Réfléchissez aux buts poursuivis par les donneurs d'ordre.
5. Les temps des loisirs ont beaucoup changé depuis deux générations. Décrivez l'évolution (M3) et donnez des explications.
6. Quelles sont les activités quotidiennes des jeunes ? Différenciez entre les deux groupes d'âge (M4).
7. Déterminez combien de temps vous passez vous-même sur les différentes activités.

2.8 Projet : Étudier des groupes

Qu'est-ce qu'un groupe ?

Un groupe social se différencie d'un rassemblement fortuit de personnes (p.ex. des voyageurs attendant sur un quai de gare) par des buts communs. Comme les groupes s'engagent en vue d'un objectif commun, ils doivent se réunir pour un certain temps ou de façon régulière. Il en résulte un sentiment de communauté, l'individu se sent responsable pour le groupe.

On peut faire partie d'un groupe par naissance (famille) ou parce qu'on y est obligé (p.ex. classe). Un groupe peut aussi se former de façon volontaire sur la simple base d'intérêts communs (club, bande d'amis).

Pour analyser les relations sociales des membres d'un groupe, les scientifiques utilisent la méthode de la sociométrie. Ils essaient de découvrir les structures et les positions dans le groupe par des observations de comportement et des sondages. Les tensions et les conflits pourront ainsi être détectés et plus facilement résolus. Qui est exclu et pour quelles raisons ? Pourquoi certaines bandes sont-elles rivales ? Qu'est-ce qui dérange l'ambiance de travail ?

M1 Sociogramme. Le groupe et l'individu : différents cas de figure

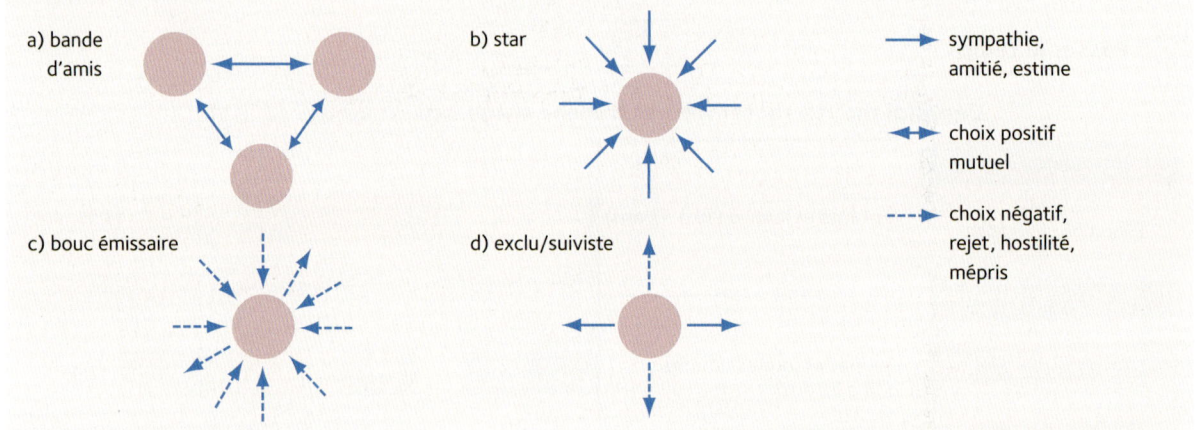

M2

1. Servez-vous de M1 pour analyser votre classe du fondamental/primaire :
   - Qui était populaire et au centre de l'attention ? Pourquoi ?
   - Qui était exclu ?
   - Un bon élève était-il plutôt exclu ou plutôt populaire ?
   - Quelles cliques y avait-il dans la classe ?
   - Qui était le clown, le bouc émissaire, le suiviste ?
   - Y avait-il des « leaders » ? Qui voulait-on avoir comme ami à tout prix ?
   - Y avait-il aussi des amitiés à deux ou trois ?
2. Notez les résultats de vos réflexions et vos souvenirs. Discutez-en avec votre voisin. Peut-on dégager des éléments comparables ?

2.8 Werkstatt: Gruppen untersuchen

Le groupe met la pression

Avoir de bons amis, une bande de copains pour s'amuser, c'est magnifique. Ensemble on est à la recherche de ses propres valeurs et expériences. Qui ne voudrait pas participer ? Mais il y a aussi un risque. En effet, chaque membre du groupe est soumis, de façon ouverte ou cachée, à une certaine pression.

Les règles qui existent dans les groupes entraînent aussi certaines attentes vis-à-vis de l'individu – qui doit accepter un rôle. Quand les attentes du groupe sont contraires à celles de la famille ou de l'école, on entre dans un conflit de rôles et on doit prendre position. De même les jeunes risquent de vouloir à tout prix faire comme les autres, de vouloir sortir du lot ou alors se fondre dans la masse.

Les conflits de rôles ne peuvent se résoudre que de deux manières : ou bien un compromis est trouvé ou bien on prend une décision dont les suites négatives seront acceptées en toute connaissance de cause.

M3 Situations de groupes

Tu (A) fais un tour en ville avec ta bande de copains (C). Vous êtes au rayon « musique » d'un grand magasin. Les vendeurs sont très occupés, le système de sécurité n'est pas vraiment au point – il serait facile de voler quelque chose, disent les autres de la bande.

Tu (A) as commencé à fumer, simplement parce que tu trouves cela chic. Et puis, de toute façon, tu gères et tu pourrais arrêter à tout moment. Tes amis (C) veulent te convaincre d'arrêter. Après tout, tu as promis à tes parents de ne pas fumer jusqu'à tes 18 ans – et en échange, ils te paieraient le permis de conduire.

Ensemble, vous êtes les plus forts : avec ta clique (C), tu t'amuses bien et vous vous ennuyez rarement. Bien sûr que d'autres élèves de ta classe veulent faire partie de ton groupe, comme p.ex. Ben. Or ceux de la bande le prennent pour une mauviette, alors que toi (A), tu le trouves très sympa.

Tu (A) es dans le bus scolaire avec ta bande (C) quand quelques-uns de tes amis se mettent à rayer les vitres avec des clés, à gribouiller sur les vitres avec des feutres, à salir les sièges et à vider les sacs à dos des plus jeunes.

En groupes, jouez les situations décrites en M3 et faites-en une analyse :

a) Qu'est-il arrivé aux joueurs A et C dans leurs rôles respectifs ?

b) Qu'ont vu les observateurs ?
  - Quelles stratégies les uns et les autres ont-ils employées pour imposer leur propre volonté, c'est-à-dire pour exercer une pression ou se défendre contre la pression.
  - Y avait-il des attitudes ou des arguments particulièrement efficaces ?
  - Dans quelles situations l'atmosphère était-elle désagréable ou pesante ?
  - Quelle importance revenait aux attitudes corporelles, aux gestes et aux intonations ?

2.9 En bref

La famille
- Autrefois, plusieurs générations vivaient souvent sous un même toit (parents, enfants, grands-parents, autres membres de la famille)
- Aujourd'hui, ce terme désigne toutes les formes de vie commune : famille avec un ou plusieurs enfants, avec un ou deux parents, parents hétéro- ou homosexuels, familles recomposées

La politique familiale
L'État aide les familles …
- directement : par les impôts, les allocations et les aides
- indirectement : par des installations comme les aires de jeux, les écoles, les installations sportives et les universités

Droit de la famille
- La famille est une communauté de droit. Les droits et devoirs sont fixés par le Code civil.
- Les parents doivent s'occuper de leurs enfants et sont leurs tuteurs légaux jusqu'à leur majorité.
- Le droit civil connaît plusieurs formes de communautés de vie : le mariage et le PACS (pacte civil de solidarité)

École et formation
- A côté des compétences spécifiques, l'école doit aussi transmettre des compétences sociales
- Au Luxembourg, il y a obligation scolaire jusqu'à l'âge de 16 ans
- Le contrat d'apprentissage fixe les droits et devoirs de l'apprenti et du maître
- Dans notre société basée sur le savoir, l'apprentissage tout au long de la vie gagne en importance

Termes de base
- Groupe : ensemble de personnes qui se réunissent régulièrement ou pour une certaine durée en vue d'atteindre un but commun
- Socialisation : le fait de grandir en s'intégrant à une société
- Sociologie : science étudiant la vie des humains dans une communauté

Éduque-moi, éduque-moi!

2.9 Das Wichtigste auf einen Blick

Maîtriser des savoirs (<> Sachkompetenz)
1. Qu'entend-on par le mot groupe ?
2. Définissez le terme socialisation.
3. Énumérez différentes formes de vie commune.
4. Quels droits et devoirs dans la relation parents – enfants sont fixés par le droit civil ? Donnez des exemples !
5. Comment l'État aide-t-il les familles ?

Utiliser des méthodes (<> Methodenkompetenz)
6. Élaborez des cartes de situation et de rôles pour un conflit familial typique.

Juger et agir (<> Urteils- und Handlungskompetenz)
7. Comment évoluera à l'avenir la répartition des rôles entre hommes et femmes ?
8. Quelles conséquences le taux croissant de divorces a-t-il pour notre société ? Développez votre point de vue.
9. Expliquez pourquoi l'État aide les familles.
10. Dans l'éducation des enfants, quels buts vous semblent prioritaires ? Lesquels vous semblent dépassés ?

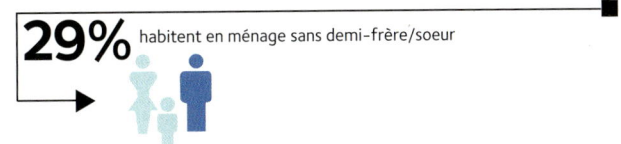

Avec qui vivent les enfants des familles recomposées ? (Ils représentent 7 % de l'ensemble des enfants)

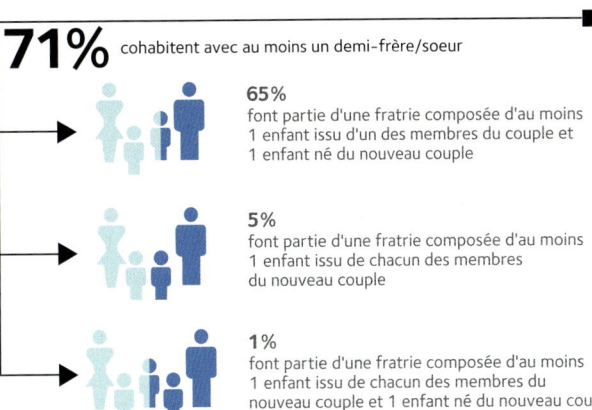

Source : CEPS/INSTEAD, Vivre au Luxembourg. Chroniques de l'enquête PSELL-3/2004, no 22 (2006), p. 2

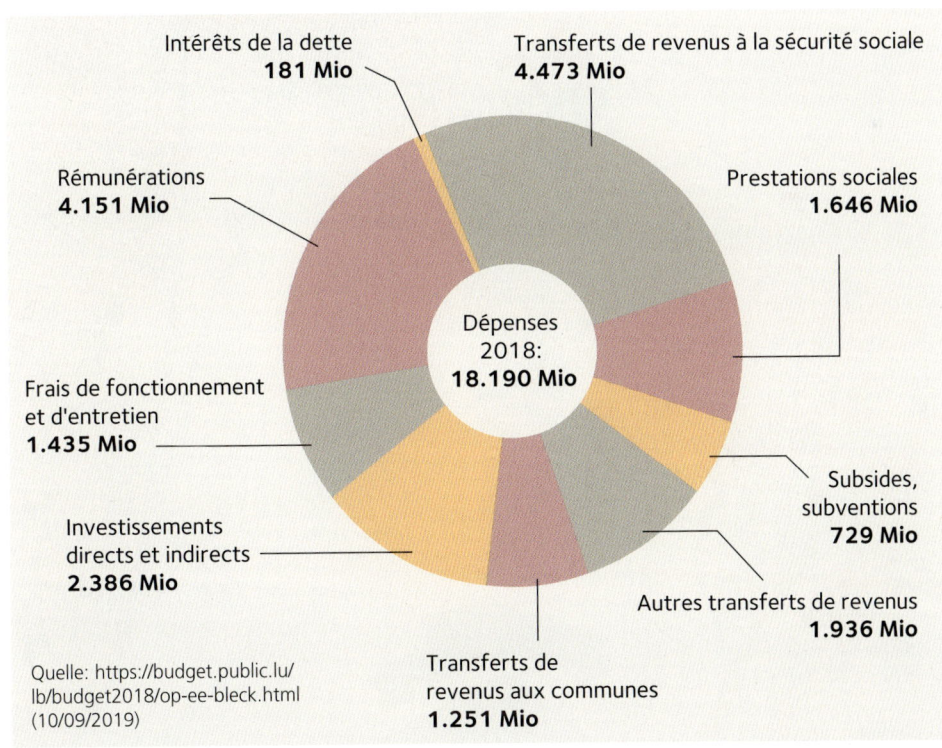

Les dépenses publiques de l'État luxembourgeois en 2018

3 Vivre dans la commune

Leben in der Gemeinde

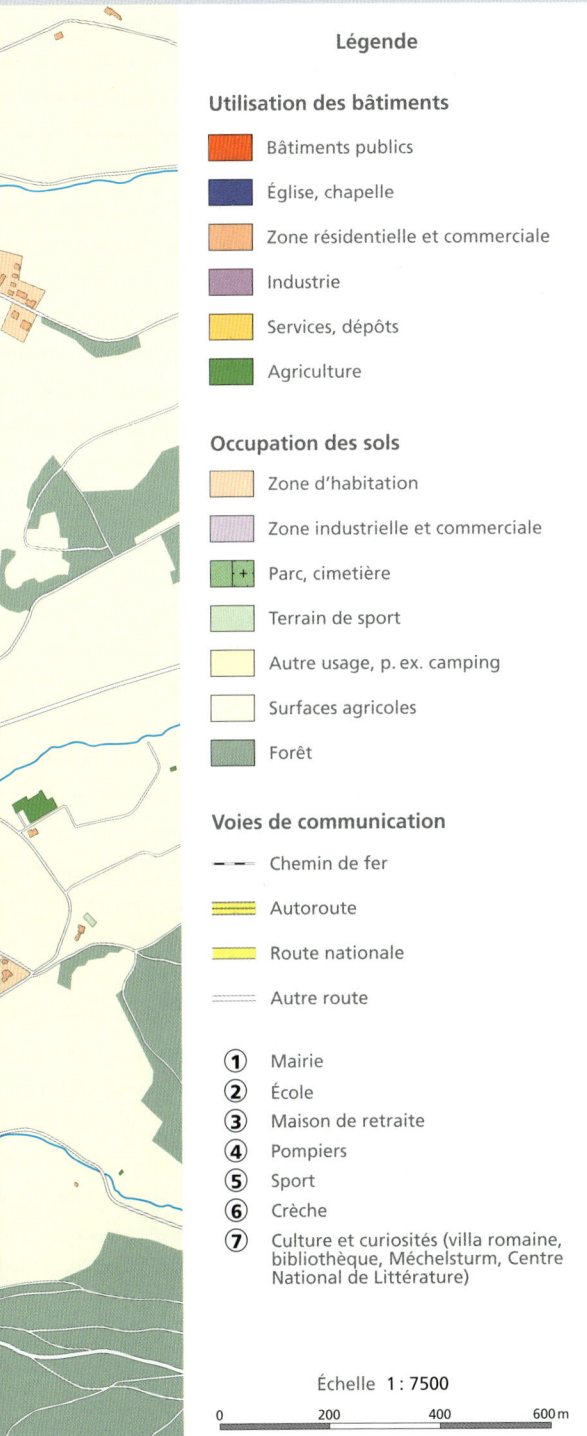

Légende

Utilisation des bâtiments
- Bâtiments publics
- Église, chapelle
- Zone résidentielle et commerciale
- Industrie
- Services, dépôts
- Agriculture

Occupation des sols
- Zone d'habitation
- Zone industrielle et commerciale
- Parc, cimetière
- Terrain de sport
- Autre usage, p. ex. camping
- Surfaces agricoles
- Forêt

Voies de communication
- Chemin de fer
- Autoroute
- Route nationale
- Autre route

① Mairie
② École
③ Maison de retraite
④ Pompiers
⑤ Sport
⑥ Crèche
⑦ Culture et curiosités (villa romaine, bibliothèque, Méchelsturm, Centre National de Littérature)

Échelle 1 : 7500
0   200   400   600 m

Ce chapitre traite de la politique de votre commune. Il devrait vous inciter à faire des recherches sur le développement historique et politique ainsi que sur l'importance économique de la commune dans laquelle vous vivez. Vous allez aussi travailler sur les multiples tâches d'une commune et leurs financements respectifs. Vous allez comprendre comment se déroulent les processus décisionnels et de quelle manière les communes accomplissent leurs diverses tâches. Finalement, on vous demandera de réfléchir aux moyens qu'ont les citoyens de participer activement et de s'engager au niveau de leur commune. Dans ce chapitre, le dossier sur la commune de Mersch peut vous servir d'exemple pour vos propres recherches. Celles et ceux qui habitent à Mersch constateront probablement que certaines choses y ont évolué. L'évolution fait partie intégrante de la vie dans une commune.

1 Quels sont, selon vous, les atouts qui rendent la commune de Mersch attrayante ?

COMPÉTENCES VISÉES

Maîtriser des savoirs
(◇ Sachkompetenz)
- Énumérer les tâches de la commune et donner des exemples concrets
- Expliquer qui prend les décisions au sein de la commune
- Savoir comment les décisions sont prises
- Connaître le processus électoral et les finances de la commune

Utiliser des méthodes
(◇ Methodenkompetenz)
- Établir une fiche d'identité d'une commune
- Mener un débat « pour ou contre »

Juger et agir
(◇ Urteils- und Handlungskompetenz)
- Comprendre et développer des processus décisionnels à l'aide d'exemples concrets

3.1 Découvrir sa commune

La commune
(◇ die Gemeinde)
La commune est la plus petite subdivision dans l'administration de l'État. Les 102 communes sont regroupées en 12 cantons (2019). En luxembourgeois, le terme « Gemeng » désigne l'administration elle-même aussi bien que le bâtiment où elle siège et le territoire.

M1 Dans un dépliant touristique

Mersch est une commune en pleine croissance située au centre du pays ; elle englobe les localités suivantes : Beringen, Essingen, Mersch, Moesdorf, Pettingen, Reckange, Rollingen et Schoenfels. La superficie totale de la commune est de 4975 hectares.

Les premiers documents mentionnant Mersch datent du milieu du 9e siècle. On trouve cependant des témoignages archéologiques remontant à la préhistoire et à l'époque romaine. Les châteaux forts de Pettingen, Reckange, Mersch et Schoenfels datent du Moyen Âge. Mersch s'est développé tout au long des siècles. Plusieurs bâtiments historiques, comme par exemple la Méchelsturm (tour St-Michel), en témoignent.

Aujourd'hui la commune de Mersch compte plus de 9500 habitants. La petite ville dispose de centres commerciaux et de zones d'activités où se sont établies de petites et moyennes entreprises ; mais on y trouve aussi une offre culturelle intéressante avec notamment une bibliothèque publique. Les citoyens peuvent aussi profiter, pendant leurs loisirs, de la nouvelle piscine ou d'autres installations sportives. Grâce à sa situation centrale, Mersch est aujourd'hui devenue une localité attrayante. Ce sont surtout les excellentes connexions aux infrastructures routière et ferroviaire.

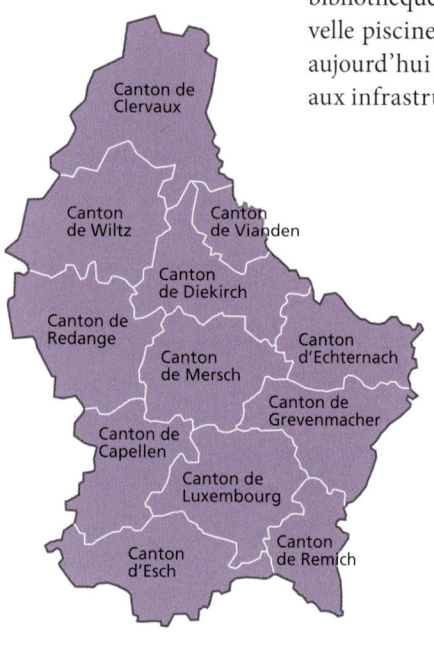

M2 Vue aérienne de Mersch

1. Comment est-ce que Mersch est présentée dans M1 ?
2. Qu'est-ce qui n'est pas mentionné dans le texte ? Pourquoi ?
3. Comparez la carte de la double page précédente à M1 et M2. Que constatez-vous ?

3.1 Die Heimatgemeinde erforschen

M3 Déménagement vers Mersch

Michelle et Claude se sont connus il y a trois ans. Depuis deux ans, ils vivent dans un appartement loué à Luxembourg-Ville. Il y a quatre mois, quand la petite Lena est née, ils ont décidé de quitter leur petit appartement et d'acheter une maison. Au centre du pays, dans la commune de Mersch, ils ont trouvé une belle maison unifamiliale. Cependant, avant d'acheter, ils souhaitent s'informer plus précisément sur l'endroit où ils vont peut-être vivre. Ils se posent beaucoup de questions. C'est pour cette raison qu'ils se procurent une brochure sur l'administration communale et qu'ils consultent le site Internet de Mersch. Ainsi, ils trouvent des réponses à toutes leurs questions.

M4 Les bureaux de l'administration communale sont situés dans l'ancien château de Mersch

M5 Établir une fiche d'identité de votre commune

La fiche d'identité devra contenir les informations suivantes. Veillez à une présentation structurée et propre.

- situation géographique de la commune (localités, canton, district, surface, environnement agricole …)
- blason de la commune avec explication de sa signification
- organes de la commune : maire, échevins, conseillers communaux
- nombre d'habitants (évolution, pourcentage d'étrangers …)
- transport et circulation (routes, transports en commun …)
- infrastructures dans la commune (p.ex. maison relais, maison des jeunes, pompiers, installations sportives, bibliothèque, cybercafé, église, musées …)
- finances (recettes et dépenses de la commune)
- école (bâtiments, nombre d'élèves, offre scolaire …)
- entreprises (employeurs, nombre d'employés, nature des entreprises …)
- agriculture
- commerces
- gastronomie
- santé
- tourisme (hébergement, attractions touristiques …)
- activités de loisir (parcs, pistes cyclables …)
- clubs et associations
- histoire locale :
  - origine, fondation
  - bâtiments historiques
  - tableau chronologique des principaux évènements historiques
  - développement dans le passé
  - photos (hier et aujourd'hui)
  - perspectives d'avenir

4. Réfléchissez à ce qu'une personne qui va s'installer dans votre commune voudrait savoir.
5. Il arrive sûrement que des familles avec des enfants ou des jeunes de votre âge s'installent dans votre commune. Rédigez pour ces jeunes une brochure d'information sur votre commune. Vous trouverez peut-être une telle brochure auprès de votre administration communale – utilisez-la comme modèle. Si possible, rédigez la brochure dans plusieurs langues.
6. Établissez des graphiques sur les sujets suivants : évolution démographique, âge de la population, activités économiques, nationalités …
Interprétez les graphiques.

3.2 Les missions de la commune

La commune est la plus petite subdivision dans l'administration de l'État. Les communes s'administrent elles-mêmes (autonomie communale). Afin de prévenir tout abus et tous faux développements, l'État les fait surveiller par le ministère de l'Intérieur (tutelle administrative). Les tâches de la commune sont multiples. L'État confère certaines missions à la commune en sa qualité de plus petite unité administrative. La loi attribue certaines tâches obligatoires aux communes. Les communes remplissent aussi des missions qu'elles se donnent volontairement pour augmenter la qualité de la vie de leurs citoyens et améliorer l'image de la commune.

M1 Exemples des prestations d'une commune

M2 Attributions d'une commune

Bureau de l'état civil
(◇ das Zvilstandsamt)
Ici les événements les plus importants du point de vue du droit civil dans la vie d'une personne sont enregistrés (naissance, mariage, divorce, mort).
Des extraits du registre de l'état civil (p.ex. un acte de naissance) peuvent être obtenus auprès de la commune correspondante respectivement auprès du tribunal d'arrondissement de Luxembourg ou de Diekirch.

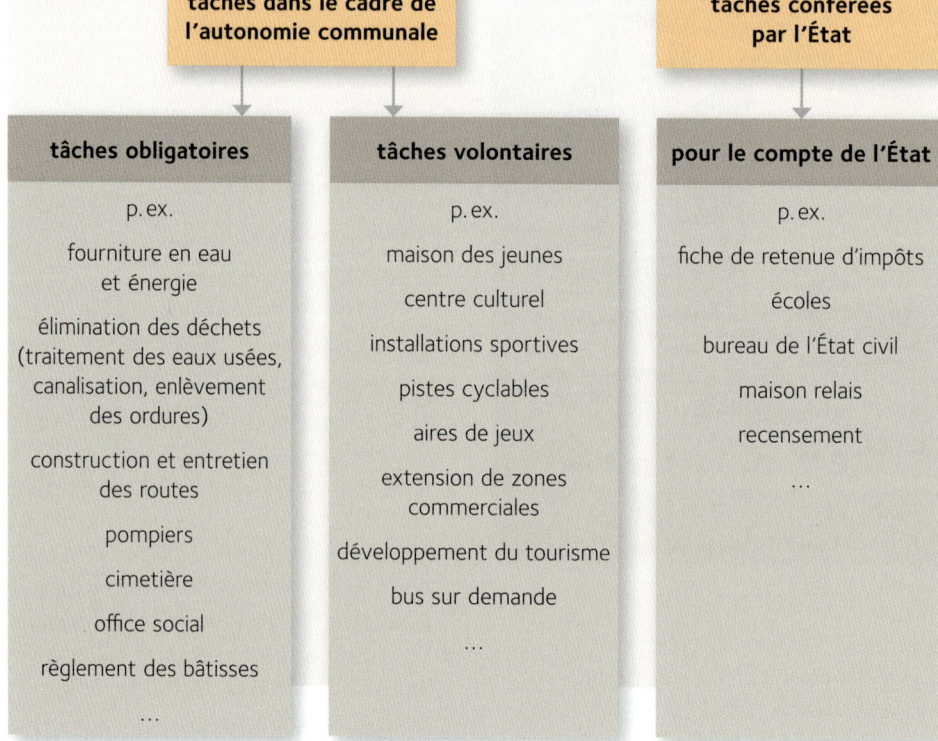

3.2 Die Aufgaben der Gemeinde

M3 Annuaire de la commune de Mersch 2019

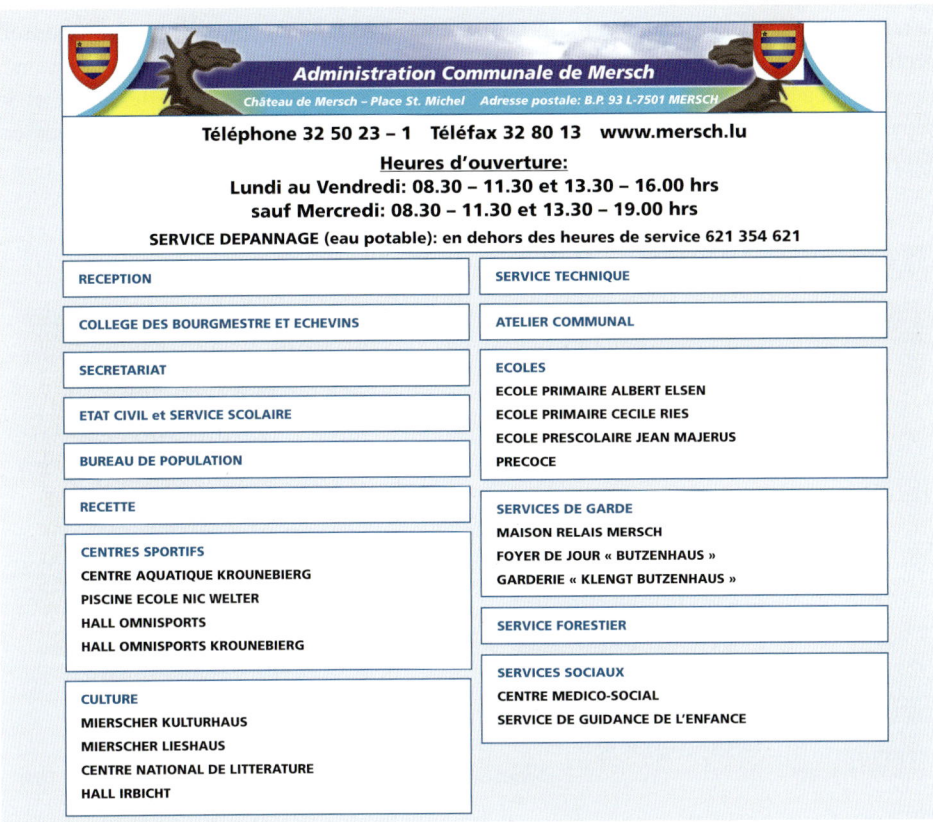

1. Établissez un aperçu des prestations de la commune auxquelles vous recourez (par jour, par semaine).
2. Informez-vous sur l'offre culturelle et sportive de votre commune.
   Y a-t-il une offre spécialement destinée aux jeunes ? (informations à trouver dans le bulletin d'information de la commune ou sur sa page Internet)
3. Qui répond aux préoccupations suivantes des citoyens dans la commune ?
   - date pour un mariage
   - découverte d'un liquide caustique
   - projet de construction d'une usine
   - intérêt pour des appartements locatifs communaux
   - plainte contre le voisin
   - association organise fête pour les citoyens (aide/subventions ?)
   - autorisation de nuit blanche
   - autorisation de bâtir
   - attribution de tombeaux
   - carte d'identité
   - renseignements sur des projets de routes
   - réclamations à propos de l'enlèvement des ordures
   - demande d'une zone 30 dans un quartier résidentiel
   - odeur de gaz sur la voie publique
   - location du centre culturel
4. Comparez l'annuaire de la commune de Mersch avec celui de la vôtre/d'une autre commune.
   Constatez-vous des différences/points communs ?
5. Pourquoi la subdivision en tâches obligatoires, tâches volontaires et tâches conférées par l'État ?

3.3 Les finances communales

Le budget
(◇ der Haushalt)
On distingue le budget ordinaire et le budget extraordinaire. Le budget ordinaire comprend les recettes et dépenses annuelles régulières. Dans un budget extraordinaire on note les dépenses qu'on ne fera qu'une fois (p.ex. pour bâtir une nouvelle école).

Les nombreuses tâches d'une commune doivent aussi être financées. C'est pour cette raison que, chaque année, un budget est dressé, dans lequel sont spécifiées les recettes et les dépenses prévues. Si les dépenses dépassent les recettes, on parle d'un déficit. S'il reste de l'argent à la fin de l'année budgétaire, on dit qu'il y a un excédent. Le projet de budget est élaboré par le maire et le conseil échevinal, puis discuté au conseil communal. Ensuite le conseil communal, auquel appartiennent aussi le maire et le conseil échevinal, vote pour accepter ou non ce budget.

M1 Recettes et dépenses : idéalement en équilibre

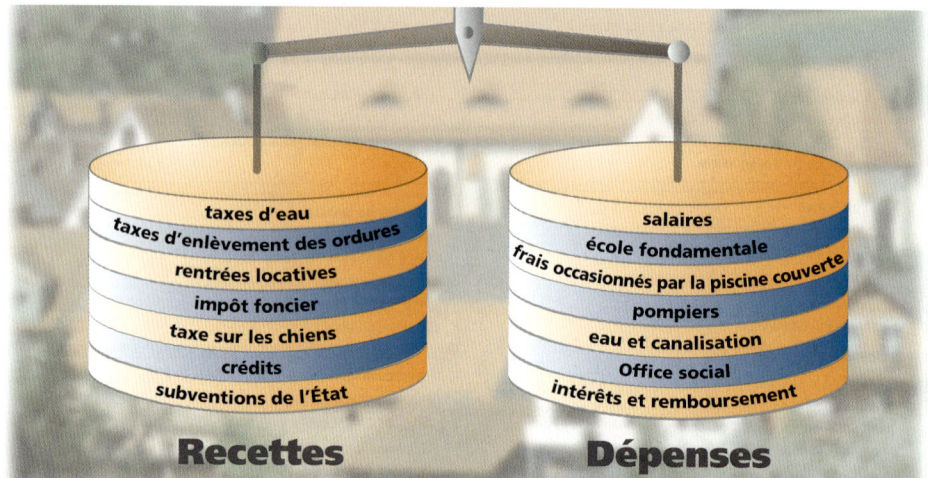

Les taxes
(◇ die Taxen/Gebühren)
et **les impôts**
(◇ die Steuern)
Source importante de recettes pour l'État et les communes

M2 Budgets 2015 des communes de Kiischpelt et Luxembourg (en euros)

Kiischpelt	Service ordinaire	Service extraordinaire
Recettes	4.364.365,55	305.700,00
Dépenses	3.471.511,31	1.638.629,48
Différence		

Luxembourg	Service ordinaire	Service extraordinaire
Recettes	637.400.000	98.800.000
Dépenses	535.300.000	267.600.000
Différence		

M3 Véhicule communal

M4 Caricature

3 Leben in der Gemeinde

3.3 Die Gemeindefinanzen

M 5 Répartition des recettes et dépenses ordinaires de la commune de Dudelange (2010)

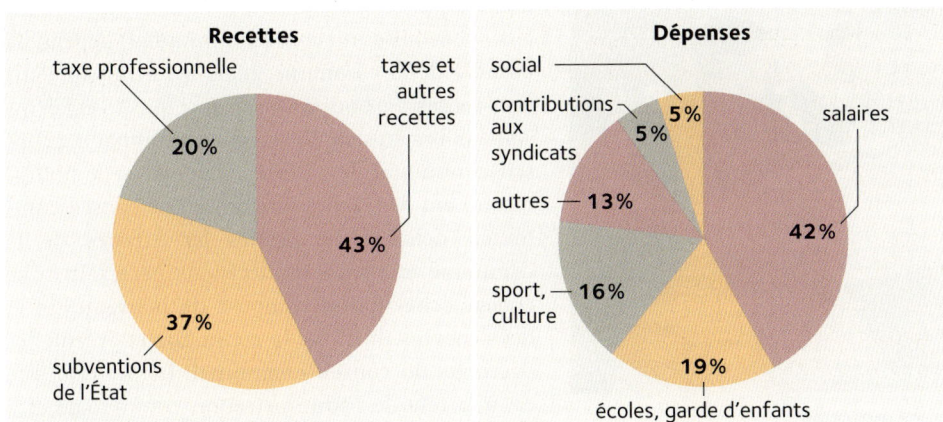

M 6 Investissements de la commune de Dudelange (2010)

- achat de biens immobiliers : 1 million d'euros ; construction de la nouvelle Maison Relais « Strutzbierg » : 1,8 millions d'euros
- construction et aménagement d'une infrastructure pour l'éducation précoce « Lenkeschlei » : 377 000 euros
- création d'habitations pour personnes nécessiteuses : 350 000 euros
- réseau de la canalisation : 981 000 euros
- bassin de retenue d'eau à Burange : 2,9 millions d'euros
- centre culturel : 500 000 euros
- réaménagement de la piste synthétique et du terrain de jeu du stade Kennedy et réalisation d'une surface polyvalente au stade Nosbaum : 795 000 euros
- démolition et reconstruction de la première aile du centre Hartmann : 500 000 euros
- réaménagement et réfection du réseau routier : 750 000 euros

Luxemburger Wort du 21.12.2009 (trad.)

M 7 Facture des taxes et impôts communaux

Grand-Duché de Luxembourg
Administration Communale de DIEKIRCH
Siège 27, avenue de la Gare, L-9233 DIEKIRCH · Adresse postale: B.P. 145, L-9202 DIEKIRCH
Tél : 80 87 80 · Fax : 80 87 80-250 · Tva : LU 109 156-42

Facture – Taxes communales
Période : Juillet – Septembre 2015

Point de facturation
n° 508001000
1, rue de la Croix L – 9216 Diekirch

Montant € HTVA

Eau	43,40
Canal	43,00
Ordures	50,25
Antenne Collective	55,95
Total HTVA	192,60
Total non soumis TVA	0,00
Total TVA 3% Base HTVA 63,35	1,90

(Total non soumis TVA 129,25)

Total à payer   **194,50 € TTC**
FACTURE PRELEVEE AUTOMATIQUEMENT

1. Classez les dépenses de la commune données par M1 en tâches obligatoires, tâches volontaires et tâches conférées par l'État.
2. Réfléchissez aux raisons pour lesquelles la commune subventionne certaines prestations. Débattez p. ex. sur l'introduction de prix d'entrée couvrant les frais : le prix d'entrée pour la piscine de Rédange/Attert est de 2,5 € pour les jeunes, le prix couvrant les frais serait de 7,5 €.
3. Informez-vous au sujet des taxes et impôts que vos parents doivent payer à la commune annuellement.
4. Comparez les budgets des communes de Kiischpelt et Luxembourg (M2). Quelles sont les différentes possibilités qu'ont ces communes pour réaliser de futurs projets (construction d'une nouvelle école, d'une maison des jeunes, de nouvelles infrastructures sportives etc.) ?
5. Décidez à l'aide des documents de cette double page quelles dépenses sont nécessaires pour une commune. Où pourrait-on éventuellement faire des économies ?

3.4 Qui décide dans la commune ?

M1 Séance du conseil communal :
1. le maire ou bourgmestre, 2. échevins,
3. conseillers

Le conseil communal

Dans chaque commune il y a un conseil communal, élu par les habitants. Le nombre des conseillers (= membres du conseil communal) dépend de la taille de la commune, mais il est impair dans tous les cas. Le bourgmestre ainsi que les échevins sont choisis au sein du conseil communal. Le conseil communal, le collège échevinal et le bourgmestre ont des tâches différentes. Le conseil communal délibère sur toutes les affaires de la commune et prend les décisions nécessaires. Le collège échevinal se compose du bourgmestre et des échevins. Il dirige la commune et exécute les décisions du conseil communal. Le bourgmestre est à la tête de l'administration communale et a des pouvoirs considérables. Il signe tous les règlements communaux (p. ex. les autorisations de bâtir) et exécute les règlements de police (p. ex. nuits blanches).

Le conseil communal,
le conseiller communal
(<> der Gemeinderat)

Le bourgmestre, le maire
(<> der Bürgermeister)

L'échevin (<> der Schöffe)

Le collège des bourgmestre
et échevins
(<> der Schöffenrat)

M2 La loi sur l'organisation des communes

Art. 5 Les conseillers communaux sont élus directement par les électeurs de la commune, le tout dans la forme et de la manière déterminées par la loi électorale.
Art. 21 Les séances du conseil communal sont publiques.
Art. 29 Le conseil fait les règlements communaux. Ces règlements ne peuvent être contraires aux lois …
Art. 30 Le conseil communal nomme … les fonctionnaires et les employés de la commune …
Art. 57 Indépendamment des attributions qui lui sont conférées par d'autres dispositions légales le collège des bourgmestre et échevins est chargé : 1° de l'exécution des lois, des règlements et arrêtés grand-ducaux et ministériels, pour autant qu'ils ne concernent pas la police ; 2° de la publication et de l'exécution des résolutions du conseil communal ; … 4° de l'administration des établissements communaux et du contrôle des établissements publics placés sous la surveillance de la commune ; 5° de la surveillance des services communaux ; 6° de la direction des travaux communaux …
Art. 69 Le bourgmestre, un échevin ou un conseiller … délégué à ces fins remplit les fonctions d'officier de l'état civil ; il est particulièrement chargé de faire observer tout ce qui concerne les actes et la tenue des registres de l'état civil.
Art. 78 Les agents des secteurs public et privé qui sont bourgmestre, échevin ou conseiller communal ont droit à un congé politique pour remplir leurs mandats ou fonctions.
Art. 82 Les règlements du conseil ou du collège des bourgmestre et échevins sont publiés par voie d'affiche.

Mémorial A No 64 du 13.12.1988

3 Leben in der Gemeinde

3.4 Wer entscheidet in der Gemeinde ?

M3 Conseil et administration d'une commune

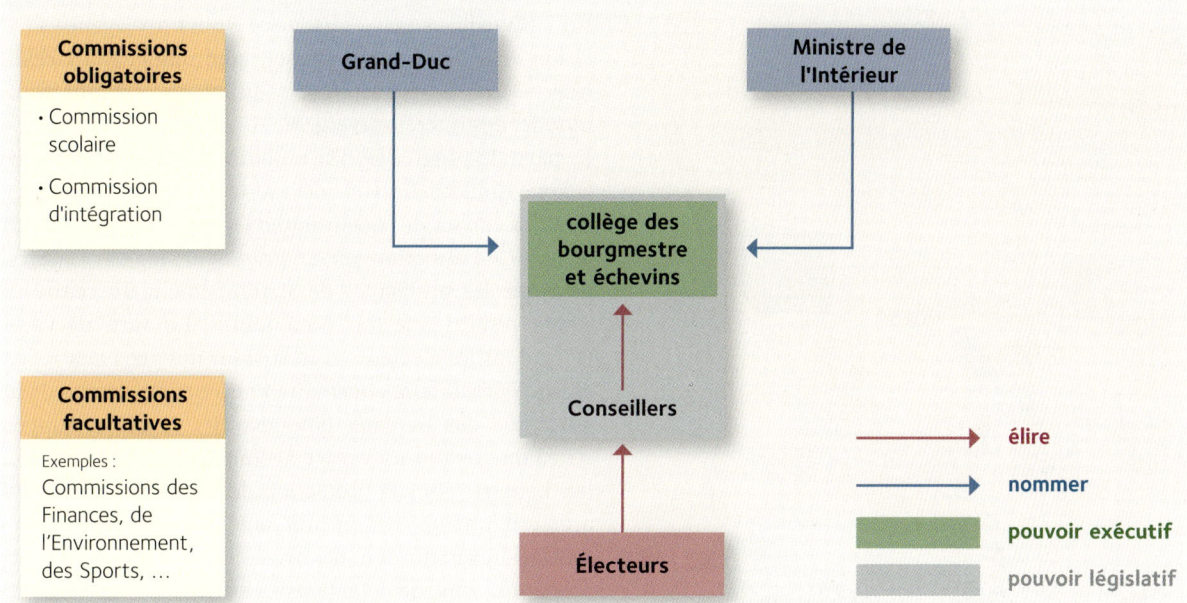

M4 Règlements de la commune de Dudelange

Circulation et police
- Nuits blanches
- Protection contre le bruit
- Marchés
- Services de taxi
- Stationnement
- Police

Divers
- Cimetières
- Dumping Station
- Antenne collective
- Bruit
- Chiens

Enseignement / Structures d'acceuil
- Bibliothèque
- Structures d'acceuil
- Aires de jeux et cours des écoles
- Admission dans l'enseignement d'enfants d'autres communes

PAG / Bâtisses

www.dudelange.lu/politique-et-administration/
reglements-communaux (4.12.2015)

Pouvoir législatif
(◇ die gesetzgebende Gewalt)
Le conseil communal n'édicte pas des lois mais des règlements communaux.

Pouvoir éxécutif
(◇ die ausführende Gewalt)
Le collège des bourgmestre et échevins a le pouvoir exécutif dans une commune.

1 Répondez aux questions suivantes en vous servant des documents M1 et M2 : – Comment se compose le conseil communal ? – Établissez une liste des fonctions du conseil communal, du conseil échevinal et du bourgmestre. – Expliquez l'importance de l'article 78. – Comment un citoyen peut-il s'informer sur le travail du conseil communal ?

2 Informez-vous sur le conseil communal de votre commune : – Combien de membres masculins et féminins a-t-il ? – Comment s'appelle le ou la bourgmestre ? – Quels partis politiques sont représentés et combien de représentants y a-t-il par parti ?

3 Interviewez un conseiller communal à propos de son travail. Demandez quels sont les problèmes et projets actuellement en discussion. Interviewez le bourgmestre sur ses attributions et renseignez-vous auprès de lui ou du secrétaire communal (chef de l'administration) sur ce que l'administration fait pour les citoyens.

3.5 Le projet « Haardt »
Was wird aus der « Haardt » ?

M1 Plan de la ville fictive de Septruisseaux

Vive controverse à Septruisseaux

On devrait commencer sous peu à bâtir sur le terrain situé sur « Haardt », au no 77 de la rue Romain Wagener. La décision sera prise par le conseil communal. Mais celui-ci n'arrive pas à trouver une solution qui arrange tout le monde. Les intérêts divergent.

Le parti du progrès (PP) se mobilise pour une extension de la zone industrielle. Cela devrait faire rentrer plus d'argent dans les caisses de la commune. Le parti centriste des citoyens (PCC) aimerait voir un grand parking sur ce terrain, afin que les problèmes de stationnement du centre-ville soient résolus une fois pour toutes. Le parti de l'avenir (PA), dont les électeurs sont surtout des gens aux revenus élevés, entend faire construire plusieurs résidences de luxe ainsi que des bureaux pour avocats et des commerces. Ainsi on créerait un espace agréable pour vivre et travailler. Le parti pour la protection de l'environnement (PPE) aimerait que le terrain soit aménagé en parc, avec de grands prés naturels et des arbres, et qu'il puisse être utilisé comme zone de détente par les familles et les personnes âgées. En outre, des jeunes ont fondé un comité de défense de leurs intérêts avec le slogan « Le terrain no 77 pour nous ! ». Ils exigent qu'on y aménage des aires de jeux, un terrain de football et un parc de skate, car la ville manque d'installations de loisir pour jeunes de 14 à 18 ans.

Au conseil communal de Septruisseaux, les sièges sont répartis de la façon suivante :

PP	5 conseillers
PCC	4 conseillers
PA	2 conseillers
PPE	2 conseillers

PP et PA forment une coalition. Le bourgmestre sort des rangs du PP, parti ayant reçu le plus de voix.

1. **a)** Quelles sont les revendications des différents partis en ce qui concerne l'utilisation du terrain situé sur la « Haardt » ?
   b) Sur quoi les partis fondent-ils leurs revendications ?
   c) Trouvez d'autres arguments que les partis pourraient avancer en faveur de leur projet.
2. Examinez la revendication des jeunes « Le terrain no 77 pour nous ! » à l'aide d'un débat « pour ou contre » (voir page suivante).
3. Faites une autre proposition pour l'utilisation du terrain. Établissez un tableau « pour ou contre ».

MÉTHODE Le débat pour ou contre

▶ **LE SUJET**

Dans un débat pour ou contre, vous pouvez rassembler des arguments pour ou contre une thèse, débattre et enfin élaborer un compromis solide.

▶ **LE DÉROULEMENT**

1. Préparation
- Avant le début du débat, la classe vote pour ou contre la thèse exprimée sous forme de question fermée. (Ex. Faut-il construire un stade ?) Le résultat est noté au tableau.
- Désignez un ou deux animateurs du débat.
- Subdivisez la classe en deux groupes. Un groupe rassemble les arguments pour, et l'autre, les arguments contre.
- Chaque groupe choisit un ou deux porte-parole qui présenteront les arguments du groupe et qui répondront à d'éventuelles questions.

2. Débat
- Les porte-parole des deux groupes présentent leurs arguments.
- Ensuite, le débat commence. Le/Les animateurs donnent la parole aux participants et dirigent le débat.
- Après le débat, chaque porte-parole résume les arguments les plus importants de son groupe et plaide pour son point de vue.

3. Vote final
À la fin, on procède au vote final qui pourra être comparé au résultat du premier vote. Les opinions ont-elles changé ?

pour	contre

M 2 Aménagement de l'espace lors d'un débat pour ou contre

3.6 Élire et être élu

M1 Électrices et électeurs dans un isoloir

Le droit de vote actif
(◇ das aktive Wahlrecht)
le droit de voter

Le droit de vote passif
(◇ das passive Wahlrecht)
le droit d'être élu

Pourquoi aller voter ?

Les élections communales ont des conséquences directes sur la vie des personnes. Qu'il s'agisse d'un nouvel arrêt de bus, d'un agrandissement de l'école fondamentale, d'une subvention pour le club sportif ou du montant de la taxe pour la fourniture d'eau potable – toutes ces décisions sont prises par le conseil communal.

Qui est élu ?

Tous les six ans, les habitants d'une commune élisent directement les membres du conseil communal. Les électrices et électeurs disposent d'autant de voix que le conseil communal compte de membres.

Conseil communal, échevins et bourgmestre

Le conseil communal élit les échevins et le bourgmestre parmi ses membres. Le collège des bourgmestre et échevins est à la tête de la commune et exécute les décisions du conseil communal. Le nombre d'échevins varie avec la taille de la commune. Si la commune compte moins de 10 000 habitants, elle aura deux échevins à côté du bourgmestre, jusqu'à 20 000 habitants, elle aura trois échevins et au-delà, quatre. La Ville de Luxembourg compte actuellement cinq échevins.

Le bourgmestre et les échevins sont nommés par le ministre de l'Intérieur au nom du Grand-Duc.

M2

nombre de conseillers communaux	par rapport au nombre d'habitants
7	jusqu'à 999
9	1 000 – 2 999
11	3 000 – 5 999
13	6 000 – 9 999
15	10 000 – 14 999
17	15 000 – 19 999
19	plus de 20 000
27	Ville de Luxembourg

M3 Dépouillement du scrutin

3.6 Wählen und gewählt werden

M4 Loi électorale du 18 février 2003

Art. 2. Pour être électeur aux élections communales il faut:
1° être âgé de dix-huit ans accomplis au jour des élections;
2° jouir des droits civils …
3° pour les Luxembourgeois, être domicilié dans le Grand-Duché;
4° pour les ressortissants d'un autre Etat membre de l'Union européenne, être domicilié dans le Grand-Duché et y avoir résidé au moment de la demande d'inscription sur la liste électorale prévue par la présente loi, pendant cinq années au moins;
5° pour les autres ressortissants étrangers, être domicilié dans le Grand-Duché et y avoir résidé au moment de la demande d'inscription sur la liste électorale prévue par la présente loi pendant cinq années au moins.

En outre ils doivent, pour toute cette période, être en possession d'une autorisation de séjour, des papiers de légitimation prescrits et d'un visa si celui-ci est requis …

Art. 192. Pour être éligible, il faut:
1° jouir des droits civils …
2° être âgé de dix-huit ans accomplis au jour de l'élection;
3° avoir sa résidence habituelle dans la commune, c'est-à-dire y habiter d'ordinaire; cette condition doit être remplie depuis six mois au moins lors du dépôt de la candidature.

Pour les ressortissants étrangers, il faut en outre avoir résidé sur le territoire luxembourgeois, au moment du dépôt de la candidature, pendant cinq années.

Mémorial A, No 31, pp. 278 et 307

J'exige que les jeunes puissent voter à partir de l'âge de 16 ans. Après tout, les décisions du conseil communal nous concernent autant que les adultes. Pourquoi les autres décideraient-ils à notre place s'il faut construire une nouvelle maison des jeunes ou si les bus que prennent surtout les jeunes circulent assez fréquemment.

M5 Voter à 16 ans ?

Lors d'un référendum, 80,87 % des électeurs se sont prononcés en 2015 contre l'introduction du droit de vote à 16 ans (au niveau national).

M6 Attention – vote obligatoire ou droit de vote ?

Dans la plupart des pays européens, le vote n'est pas obligatoire. Le Luxembourg, ainsi que la Belgique et l'Italie, font exception. En principe, l'obligation de vote vaut pour les Luxembourgeois domiciliés au Luxembourg. Tous les autres habitants peuvent se faire inscrire sur les listes électorales de leur commune.

La loi électorale pose cependant certaines conditions à l'obtention du doit de vote. Une fois qu'un citoyen est inscrit sur les listes électorales, il est obligé d'aller voter.

Les personnes âgées de plus de 75 ans sont cependant dispensées de cette obligation. La loi prévoit une amende pour toute absence injustifiée.

On remplit aussi son devoir d'électeur en remettant un bulletin de vote blanc le jour des élections. Si on ne peut pas être présent le jour des élections pour une raison justifiée, il existe la possibilité du vote par correspondance. On peut en faire la demande auprès de la commune.

1 Qui est-ce que les citoyens d'une commune élisent lors des élections communales ?
2 Qui élit le bourgmestre et les échevins ?
3 Quelles conditions doit-on remplir pour pouvoir voter et pour être élu ?
4 Discutez du sens du vote obligatoire. Justifiez votre point de vue.
5 Quelle est votre opinion à propos du droit de vote actif et passif des étrangers ? Justifiez votre point de vue en tenant également compte de la situation spécifique du Luxembourg.
6 Informez-vous sur le droit de vote pour les étrangers dans d'autres pays. Que constatez-vous ?
7 Débattez de la proposition « Voter à 16 ans ».

3.7 Comment voter ?

Deux modes d'élections

Le système de la majorité relative dans les petites communes
(moins de 3000 habitants)

Dans les communes à scrutin majoritaire, les partis politiques ou listes ne jouent aucun rôle. Ce sont des candidats individuels qui se présentent aux élections.

Les élections

Par ce mode d'élection, on détermine combien de voix un candidat a obtenues. Les candidats qui ont obtenu le plus de voix deviennent membres du conseil communal.

Répartir ses voix

L'électeur donne une voix aux candidats de son choix. Ici non plus, on ne peut donner plus de voix qu'il y a de sièges au conseil communal.

Le système de la représentation proportionnelle dans les grandes communes
(plus de 3000 habitants)

Dans les communes où l'on vote à la proportionnelle, il y a des partis et des listes. Chaque parti présente autant de candidats qu'il y a de sièges (mandats) au conseil communal.

Les élections

Par ce mode de scrutin, on détermine combien de voix un parti a obtenues. Un parti obtient d'autant plus de sièges qu'il a obtenu plus de voix. Ces sièges sont alors répartis entre les candidats qui ont obtenu le plus de voix. Les sièges sont donc répartis en proportion des voix obtenues. Voilà pourquoi ce mode de scrutin est appelé « proportionnelle ».

Répartir ses voix

On peut voter de différentes manières. Cependant, l'électeur ne doit pas donner plus de voix qu'il y a de sièges au conseil, sinon son bulletin ne sera pas valable.
- Si on est d'accord avec tous les candidats d'un parti, on peut voter pour la liste. Dans ce cas, on noircit le rond au-dessus de la liste du parti.
- Si on ne veut pas élire tous les candidats d'une liste, on peut donner jusqu'à deux voix à ses candidats favoris. Ceci s'appelle « cumuler ».
- On peut répartir ses voix sur les candidats des différents partis. Ceci s'appelle « panacher ».

M1 Bulletin de vote (système de la majorité relative)

Elections communales du 9 octobre 2011
Election de 7 conseillers
dans la commune de Fischbach

Gemeinderatswahlen vom 9. Oktober 2011
Wahlen von 7 Gemeinderäten
in der Gemeinde Fischbach

Spécimen d'un bulletin de vote – Muster eines Wahlzettels

1	BROSIUS Lucien	
2	BROSIUS-KOLBER Marianne	
3	DAEMS Frank	
4	DINIS Gilberto	
5	FELTUS Norbert	
6	FREY Bärbel	
7	HAAS-ERPELDING Marie-Louise	
8	KARIER Marco	
9	KRAUS Carlo	
10	MAJERUS-SCHMIT Simone	
11	PLETSCHET Carlo	
12	SPAUTZ Ren	
13	THOLL Jean-Baptiste	
14	TRAUSCH Claude	

M2 Bulletin de vote (système de la représentation proportionnelle)

ELECTIONS COMMUNALES
DU 09 OCTOBRE 2011
Election de 19 conseillers
dans la commune de Differdange

1 déi gréng	2 Chrëschtlech Sozial Vollekspartei CSV	3 LSAP - d'Sozialisten	4 D P
TRAVERSINI Roberto	BIEVER Roland	MULLER Erny	MEISCH Claude
VARANDAS Daisy	COOS Christian	ANTONY Franz	BERNARD Carlo
LIESCH Georges	DA CRUZ Sandra	BERTINELLI Fred	BURGER Pascal
WEITEN-DE WAHA Mireille	HARTUNG Jerry	BRAQUET Michel	GILLIEN Eric
AGUIAR Paulo	KLEIBER Karim	CHARLE Fred	DIEDERICH Edith
ARTUSO Janis	MANGEN Robert	DA SILVA João	FERRON Daniel
DI NARDO Vanessa	MANGEN Isabelle	FERNANDES Vânia	GLAUDEN Jos
KLEIN John	MARTINELLI Roger	HANSEN Carlo	GOERGEN Martine
PETIT-SASSEL Monique	MATZET Aly	HANSEN Pascal	HOFFMANN John
BRASSEL-RAUSCH Christiane	OLTEN Claude	HOBSCHEIT Pierre	KREMER Jeannot
RICHARTZ-NILLES Yvonne	OLTEN Stephanie	IANIZZI Roger	LORGE Jean
SCHALBAR Marc	PELT Jos	MARCELET Alexandra	MANGEN Nathalie
SCHENAL Fabrice	REDING Marc	MONDOT Juliana	MEISCH Marcel
SCHERSCHEL Nico	RION Anne	NICKELS Alain	MERSCH Camille
SCHWACHTGEN Frenz	SCALISE Pino	PETTINGER Charel	MUNCH Jean-Didier
WAMPACH René	SCHAMBOURG Pierrette	SAILER Monique	PEREIRA Michel
WERECKI Dan	TREFF Jean	SCHMITZ Gilbert	SAEUL Christiane
WERECKI Julie	ULVELING Tom	TROIAN Mélanie	SCHOMER Kay
WEYLAND Denise	ZAHLES Nathalie	WOHL Fränky	WINTRINGER Arthur

3.7 Wie wähle ich?

Le référendum

Le référendum est une consultation directe des citoyens. Ces consultations du peuple peuvent se faire au niveau européen, national ou communal. Lors d'une fusion de communes, c'est-à-dire, si deux ou plusieurs communes décident de se regrouper en une seule, cela se fait par référendum. Les citoyens concernés peuvent donc s'exprimer directement sur cette question. L'initiative en faveur d'un référendum peut venir aussi bien du conseil communal que des citoyens.

M3 Bulletin de vote pour un référendum communal

MODELE D'UN BULLETIN DE VOTE

Commune de Nommern
Référendum du 9 novembre 2014

Nein — Sind Sie einverstanden mit der Fusion der Gemeinden Fischbach, Fels und Nommern mit Wirkung ab dem 1. Januar 2018? — Ja

Neen — Sidd Dir averstane mat der Fusion vun de Gemenge Fëschbech, Fiels an Noumer mat Wierkung vum 1. Januar 2018 un? — Jo

Non — Êtes-vous d'accord avec la fusion des communes Fischbach, Larochette et Nommern avec effet au 1er janvier 2018? — Oui

Gemeinde Nommern
Volksabstimmung vom 9. November 2014

M4 Extrait de la loi communale

Art. 35. Le conseil communal peut appeler les électeurs à se prononcer par la voie du référendum dans les cas d'intérêt communal et sous les conditions qu'il détermine.
Le référendum est de droit lorsque la demande en est faite par un cinquième des électeurs dans les communes de plus de trois mille habitants, et par un quart des électeurs dans les autres communes. Dans ces cas, le conseil doit organiser le référendum dans les trois mois de la demande. Les modalités du référendum sont fixées par règlement grand-ducal. Les dispositions de la loi électorale relatives au vote obligatoire, notamment les articles 259 à 262 inclusivement, sont applicables.
Dans tous les cas, le référendum n'a qu'un caractère consultatif.

Mémorial A No 64 du 13.12.1988, p. 1225

1. Expliquez la différence entre le système de la majorité relative et le système de la représentation proportionnelle. Pourquoi ces deux systèmes ?
2. Résumez en vos propres mots les possibilités pour répartir ses voix.
3. Quel est l'enjeu du vote en M3 ?
4. Quelles conditions doivent être remplies pour qu'un référendum puisse être organisé ? (M4)
5. Pourquoi les référendums n'ont-ils qu'un caractère consultatif ?
6. Pourquoi fait-on des référendums ? Après tout, le conseil communal est élu par les citoyens et dispose donc de leur accord pour mener les affaires politiques pendant six ans.

3.8 S'engager dans sa commune

Une commune ne vit que par ses citoyens. La participation active à la vie de la commune peut prendre différentes formes.

M1 Discussion entre citoyens

Pourquoi toutes ces commissions communales ? De toute façon, le bourgmestre et son entourage font ce qu'ils veulent. Et puis, pourquoi perdre son temps en bavardages inutiles !

Franchement, je crois que tu cherches un prétexte pour ne pas t'engager. En réalité, ce n'est qu'au niveau de la commune que tu as l'occasion de faire valoir ton point de vue. Presque toutes les décisions te concernent.

Les commissions consultatives du conseil communal

Le conseil communal peut recourir à l'avis de commissions consultatives. Sont membres de ces commissions, à côté des conseillers communaux, des habitants de la commune. Le conseil communal peut constituer une commission pour chaque domaine dans lequel il a besoin de se faire conseiller.

Les commissions obligatoires sont :
- la commission scolaire qui conseille les responsables communaux notamment sur l'organisation scolaire, le transport scolaire, l'aide aux devoirs à domicile et qui sert de médiateur entre parents d'élèves et personnel enseignant
- la commission d'intégration dont la mission consiste à intégrer les habitants étrangers dans la vie de la commune.

Il est possible de constituer des commissions facultatives comme une commission des sports ou une commission culturelle.

M2 « Vivre serrés comme des sardines »

C'est dans la commune de Roeser que, vendredi soir, des habitants en colère se sont regroupés en comité de quartier pour défendre leurs intérêts contre un gros projet. En effet, sur un terrain de 28 hectares entre Berchem et Biwange, on projette de construire 800 appartements et 95 maisons. Ceci équivaut selon le maître d'ouvrage à 2800 nouveaux habitants et 15 ans de chantier – et selon les adversaires du projet cela équivaudrait surtout à 1600 voitures et partant à la perte de toute qualité de vie.

Luxemburger Wort du 18.04.2006 (trad.)

M3 Les objectifs d'un comité de quartier

Biergerinitiativ fir eng sënnvoll Entwécklung am Réiserbann
Association sans but lucratif

Après la réunion d'information « Les jardins du Roeserbann" du 13 mars 2006 à la commune de Roeser, plusieurs riverains concernés ont décidé de créer une association pour rassembler les personnes se révoltant contre le projet et pour mieux coordonner les différentes actions. La « Biergerinitiativ fir eng sënnvoll Entwécklung am Réiserbann asbl" a pour but d'oeuvrer pour :
- le maintien d'abord et l'amélioration ensuite de la qualité de vie des citoyens de la commune de Roeser,
- la protection de l'environnement de la commune de Roeser,
- un développement raisonnable d'un point de vue dimensionnement et infrastructures subséquentes de la commune de Roeser,
- un développement responsable d'un point de vue social et financier de la commune de Roeser,
- l'empêchement de tout projet nuisant aux objectifs des points précités.

L'association est dirigée par le conseil d'administration, composé actuellement de seize membres. Pour garantir l'indépendance politique de l'association, aucun mandataire d'un parti politique ne peut faire partie du conseil d'administration.

www.reiserbann.org (4.12.2015)

3.8 Aktiv sein in der Gemeinde

M4 Les sapeurs pompiers volontaires interviennent en cas de :

- Incendie
- Accident sur la voie publique
- Inondation
- Pollutions diverses
- Catastrophes naturelles
- Sauvetage de personnes et d'animaux en péril
- Recherche de personnes
- Élaboration d'avis sur la prévention d'incendie

M5 Intervention des sapeurs pompiers volontaires lors d'un accident. Les pompiers ont besoin de bénévoles.

M6 Appel d'une commission de l'environnement

Nettoyage de printemps 2015

Le samedi, 28 mars 2015, nous organiserons notre traditionel nettoyage de printemps dans la commune.

Le rdv est fixé à 9 heures, section Burmerange à Burmerange auprès du Centre Maus Ketti, section Schengen à Remerschen devant la mairie et section Wellenstein devant l'église à Wellenstein.

Après le nettoyage, une soupe aux pois sera servie dans l'atelier communal de Burmerange (Centre Maus Ketti)

Inscriptions auprès de l'Administration Communale au numéro 23 66 40 28 jusqu'au 24 mars 2015.

Nous vous remercions d'avance pour votre participation.

La commission de l'environnement de la commune de Schengen.

Bulletin communal no. 7 Mars 2015, Commune de Schengen (http://www.schengen.lu/fr-FR/info%20Edition%207%20-%20 1.3.pdf?FileID=publications%2finfo%2520edition%25207%2520-%25201.3.pdf; 7.12.2015)

M7 La commune subventionne les clubs de sport tout comme les associations culturelles.

1. De quelle manière chaque citoyen peut-il s'engager au niveau communal ? Énumérez les possibilités à l'aide des exemples de cette double page.
2. Mettez-vous à la place des habitants de la commune de Roeser (M2). Rédigez une lettre aux responsables communaux dans le but de les rendre attentifs à votre situation.
3. Comment pouvez-vous vous engager personnellement au niveau de votre commune ? Faites la différence entre un engagement politique en-dehors des périodes électorales et d'autres types d'engagement.
4. Faites une recherche sur les clubs et associations de votre commune. Quels groupes sociaux visent-ils ? Y a-t-il des problèmes pour assurer la relève ?
5. Imaginez que sur l'aire de jeux à côté de l'école on veuille construire un parking. Vous n'êtes pas d'accord avec ce projet. Que pouvez-vous faire contre ce projet ?
6. Qu'est-ce qu'on entend par : « La politique nous concerne tous. » Commentez !

3.9 Les communes coopèrent

Les syndicats intercommunaux et les fusions de communes

De nombreuses missions de la commune sont trop coûteuses pour pouvoir être exécutées et financées par une seule commune. C'est pour cette raison que nombre de communes profitent de la possibilité de se regrouper pour remplir ces missions. Elles peuvent fonder un syndicat intercommunal pour certaines missions et ainsi organiser ensemble p.ex. l'élimination des déchets.

Quand deux ou plusieurs communes veulent se regrouper pour former une nouvelle commune, on appelle cela une fusion de communes. Une telle fusion ne peut être décidée par un règlement communal, elle ne peut se faire que par une loi nationale. La fusion de Hamm, Rollingergrund, Hollerich, Eich et Luxembourg en 1920 est un exemp[le] d'une grande fusion de communes. Les attentes envers l[es] communes augmentent dans des domaines aussi vari[és] que l'urbanisme, la protection de l'environnement, l'éco[...] la prise en charge des enfants et des personnes âgée[s,] l'administration, la culture, que les transports en com[-] mun. Voilà pourquoi les communes, surtout les plus pet[i-] tes d'entre elles, considèrent qu'il serait bien de fusionne[r.] Le ministère de l'Intérieur, dont dépendent les commune[s,] soutient cette évolution, si possible même avec des subve[n-] tions. Il argumente que les grandes communes travaille[nt] de façon plus efficace et plus économique et qu'elles peu[-] vent offrir de meilleures prestations aux habitants.

M1 Affiche du TICE – Syndicat des Tramways intercommunaux du canton d'Esch

M3 Organisation du traitement des déchets

Le Ministère de l'Environnement étudie les possibilités de réduire considérablement les quantités de déchets au Grand-Duché. Un projet de loi est attendu pour 2020. Selon les données d'Eurostat, le Luxembourg compte à l'heure actuelle parmi les cinq principaux producteurs de déchets.

M2 PIDAL (Piscine Intercommunale de l'Alzette) : piscine des communes de Walferdange, Steinsel et Lorentzweiler à Walferdange

M4 « Nordstad »

La « Nordstad » (ville du Nord) est composée de six communes : Bettendorf, Colmar Berg, Diekirch, Erpeldange-sur-Sûre, Ettelbruck et Schieren. Le but de ces communes est de former le troisième centre urbain du Luxembourg et de devenir un centre régional pour le commerce, l'éducation, la culture, les loisirs, le tourisme et la santé, dans lequel vivraient et travailleraient de nombreuses personnes.

3.9 Die Zusammenarbeit der Gemeinden

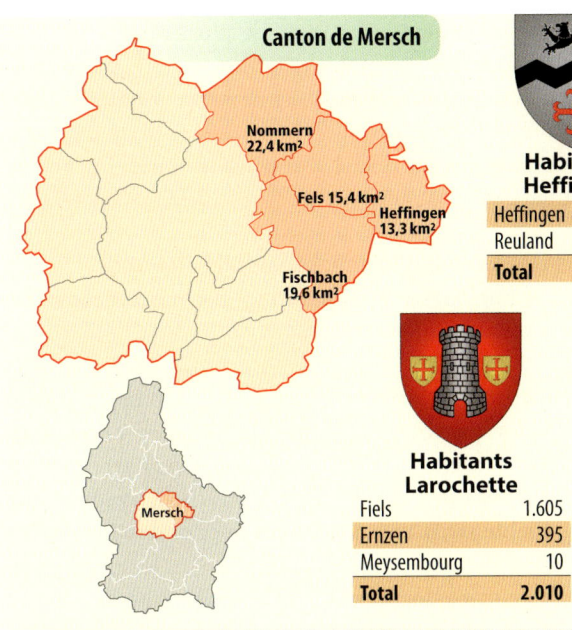

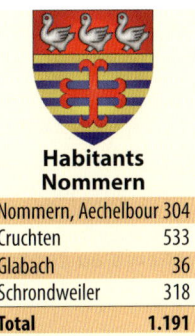

Habitants Heffingen

Heffingen	805
Reuland	295
Total	**1.100**

Habitants Nommern

Nommern, Aechelbour	304
Cruchten	533
Glabach	36
Schrondweiler	318
Total	**1.191**

Habitants Larochette

Fiels	1.605
Ernzen	395
Meysembourg	10
Total	**2.010**

Habitants Fischbach

Fischbach	204
Angelsberg	388
Schiltzberg	15
Schoos	211
Weyer, Stuppicht, Koedange	22
Total	**840**

Structure d'âge

Âge (années)	Nommern	Larochette	Heffingen	Fischbach
0–9	152 = 13 %	292 = 15 %	167 = 15 %	118 = 14 %
10–14	108 = 9 %	152 = 8 %	81 = 7 %	48 = 6 %
15–19	86 = 7 %	123 = 6 %	79 = 7 %	45 = 5 %
20–59	699 = 59 %	1187 = 59 %	604 = 55 %	515 = 61 %
60 +	146 = 12 %	256 = 13 %	164 = 15 %	114 = 14 %

Habitant de Nommern (42 ans)
« Nos trois communes sont trop petites pour être rentables. Une grande commune composée de Larochette, Fischbach et Nommern a plus de chances de se faire une place au niveau national. »

Pit S. de la commune de Fischbach (64 ans)
« Ce sondage, d'après moi, est fait pour lancer une discussion sur l'avenir des trois communes. Moi, je suis absolument contre, l'administration de notre commune est déjà assez compliquée comme ça. »

Habitante de Larochette (46 ans)
« La fusion, c'est bien. Mais ça peut mener à des querelles, une fois que ça se concrétise. Qui deviendra bourgmestre, où sera le siège de l'administration, y aura-t-il un centre scolaire ou est-ce que les écoles resteront réparties sur les trois communes ? Je pense que nous aurons des disputes et beaucoup de frais. »

Un cuisinier de Larochette (32 ans)
« Je ne veux même pas savoir ce que coûte ce sondage à notre commune. Et quel est le prix d'une possible fusion ? Dans la future commune, tous les tampons, le papier à en-tête, les brochures et les répertoires devraient être changés. Non, non, nous n'avons pas besoin de ce changement. »

Tageblatt du 23.10.2009, p. 31 (trad.)

M 5 Un projet de fusion de communes
En 2014, les citoyens des communes de Nommern et Fischbach se sont prononcés par voie de référendum contre la fusion avec Larochette. La nouvelle commune de fusion Meysembourg ne verra pas le jour.

1. Expliquez l'utilité
   a) d'un syndicat de communes.
   b) d'une fusion de communes.
2. De quels syndicats votre commune est-elle membre ?
3. Quel est l'avis des habitants au sujet de la fusion (M5) ? Quels sont leurs arguments ?
4. Quel profit l'État peut-il tirer des fusions de communes ?
5. Résumez les avantages et désavantages d'une fusion.
6. Quelles sont les conséquences d'une fusion sur la répartition des charges dans la commune (p. ex. au conseil communal) et sur le siège de l'administration communale ?
7. Qui devrait décider d'une fusion de communes ? Discutez.

3.10 Étude de cas : De nouveaux quartiers

Dans de nombreuses communes on projette de construire de nouveaux quartiers ou lotissements. Ceci est également vrai pour les deux communes les plus peuplées du pays : Luxembourg-Ville et Esch-sur-Alzette. Le grand projet du Kirchberg (M1–M3) est un chantier permanent depuis la fin des années 1950 ; le plan d'aménagement a été remanié plusieurs fois au cours des dernières décennies et il n'est toujours pas terminé. La ville d'Esch connaît également des changements profonds avec la transformation de la place du Brill, le développement d'Esch-Belval et les plans du nouveau quartier « Nonnewisen ».

M1 Des cultures maraîchères au centre européen. Un rapport de 1996.

Le « pont rouge » a été inauguré à Luxembourg-Ville en 1966. L'aménagement du plateau du Kirchberg pouvait commencer. Jusqu'à cette date, le plateau était essentiellement connu pour son exploitation agricole (culture fruitière et maraîchère, élevage). Il s'agissait d'un important centre d'approvisionnement de la ville. Dès lors, le plateau fut aménagé par la construction d'une autoroute reliant Luxembourg à Trêves. Le quartier européen fut développé.

En 1996, 7000 personnes travaillent sur le plateau du Kirchberg. Il n'est guère possible d'y habiter et de s'y approvisionner. On projette ainsi la construction d'un quartier pour 15 000 habitants avec un grand centre commercial et administratif. Afin de rendre le quartier plus agréable, l'autoroute sera transformée en boulevard urbain. De nombreux espaces verts, plusieurs bâtiments hébergeant des banques et d'autres entreprises ainsi qu'une foire moderne devraient s'y installer. Au total, 25 000 emplois devraient être offerts sur le plateau du Kirchberg.

M2 Fernand Pesch, président du Fonds d'urbanisation et d'aménagement du Plateau de Kirchberg, juillet 1998

Les orientations prises au début du projet, à savoir celles qui voulaient faire du Kirchberg un quartier entièrement axé sur la voiture, doivent être modifiées. Aujourd'hui les gens recherchent avant tout la qualité de la vie. Alors que les premiers immeubles du Kirchberg étaient regroupés strictement d'après le principe des zones de fonction, le nouveau concept d'urbanisation du plateau s'inspire plutôt des besoins de la population. ... L'idée de base de ce concept est la création d'un ensemble multifonctionnel, combinant de bout en bout les fonctions du logement, de la consommation et des loisirs.

Ina Nottrot, Kirchberg, von der grünen Wiese zur Stadt, Luxembourg 1998, p. 5 (trad.)

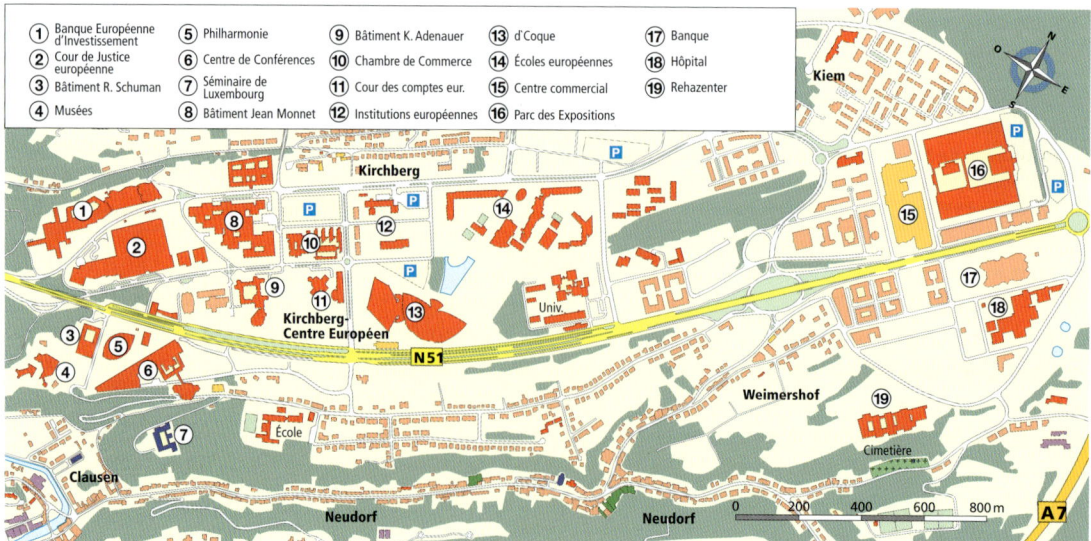

M3 Le Kirchberg en 2015

① Banque Européenne d'Investissement
② Cour de Justice européenne
③ Bâtiment R. Schuman
④ Musées
⑤ Philharmonie
⑥ Centre de Conférences
⑦ Séminaire de Luxembourg
⑧ Bâtiment Jean Monnet
⑨ Bâtiment K. Adenauer
⑩ Chambre de Commerce
⑪ Cour des comptes eur.
⑫ Institutions européennes
⑬ d'Coque
⑭ Écoles européennes
⑮ Centre commercial
⑯ Parc des Expositions
⑰ Banque
⑱ Hôpital
⑲ Rehazenter

3.10 Fallstudie : Neue Siedlungen entstehen

M 4 Le projet Nonnewisen « Wunnen am Park » (Habiter dans le parc) est présenté sur le site Internet de la ville d'Esch

À la périphérie nord de la Ville d'Esch-sur-Alzette, un tout nouveau quartier se développera. Sur le lieu-dit « Nonnewisen », la ville connaîtra cette nouvelle expansion. Le projet prévoit des habitats pour 1600 habitants et une école destinée à 250–300 élèves. Le concept de ce site « Wunnen am Parc », est d'offrir des habitations attractives dans un environnement accueillant. Au Sud, le site est délimité par le ruisseau « Dippach ».
Le site sera géré par la Ville d'Esch-sur-Alzette et le Fonds pour le Logement à coût modéré. Le terrain d'environ 30 ha sera aménagé en plusieurs phases dans les dix ans à venir, commençant avec l'école et une première résidence du Fonds pour le Logement à coût modéré. Ces constructions se trouvent à l'est du terrain, respectivement au sud et au nord du boulevard principal qui traversera le site. C'est le long de ce boulevard, passant de l'est à l'ouest que se fera le développement du projet.
Il y aura des maisons unifamiliales et des résidences. Il est prévu d'intégrer des petits commerces ainsi qu'un hôtel autour de l'école pour augmenter l'autonomie du quartier. Néanmoins, le quartier sera aussi connecté aux réseaux de pistes cyclables et au Citybus de la Ville d'Esch-sur-Alzette afin d'assurer une étroite communication avec le Centre-Ville et Belval-Ouest.

www.villeesch.lu (19.01.2010), abrégé

1. « Le plateau du Kirchberg est un quartier incomplet. » – Prenez position pour ou contre cette affirmation.
2. Faites un tableau comparatif montrant les différences entre l'ancien et le nouveau concept d'urbanisation du Kirchberg.
3. Comparez les concepts d'urbanisation du Kirchberg et des « Nonnewisen ».
4. Informez-vous auprès de votre commune sur des projets de construction ou des réalisations déjà terminées et leur concept d'urbanisation.

En travaillant en groupe, faites les plans d'un nouveau lotissement ou quartier. Les questions suivantes vous aideront dans votre travail.
- À quoi devra ressembler ce projet ? Qui est le maître d'ouvrage ? Quel est le groupe cible (c.-à-d. quel type de personnes viendront habiter dans ce quartier) ? Quelles tâches supplémentaires en découleront pour la commune ? Comment ce nouveau lotissement/quartier modifiera-t-il la commune ? Quels règlements proposeriez-vous pour la construction de ce nouveau lotissement ?
- Discutez des avantages et désavantages qui en découlent pour la commune.
- Élaborez une annonce publicitaire destinée à attirer des habitants dans votre lotissement/quartier.

3.11 En bref

Les tâches de la commune
- tâches obligatoires : fourniture en eau potable et énergie, collecte et traitement des ordures, construction et entretien des routes, cimetière, transport scolaire, office social, règlement sur les bâtisses
- tâches volontaires : maison des jeunes, centre culturel, pistes cyclables, zones commerciales, tourisme, aires de jeux
- tâches conférées par l'État : état civil, fiches de retenue d'impôt, écoles fondamentales, recensement, maison relais

Finances
- le budget est dressé tous les ans
- on vise l'équilibre entre recettes et dépenses ou l'excédent (cas idéal)
- l'endettement est souvent nécessaire afin qu'on puisse faire des investissements

Élections communales
- les élections communales ont lieu tous les six ans (vote obligatoire)
- il y a deux systèmes d'élection : le système de la représentation proportionnelle et le système de la majorité relative (selon la taille de la commune)
- les citoyens ayant le droit de vote élisent les membres du conseil communal
- le bourgmestre et les échevins sont choisis au sein du conseil communal

Conseil communal, bourgmestre et échevins
- le nombre de conseillers communaux varie entre sept et vingt-sept, selon le nombre d'habitants
- le nombre d'échevins varie entre deux et quatre, selon le nombre d'habitants
- le conseil communal décide des règlements communaux
- le bourgmestre et les échevins se chargent de l'exécution des règlements communaux

Syndicats de communes, fusions de communes
- syndicat de communes : collaboration de communes dans différents domaines pour des raisons techniques ou financières
- fusion de communes : regroupement de deux ou plusieurs communes en une seule commune plus grande

Ont le droit de vote actif …
- les Luxembourgeois de plus de 18 ans
- les étrangers de plus de 18 ans, qui vivent sur le sol luxembourgeois depuis plus de cinq ans et qui se sont inscrits sur les listes électorales

Ont le droit de vote passif …
- les Luxembourgeois de plus de 18 ans
- les étrangers de plus de 18 ans, qui vivent sur le sol luxembourgeois depuis plus de cinq ans et qui se sont inscrits sur les listes électorales

3.11 Das Wichtigste auf einen Blick

Maîtriser des savoirs (<> Sachkompetenz)

1. Les communes ont beaucoup de missions à accomplir. Énumérez deux exemples pour chacun des domaines suivants : loisirs, éducation, infrastructure, santé et économie.
2. Expliquez le fonctionnement des élections communales en complétant le schéma avec les termes suivants : citoyens ayant le droit de vote, conseil communal, bourgmestre et échevins.

Budget rectifié 2014 Mamer (€)	
Budget ordinaire	
Recettes	31.891.307,79
Dépenses	22.503.117,37
Excédents	9.388.190,42
Budget extraordinaire	
Recettes	12.763.903,44
Dépenses	21.831.845,88
Excédents	– 9.067.942,44
Budget total	
Recettes	44.655.211,23
Dépenses	44.334.963,25
Excédents	320.247,98

De Gemengebuet, Informationsblatt der Gemeinde Mamer, No 1, 2015

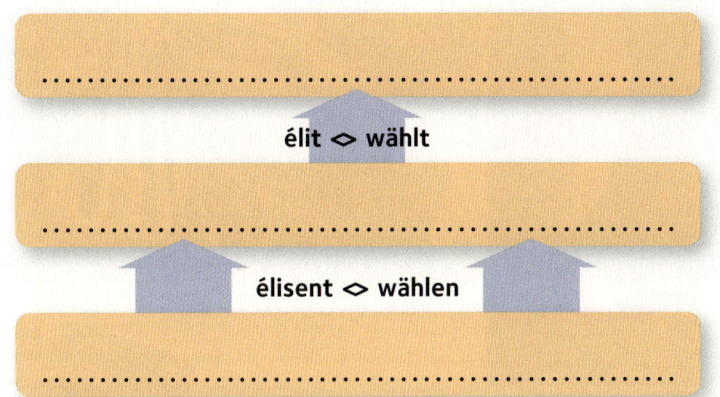

3. Expliquez la différence entre le système de la majorité relative et le système de la représentation proportionnelle.
4. Donnez deux exemples d'engagement politique au niveau de la commune.
5. Expliquez comment se compose le budget d'une commune. Distinguez à l'aide de la caricature entre dépenses ordinaires et dépenses extraordinaires de la commune.
6. Quelles sont les attributions/tâches du conseil communal, du bourgmestre et des échevins ?

Utiliser des méthodes (<> Methodenkompetenz)

7. Organisez un débat «pour ou contre» sur le sujet : «Les étrangers ne venant pas de l'UE devraient-ils être éligibles au conseil communal ?»
8. Établissez une fiche d'identité d'un club ou d'une association de votre commune. Interviewez son président. Quel genre d'aide le club reçoit-il de la commune ?

Juger et agir (<> Urteils- und Handlungskompetenz)

9. Déterminez les avantages et les désavantages des fusions de communes.
10. Quelle est la signification d'un bulletin de vote blanc ? Expliquez !
11. Dessinez un logo pour un comité de quartier qui voudrait mobiliser contre la construction d'un stade de football dans votre commune !
12. Les sapeurs pompiers volontaires sont progressivement remplacés par des pompiers professionnels. Donnez votre avis sur ce problème !
13. Discutez pour savoir en quelles circonstances un dépassement du budget communal peut être nécessaire.

4 À la découverte de l'économie

Wirtschaft entdecken

L'économie, c'est beaucoup plus que des chiffres et des diagrammes et elle n'est pas seulement réservée aux experts. Elle est partout autour de nous et nous en faisons partie, parfois à notre insu. L'économie est l'activité humaine qui consiste en la production, la distribution, l'échange et la consommation de biens et de services. Les photos ci-contre montrent des activités économiques variées dans différents secteurs économiques : secteur primaire (agriculture, mines activités minières), secteur secondaire (transformation des matières premières, production de biens matériels) et secteur tertiaire (prestations de services).

1 Classez les images selon les trois secteurs économiques.
2 Énumérez des entreprises luxembourgeoises et classez-les ensuite selon les secteurs économiques.

COMPÉTENCES VISÉES

Maîtriser des savoirs
(◇ Sachkompetenz)
- Décrire et expliquer les principes économiques
- Comprendre le rôle de l'État dans une économie de marché
- Discerner l'interaction consommateur-producteur
- Comprendre et expliquer le circuit économique

Utiliser des méthodes
(◇ Methodenkompetenz)
- Étudier des marchés

Juger et agir
(◇ Urteils- und Handlungskompetenz)
- Analyser de manière critique son propre comportement en matière de consommation
- Juger des effets du marché sur l'homme
- Évaluer le rôle de l'État dans l'économie

4 À la découverte de l'économie

4.1 Agir de façon économique

M1 Hiérarchie des besoins humains d'après A.H. Maslow

D'après cette théorie, l'être humain essaie d'abord de satisfaire les besoins du niveau inférieur. Le premier niveau représente les besoins physiologiques. Dès qu'un niveau est atteint, l'homme s'efforce d'atteindre le niveau suivant (la sécurité, l'appartenance et l'amour, l'estime, la réalisation de soi).

M2 « Mes besoins primordiaux » – Paroles d'adolescents de Tanzanie et du Luxembourg

Désirs et besoins

Tous les êtres humains ont des désirs et des besoins. Tous les besoins ne sont pas urgents au même titre : La nourriture et les vêtements comptent parmi les besoins primaires. Des besoins de luxe (p. ex. faire un voyage) ou culturels (p. ex. se cultiver ou lire un livre) ne sont pas vitaux mais leur satisfaction peut améliorer notre qualité de vie et accroître notre prestige.

Biens et services

Les moyens qui servent à la satisfaction des besoins humains sont appelés biens (<> die Güter). On distingue entre les biens de consommation (p. ex. les aliments, les voitures) et les biens de production (p. ex. les locaux d'une entreprise, les voitures de fonction, l'essence, l'électricité). Des entreprises achètent les biens de production pour les transformer en biens de consommation qui seront achetés par les ménages. Les services (<> die Dienstleistungen) sont, par opposition aux marchandises, des biens immatériels (p. ex. une coupe de cheveux, une réparation). Ils sont assurés par des personnes ou des entreprises.

Tanzanie
« Nous avons besoin d'éducation, d'eau et d'un environnement sain. »

Luxembourg
« Le plus important, c'est d'avoir autour de moi des personnes sur lesquelles je puisse compter – comme ma famille ou ma meilleure amie. »

« Notre problème ici, c'est l'eau. De plus, nous ne disposons pas des soins médicaux dont nous aurions besoin. »

« Ce qui compte pour moi, c'est de pouvoir voyager et profiter de la vie. Je veux pouvoir vivre comme je l'entends sans que l'on me dicte ma conduite. »

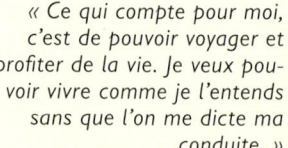

1 a) Expliquez le graphique M1.
b) Faites une liste de vos besoins et désirs personnels au cours d'une journée et indiquez-les dans le modèle de Maslow.

2 Vérifiez les déclarations suivantes et corrigez-les, si nécessaire :
a) Les besoins primaires varient d'un individu à l'autre.
b) Les besoins humains sont illimités.
c) Les besoins de luxe sont aussi appelés besoins vitaux.
d) D'après Maslow, tous les besoins se valent.

4.1 Warum wirtschaftet der Mensch?

Agir économiquement

Comme la plupart des biens n'existent qu'en quantité limitée, il faut que ces ressources (p. ex. l'argent, le temps) soient utilisées efficacement. Le rapport entre les moyens investis et les objectifs à atteindre doit être optimal. C'est ce que l'on appelle le principe économique.

Il existe deux stratégies. Le principe du maximum consiste à tirer le plus grand profit possible de moyens limités (p. ex. faire en une demi-heure un maximum de devoirs à domicile). Inversement, on peut aussi essayer de faire ses devoirs en mathématiques aussi rapidement que possible. C'est le principe du minimum.

M3 Principe économique

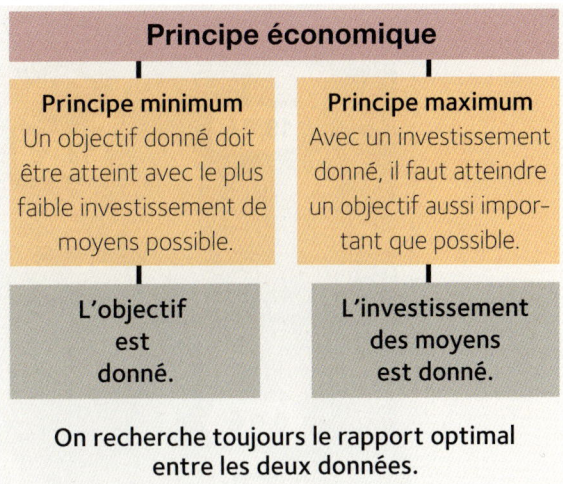

L'environnement – un bien rare

Malheureusement, il n'existe que peu de biens surabondants dont on puisse disposer librement. Parmi ces biens, il faut compter le vent, la lumière, le soleil ou l'eau de mer. Comme ils semblent exister en quantité illimitée, ils sont gratuits.

Pendant longtemps, les hommes ont gaspillé les ressources naturelles. Un bien comme l'air a été tellement pollué que l'air propre est devenu rare. L'eau a subi le même sort. Des lois et des règlements obligent les consommateurs et les entreprises à respecter l'environnement. De plus, les entreprises doivent payer si elles polluent l'air et économisent donc de l'argent si elles polluent moins.

M4 L'énergie – un bien rare

»So leben wir, so leben wir, so leben wir alle Tage…« · J. Wolter

---

3 Cherchez d'autres exemples qui illustrent le principe économique.

4 Montrez, à l'aide des exemples suivants, quelle stratégie est poursuivie : le principe minimum ou maximum ?
   a) La classe de 00EE veut vendre des pizzas lors de la fête annuelle du lycée pour gagner de l'argent. Les élèves veillent à choisir les ingrédients les moins chers.
   b) La classe de 11TG organise un voyage scolaire. Chaque élève dispose de 150 euros. Ce budget doit leur permettre d'être bien logé et de faire autant d'excursions que possible.
   c) Avec 10 €, vous voulez acheter, si possible, un beau cadeau pour un camarade de classe.

5 Des biens illimités peuvent aussi devenir rares. Expliquez à l'aide du document M4.

4.2 Le consommateur

M1 Nécessité ou luxe ?

Vouloir acheter – devoir acheter ?

Les ménages aussi sont obligés de gérer leurs revenus. L'offre des produits et des services dans notre société est énorme. De nouveaux produits sont commercialisés en permanence. Si on veut acheter de façon intelligente, on doit connaître les prix et les qualités et être capable de les comparer. La publicité et les informations fournies par les producteurs et les commerçants ne suffisent pas pour faire son choix.

M2

M3 Les sources de revenus

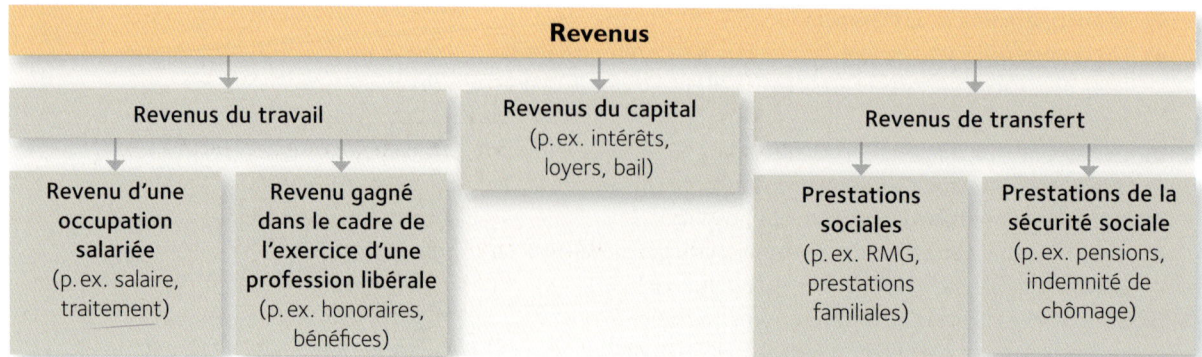

4.2 Wirtschaften im Privaten

M4 Joindre les deux bouts

Nathalie Hoffmann et Denis Mancini ainsi que leurs enfants (Lucas, 9 ans et Sarah, 11 ans) sont en train de réfléchir à la gestion de leur budget. Les parents se demandent s'ils doivent acheter une nouvelle voiture à l'occasion du Festival de l'Automobile. Cela voudrait dire que les dépenses mensuelles réservées à la voiture passeraient de 600 à 900 €. Ce montant devrait donc être économisé en limitant d'autres dépenses. Nathalie et Denis disposent ensemble d'un revenu mensuel de 5660 €, allocations familiales comprises. Ils ont comptabilisé leurs dépenses. Il y a celles qui sont fixes (p. ex. le loyer, le chauffage, le téléphone etc.). Puis, il y a les dépenses mensuelles variables p. ex. l'alimentation, les vêtements ou les loisirs.

M5 Dépenses fixes et variables de la famille Mancini-Hoffmann

Dépenses fixes/mois	Euro
Loyer	1500
Charges (ordures ménagères, chauffage, eau, abonnement câble)	700
Électricité	60
Assurance responsabilité civile/assurance mobilière	50
Argent de poche Lucas	15
Argent de poche Sarah	20
Téléphone et Internet	150
Quotidiens/magazines	25
Clubs de sports enfants	40
Économies vacances	200
Épargne	100
Somme	**3060**

Dépenses variables/mois	Euro
Alimentation/Denrées de luxe Ménage	580
Soins du corps/Santé	150
Vêtements/Chaussures	320
Loisirs/éducation	450
Transport (voiture)	600
Cadeaux/dons	100
Divers	400
Somme	**2600**

M6 Il n'y a pas que le comportement économique qui importe.

Comportement écologique : celui qui agit de manière écologique respecte la relation entre l'homme et la nature. Tout en consommant, il veut protéger son environnement (p. ex. animaux, plantes, air et eau). Le comportement écologique peut entrer en conflit avec le comportement économique.

Comportement social : celui qui ne cherche pas seulement à satisfaire ses propres besoins mais qui essaie de respecter les intérêts d'autres groupes – sur le plan national et mondial, agit de manière sociale. Or, la prise en considération d'intérêts économiques peut s'opposer à certains aspects sociaux.

Comportement durable : celui qui prend en compte aussi bien les facteurs économiques que les facteurs environnementaux et sociaux contribue à la durabilité quelle que soit l'origine des biens. Ce comportement permet aussi de garantir la satisfaction des besoins des générations futures.

1. Que choisiriez-vous dans le document M1 si vous aviez 50 euros ? Faites une analyse coûts-avantages. Distinguez entre biens indispensables et biens inutiles.
2. Quel yaourt achèteriez-vous ? Justifiez votre choix (M1).
3. Quelles sources de revenus connaissez-vous ? De quelles revenus dispose la famille Mancini-Hoffmann (M3) ?
4. a) Quels changements la famille Mancini-Hoffmann pourrait-elle faire dans la planification de son budget afin de pouvoir acheter la voiture ?
   b) Qu'arrive-t-il si la situation de départ change, p. ex. si Sarah aimerait avoir de l'argent pour acheter un nouveau smartphone ?
5. Donnez des exemples de conflits entre les comportements écologique, social et économique.

4.3 Séduire le consommateur ◇ Einkaufsfalle Supermarkt

zone d'entrée d'un supermarché

zone « caisse »

rayon de magasin

Aller au supermarché – quoi de plus banal. Il suffit d'acheter les produits qui figurent sur la liste d'achats et de payer ! Or, une armée d'experts veille à ce que cela ne se passe pas ainsi. Acheter oui, mais surtout plus que prévu ! La conception des supermarchés obéit à des stratégies de vente sophistiquées. On le constate avant même d'être entré. Les chariots sont le plus souvent très grands. Ce n'est pas parce que le client a besoin d'autant de place, mais afin que le chariot donne l'impression d'être à moitié vide.

Pour que le client reste longtemps au supermarché, il faut l'obliger à ralentir le pas. Ce sera le devoir du rayon fruits et légumes situé à l'entrée du magasin. Choisir demande du temps et ralentit ainsi le client. De plus, les couleurs vives stimulent ses glandes salivaires. On achète plus quand on a faim et les produits ont l'air plus appétissants sous un éclairage favorable. Le rayon fruits et légumes baigne dans une lumière chaude, le rayon boucherie dans une lumière rouge afin que les produits aient l'air frais et juteux.

La musique permet de se détendre, ainsi un supermarché ne doit jamais être tout à fait calme. Le style musical est choisi en fonction des clients : retraités, écoliers ou personnes actives. Le matin on entend des tubes, la musique est plus moderne l'après-midi. Des chercheurs ont constaté que les chansons les plus efficaces comptent 72 pulsations par minute – correspondant au pouls d'un individu détendu.

La disposition des produits obéit aussi à un système élaboré : Les produits chers sont placés à hauteur des yeux, celui qui veut des produits bon marché doit se pencher. Les produits indispensables obligent le client à allonger le bras ou à s'accroupir. À côté des articles absolument nécessaires (p. ex. lait) sont disposés des produits que le client doit voir pour être incité à les acheter (p. ex. mousse au chocolat). Ils sont lucratifs puisqu'ils provoquent un achat compulsif. Les promotions, disposées comme des obstacles sur des palettes dans les rayons, font croire que le produit n'est disponible que pendant peu de temps. Même si elles affichent le prix normal, les pancartes font croire que le prix a baissé. Souvent les packs économiques sont disposés de façon isolée afin de rendre difficile la comparaison des prix.

À la caisse se trouvent les produits qui font la joie des petits (magazines, chocolats …). La progéniture a rapidement extorqué une barre chocolatée aux parents – malheureusement elle va coûter le double du lot de 3 qui se trouve au fond du magasin. Au bout de 20 minutes, le client a atteint la caisse et le chariot a été rempli comme par une main invisible. Sait-il qu'un tiers environ des marchandises ne pourra plus être consommé une fois la date limite périmée ?

1 À quoi un consommateur critique doit-il faire attention au supermarché ? Établissez une liste de conseils.
2 Quelles sont, selon vous, les trois stratégies de vente les plus efficaces ? Justifiez votre réponse.

MÉTHODE   Étudier des marchés

▶ **LE SUJET**

Chaque consommateur est exposé aux tentations du supermarché ou du Net. Une attitude critique par rapport à la consommation peut cependant être apprise. Vous devez à présent explorer de façon autonome l'acquisition de différents produits qu'offre le marché. La méthode proposée est une possibilité d'appréhender en dehors de l'école les questions et les problèmes qui sont traités pendant le cours.

▶ **LE DÉROULEMENT**

1. Préparation
- Les élèves choisissent certains produits dont l'achat sera simulé (p. ex. V.T.T., caméscope, smartphone, voyage …).
- Divisez les élèves en groupes (4–6 élèves par type de produit) et établissez un calendrier.
- Demandez à vos amis et à vos proches à quoi il faut faire attention lors de l'acquisition.
- Cherchez des annonces, des brochures publicitaires, des offres Internet, des revues de consommateur ainsi que des informations sur les sites respectifs « Que Choisir ? », « Stiftung Warentest », « de Konsument » offrant des informations générales sur le produit concerné.
- Informez-vous aussi auprès de l'Union des consommateurs.

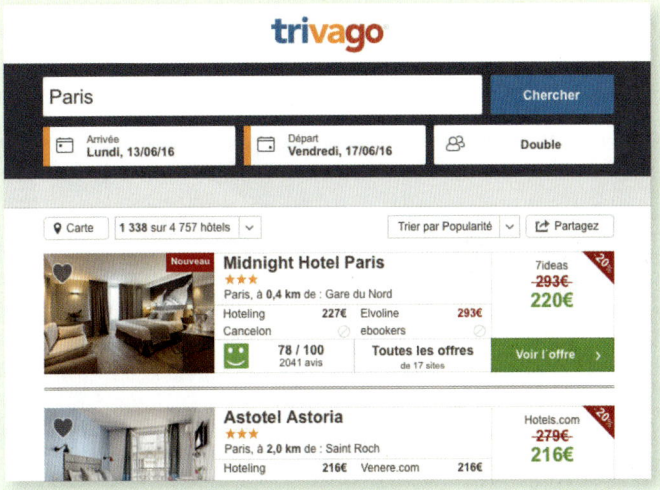

2. Réalisation
- Échangez ensuite vos expériences à l'intérieur du groupe et concertez-vous.
- Déterminez les caractéristiques particulièrement importantes (prix, performance, transport, écologie, qualité …) ainsi qu'une limite de prix.
- Analysez et dépouillez à nouveau les offres actuelles (quotidiens, brochures publicitaires, Internet, revues de consommateur). Vous pouvez aussi vous rendre dans certains magasins, noter les offres et consulter les vendeurs.

3. Interprétation et présentation
- Établissez un aperçu de marché (affiche) pour le produit en question.
- Discutez votre décision d'achat.

„Before we begin tonight's dream, a word from our sponsor …"

4.4 Le marché

Les noms de certaines places rappellent souvent de vieux marchés comme le « Fëschmaart » ou le « Krautmaart » à Luxembourg. Les marchés hebdomadaires existent toujours. De nouveaux marchés pour des produits et des services spécifiques se sont développés comme p. ex. les foires, les bourses, les marchés virtuels. Certains marchés ne sont plus liés à un endroit précis mais l'achat s'effectue par l'intermédiaire de journaux ou sur Internet (voitures d'occasion, immobilier). Tous les marchés ont en commun que vendeur et acquéreur se rencontrent dans le but d'une transaction commerciale. Un marché naît là où des hommes produisent et vendent et où d'autres s'intéressent à cette offre, où l'on fait du commerce.

Le marché idéal obéirait aux principes suivants :
- Les marchés sont accessibles à tous (libre concurrence),
- chacun peut conclure des contrats à son gré et convenir librement d'un prix (liberté de contracter),
- production et consommation sont dirigées par le marché (loi de l'offre et de la demande).

M1 Marchés

4.4 Der Markt

M2 Marchés virtuels et achats sur Internet

Le nombre de clients qui achètent en ligne s'accroît. Presque chaque ménage luxembourgeois dispose d'un ordinateur et d'une connexion Internet. Les offres sur Internet sont souvent plus avantageuses que dans les magasins. Les fournisseurs ou les entreprises de courtage en ligne n'ont à payer ni loyers, ni dépôts, ni parcs de véhicules, ni vendeurs. La plupart des transactions sont gérées par un ordinateur principal. La livraison est assurée par un service de livraison externe ou la livraison est virtuelle.

M3 Types de marchés

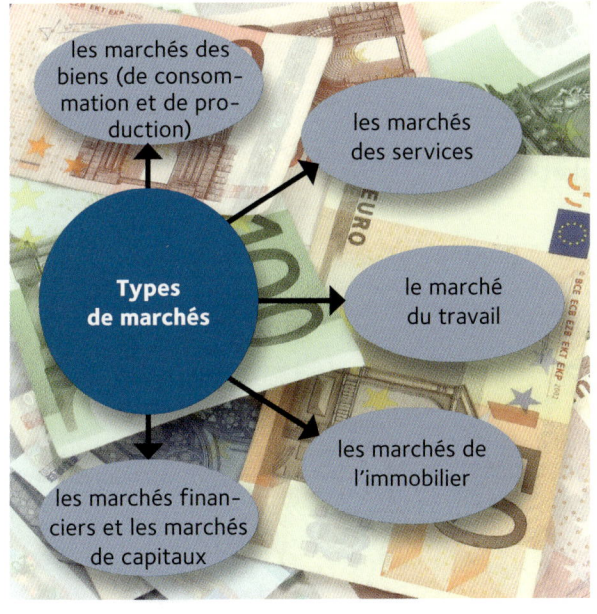

M4 Le modèle de marché

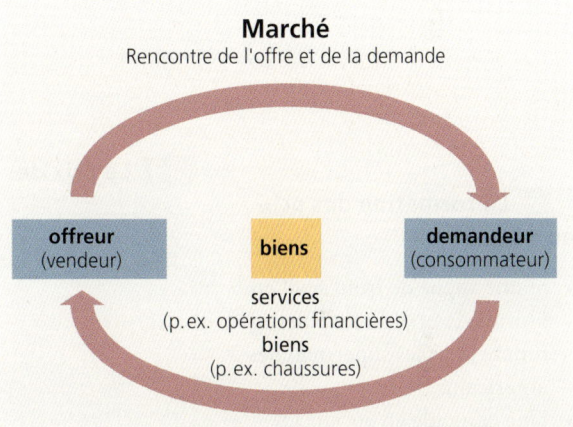

Des modèles comme ce modèle de marché, servent à représenter de manière fort simplifiée des objets et des relations complexes. Des détails sont omis jusqu'à ce qu'il ne reste que le noyau, l'essentiel. Ce processus s'appelle l'abstraction.

---

1. « Le marché désigne chaque endroit où se rencontrent l'offre et la demande. » Expliquez cette définition à l'aide des documents de cette double page.
2. Quelles sortes de marchés sont représentées sur le document M1 ?
3. Quels buts les différents clients et fournisseurs poursuivent-ils sur un marché ?
4. Vaut-il mieux acheter en ligne ou dans les commerces ? Discutez.

4.5 La formation des prix

Le pouvoir d'achat
(◇ die Kaufkraft)
Le pouvoir d'achat indique la valeur de l'argent, c'est-à-dire quelle quantité de biens peut être acquise avec une somme donnée.

Pour fabriquer un produit, une entreprise a besoin de différents facteurs de production : de la nature (matières premières, terre), du travail (activité humaine physique et intellectuelle) et de capital (machines, ateliers, argent). Le prix de fabrication, les frais de transport, les taxes et le bénéfice constituent le prix de vente du produit.
Cependant le prix est également influencé par des facteurs externes qui le déterminent. Les économistes expliquent ce phénomène à l'aide du modèle de la formation des prix.

La rareté des biens
(◇ die Güterknappheit)
Les facteurs de production (p. ex. le blé) sont limités, la quantité maximale de biens qui peut être produite l'est donc également (p. ex. le pain). Ainsi, il existe une rareté relative pour certains biens.

M1 Le modèle de la formation des prix

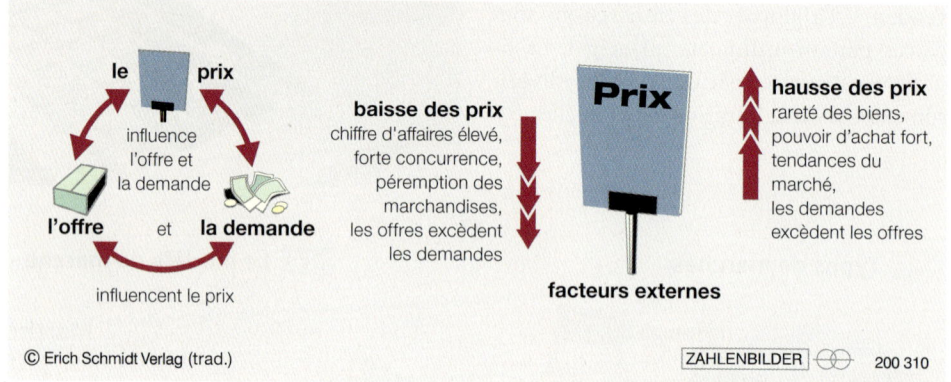

© Erich Schmidt Verlag (trad.)

M2 La formation des prix au quotidien

- Si une vague de froid sévit en Floride, le prix du jus d'orange monte dans les supermarchés américains.
- Une canicule en été sur les côtes de la mer du Nord fait diminuer les prix des chambres d'hôtel à certains endroits de la Méditerranée.
- Une guerre au Moyen-Orient fait monter le prix de l'essence en Europe et baisser les prix des voitures d'occasion qui consomment beaucoup d'essence.
- L'apparition sur le marché des téléviseurs 3D et LED fait baisser les prix des modèles démodés.

M3 Le prix des baskets

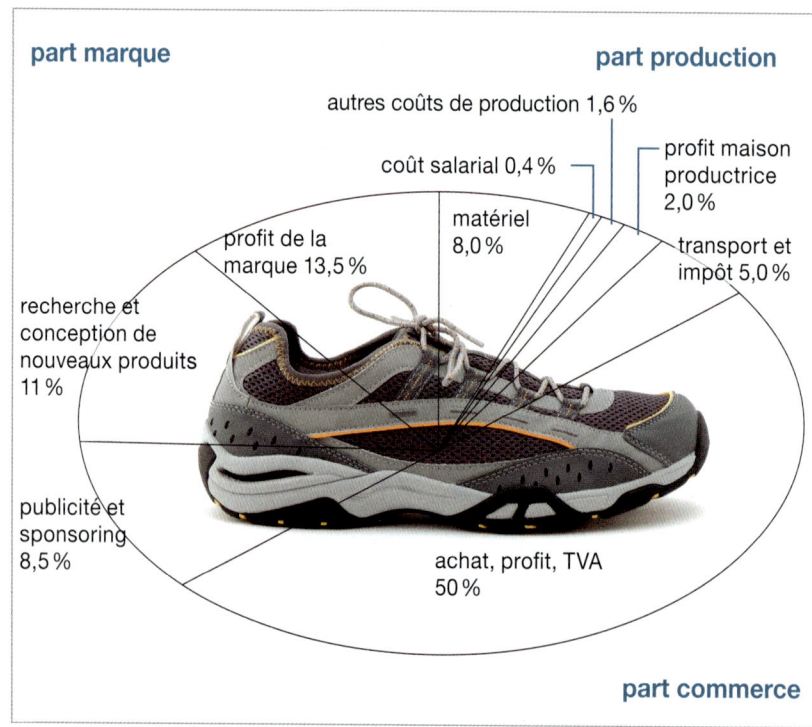

4.5 Preisbildung

M 4

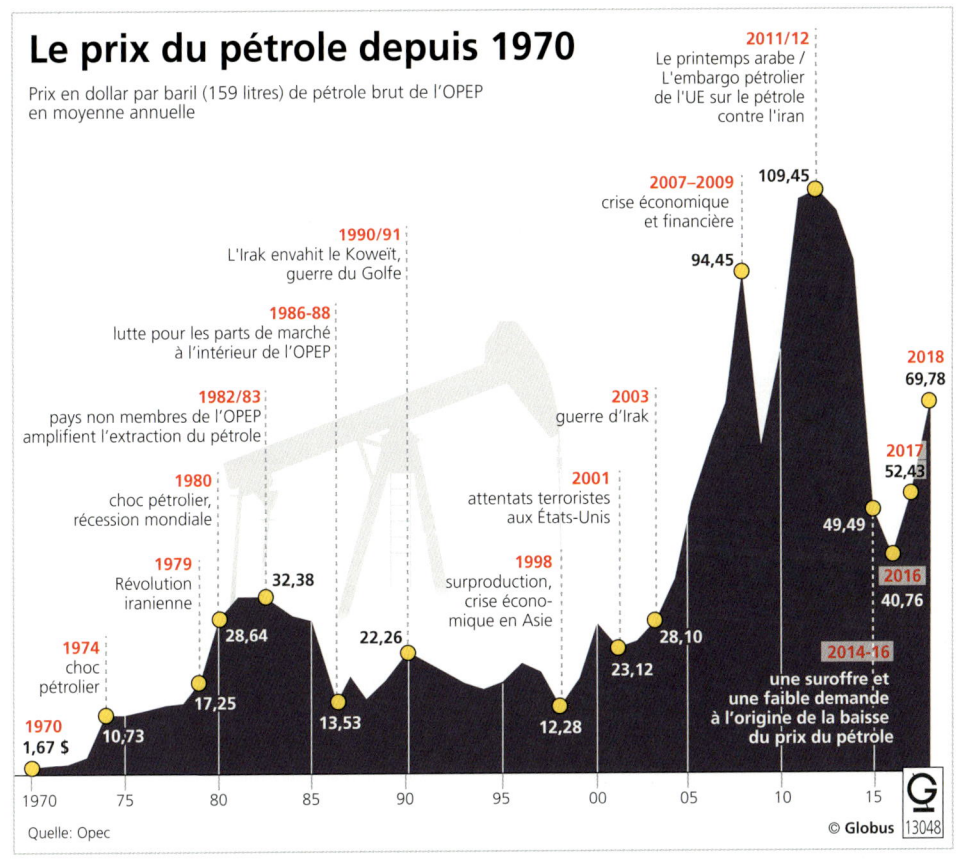

Le prix du pétrole depuis 1970
Prix en dollar par baril (159 litres) de pétrole brut de l'OPEP en moyenne annuelle

- **1970** 1,67 $
- **1974** choc pétrolier
- **1979** Révolution iranienne
- **1980** choc pétrolier, récession mondiale
- **1982/83** pays non membres de l'OPEP amplifient l'extraction du pétrole
- **1986-88** lutte pour les parts de marché à l'intérieur de l'OPEP
- **1990/91** L'Irak envahit le Koweït, guerre du Golfe
- **1998** surproduction, crise économique en Asie
- **2001** attentats terroristes aux États-Unis
- **2003** guerre d'Irak
- **2007–2009** crise économique et financière
- **2011/12** Le printemps arabe / L'embargo pétrolier de l'UE sur le pétrole contre l'Iran
- **2014-16** une suroffre et une faible demande à l'origine de la baisse du prix du pétrole

Valeurs : 10,73 ; 17,25 ; 32,38 ; 28,64 ; 13,53 ; 22,26 ; 12,28 ; 23,12 ; 28,10 ; 94,45 ; 109,45 ; 49,49 ; **2016** 40,76 ; **2017** 52,43 ; **2018** 69,78

Quelle: Opec © Globus 13048

OPEP
Organisation des pays exportateurs de pétrole (<> die Organisation der erdölexportierenden Länder). Cartel ayant son siège à Vienne ; extrait environ 40 % de la production mondiale de pétrole. Le cartel conclut les accords relatifs à la réglementation du marché, p. ex. il définit les quantités produites et les prix.

M 5

1. Expliquez à l'aide du document 2 les exemples de la formation des prix.
2. Établissez un calcul détaillé du prix de vente des baskets selon les trois facteurs de production.
3. Justifiez les cas suivants :
   a) la demande reste stable quoique les prix des pommes de terre montent.
   b) la demande de vêtements de marque reste stable en dépit d'une hausse des prix.
4. Expliquez l'évolution du prix du pétrole. Quels facteurs influencent le prix ? (M4)
5. Expliquez la caricature.
6. Discutez : faire la queue pendant des heures et passer la nuit devant le point de vente du nouveau smartphone – rareté des biens ou stratégie de vente astucieuse ?

4.6 La concurrence

M1 **Luttes des prix**

Le modèle de marché part du principe que le marché est équilibré si la demande correspond à l'offre. Cette situation est cependant de courte durée. Les différents fournisseurs d'un produit ou d'un service se disputent les parts de marché et il y a toujours de nouveaux concurrents qui apparaissent. C'est ce que l'on appelle la compétition, c'est-à-dire la concurrence. Une concurrence effrénée peut surtout être observée lors d'une période de faible consommation. Ainsi, les prix peuvent être baissés ou la publicité renforcée pour stimuler la demande. Une composition améliorée ou un emballage relooké peuvent inciter le client à acheter. Les producteurs innovateurs s'imposent grâce à la recherche, et jouent un rôle précurseur sur le marché.

La concurrence garantit une production peu onéreuse ainsi que la prise en compte des désirs des clients par les producteurs. Pourtant, il arrive régulièrement que des cartels ou des monopoles contournent ces mécanismes.

Dans certains cas l'UE et l'État interviennent dans la formation des prix pour protéger et le consommateur et le producteur (prix maximums pour l'essence ou le roaming, interdiction de monopoles). La Commission européenne à Bruxelles surveille l'application des règles et peut infliger des amendes en cas d'infraction.

Le cartel
(◇ das Kartell)
Entente entre entreprises sur les prix ou les parts de marché.

Le monopole
(◇ das Monopol)
Situation de marché où la concurrence n'existe pas, une seule entreprise étant le maître de l'offre, resp. de la demande.

Le marketing
(◇ das Marketing)
Commercialisation de biens et de services.

M2 **Le marketing**

- Offres et promotions
- Service (p. ex. garantie de remboursement)
- Publicité p. ex. avec des personnes connues ou avec le label d'une association de consommateurs (p. ex. Que Choisir ?, Union luxembourgeoise des Consommateurs)
- Design (couleurs, tailles de l'emballage)

4.6 Der Wettbewerb

M3 L'UE supprime les frais d'itinérance

Cinq fabricants asiatiques d'écrans plats doivent payer un montant total de 649 millions d'euros pour s'être illégalement entendus sur les prix. Le fabricant coréen Samsung n'est pas concerné car il avait reconnu ces abus à Bruxelles, a indiqué le commissaire de l'UE chargé de la concurrence, Joaquìn Almunia. Le groupe Chimei Innolux Corp. doit, à lui seul, verser 300 Mio d'euros à l'UE, LGDisplay 215 Mio d'euros. Les fabricants se seraient concertés sur les prix et se seraient partagés des marchés entre octobre 2001 et février 2006.

www.spiegel.de/netzwelt/netzpolitik/0,1518,703614,00.html du
29.06.2010, pat/dpa ; appel : 11.4.2011 (trad.)

M4 L'UE supprime les frais d'itinérance

Le règlement de l'UE, intitulé « Roam like at home (RLAH) », en vigueur depuis juin 2017, stipule que les tarifs de téléphonie mobile au Luxembourg doivent également être valables aux mêmes conditions dans le marché intérieur de l'UE (ainsi qu'en Norvège, au Liechtenstein et en Islande). Mais ce n'est pas si facile : certaines exceptions, en particulier en matière de data-roaming, peuvent devenir un gouffre financier à partir du premier mois passé à l'étranger. D'autres exceptions sont prévues au cas où une formule est utilisée en permanence à l'étranger. Le but de ces règles dites de « fair use » est de protéger les opérateurs d'un éventuel supplément à payer au cas où leurs clients utiliseraient abondamment une formule à l'étranger.

M5 Protection des consommateurs : Une publicité destinée à un public intelligent

La Cour de justice européenne de Luxembourg estime que la publicité pour une crème antirides commercialisée sous la désignation « Firming Action Lifting Extreme Creme » n'est pas mensongère. Les juges devaient apprécier si le mot « Lifting » suggérait aux consommatrices un effet durable comparable à un lifting chirurgical. Ils ont estimé que la désignation d'un produit n'était trompeuse que lorsqu'un consommateur de base moyennement informé, attentif et sensé était induit en erreur. En clair : Le consommateur qui estime qu'une crème a le même effet qu'une intervention chirurgicale ne peut servir de référence. Les juges européens demandent donc que les consommateurs fassent dorénavant preuve de plus d'intelligence face à la publicité.

www.test.de/themen/steuern-recht/meldung/
Verbraucherschutz-Verbraucherschutz-Werbung-fuer-
Intelligente-17178-17178 appel

1. Expliquez le document M1.
2. a) Expliquez comment un producteur tente d'imposer son produit face à celui d'un concurrent en ayant recours à des techniques de marketing (M2).
   b) Choisissez un produit banal et indiquez les différents types de publicité dont il est l'objet.
3. Référez-vous au document M3 pour expliquer le terme « cartel ». Dans quelle mesure les firmes ont-elles violé les règles de la libre concurrence ?
4. Réfléchissez sur l'effet de la suppression des frais d'itinérance sur la concurrence (M4).
5. « Notre société a besoin de consommateurs critiques. » Analysez cette affirmation à la lumière du document M5.

4.7 Les entreprises

M1 Employés au Luxembourg par secteur économique 1907–2018

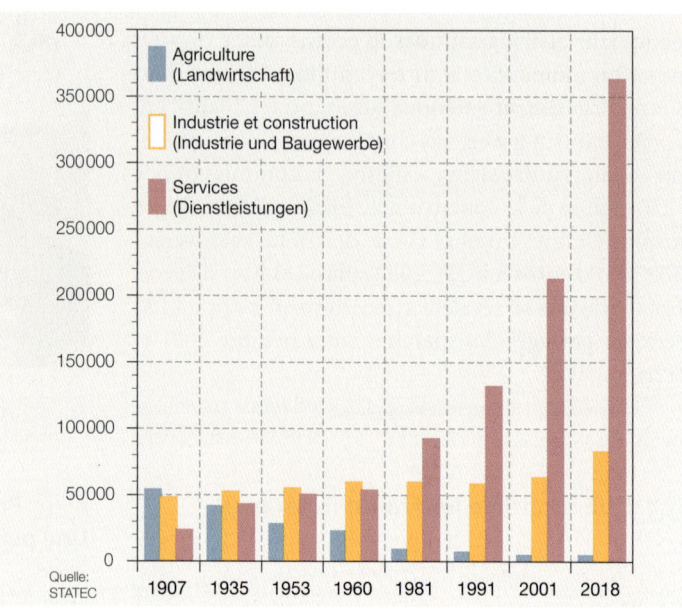

M2 Classification d'entreprises

Types d'entreprises

Production de biens	Prestation de services
Exploitation de matières premières (mines)	Commerces (commerce en gros, commerce de détail, restaurants etc.)
Entreprises de production de biens d'investissement (usine de fabrication de machines, laminoir)	Entreprises de transport (bus, chemin de fer, avion)
Entreprises de production de biens de consommation non durables (entreprises de textile, industrie alimentaire etc.)	Banques et assurances (Caisses d'épargne, assurances-vie etc.)
Entreprises de production de biens de consommation durables (fabrique de meubles)	Autres (coiffeur, nettoyage)

L'entreprise individuelle
(<> das Einzelunternehmen)
Elle appartient à un seul propriétaire indépendant qui n'a pas besoin de partager les bénéfices. Or, il doit supporter pleinement les risques avec sa fortune personnelle. (p. ex. bistrot, exploitation agricole).

La société
(<> die Gesellschaft)
Au Luxembourg, on distingue entre sociétés à responsabilité limitée (s.à r.l.) et sociétés anonymes (s.a.). La société appartient à plusieurs personnes (sociétaires, actionnaires). Ils ne sont engagés que pour le capital qu'ils ont investi. Les risques sont donc partagés. Exemple : banques, grandes entreprises industrielles.

Fonctionnement d'une entreprise

Toutes les entreprises ne sont pas identiques, mais elles ont un point commun : elles produisent quelque chose qui doit être vendu. Il peut s'agir de biens matériels comme p. ex. des voitures et des téléphones portables, mais aussi de prestations de services d'un coiffeur, d'un artisan ou d'un hôpital.

Chaque entreprise a besoin de moyens de production. Les locaux et les machines ainsi que les matières premières, les moyens financiers et les employés en font partie. La direction est responsable de l'organisation efficace du travail et du fonctionnement rentable de l'entreprise. Elle détermine quels produits seront fabriqués et en quelle quantité, comment utiliser et acheminer les facteurs de production et assurer leur disponibilité et comment la vente de ces produits peut rapporter des bénéfices. Elle applique le principe économique.

4.7 Die Unternehmen

Afin de pouvoir rester compétitive, l'entreprise doit employer aussi peu de main-d'œuvre, de matières premières et de capital que possible. Elle ne peut survivre face à la concurrence impitoyable qu'en faisant des investissements réguliers et importants. Les entreprises qui investissent dans les machines les plus performantes et un savoir-faire de pointe, peuvent vendre leurs produits à des prix peu élevés, donc compétitifs et garantir ainsi la sécurité de l'emploi.

M3 Extrait du rapport de stage d'un élève

Cette entreprise informatique possède six services différents dont le travail doit être assumé par deux personnes seulement, ce qui se révèle évidemment être problématique ! Le premier département se consacre exclusivement à l'achat de toutes sortes d'articles. Les clients peuvent aussi y exprimer leurs demandes particulières et ces « souhaits » seront alors commandés !
Le but du service des ventes est de vendre de tout au client, évidemment après l'avoir bien conseillé.
Le service technique s'occupe des problèmes que rencontrent les clients lors de l'utilisation de leur ordinateur et des accessoires.
Le quatrième département assure l'expédition des articles.
Dans le cinquième département, celui du service après-vente, le service client est primordial. Les clients peuvent contacter l'entreprise par téléphone et certains problèmes peuvent éventuellement être résolus sans que le client ait besoin de se déplacer.
Le sixième département est réservé aux services Internet. Non seulement il propose un magasin en ligne mais il offre aussi de l'espace pour héberger des serveurs informatiques et le plus souvent, toutes les facturations sont établies par ce département.

M4 L'organisation d'une entreprise

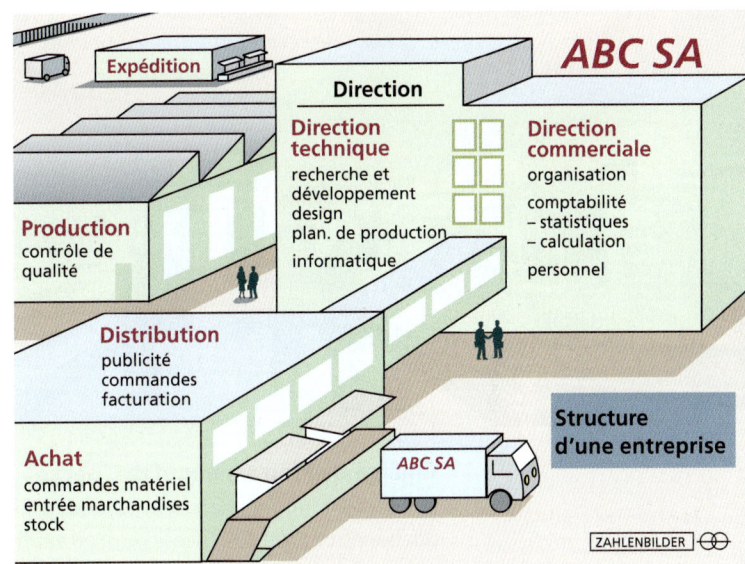

1. Expliquez la différence entre la production de biens et la production de services.
2. Cherchez des exemples d'entreprises luxembourgeoises et classez-les suivant les différents types d'entreprises (M2).
3. Notez les termes techniques les plus importants du texte ainsi que des documents M3 et M4 et expliquez-les à l'aide d'un dictionnaire.
4. Quels sont les avantages ou les désavantages que présente l'utilisation de robots dans l'industrie ?
5. Quelle forme juridique (individuelle ou sociétaire) choisiriez-vous pour créer les entreprises suivantes :
   a) Une petite entreprise artisanale
   b) Une start-up dans le secteur de la logistique.
   c) Une société pour l'achat en commun de matériel de production.
   Justifiez votre choix.
6. « Investir signifie souvent rationaliser, rationaliser signifie souvent licencier. » Discutez.

Les entreprises start-up (<> Start-up-Unternehmen) sont fondées sur une idée innovante, elles présentent un grand potentiel sur le marché, mais elles comportent un risque élevé pour les investisseurs.

4.8 L'entrepreneur

M1 L'espace vente dans une boucherie

La boucherie Wolff se présente

M. et Mme Wolff ont fondé leur entreprise il y a huit ans. Ils ont longtemps hésité avant d'investir leurs économies dans cette entreprise et de souscrire à d'importants crédits. L'endroit était idéal puisque dépourvu de concurrence. Mais l'avenir était incertain.

Aujourd'hui, la famille Wolff est assez satisfaite. Leur boucherie est devenue une entreprise moderne qui emploie en plus de M. Wolff lui-même, deux ouvriers qualifiés, un apprenti ainsi que Mme Wolff et trois vendeuses. Le magasin propose différentes sortes de viandes, de la charcuterie, des volailles et du fromage ainsi que des produits d'épicerie fine, des épices, des œufs et du beurre. Il vend des sandwiches aux élèves et aux employés d'entreprises situées à proximité. Pour la vente, les Wolff ont misé dès le début sur une présentation appétissante de leur marchandise et sur un service client prévenant. Mme Wolff et ses vendeuses ont donc suivi des formations. La marchandise est découpée selon les désirs du client, elle n'est pas préemballée. M. Wolff ne choisit que des produits d'une excellente qualité. C'est la seule façon de rester compétitif face à la concurrence des supermarchés.

Bien conseiller le client entraîne des frais élevés en personnel. M. Wolff paye à ses vendeuses un salaire supérieur à la moyenne pour éviter qu'elles ne changent d'entreprise. Conseiller le client fait augmenter le nombre d'heures travaillées. Toujours à l'écoute du client, la famille Wolff sait quelles offres leur clientèle attend et que les promotions attirent de nouveaux clients.

Chiffre d'affaires, bénéfice, perte …

Les entrepreneurs cherchent surtout à faire du bénéfice. Vendre beaucoup et réaliser un chiffre d'affaires (◇ der Umsatz) élevé, ne suffisent pas pour garantir un succès économique. Celui qui est incapable à long terme de compenser ses propres frais, fera faillite. On parle de perte (◇ der Verlust) lorsque les frais de production (pour le matériel, le personnel, les intérêts engendrés par le crédit bancaire, les impôts, …) sont plus élevés que le bénéfice (◇ der Gewinn). L'entreprise réalise des bénéfices à condition que les frais soient inférieurs au chiffre d'affaires. Des coûts peu élevés (principe du minimum) ou des prix de vente élevés (principe du maximum) garantissent la rentabilité.

Voici l'exemple d'un commerçant compétent qui sait proposer des offres alléchantes et fixer des prix intéressants.

4.8 Wie ein Geschäftsmann denken muss

M2 Calcul de rentabilité de la boucherie Wolff 2020

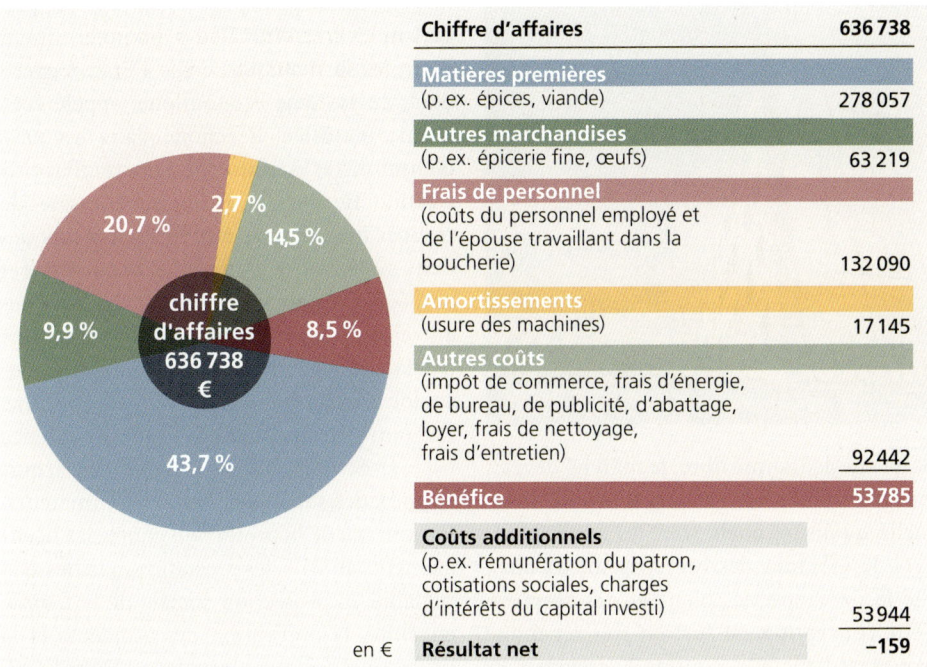

Chiffre d'affaires	636 738
Matières premières (p. ex. épices, viande)	278 057
Autres marchandises (p. ex. épicerie fine, œufs)	63 219
Frais de personnel (coûts du personnel employé et de l'épouse travaillant dans la boucherie)	132 090
Amortissements (usure des machines)	17 145
Autres coûts (impôt de commerce, frais d'énergie, de bureau, de publicité, d'abattage, loyer, frais de nettoyage, frais d'entretien)	92 442
Bénéfice	53 785
Coûts additionnels (p. ex. rémunération du patron, cotisations sociales, charges d'intérêts du capital investi)	53 944
en € **Résultat net**	–159

Le calcul des coûts

Monsieur Wolff dit :

« Le bénéfice doit me permettre de financer mon propre salaire d'entrepreneur, mon assurance-maladie, mon assurance-dépendance et mon assurance-vieillesse. L'impôt sur le revenu en est également déduit. Il faut que je tienne compte du fait que le capital utilisé entraîne des intérêts. Ainsi j'applique le taux d'intérêt que m'accorderait une banque, si j'y plaçais l'argent investi dans la boucherie. Ces coûts sont repris dans le décompte en tant que coûts calculés. »

Le décompte annuel de M. Wolff est repris dans le schéma M2. Or, comment le prix des différents produits est-il calculé pour que le chiffre d'affaires soit satisfaisant ? Cela présuppose une certaine expérience. Monsieur Wolff a établi pour tous les produits un pourcentage de bénéfice brut sur le prix de revient qui lui permet de couvrir ses frais.

Exemple de calcul	
La boucherie ne produit pas toutes les marchandises, elle achète certaines spécialités.	
Coût d'achat d'un jambon à 6 kg	€ 75,00
Majoration 75 % du coût d'achat	+ € 65,50
Prix de vente pour 5 kg (1 kg d'os et de restes)	= € 140,50
Prix de vente pour 100 g	€ 2,81

1. De quelle façon la boucherie Wolff essaie-t-elle de maintenir sa position sur le marché ? Expliquez la stratégie commerciale de l'entreprise.
2. « À la longue, les entreprises privées doivent réaliser des bénéfices. » Expliquez.
3. Analysez le décompte des résultats et l'exemple du calcul des coûts.
4. Que peut faire la famille Wolff pour augmenter son bénéfice ?
5. M. Wolff achète une machine pour 7500 €. Il pense qu'elle sera vétuste dans 10 ans. Quel sera le montant annuel de l'amortissement de la machine ?
6. La majoration dans le calcul peut-elle être déterminée avec exactitude ? Énoncez les risques que comporte le calcul de M. Wolff.

4.9 Économie sociale de marché

Dans une économie libre, le marché devrait se réguler tout seul : Ce qui est produit et en quelle quantité, quels sont les services offerts, le montant des investissements ainsi que la demande des biens et des services. Cette conception est surtout très répandue aux États-Unis. Or, comme l'économie libérale ne cesse de provoquer des injustices sociales, du chômage et des crises, on en est arrivé à la conclusion que l'État devait régler tous les domaines de l'activité économique : Ce ne sont plus les entreprises privées ni les consommateurs qui déterminent l'offre et la demande, mais l'État. Cependant, ce système économique, appelé économie planifiée, a échoué dans les pays communistes à cause de son inefficacité. L'économie sociale de marché essaie de trouver une réponse aux inconvénients des deux systèmes. Maintenir la concurrence et empêcher les abus de pouvoir de certaines entreprises dans l'intérêt des clients est une des tâches majeures d'un État moderne et – surtout en Europe - de l'Union européenne. En outre, il incombe à l'État-providence (◇ der Sozialstaat) de protéger les acquis sociaux des salariés et des consommateurs. En font partie la protection contre les licenciements abusifs, les prestations vieillesse et maladie, la protection sociale de la femme enceinte, la prévention des accidents et la protection des consommateurs. Dans l'économie sociale de marché, l'État impose donc des limites au jeu des forces du marché.

M1 Les consommateurs, les entreprises, l'État dans l'économie sociale de marché

Les demandeurs
- décident de l'achat des biens pour satisfaire leurs besoins

Ils souhaitent
- des prix bas
- des biens de bonne qualité
- un vaste choix
- de bonnes conditions de livraison
- un service client efficace

Production et consommation
Quoi ?
Combien ?
Comment ?
Où ?
Pour qui ?

Les offreurs
- décident ce qu'ils produisent, comment, combien et où

Ils veulent
- des chiffres d'affaires et bénéfices élevés
- de nombreux clients satisfaits
- la survie de leur entreprise

L'État
- règlemente l'activité économique à l'aide de lois, p. ex. la loi contre la restriction à la concurrence
- influence l'emploi des salariés, p. ex. à l'aide de lois sur la protection de l'emploi
- garantit la protection sociale des citoyens grâce à la sécurité sociale
- offre des services comme p. ex. des écoles, des piscines, des bibliothèques, des parcs
- crée les conditions préalables à l'exercice d'activités économiques, p. ex. à travers l'administration publique et la construction de routes

4.9 Soziale Marktwirtschaft

M2 Article 11 de la Constitution

(4) La loi garantit le droit au travail et l'État veille à assurer à chaque citoyen l'exercice de ce droit. La loi garantit les libertés syndicales et organise le droit de grève.

(5) La loi règle quant à ses principes la sécurité sociale, la protection de la santé, les droits des travailleurs, la lutte contre la pauvreté et l'intégration sociale des citoyens atteints d'un handicap.

(6) La liberté du commerce et de l'industrie, l'exercice de la profession libérale et du travail agricole sont garantis, sauf les restrictions à établir par la loi.

Constitution du Grand-Duché de Luxembourg, Luxembourg 2013

M3 Discussion entre les générations

M4 Le marquage et l'étiquetage des oeufs sont obligatoires dans L'UE. Ils garantissent plus de transparence pour les consommateurs

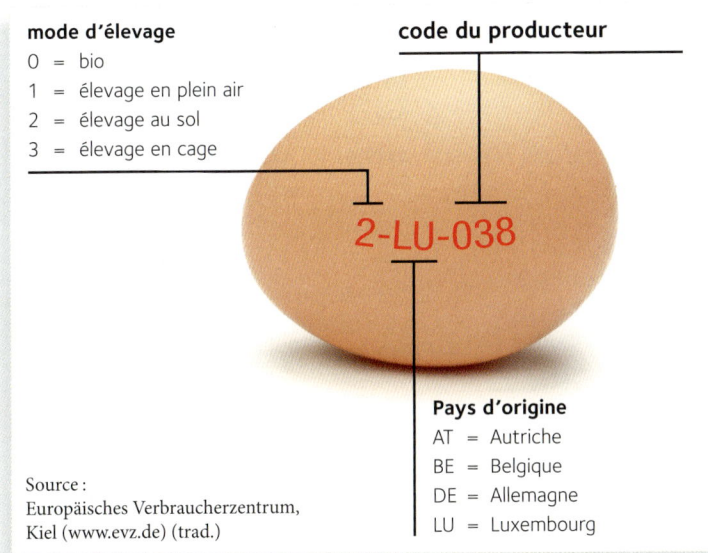

mode d'élevage
0 = bio
1 = élevage en plein air
2 = élevage au sol
3 = élevage en cage

code du producteur

2-LU-038

Pays d'origine
AT = Autriche
BE = Belgique
DE = Allemagne
LU = Luxembourg

Source : Europäisches Verbraucherzentrum, Kiel (www.evz.de) (trad.)

M5 L'État providence

1. Expliquez en vos propres mots ce que l'on entend par « économie sociale de marché ».
2. Quels éléments sociaux de l'économie de marché retrouvez-vous dans la Constitution luxembourgeoise ?
3. Comparez les différents systèmes économiques à l'aide d'un tableau.
4. Analysez les documents M1-M4. Établissez à chaque fois le rapport avec le système économique luxembourgeois.
5. Pour quelles raisons les coûts salariaux peu élevés de certains pays étrangers exercent-ils une forte pression sur notre État social ?

4.10 L'État – facteur économique

Les impôts directs
(◇ die direkten Steuern)
Le contribuable les paye directement à l'État, p. ex. l'impôt sur le revenu (par déduction du salaire brut), la taxe sur les véhicules automobiles.

Les impôts indirects
(◇ die indirekten Steuern)
Ils sont payés indirectement par les citoyens, p. ex. la taxe sur la valeur ajoutée (TVA), la taxe sur le tabac etc.

Le produit intérieur brut
(◇ das Bruttoinlandsprodukt)
Le PIB désigne la somme des biens et des services produits ou fournis par année dans un pays.

L'État remplit beaucoup de fonctions importantes dans notre société. Ensemble avec les communes, il est responsable des écoles et lycées, de la promotion de la science, de la construction des routes, de la justice, de la sécurité sociale ainsi que des parcs, des musées etc. De plus, l'État occupe beaucoup de fonctionnaires et d'employés dans les ministères, les écoles et les bureaux pour assumer toutes ces tâches. Pour ce faire, il a besoin d'argent. Les impôts et les taxes que doivent payer les citoyens et les entreprises sous certaines conditions, constituent sa source de revenus la plus importante.

De plus l'État et les communes jouent eux-mêmes le rôle de producteurs et de consommateurs. Ainsi, les pouvoirs publics possèdent toujours des parts importantes dans les PTT, les centrales électriques et hydro-électriques mais aussi dans les grandes entreprises (p. ex. compagnies aériennes, aciéries, banques). Ces entreprises vendent des services et des biens aux ménages et à d'autres entreprises. En tant que consommateur, l'État n'est pas différent du consommateur privé. Le rôle de l'État dans l'économie devient évident si l'on sait que l'État, les communes et les assurances sociales représentent 40 % du PIB (produit intérieur brut).

M1 Recettes et dépenses des administrations publiques

	2000	2005	2010	2014
	en millions d'euros			
Dépenses	8417.0	12660.3	17311.8	20723.5
Recettes	9736.6	12708.6	17098.8	21425.6
Capacité (+) / besoin de financement (–)	1319.6	48.3	–213.0	702.1

STATEC 2016

M2 Des recettes pour l'État

4.10 Wirtschaftsfaktor Staat

M3 Concert au centre culturel

M4 Cité judiciaire

M5 Tunnel d'autoroute

M6 Université du Luxembourg

M7 Service de la voirie

M8 Police Grand-ducale

1. De quels revenus importants est-ce que l'État dispose ? Énumérez-les à l'aide du document M2.
2. Expliquez la différence entre impôts directs et indirects.
3. Quels types de dépenses fait l'État ? Donnez différents exemples.
4. Classez les dépenses de l'État d'après les domaines suivants : sécurité, infrastructure, éducation, culture, justice. Trouvez-vous d'autres exemples ?
5. Décrivez le rôle de l'État dans l'économie.
6. Pourquoi les budgets de l'État sont-ils souvent déficitaires ? Comment ces déficits influencent-ils la politique des années suivantes ?

4.11 La monnaie – un moyen d'échange

M1 Le troc

Marchandise contre marchandise – marchandise contre argent

Jadis, les hommes échangeaient une marchandise contre une autre marchandise. Comme le troc (◇ die Tauschwirtschaft) n'était pas pratique, les hommes ont eu l'idée de se procurer des biens par l'intermédiaire d'un autre moyen d'échange : l'argent. La forme de l'argent a évolué au cours des siècles. Une forme simple d'argent est la proto-monnaie, à savoir des objets qui sont utilisés en guise d'argent comme p. ex. des coquillages. Les métaux servaient d'abord comme proto-monnaie jusqu'à ce que l'on pensât à leur donner une forme unifiée. Des pièces métalliques frappées, donc des pièces de monnaie continuent à être utilisées. Parallèlement, la monnaie papier s'impose. Elle facilite la manipulation de fortes sommes et se multiplie plus facilement que les pièces en métal précieux. Ceci est d'autant plus vrai pour la monnaie scripturale (◇ das Buchgeld), c'est-à-dire l'argent qui est placé sur un compte bancaire. Il joue un rôle important dans la vie économique d'aujourd'hui.

M2 Différentes sortes de monnaie

Coquillages

Forme primitive d'une pièce de monnaie (7e s. av. J.-C.)

M3 L'évolution de la proto-monnaie vers la monnaie scripturale

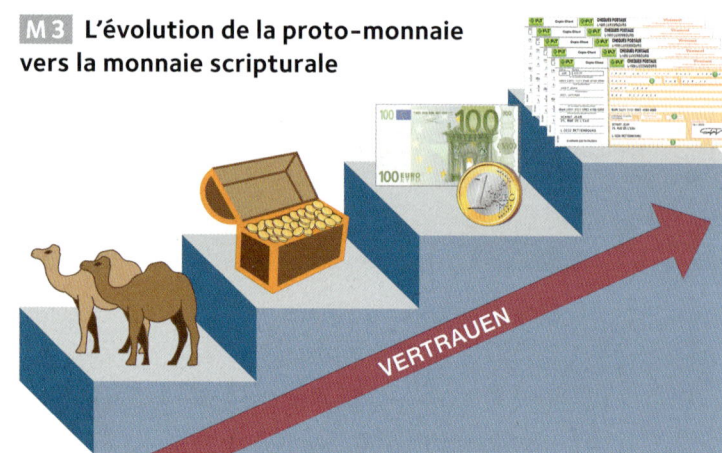

M4 Les fonctions de l'argent en bref

Moyen de paiement	Unité de compte	Réserve de valeur
L'argent sert d'intermédiaire dans les échanges. Des transactions financières ainsi que l'octroi de crédits sont possibles.	La valeur de différents biens peut être exprimée en une unité qui permet la comparaison. L'argent sert d'unité de calcul.	Il est possible de dépenser de l'argent longtemps après l'avoir gagné. Il est possible de faire des épargnes.

Pour remplir ces fonctions, l'objet utilisé comme monnaie doit être divisible, avoir une valeur stable et il doit être généralement accepté.

Deutsche Bundesbank, Geld- und Geldpolitik, Francfort 2010, p. 11 (trad.)

4.11 Geld als Tauschmittel

La valeur de l'argent et la stabilité des prix

Les billets de banque et la monnaie scripturale peuvent être multipliés à l'infini, mais si trop d'argent circule par rapport à l'offre, les prix montent. C'est donc la rareté de l'argent qui garantit sa propre valeur. Donc, quelqu'un doit veiller à ce que l'argent reste rare de façon à ce que les prix restent stables. C'est le rôle de la Banque centrale européenne (BCE) pour la zone euro.

M5 L'inflation – baisse de la valeur de l'argent

Les prix des biens et des services peuvent changer à tout moment – certains prix montent tandis que d'autres baissent. On parle d'inflation, si la hausse des prix est généralisée, si tous les prix montent. Dans ce cas-là, l'argent a perdu de sa valeur, c'est-à-dire que l'on peut acheter moins avec son argent.

L'inflation peut être déclenchée si la demande de certains produits, surtout celle des matières premières, est supérieure à l'offre. Les prix montent. En période de crise, les gouvernements ont tendance à faire émettre plus de monnaie afin de pouvoir rembourser leurs dettes, ce qui conduit également à l'inflation.

La stabilité des prix est contrôlée par le biais de l'indice mensuel des prix à la consommation, établi à partir de ce que l'on appelle panier-type. Ce panier contient un certain nombre de produits qu'un ménage moyen consomme en général. Le contrôle régulier du prix total de ce panier permet de déterminer dans quelle mesure les prix ont augmenté. Le Luxembourg compte parmi les rares pays au monde où les salaires sont ajustés automatiquement à l'évolution des prix à partir d'un taux d'inflation donné. On parle de l'indexation des salaires, de l'index.

M6 Un billet de banque allemand de cinquante millions de marks

En 1923, l'Allemagne a connu une inflation incontrôlable, appelée hyperinflation. Le 15 novembre 1923, un œuf coûtait 320 milliards de marks.

1. Indiquez les avantages ou désavantages potentiels d'une économie monétaire par opposition à une économie d'échange.
2. Le document M4 montre les différentes fonctions de l'argent. Trouvez pour chaque fonction la situation correspondante, p. ex. : « Simon a 320 € sur son compte épargne. Il veut épargner de l'argent pour pouvoir s'acheter un nouveau vélo. »
3. Faites des recherches sur Internet au sujet des billets et des pièces euro. Quelles sont leurs significations symboliques ? Analysez les différents signes de sécurité.
4. Décrivez la relation entre la confiance et l'évolution vers la monnaie scripturale (M3). De la confiance de qui parle-t-on ici ?
5. Expliquez en vos propres mots le terme « inflation ». Quelles peuvent être les causes d'une inflation ?
6. Quelles sont les conséquences d'une inflation ? Distinguez entre les ménages privés et l'économie en général.
7. Comment les consommateurs ont-ils dû réagir face à l'hyperinflation ? (M6)
8. En période de crise, les hommes investissent davantage dans des valeurs-refuge (maisons, bijoux, machines, etc.). Expliquez.

4.12 Le circuit économique

Quelqu'un qui achète une voiture, échange son argent contre un bien qui a été produit dans une fabrique. Il a gagné cet argent grâce à son travail et c'est ainsi tout le temps partout dans le monde : Les entreprises payent pour la force de travail des hommes qui payent avec leur salaire les biens de la vie quotidienne, fabriqués dans de nombreuses entreprises. Ceci peut être représenté graphiquement (voir M1). Le terme circuit économique montre qu'il existe un échange permanent entre les entreprises, les ménages, les banques, l'État et l'étranger. Cependant le circuit économique ne fonctionne pas toujours de manière égale. Les fluctuations de l'activité économique sont appelés « conjoncture ». L'État peut essayer d'influencer la conjoncture.

M1 Le circuit économique

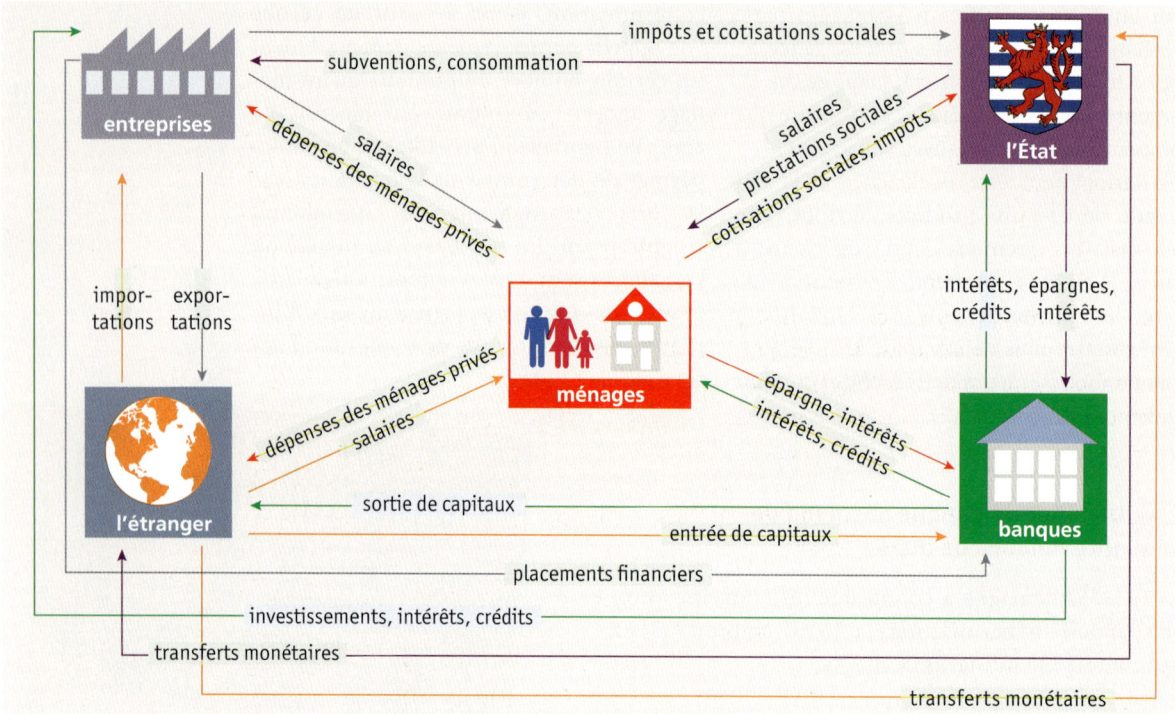

Le rôle des banques ordinaires dans le circuit économique

Tôt ou tard, chacun a besoin des services d'une banque. On possède un livret d'épargne, une carte bancaire, un compte sur lequel est viré le salaire que l'on a gagné par son travail. Mais les particuliers aussi peuvent placer de l'argent sur un compte. La carte bancaire leur permet de retirer de l'argent de ce compte.

Donc, la banque ordinaire (◇ die Geschäftsbank) fonctionne comme une sorte de lieu de transit pour l'argent que les hommes y mettent et prélèvent, selon leurs besoins. Les clients payent des commissions pour que la banque gère leur argent et exécute des transactions financières. De plus, la banque prête de l'argent. Celui qui emprunte de l'argent à la banque, c.-à-d. fait une demande de crédit, doit payer pour cela : Il doit rembourser la somme empruntée et doit payer des intérêts plus ou moins élevés. Les entreprises recourent également aux services qu'offrent les banques. Elles ont besoin de crédits pour financer leurs investissements et confient à la banque la gestion de leur fortune.

Inversement, les banques sont aussi des entreprises. Ainsi, les banques sont des maillons importants entre les différents acteurs du circuit économique.

4.12 Der Wirtschaftskreislauf

M2 Schéma du système bancaire

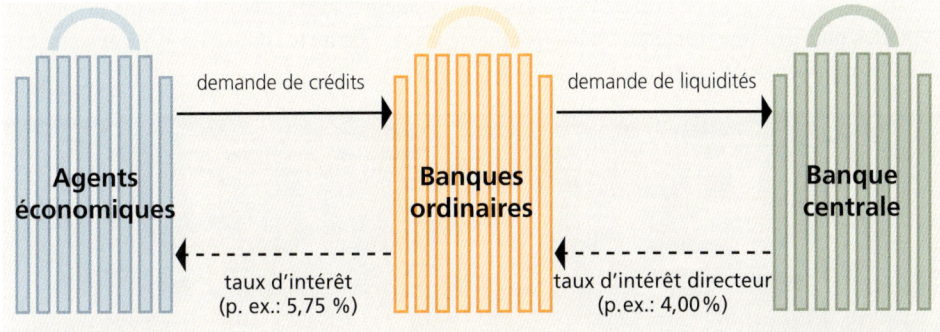

Source : MENFP, Économie, l'essentiel. Initiation économique et sociale-optique luxembourgeoise, ED/ES/329, Luxembourg, 2008, p.98

La tour de la BCE, Francfort-sur-le-Main

Les banques centrales

À côté des banques commerciales, chaque pays possède une banque centrale. (<> die Zentralbank). Elle ne s'adresse pas aux particuliers.

Son rôle le plus important consiste à déterminer la quantité d'argent en circulation afin d'éviter une inflation. Si les banques commerciales empruntent de l'argent, elles peuvent le faire à un certain taux d'intérêt (<> der Zinssatz), appelé taux directeur (<> der Leitzins), auprès des banques centrales. Depuis 2014, les banques commerciales paient des « intérêts de pénalité » si elles déposent de l'argent auprès de la banque centrale. Les banques commerciales les répercutent alors sur leurs clients. Mais cela ne concerne à l'heure actuelle que les dépôts d'épargne très élevés à partir de 100 000 euros.

C'est la Banque centrale européenne (BCE) qui détermine la politique financière de la zone euro. C'est la Banque centrale du Luxembourg (BCL) qui met en œuvre ces directives au Luxembourg. Leur principale mission est de garantir le pouvoir d'achat de l'euro et ainsi, la stabilité des prix dans la zone euro.

M3 La théorie de la conjoncture

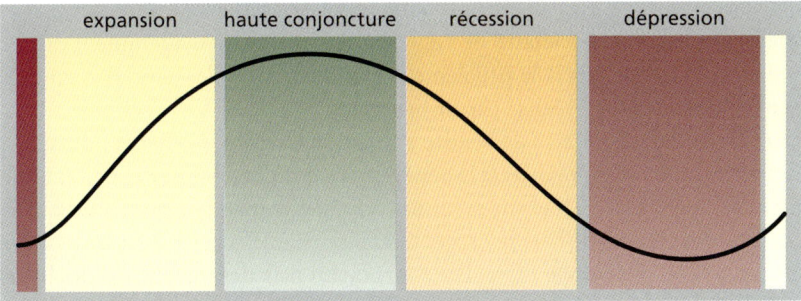

M4 Ce que l'État fait …

en cas de récession
- baisser les impôts (des ménages et des entreprises)
- augmenter les investissements (travaux publics, prestations pour les familles)

en période d'une haute conjoncture
- augmenter les impôts
- diminuer les dépenses publiques

1 Énumérez les acteurs du circuit économique.
2 Pourquoi l'économie est-elle représentée sous forme de circuit ? Expliquez.
3 Que se passe-t-il si un élément du circuit disparaît ?
4 Énumérez les différences entre les banques ordinaires et la banque centrale.
5 Précisez le rôle des banques dans notre économie. Quel rôle particulier joue la BCE ?
6 Qu'est-ce que la conjoncture ? Distinguez les différentes phases. (M3)
7 Expliquez comment les mesures gouvernementales peuvent aider l'économie (M4).

4.13 À la bourse

M1 La bourse de New York

Il s'agit de la plus grande bourse de valeurs mondiale où sont cotées les actions de plus de 2700 des plus grandes sociétés d'actions américaines. Elle a été fondée en 1792 et se trouve dans le quartier de Wall Street.

L'action
(◇ die Aktie, das Wertpapier)
Celui qui possède une action (l'actionnaire) devient copropriétaire du capital d'une société par actions.

Le cours des actions
(◇ der Aktienkurs)
Il désigne le prix actuel d'une action, c.-à-d. le montant que l'acquéreur est disposé à payer pour l'action et auquel le vendeur désire la vendre.

Le dividende
(◇ die Dividende)
Chaque actionnaire obtient un dividende (une part du bénéfice). Tout actionnaire reçoit donc de l'argent une fois par an pourvu qu'il ne vende pas son action.

La bourse est un marché

Pourtant, on n'y vend ni fruits ni autres produits. Derrière les étals se trouvent des entreprises qui ont besoin d'argent pour fabriquer un nouveau produit ou acquérir de nouvelles machines. Sur ce marché se promènent ceux qui veulent mettre une partie de leur capital à la disposition de ces entreprises. En échange, ils obtiennent des actions (des valeurs).
Ainsi, l'actionnaire devient copropriétaire de l'entreprise et il espère évidemment qu'elle fera de gros profits. Mais c'est bien là le problème. Celui qui achète des actions risque de perdre son argent si l'entreprise ne réalise pas de bénéfices.
La bourse permet aussi à l'actionnaire de vendre ses actions à d'autres clients potentiels. En vendant, l'actionnaire tente de réaliser des bénéfices ce qui présuppose cependant que la valeur de l'action soit en hausse. Il existe aussi des bourses de matières premières qui se consacrent au commerce en gros de l'or, de l'argent, du platine ou du pétrole mais aussi des aliments comme le café, le cacao ou le sucre. Les cours ou les prix des matières et des biens cotés se forment selon la loi de l'offre et de la demande.

1 Qu'est-ce qui est coté en bourse ? En quoi se distingue-t-elle d'un marché normal ?

4.13 An der Börse

M2 Fiche : La société anonyme ArcelorMittal

Évolution du cours des actions de novembre 2018 à octobre 2019 (en euro)

ArcelorMittal – le plus grand producteur mondial d'acier dont le siège social est au Luxembourg (fondé en 2007)
- 209 000 salariés travaillent dans 60 pays (2018)
- Le plus grand employeur privé au Luxembourg: env. 4200 salariés
- Actions: 40,83 % appartiennent à la famille Mittal, 2,5 % à l'État Luxembourgeois, le reste est reparti entre un grand nombre d'actionnaires
- Production de 94,42 millions de tonnes d'acier brut (2018)
- Chiffre d'affaires: 76,3 milliards de dollars US (2018)

Simulation d'une activité boursière

Une simulation consiste à reproduire certains processus et activités de manière aussi réaliste que possible afin de gagner des connaissances sur leur déroulement. Vous allez simuler l'achat et la vente d'actions pour comprendre le fonctionnement du marché boursier.

DÉMARCHE CONSEILLÉE :

1. Préparation
Formez des groupes. Chaque groupe dispose d'un capital initial fictif de 10 000 €. Investissez cette somme en achetant des actions d'une ou de plusieurs firmes. Expliquez pourquoi vous achetez des actions de ces firmes.

2. Acheter, vendre ou garder
Suivez chaque semaine le cours des actions dans les pages « Économie » d'un quotidien ou sur le Net. Notez les pertes et les bénéfices dans un tableau. Chemin faisant, vous pouvez vendre intégralement ou partiellement vos actions et acheter d'autres titres. Les bourses ne connaissent pas d'augmentation constante des cours mais des fluctuations. Dans le meilleur des cas, des cours en hausse peuvent rendre très riche, au pire, tout votre argent sera perdu.

3. Bilan
Vérifiez au bout d'un ou de deux mois si vous avez gagné ou perdu de l'argent.

2 Présentez de façon succincte une société anonyme connue.

3 « La bourse vous permet de devenir riche très rapidement mais elle peut aussi vous faire perdre tout en peu de temps. » Expliquez cette affirmation.

4.14 En bref

Souhaits et besoins
- Besoins primaires, de luxe, culturels
- Besoins matériels et immatériels

Marché
- Lieu de rencontre de l'offre et de la demande
- Formes de marché : marché des marchandises, marché du capital, marché immobilier, marché du travail, marché des prestations de service

Formation du prix
- Le prix d'usine se calcule en fonction des facteurs de production (matières premières, capital, travail)
- Le prix de vente = prix d'usine + transport + impôts + bénéfice
- Le prix est influencé par l'offre et la demande, la concurrence, le pouvoir d'achat, la rareté des marchandises, les influences de la mode …

Concurrence
- … est la lutte pour acquérir des parts de marché par la compétition entre producteurs et par la publicité
- La formation des cartels ou le monopole d'un prestataire contournent la libre concurrence
- L'Union européenne ou l'État règlent la concurrence

Entreprises
- … sont actives dans un des trois secteurs économiques (agriculture, industrie, services)
- Nature des entreprises : entreprises de production, prestataires de services
- Les principales formes d'entreprises au Luxembourg : S.A., S.à.r.l.

État et économie de marché
- L'État intervient dans l'économie pour garantir la concurrence et protéger le consommateur
- L'État est un consommateur et un prestataire important sur le marché
- L'État providence protège les intérêts sociaux des citoyens

Argent, banques et bourses
- Inflation = dévaluation de l'argent
- Conjoncture : les fluctuations de l'activité économique
- Les banques gèrent l'argent de leurs clients, accordent des crédits, investissent
- Les banques centrales déterminent le volume d'argent et le taux directeur
- Bourses = marchés où s'effectuent des transactions sur les valeurs et les biens

Le circuit de distribution

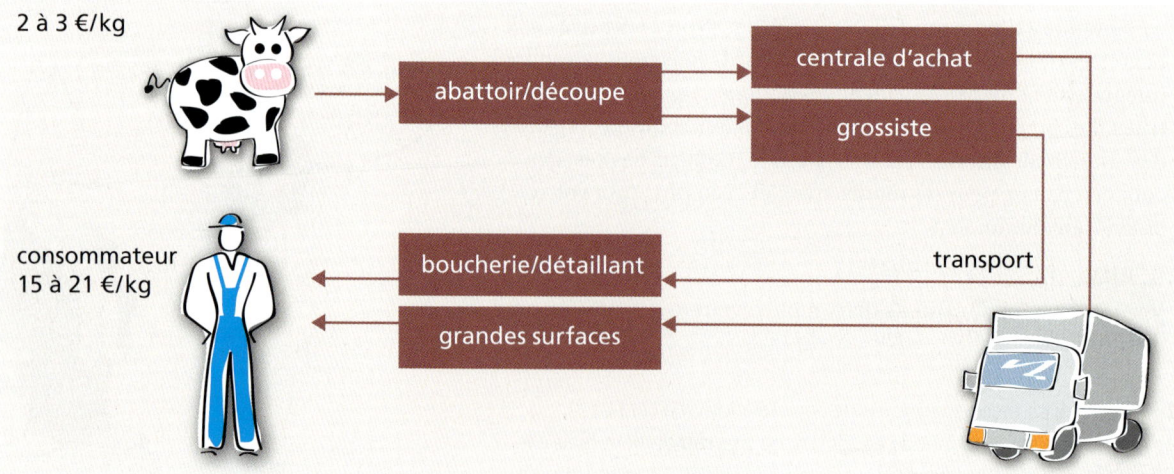

4.14 Das Wichtigste auf einen Blick

Maîtriser des savoirs (◇ Sachkompetenz)

1 Donnez trois exemples de besoins de base, de besoins culturels et de besoins de luxe.
2 Expliquez les termes suivants : concurrence, formation des prix, cartel.
3 Expliquez la différence de prix de la viande du producteur au consommateur (cf. graphique, page de gauche)
4 Vrai ou faux ? L'économie sociale de marché :
   … est un système économique dans lequel l'État détermine seul ce qui se passe sur le marché.
   … tente de réunir le principe de la liberté de marché et le principe de l'équilibre social.
5 Expliquez l'économie sociale de marché par vos propres mots.
6 Décrivez le développement de la monnaie d'échange : « du coquillage à l'euro ».
7 Nommez les phases du cycle de la conjoncture.
8 Esquissez le circuit économique.

Utiliser des méthodes (◇ Methodenkompetenz)

9 Allez à la découverte d'un marché hebdomadaire ou d'un marché aux puces (offre, demande, formation des prix, concurrence, perspective du prestataire ou du vendeur).
10 Analysez votre comportement en matière de consommation pendant un mois (dépenses, frais courants).

Juger et agir (◇ Urteils- und Handlungskompetenz)

11 Trouvez les stratégies de vente représentées dans la reproduction et indiquez des exemples concrets. Donnez un avis critique.
12 Vous aimeriez exercer une profession indépendante. Planifiez la création d'une entreprise à l'aide d'une carte des idées.
13 Donnez votre avis sur le commentaire suivant :
   « Dans toute économie sociale de marché, le rapport entre la liberté d'action et la responsabilité sociale doit être équilibré. »

Des stratégies commerciales

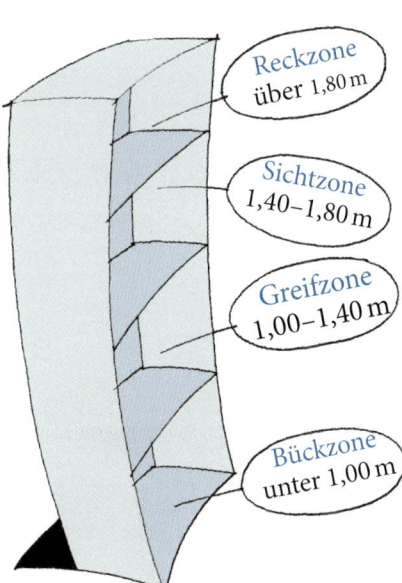

5 Le monde du travail et de la sécurité sociale

On ne se plaint du travail que jusqu'au jour où l'on n'en a plus.

La chance aide parfois, le travail toujours.

Léiwer een décke Bauch vum Drénken, wéi ee kromme Réck vum Schaffen.

Ee Lidderegen war nach ni een Dommen.

Le travail ennoblit l'homme.

Un bon ouvrier n'est jamais trop chèrement payé.

Wann d'Aarbecht ee räich mécht, da wier den Iesel méi räich wéi de Mëller.

L'oisiveté est la mère de tous les vices.

Qui s'arrête se rouille.

Arbeitswelt und soziale Sicherung

Le travail d'abord, le plaisir ensuite.

Vun der Aarbecht gëtt kee fett.

À l'œuvre, on connaît l'ouvrier.

On n'a rien sans mal.

Le travail permet de satisfaire les besoins élémentaires les plus importants, tels que se nourrir, se loger, se vêtir. Il contribue aussi en grande partie à l'épanouissement personnel de l'être humain. Le métier que l'on choisit a une influence considérable sur beaucoup d'autres aspects de la vie.

Ce chapitre traite entre autres des questions telles que : que signifie le travail ? Comment le monde du travail a-t-il évolué au cours du temps ? Et quels effets cela a-t-il pu avoir ? Il est aussi question des relations entre l'employeur (◇ der Arbeitgeber) et le salarié (◇ der Arbeitnehmer), et en tant que futurs employés, de vos droits et devoirs envers vos employeurs.

1 Expliquez les proverbes. Citez-en d'autres.
2 Que devrait être le travail ? Obtenir une reconnaissance, se distraire ? Faites une top liste des critères les plus importants du métier de vos rêves.

COMPÉTENCES VISÉES

Maîtriser des savoirs
(◇ Sachkompetenz)
- Savoir nommer les acteurs principaux du monde du travail ainsi que leurs rôles
- Connaître les notions clés du droit du travail
- Comprendre comment les salaires et les conditions de travail sont établies
- Connaître le rôle et les objectifs de la sécurité sociale

Utiliser des méthodes
(◇ Methodenkompetenz)
- Mettez en place un jeu de stratégie sur le thème du « conflit au travail »
- Lire les statistiques de façon critique

Juger et agir
(◇ Urteils- und Handlungskompetenz)
- Apprendre à défendre ses intérêts dans une situation de conflit entre les partenaires sociaux
- Savoir évaluer les contraintes du système de sécurité sociale
- Postuler pour un emploi

5.1 Le monde du travail en mutation

Notre société est basée sur le travail. Par là, on entend le travail rémunéré, et non le travail des membres de la famille au sein du ménage ou le travail bénévole pour une association. Mais travaillons-nous pour vivre ou vivons-nous pour travailler ? Satisfaction et succès dans leur métier ont une très grande importance pour les hommes. La participation à la vie active est déterminante dans notre société pour le statut social, le niveau de vie et les prestations vieillesse. Le choix d'un métier adéquat est ainsi perçu comme primordial et il n'est pas toujours facile de se décider pour une profession. Nombreuses sont les personnes exerçant des métiers différents au cours de leur vie professionnelle, soit l'un après l'autre, soit en même temps. Les capacités de s'adapter et de se former tout au long de la vie sont requises dans n'importe quel métier.

M1 Caricature

En avant avec la société de prestations de services !

M2 Que signifie le travail pour vous ?

	c'est entièrement vrai	c'est vrai	c'est en partie vrai	ce n'est pas vrai du tout
1. « Le travail oblige à rester actif. »				
2. « Par le travail, on peut influencer des choses. »				
3. « Le travail donne une structure à la vie. »				
4. « Le travail favorise les contacts sociaux. »				
5. « Le travail donne un sens à la vie. »				
6. « Le travail contribue à l'épanouissement de la personnalité. »				
7. …				
8. …				
9. …				

1 Commentez la caricature M1. Qu'attend-on des salariés ?
2 Remplissez le tableau M2. Comparez les résultats et débattez sur chaque point en classe.

5.1 Arbeit im Wandel

Les métiers se diversifient et se spécialisent de plus en plus avec le développement de produits et de modes de production nouveaux. Le travail et par conséquent les qualifications requises ainsi que les méthodes de travail évoluent. De nouveaux métiers font leur apparition tandis que les professions anciennes passent à l'arrière-plan ou disparaissent complètement. Au cours du 20ème siècle, les horaires de travail ont été limités progressivement pour avoir plus de temps libre. À partir de 1926, tous les salariés au Luxembourg ont eu droit à 4 jours de congés payés. Aujourd'hui, ils peuvent bénéficier de 25 jours. La législation est différente selon le pays : au Japon, les congés payés sont de 20 jours (après avoir travaillé 10 ans dans l'entreprise), 10 jours au Canada (Ontario), mais tout de même 30 jours en France.

M3 Typographes dans une imprimerie, 1953

M4 Opérateur médias au travail, 2015

M5 Caricature

"We're almost fully automated now."

3 Prenez position par rapport à l'affirmation suivante :
« Travailler ne signifie pas seulement gagner de l'argent. »
4 Décrivez les différents modes de travail (M3–M4).
5 Quels sont les effets des évolutions techniques sur le travail ? Distinguez les effets positifs des effets négatifs ?
6 Renseignez-vous sur les métiers de vos ancêtres. Classez ces métiers dans les 3 secteurs économiques.

5.2 Le marché du travail luxembourgeois

M1 Offres d'emploi

ARCHITECTE CPU
69, rue de l'Église
L-6969 Oberanven
Tél. 81 36 71-0

Recherche pour entrée immédiate ou à convenir

UN TECHNICIEN GÉNIE CIVIL (m/f)

- À durée indéterminée
- Expérience professionnelle de 10 ans
- Initiative, sens de l'organisation et bonne connaissance technique
- Capacité d'assurer le suivi de projets
- Maîtrise de l'outil informatique
- Connaissances parlées et écrites du français, de l'allemand et du luxembourgeois

---

Électricité générale Biwer
2, rue du cimetière
L-3429 Strassen
Tel. 122324
Adresse postale
B.P. 238
L-9112 Luxembourg

BIWER
Electricité générale

Cherchons pour nos chantiers, région Lux.-ville

1 électricien qualifié (m/f)

Profil demandé
- détenteur d'un CCP/DAP
- expérience professionnelle de quelques années
- sens de l'organisation et capacité de travailler de manière autonome
- maîtrise des langues lux., all. et franç.

Nous offrons :
- un travail intéressant
- une rémunération adaptée aux capacités et à l'expérience
- un véhicule mis à disposition

Veuillez adresser votre demande avec CV à la
B.P. 238, L-9112 Luxembourg

M2 « Inviter dix candidats, pour n'en embaucher qu'un ». Entretien avec le chef du personnel d'une chaîne de supermarchés luxembourgeoise

On compte en tout 37 nationalités dans nos supermarchés. À cela viennent s'ajouter 60 apprentis, dont environ la moitié est de nationalité luxembourgeoise. Avec une moyenne d'âge de 37 ans, nous sommes une entreprise très jeune. Malheureusement, beaucoup de jeunes nous évitent. Récemment, j'ai vu une mère gronder sa petite fille désobéissante et lui dire, « Quand tu seras grande, tu seras vendeuse ! ». Cela montre bien que le public a une vision dépassée de ce métier et le considèrent comme un travail monotone, ne requérant aucun savoir-faire. En réalité, les nouvelles technologies sont de plus en plus utilisées dans la vente et exigent des employés qualifiés en fonction des tâches à accomplir. Chez nous, une vendeuse doit avoir une connaissance précise des produits, planifier les commandes en équipe et utiliser l'outil informatique. 230 métiers différents sont présents dans notre entreprise. Chez nous, des ingénieurs travaillent sur des plans de nouveaux bâtiments, nous avons un grand département marketing, avec 60 collaborateurs, des maîtres artisans et un secteur médecine du travail.
Nous recevons chaque année 8 000 candidatures spontanées, c'est beaucoup. La différence se trouve dans la qualité. Voyez-vous, je travaille depuis 25 ans dans le domaine du personnel. De part mon expérience, je peux vous dire : aujourd'hui, nous devons inviter 10 candidats, pour n'en embaucher qu'un. Il y a dix ans, sur trois candidats, deux étaient vraiment bons. Cela est lié aussi bien à la formation qu'à la vision personnelle du travail … Beaucoup de jeunes se présentent à l'entretien d'embauche directement en sortant de discothèque – ils n'ont même pas pris la peine de se changer.
Nous avons besoin d'employés ponctuels, sur qui nous pouvons compter. D'autres candidats considèrent comme une atteinte aux droits de la personnalité lorsqu'on leur demande de retirer un piercing. Nous avons des réglementations concernant l'hygiène, qui n'autorisent pas cela. Beaucoup préfèrent renoncer à un poste plutôt que d'avoir des restrictions. Le plaisir est un mot-clé important. Je ne veux pas généraliser, il y en a aussi qui veulent et aiment travailler. Mais ce n'est pas la majorité. Chez nous, seuls les employés motivés peuvent réaliser avec nous les objectifs que nous nous sommes fixés. Nous pouvons former un jeune, mais la volonté doit venir de lui. Naturellement, ce n'est pas très intéressant pour un jeune de se lever tôt et de travailler le samedi. Nous faisons une sélection par le biais de tests d'aptitude et planifions des périodes d'essai. Mais le plus important est naturellement de sentir la motivation lors de l'entretien. Certains sont très reconnaissants de pouvoir commencer à travailler chez nous alors qu'ils ont de très mauvais résultats scolaires. Ils s'intègrent bien dans l'entreprise familiale et sont des collaborateurs fidèles. Mais ceci est plus rare. Nous avons même eu des apprentis qui ont fini par obtenir la gérance d'un de nos magasins. La plupart du temps, cela concerne ceux qui souhaitent faire de la formation continue, lorsqu'ils remarquent qu'il leur manque du savoir. Nous soutenons volontiers ces demandes.
Nous requérons au moins un DAP (CATP). L'idéal serait que ces jeunes arrivent avec déjà un stage en poche. Nous exigeons de tous qu'ils soient habiles de leurs mains et qu'ils aient le sens des responsabilités. Celui qui n'a pas cela aura, à l'avenir, des difficultés à trouver un poste.

Luxemburger Wort du 2.11.2007, extraits (trad.)

5.2 Arbeitsmarkt Luxemburg

M3 Principaux employeurs privés et publics, 2018

Entreprises	Effectif
État	27 249
Group Post Luxembourg	4480
Groupe CFL	4260
Groupe Cactus	4200
Ville de Luxembourg	4123
Groupe ArcelorMittal	4120
Groupe Dussmann Luxembourg	3880
BGL BNP Paribas	3660
Goodyear Dunlop SA	3450
Groupe PricewaterhouseCoopers	2870
Luxair SA	2820
Centre Hospitalier de Luxembourg	2270
Amazon.com	2250
Fondation Hôpitaux Robert Schuman	2240
Groupe Deloitte Luxembourg	2140
Sodexo Luxembourg SA	2030
Centre Hospitalier Emile Mayrisch	1970

STATEC, Le Luxembourg en chiffres 2020

M4 Le marché du travail au Luxembourg, 2018

Population totale	602 000
(Stand: 01.01.2018)	
Population active	279 000
• Emploi national	264 500
• Demandes d'emploi non satisfaites	15 300
Frontaliers non résidents	197 000
• France	98 200
• Allemagne	47 200
• Belgique	46 700

STATEC: https://statistiques.public.lu/stat/TableViewer/tableView.aspx?ReportId=12951&IF_Language=fra&MainTheme=2&FldrName=3&RFPath=92 (10/09/2019)

La population active (◇ die Erwerbsbevölkerung)
L'ensemble des personnes en âge de travailler, disponibles sur le marché du travail.

M5 Emploi total par secteur, 2014

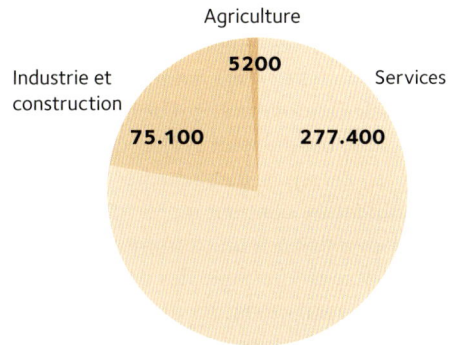

Agriculture 5200
Industrie et construction 75.100
Services 277.400

STATEC, Le Luxembourg en chiffres 2015, p. 14

M6

« Afin de parvenir à une sélection juste, l'épreuve d'examen est la même même pour tout le monde : grimpez dans cet arbre ! »

1. Faites une liste des qualifications requises dans M1 et M2.
2. Quels peuvent être les critères d'exclusion lors d'un entretien d'embauche ?
3. Que déplore le chef du personnel (M2) ?
4. Quels conseils pouvez-vous donner à un candidat à l'embauche ?
5. Dans quels secteurs travaillent la majorité des salariés ?
6. Quels sont les plus gros employeurs (M3) ? Classez-les dans les différents secteurs économiques.
7. Interprétez la caricature.

5.3 À la recherche d'un emploi

M1 Photos de candidature

Postuler pour un emploi signifie faire sa propre publicité. Cela commence par le dossier de candidature, qui doit convaincre pour que le candidat ait la chance d'être invité à un entretien d'embauche. Le dossier de candidature contient une lettre de motivation en réponse à une annonce, un curriculum vitae et une copie des derniers certificats de travail ou du/des diplôme(s).

Dans le curriculum vitae (le CV), l'employeur doit pouvoir reconnaître au premier coup d'oeil, si le candidat remplit les conditions pour le poste. C'est la première impression qui compte. Le CV doit être structuré, propre, sans fautes et muni d'une photo d'identité. Si le CV laisse déjà une mauvaise impression, les chances d'être invité à un entretien sont réduites.

Le CV Europass est valable dans toute l'UE. Vous pouvez trouver un modèle sur le site internet www.europass.lu.

Lors de l'entretien d'embauche, vous devez faire attention à plusieurs détails : votre tenue vestimentaire, la manière de vous présenter ou de saluer en donnant une poignée de main, vos connaissances sur le poste recherché. Il ne s'agit pas de jouer un rôle, mais il ne faut pas pour autant vous comporter de manière trop familière. Mettez-vous à la place de l'employeur et demandez-vous : qui voudrais-je embaucher ?

M2 Check-list pour l'entretien d'embauche

- Réunir des informations sur l'entreprise ☐
- L'apparence : tenue vestimentaire … ☐
- La ponctualité ☐
- Les salutations : la politesse, la poignée de main … ☐
- Le langage corporel : le contact visuel, le sourire, la posture … ☐
- Montrer sa motivation ☐

5.3 Sich bewerben

M3 Lettres de candidature

Tania BRITO SEQUEIRA
7 rue de Luxembourg
L-4011 ESCH/ALZETTE
Tél.: 56 78 34

Esch/Alzette, le 9 février 2015

Jeans Shop
16, rue des Romains
L-2354 Luxembourg

Demande d'emploi pour le poste d'apprentie-vendeuse

Madame, Monsieur,

À la suite de votre annonce parue dans le journal « Tageblatt » du 7 février 2015, j'ai l'honneur de vous soumettre ma candidature pour le poste d'apprentie-vendeuse dans votre entreprise.

J'ai 17 ans et j'ai toujours aimé le contact avec les gens. Je m'intéresse à la mode et le métier de vendeuse me semble être le bon choix pour mon futur parcours professionnel.

Veuillez trouver ci-joint mon curriculum vitae et les copies de mes derniers bulletins.

Veuillez agréer, Madame, Monsieur, l'expression de mes sentiments très distingués.

Tania BRITO SEQUEIRA

Tania BRITO SEQUEIRA

Annexes
1 curriculum vitae
3 bulletins

Patrick Schmitz
1, rue de l'église
L-1000 Mertert
Handy : 691123987
E-mail : coolio-gansta@fun.lu

20.02.2015

Techonlink
Personalabteilung
Z.H. Tomas Erbe
Postfach 10123
70134 Trier

Bewerbungsschreiben

Madame, Monsieur,
J'ai entendu que vous formez des vendeurs en informatique. Je vous envoie ma candidature. Je suis flexible, capable de travailler en équipe, ponctuel, travailleur et consciencieux.
J'ai une grande expirance en informatique car je chatte tous les jours et joue à des jeux vidéos.
Je m'y connais aussi en installation de cartes graphiques et en chiptunning.
Mes autres hobbies sont le skate et glander avec mes copains.
Je suis sûr que j'ai éveillé votre intérêt et je suis content de venir à un entretien.
Appelez-moi vite s'il vous plaît – j'ai hate.
c.u.

Patrick Schmitz ☺

ci-joint :
CV complet sous forme de tableau avec super photo
mes 2 derniers certificats (ne sont pas super malheureusement !! ☹)
Lettre de recommendation de mon pote, de qui je trafique le PC

M4 Fautes typiques dans les lettres de candidature

① Fautes de frappe et fautes d'orthographe
② Mauvaises formulations et fautes de grammaire
③ Le contenu ne correspond pas au profil du poste
④ Formule d'adresse trop impersonnelle lorsque le nom de l'interlocuteur est connu
⑤ Pas de paragraphes et d'interlignes
⑥ Écriture ornée de fioritures
⑦ Candidatures dans des pochettes en plastique
⑧ Informations manquantes (numéro de téléphone, lien avec l'annonce …) ou informations inappropriées (p. ex. adresse e-mail pas sérieuse)
⑨ Signature manquante ou brouillon
⑩ Lettre pas assez affranchie

M5 Check-list pour la lettre de candidature

- Utilisez du papier blanc, propre ☐
- Faites des candidatures individuelles ☐
- … ☐
- … ☐

---

1 Quels candidats inviteriez-vous à un entretien d'embauche ? Pourquoi ?
2 Évaluez les 2 candidatures (M3) et complétez la check-list M5.
3 Procurez-vous des brochures d'information sur les candidatures (SPOS, ADEM …) et évaluez ce qui est important.
4 Répondez à une annonce : écrivez une candidature et un curriculum vitae.
5 Entraînez-vous à un entretien d'embauche.

5.4 Le contrat de travail

Le contrat de travail est un accord dans lequel une personne (le salarié) s'engage à mettre à disposition sa force de travail à une autre personne (l'employeur), en échange d'une rémunération.
Il existe différentes formes de contrats :
- Le contrat à durée indéterminée ou CDI (◇ der unbefristete Arbeitsvertrag) est illimité dans le temps. Il est valable jusqu'à ce que l'une des parties le rompe.
- Le contrat à durée déterminée ou CDD (◇ der befristete Arbeitsvertrag) est limité dans le temps. Il s'arrête automatiquement à une date prévue lors de sa signature.
- Dans le contrat de travail intérimaire (◇ der Leiharbeitsvertrag), l'employé signe un contrat avec une entreprise de travail temporaire. Le salarié est mis à la disposition d'une autre entreprise qui l'embauche pour une durée déterminée. Les deux entreprises signent un contrat.
- Le contrat collectif ou la convention collective (◇ der Kollektivvertrag) est un contrat entre un ou plusieurs syndicats et un employeur (organisation patronale). Il définit les conditions de travail d'une seule entreprise ou de toute une branche professionnelle.

M1 Contrat de travail

Société BATITOUT (1)
Zone Industrielle de Contern
L-1967 Contern

Monsieur Paul Schmit (2)
1, rue de la Chapelle
L-7890 Steinheim

Entre les soussignés,
La Société BATITOUT représenté par M. Josy WELTER, agissant en qualité de Directeur des Ressources Humaines, d'une part,
et
M. Paul SCHMIT, 1, rue de la Chapelle L-7890 Steinheim, d'autre part, est conclu le présent contrat de travail à durée indéterminée.
Monsieur SCHMIT est engagé dans notre société, à partir du 15 avril 2015 (3), en qualité d'installateur-chauffagiste (4). La rémunération mensuelle brute est de 2700,– € (5) versée pour 40 heures par semaine aux horaires suivants : du lundi au vendredi de 8 à 12 heures et de 13 à 17 heures (6).
La période d'essai est de 3 mois du 15 avril au 15 juillet 2015 (7) et la prise de fonction débutera le 15 avril 2015 à 8 heures.
M. SCHMIT s'engage à se conformer aux dispositions du règlement intérieur dont un exemplaire lui a été remis ce jour et devra informer la société de tout changement de situation (adresse, situation de famille …). Les relations entre les parties seront régies par les dispositions de la convention collective de travail pour le bâtiment (8).

Fait en double exemplaire, à Contern, le 12 avril 2015.

Signature précédée de la mention „lu et approuvé"
Le salarié   Le Directeur des Ressources
                                              Humaines

lu et approuvé (9)   lu et approuvé (10)
SCHMIT P [signature]   WELTER J [signature]

5.4 Der Arbeitsvertrag

M2 **Contenu du contrat de travail**

Le contrat de travail doit exister en deux exemplaires : un pour le salarié et un autre pour l'employeur.

Contrat de travail

Les données suivantes doivent figurer dans le contrat :
- Identité des contractants
- Date du début du contrat
- Lieu de travail
- Nature de l'emploi
- Horaires normaux
- Salaire de base et compléments de salaire, prestations, gratifications ou participations convenues
- Durée des congés payés auxquels l'employé a droit
- Durée du contrat
- Clauses supplémentaires ou divergentes
- Les délais de préavis à respecter de la part de l'employeur et du salarié.
- Durée de la période d'essai (6 mois maximum)

M3 **Le contrat d'apprentissage** (<> der Lehrvertrag)

Le patron-formateur s'engage, par exemple, à
- donner à l'apprenti une formation et une éducation professionnelle,
- ne pas assigner l'apprenti à des tâches qui requièrent une force physique supérieure à la sienne,
- envoyer l'apprenti à l'école – les heures de cours sont comprises dans les heures de travail – et l'encourager à passer les examens obligatoires.
- payer à l'apprenti un salaire d'apprenti.

L'apprenti s'engage, par exemple, à
- suivre les instructions du patron-formateur,
- aller régulièrement à l'école et passer tous les examens,
- respecter la confidentialité sur les activités de l'entreprise,
- assumer tous les dommages causés par un comportement négligent.

Les horaires réguliers d'un apprenti mineur ne doivent pas dépasser 8 heures par jour et 40 heures par semaine. L'apprenti n'a pas le droit d'exercer une activité parallèle rémunérée.

1 Associez les informations numérotées de M1 aux différents points de M2.
2 Expliquez les fonctions d'un contrat de travail.
3 Apportez un exemplaire d'un contrat d'apprentissage et comparez-le avec M3.
4 Quelles sont les différences entre un contrat de travail et un contrat d'apprentissage ?
5 Cherchez sur Internet un contrat de travail étudiant (<> der studentische Arbeitsvertrag) et comparez-le avec les autres types de contrats de travail.

5.5 Le droit du travail

M1 Études de cas

Tiago
Tiago a 17 ans et est très satisfait de son apprentissage. Son patron lui laisse beaucoup de libertés, à condition que Tiago sèche les cours de l'école professionnelle lorsqu'il y a une urgence. Il gagne plus que la moyenne, du fait qu'il fait souvent des heures supplémentaires que son chef lui paie « au noir ».

Claire
Claire (16 ans) a récemment commencé un apprentissage de fleuriste. Le travail lui plaît beaucoup, les collègues l'aident et la patronne est très à l'écoute. Claire a le projet d'aller aux États-Unis. Pour cela elle a besoin de beaucoup d'argent. C'est pourquoi elle travaille le weekend comme serveuse dans un bar, souvent jusqu'à 4 heures du matin.

Marie-Paule
Marie-Paule (29 ans), enceinte de cinq mois, est vendeuse. Elle travaille chaque jour de 8 à 17 heures. Soulever des cartons lourds s'avère de plus en plus difficile. Le mois prochain, elle va avoir de nouveaux horaires et il va être difficile pour elle d'aller à tous ses rendez-vous médicaux.

Des cas comme ceux que l'on vient de citer, ou similaires, sont de plus en plus fréquents dans le quotidien du monde du travail. Pour toutes les personnes concernées, il est important de savoir que des lois imposent des conditions minimales, que les employeurs et les employés peuvent améliorer ensemble et qu'ils ne peuvent pas enfreindre. En cas d'infraction ou de conflit, on peut faire appel au tribunal de travail, qui tranchera entre les employeurs et les salariés.

M2 Les conditions de travail

La durée du travail
La durée normale de travail est de 8 heures par jour et de 40 heures par semaine. Dans certaines professions comme par exemple dans l'hôtellerie et le transport, un allongement du temps de travail est autorisé. Les heures qui dépassent les horaires normaux sont comptées comme des heures supplémentaires.

Le repos
Tout salarié doit bénéficier au cours de chaque période de 24 heures, d'une période de repos de 11 heures consécutives au moins et au cours de chaque période de 7 jours, d'une période minimale de repos de 44 heures consécutives (sans interruption).

Le travail de nuit
Le travail de nuit comprend la période située entre 10 heures du soir et 6 heures du matin. Les conventions collectives prévoient des majorations de salaire pour le travail de nuit d'au moins 15 %. Sur autorisation particulière de l'Inspection du travail et des mines, le travail journalier peut commencer à 4 heures du matin.

Les congés
Les congés annuels sont fixés à 26 jours ouvrables; une semaine de travail comprend 5 jours. Pendant la durée du congé, il est interdit au salarié d'exécuter un autre travail rémunéré, sinon il perd l'indemnité de congé. Le congé collectif est fixé d'un commun accord entre l'employeur et les syndicats. Les dix jours fériés sont valables pour tous les employés et les apprentis.

5.5 Arbeitsrecht

M3 La protection de la maternité

Le congé de maternité est de 4 mois (8 semaines avant la naissance et 8 semaines après). Dans le cas des naissances multiples, des naissances prématurées ou pour les mères allaitant leurs enfants, le congé est allongé de 4 semaines. L'employeur doit, pendant cette période, conserver le poste de la femme partie en congé de maternité ou bien un poste équivalent. Le travail de nuit, les heures supplémentaires, les travaux comportant un risque ou ayant une répercussion possible sur la grossesse ou l'allaitement sont interdits. La femme enceinte peut bénéficier d'une dispense, sans perdre son salaire, afin de pouvoir passer tous les examens médicaux prénataux. Les mères allaitantes ont aussi droit, après le congé de maternité à deux pauses rémunérées de 45 minutes pour allaiter leur enfant. L'employeur, prévenu de la grossesse de son employée par une attestation médicale, n'a pas le droit de licencier son employée pendant la grossesse et les 12 semaines après la naissance.

M4 La protection des adolescents

Il est interdit d'embaucher des adolescents en-dessous de 16 ans. Toutes les tâches allant à l'encontre de leur développement physique et de leur santé sont interdites. L'employeur doit laisser le jeune participer aux cours professionnels obligatoires. Les heures de cours sont comprises dans les heures de travail et rémunérées. En principe, les adolescents n'ont pas le droit de faire des heures supplémentaires, ni de travailler les jours fériés et les dimanches, sauf dans les cas d'exception prévus par la loi (p. ex. dans les hôtels, les restaurants et les hôpitaux). Dans ce cas, le mineur est rémunéré avec un supplément de 100 %.

En général, la loi interdit le travail de nuit des adolescents (de 8 heures du soir à 6 h du matin), à l'exception, par exemple du travail à la chaîne ou du travail hôtelier. Le travail entre minuit et 4 heures du matin reste interdit dans tous les cas.

M5 La résiliation du contrat

La résiliation du contrat par le salarié ou par l'employeur doit se faire soit par lettre recommandée (◇ per Einschreiben) soit par remise en mains propre. Certaines personnes sont protégées du licenciement (◇ die Kündigung) sous certaines conditions :
- la femme enceinte,
- la femme ou l'homme en congé parental,
- le délégué du personnel,
- le salarié malade.

En cas de faute grave, la protection contre le licenciement n'est pas valable.

Si un contrat de travail est rompu, les délais de préavis prévus par la lois doivent être respectés. Les deux contractants peuvent rompre le contrat sans préavis en cas de faute grave de l'autre contractant (p. ex. absence injustifiée du lieu de travail, retards répétés, faute professionnelle grave, violence, vol, état d'ivresse).

Les licenciements collectifs concernent toujours un groupe de personnes dans une entreprise donnée. La plupart du temps, ces licenciements sont dus à des difficultés financières de l'entreprise.

---

1 Expliquez pourquoi l'État régule les conditions de travail.
2 Citez les personnes qui sont concernées par la protection contre le licenciement. Justifiez ce choix.
3 Expliquez le sens de la protection de la maternité et de la protection des adolescents mineurs.
4 Analysez en groupes de deux les cas présentés en M1. Est-ce qu'il y a infraction à la loi ? Que pourraient faires les personnes concernées ?
5 En plus du congé payé fixé par la loi, il existe aussi ce qu'on appelle les « congés spéciaux » et les « congés extraordinaires ». Renseignez-vous sur ce sujet sur internet (www.itm.lu). Faites un tableau et inscrivez-y les informations suivantes : type de congé, finalité, durée moyenne.

5.6 Le lieu de travail

M1 Sécurité sur le lieu de travail ?

Les employeurs sont juridiquement responsables de la santé et de la sécurité des salariés sur le lieu de travail. L'employeur nomme un ou plusieurs chargés de la sécurité (en fonction du nombre de salariés et de postes à risques). Ils le conseillent afin d'éviter des accidents, contrôlent le matériel de travail et veillent à ce que les réglementations de sécurité soient respectées. L'État veille aussi au respect des lois relatives aux conditions de travail par le biais de l'Inspection du travail et des mines.

Les conditions de travail et la sécurité au travail contribuent considérablement au bien-être du salarié.

M2 Panneaux sur les chantiers

M4 Affiche du Ministère de la Santé

M3 L'Inspection du travail et des mines
(◇ die Gewerbeinspektion)

- veille, dans les entreprises, à ce que les réglementations relatives aux conditions de travail, à la sécurité et aux conventions collectives soient respectées.
  Cela concerne tous les employeurs et les salariés, sauf les fonctionnaires.
- surveille l'application des réglementations concernant les heures supplémentaires, le travail du dimanche, le travail de nuit, le travail des enfants et des mineurs, l'égalité entre les hommes et les femmes …
- informe et conseille.
- dirige les enquêtes après un accident de travail.
- conduit devant la justice toute infraction aux conditions de travail.

1 Énoncez les réglementations concernant la santé et la sécurité (M2–M4). En connaissez-vous d'autres ?
2 Pour quelle raison la loi a-t-elle désigné l'employeur comme responsable de la sécurité sur le lieu de travail ?
3 Décrivez M1. Quelles responsabilités portent les employeurs et les salariés sur le lieu de travail ?

5.6 Am Arbeitsplatz

M5 Appréciation des conditions de travail en % (pour résidents et frontaliers)

	Satisfait	Non satisfait
Durée du travail	90	10
Aménagement des horaires	90	10
Ambiance entre les collègues	94	6
Ambiance avec la hiérarchie	86	14
Autonomie dans le travail	95	5
Rythme dans le travail	89	11
Perspectives de carrière	67	33
Contenu du travail	92	8
Bruit au travail	81	19
Posture au poste de travail	83	17
Rémunération	81	19
Déplacements domicile-travail	78	22
Possibilité de formation	66	34
Appréciation globale des conditions de travail	93	7

CEPS/INSTEAD, Vivre au Luxembourg, no 16/2006, p. 2

M6

M7 Conséquences des conflits et du harcèlement moral sur le lieu de travail

Pour les personnes concernées :
- stress
- états dépressifs
- phobies
- exclusion sociale

Pour les entreprises :
Coûts dus à :
- un fort absentéisme
- de fortes fluctuations d'employés
- des coûts juridiques (procès)

Pour la société :
Coûts pour la sécurité sociale dus à :
- maladie
- chômage

4 Est-ce que les employés au Luxembourg sont satisfaits ? Quels sont les facteurs importants pour être satisfait de son travail ? Différienciez les facteurs physiques des facteurs psychologiques.

5 Quels problèmes illustre l'affiche M6 ?

6 Débattez les conséquences des conflits et du harcèlement moral sur le lieu de travail indiquées en M7.
Citez d'autres conséquences pour les personnes concernées, les entreprises et la société.

7 Avez-vous eu des expériences de harcèlement moral, de stress et de discrimination sur votre lieu de travail ou à l'école ? Que peut-on faire dans de telles situations ?

5.7 Les organisations professionnelles

M1 « Grève » – « Compromis »

Les partenaires sociaux (les employés, les employeurs et l'État, appelés aussi la tripartite) cherchent ensemble des réponses aux questions et des solutions aux conflits en tentant de mettre en place un dialogue (le dialogue social). Comme tout le monde ne veut pas ou ne peut pas participer aux discussions, les employés (◇ der Arbeitnehmer) et les employeurs (◇ der Arbeitgeber) sont organisés de manières différentes.

Tous les employés mais aussi les indépendants (p. ex. les commerçants, les agriculteurs) doivent obligatoirement appartenir à l'une des cinq **chambres professionnelles**. Les salariés appartiennent à la Chambre des Salariés et la Chambre des Fonctionnaires et Employés publics. Les employeurs sont représentés par les Chambre de Commerce, la Chambre des Métiers et la Chambre d'Agriculture. Les représentants des chambres professionnelles sont élus par leurs membres tous les cinq ans. Les chambres examinent les projets de lois qui concernent les métiers qu'elles représentent et organisent les examens professionnels (maîtrise, DAP). Elles défendent aussi les intérêts de leurs membres auprès des caisses de la sécurité sociale.

Afin de faire valoir leurs revendications et leurs idées, les employeurs peuvent adhérer à des **organisations patronales** et les employés à des syndicats. L'adhésion n'est pas obligatoire et chacun peut adhérer à l'organisation de son choix.

Les syndicats ont été créés pendant l'industrialisation. Autrefois, il n'y avait pas de lois qui réglaient les conditions de travail, les salaires, les horaires et la cogestion des salariés. Jusqu'en 1936, les syndicats devaient faire face à beaucoup d'obstacles. Faire la grève était puni par une amende, une peine de prison ou le licenciement. Depuis leur création, les syndicats se sont toujours engagés, entre autres, pour une augmentation des salaires (par des contrats collectifs de travail), de meilleures conditions de travail, plus de participation des employés aux décisions, mais aussi pour des changements dans la société. Les syndicats défendent aussi les intérêts individuels de leurs membres, p. ex. en leur offrant une protection juridique et en organisant des formations continues.

M2 Les formes de participation

Dans les entreprises : la délégation
(◇ der Ausschuss)
- Dans les entreprises de plus de 15 salariés, les délégués sont élus tous les 5 ans par le personnel.
- Les délégués défendent les intérêts des salariés de l'entreprise (sécurité, conditions de travail, plaintes, formation des apprentis …)

Au niveau national : le Conseil Économique et Social
(◇ der Wirtschafts- und Sozialrat)
- Il est composé de 39 membres, dont 18 représentants des employeurs et 18 des salariés, 3 experts nommés par l'État. Les membres du CES sont nommés pour une durée de 4 ans.
- Les membres du conseil ont un rôle d'experts et encouragent le dialogue entre les partenaires sociaux.

5.7 Die Berufsorganisationen

M3 Un syndicat informe ses membres

Le syndicat défend vos intérêts
- en négociant des conventions collectives de travail
- comme interlocuteur reconnu des autorités politiques et du patronat
- dans les institutions sociales (caisse nationale de santé et de pension, assurance-accidents et invalidité, caisses des prestations familiales …) ainsi que dans la Chambre des salariés

Le syndicat vous offre protection et des services particuliers
- l'assistance juridique gratuite en matière de droit social
- la protection juridique gratuite en matière de droit du travail
- l'assistance en cas de grève et de lock-out
- l'affiliation à la caisse de décès
- l'octroi d'une allocation aux survivants
- l'allocation d'une bourse aux parents d'étudiants
- des conditions de faveur pour votre épargne-logement

Le syndicat vous informe par
- la distribution gratuite de la revue mensuelle
- son site internet
- des cours de formation gratuits (p. ex. droit du travail)

M4 Exemples de syndicats luxembourgeois

M5 « Oh là là ! Ça a l'air mauvais. »

1. Qui défend les intérêts des salariés, des employeurs ?
2. Quels sont les arguments pour adhérer à une organisation professionnelle, p. ex. un syndicat ?
3. Expliquez les termes suivants : « tripartite » et « dialogue social » ?
4. Commentez les caricatures. Quelles sont les limites du dialogue social ?
5. Quels sont les thèmes abordés par les syndicats ? (M3)
6. Renseignez-vous sur les offres de différents syndicats et présentez-les en classe.

MÉTHODE Jeu de simulation : Négocier une convention collective

Qui décide du montant du salaire ?

Contrairement à beaucoup de pays, il existe au Luxembourg une réglementation sur le salaire social minimum. Cela signifie que l'employeur n'a pas le droit de payer le salarié au-dessous de ce qui est prévu par la loi. Pour les employés qualifiés, le salaire social minimum est de 20 % supérieur au salaire minimum des employés non qualifiés. Il existe en plus, pour tous les employés, un ajustement automatique des salaires (indice), qui a pour but d'équilibrer une hausse générale des prix.

Si les employés exigent un salaire plus élevé que le salaire social minimum, ou bien de meilleures conditions de travail (p. ex. plus de jours de congé), ils doivent négocier avec l'employeur. Très souvent, les syndicats négocient des contrats collectifs pour toute une entreprise ou tout un secteur, p. ex. pour une grande surface ou bien pour une même profession. Comme les syndicats ont en général des milliers de membres, ils peuvent négocier au nom de ceux-ci et ont une meilleure position qu'un salarié seul. Afin de faire valoir leurs revendications, ils ont plusieurs possibilités : la négociation, la manifestation ou la grève.

Mettez en place un jeu de stratégie sur le thème de la négociation d'une convention collective.

▶ **LE SUJET**

Le point de départ d'un jeu de stratégie est un conflit. Le but est de trouver une solution à ce conflit et de réfléchir à la façon dont on veut procéder. On forme des petits groupes. Un jeu de stratégie nécessite une bonne préparation et dure plus d'une heure de cours. La situation : Dans l'entreprise POLLUX S.A., l'ancien contrat collectif arrive à son terme. Les représentants des syndicats et du patronat doivent maintenant négocier un nouvel accord. Un conciliateur se joint à la négociation. Le but : La mise en oeuvre des revendications sans grève ni lock-out.

▶ **LE DÉROULEMENT**

1. Distribution des rôles, formation des groupes

Formez quatre groupes (syndicat, délégation, employeur, conciliateur). De plus, un arbitre veille au respect des règles du jeu. Vous pouvez aussi désigner des observateurs, qui prennent des notes sur le déroulement du jeu.

2. Développement des rôles et mise en oeuvre de la négociation

Le jeu de stratégie se déroule en plusieurs étapes.
- Dans une première étape, les parties se rassemblent séparément pour préparer les réunions. La question est de savoir si l'on doit céder ou bien faire la grève. Le but est de trouver un compromis dans son propre groupe et de développer une stratégie par laquelle on veut convaincre l'autre partie.
- Dans une deuxième étape, les partenaires sociaux s'affrontent. Ils exposent leurs arguments et tentent de convaincre l'autre. L'arbitre peut interrompre le jeu. Les groupes peuvent alors repenser leur stratégie.

3. Résolution du conflit et évaluation

Le jeu de stratégie a pour but de permettre une prise de décisions. Il s'agit de la question : Est-ce que cela vaut la peine de faire une grève pour arriver au but ou bien est-il préférable de trouver un compromis ? Si l'on n'a pas trouvé de solution, on procède à un vote. Chaque groupe a une voix, l'arbitre vote aussi.

À la fin, il ne faut pas oublier l'évaluation du jeu. Questions possibles :
- Est-ce que les arguments des groupes étaient convaincants ?
- Comment en est-on arrivé au compromis ?
- Comment expliquer un échec ?
- Quel rôle a joué l'intransigeance de chaque personne ?
- Est-il important de pouvoir bien s'exprimer en public lors de négociations ?
- Qu'est-ce que vous avez appris lors du jeu de stratégie ?

M1 Négociation d'une convention collective

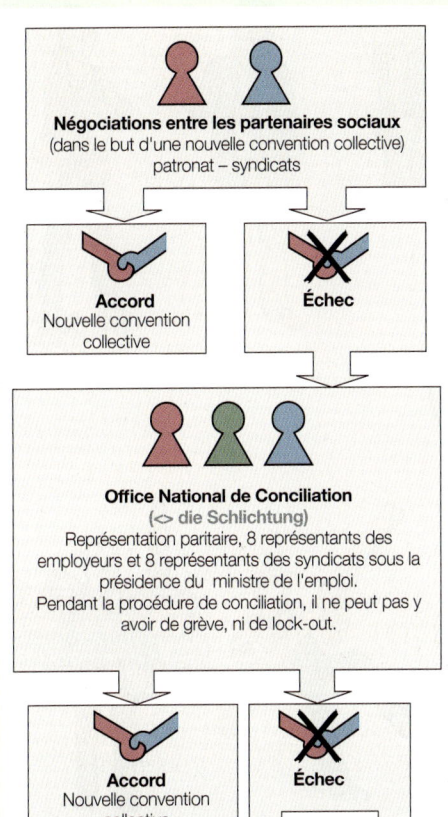

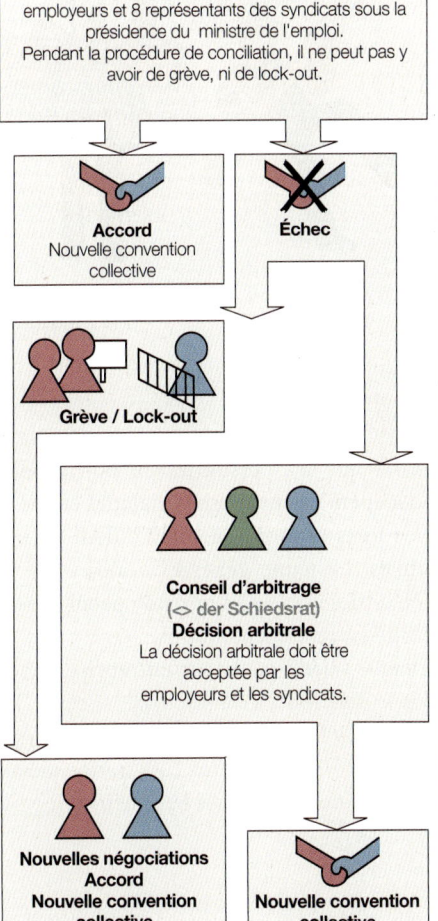

Carte de rôle : Délégation
- Nous avons peur de perdre nos emplois. C'est pourquoi nous voulons faire des revendications salariales modérées.
- Comme il est possible que l'entreprise aille bientôt mieux, nous espérons une hausse de salaire de 2,5 % dans un premier temps, puis de nouveau de 2,5 % dans un an.
- Trois jours supplémentaires de congé pour les salariés plus âgés et les apprentis seraient une bonne chose.

Carte de rôle : Syndicat
- Nous exigeons une hausse de salaire de 7,5 %, 2 jours de congés supplémentaires, une réduction du temps de travail, car il y a suffisamment de travail pour tout le monde.
- Nous sommes pour le maintien de l'adaptation indiciaire des salaires.
- Nos membres espèrent une hausse de salaire d'au moins 5 %.
- Nous avons beaucoup de membres, car environ 46 % des salariés au Luxembourg sont syndiqués.
- S'il le faut, nous ferons la grève. Cependant, nous devons verser des indemnités de grève à nos membres ; ça ne peut pas durer éternellement …

Carte de rôle : Employeur
- Nous craignons la concurrence sur le marché mondial ! Dans d'autres pays, il n'y a pas de salaire minimum, ni d'indice.
- Nous devons faire du bénéfice, afin de satisfaire nos actionnaires.
- Les bénéfices sont nécessaires pour investir dans l'entreprise.
- Nous sommes contre l'indexation des salaires.
- Nous ne voulons pas de grève, car cela nous fait perdre de l'argent.
- Nous n'allons pas nous laisser impressionner par une grève. Si cela est nécessaire, nous allons procéder à un lock-out, les salariés ne toucheront donc rien et finiront par céder.

Carte de rôle : Conciliateur
Le conciliateur (<> der Schlichter) tient un rôle de médiateur entre les différents groupes d'intérêts ou partenaires sociaux. Il est neutre et tente, par des propositions de compromis, de maintenir la paix sociale. La conciliation ne fonctionne que si tout le monde accepte le compromis.

5.8 La protection sociale

M1 La sécurité sociale en bref

Cotisations et impôts en fonction des revenus

Assurance maladie maternité
Assurance dépendance

Assurance pension: viellesse, invalidité, survie

Prestations familiales

Assurance-accident

Prestations de chômage

La carte de sécurité sociale
Chaque personne qui bénéficie de l'assurance sociale possède une carte de sécurité sociale, sur laquelle figure son matricule (◇ die Sozialversicherungsnummer). Lors d'une visite chez le médecin, le patient doit présenter cette carte. En Europe, on peut choisir son médecin. Les coûts de traitement à l'étranger sont pris en charge en grande partie par la caisse de sécurité sociale.

La Constitution luxembourgeoise ne garantit pas seulement les droits et les libertés politiques des citoyens. Il existe également une assurance sociale légale obligatoire. La sécurité sociale intervient dans des situations précises, comme par exemple une maladie, un accident, le chômage, la maternité, la vieillesse ou l'invalidité. À côté de la sécurité sociale, les personnes qui ne sont pas en mesure de subvenir à leurs besoins vitaux reçoivent une protection sociale minimum (assistance sociale). L'État n'est pas le seul porteur de la sécurité sociale. Elle repose sur le principe de solidarité. Cela signifie que les personnes en bonne santé s'occupent des personnes malades et que les plus forts économiquement aident les plus faibles. La jeune génération aide ainsi les personnes âgées. On parle de pacte de solidarité entre les générations.
Chaque salarié et chaque entreprise versent des cotisations à la sécurité sociale. Les conjoints, les partenaires et les enfants des salariés sont inclus dans l'assurance sociale, s'ils ne sont pas assurés eux-mêmes.

1 Dans quelle mesure la sécurité sociale repose-t-elle sur le principe de solidarité ?
2 Débattez sur les avantages et les inconvénients.

5.8 Die soziale Sicherung

M2 Les assurances au Luxembourg

L'assurance maladie
(◇ die Krankenversicherung)

L'assurance maladie aide à réduire les coûts d'une maladie ou de la maternité, en remboursant en partie ou en totalité les frais de médecin, de médicaments, d'hospitalisation, d'accouchement, etc. Elle prend aussi en charge la poursuite du versement du salaire en cas de maladie ou de maternité. L'assurance sociale est financée par les salariés et les employeurs. Chaque partie paie la moitié des cotisatios. La cotisation de l'État s'élève à 40 % de la totalité des dépenses.

L'assurance vieillesse et invalidité
(◇ die Alters- und Invalidenversicherung)

Afin de percevoir une pension en cas de vieillesse (à 65 ans normalement) ou de longue période d'inaptitude au travail (invalidité), les personnes exerçant une activité versent des cotisations pendant toute leur vie professionnelle à la caisse d'assurance vieillesse et invalidité. Le montant de la pension dépend de la durée de cotisation, de l'âge, et du montant des cotisations versées. Après le décès de l'assuré, sa famille peut dans certains cas percevoir une pension de survie. La cotisation s'élève à 24 % du salaire brut. L'État, l'employeur et le salarié paient chacun 8 %.

Le fonds national de solidarité
(◇ der nationale Solidaritätsfonds)

À côté de la sécurité sociale existe e.a. le fonds national de solidarité. Se basant sur le principe de la solidarité, il garantit à chacun un revenu minimum (REVIS) prévu par la loi (◇ das garantierte Mindesteinkommen) pour assurer ses besoins vitaux. Il garantit aussi des aides financières particulières, comme par exemple l'allocation de vie chère (◇ die Teuerungszulage) pour ceux qui gagnent le moins. Ce fonds est principalement financé par l'État.

L'assurance accident
(◇ die Unfallversicherung)

En cas d'accident du travail, d'accident de trajet ou de maladie professionnelle, l'assurance accident garantit une indemnité pour les coûts médicaux, la perte de salaire ou d'éventuels dégâts matériels. En cas d'invalidité, l'assuré peut bénéficier d'une pension, en cas de décès, la famille peut percevoir une pension de survie. L'employeur seul cotise pour cette assurance.

L'assurance dépendance
(◇ die Pflegeversicherung)

Une personne dépendante est une personne qui a besoin d'une aide pour les besoins élémentaires quotidiens. En réduisant les frais d'assistance, cette assurance permet aux personnes dépendantes de pouvoir rester chez eux le plus longtemps possible. L'assurance prend en charge en partie ou en totalité les coûts de soins corporels, les moyens techniques (fauteuil roulant p. ex. les transformations de l'appartement). Le montant de la cotisation de 1,40 % est calculé sur le salaire brut. La cotisation de l'État s'élève à 45 % de la totalité des dépenses.

Les prestations familiales
(◇ die Familienzulagen)

L'État soutient les familles avec enfants. Il paie des allocations familiales ainsi que des primes de naissance et de maternité. De plus, il garantit des réductions d'impôts, de prix de transport, ainsi que des primes à la construction et à l'acquisition.

Les prestations de chômage
(◇ das Arbeitslosengeld)

Le fonds pour l'emploi compense la perte de salaire et finance des mesures de réinsertion des chômeurs dans la vie active. Il est financé par les impôts.

3 Quelle est l'assurance compétente dans les cas présentés ci-dessous ? Justifiez votre réponse :
- Monsieur B. fête son 65 ème anniversaire et il part à la retraite.
- Madame F., 70 ans, a en permanence des difficultés pour marcher. Elle ne peut plus vivre seule, sans aide, chez elle.
- Daniel a terminé ses études mais ne trouve pas de travail.
- Marc M. s'est blessé à la main sur son lieu de travail. Il va peut-être perdre l'usage complet de sa main.
- Madame S. est secrétaire, elle a des problèmes de dos. Afin de pouvoir retourner travailler, elle fait une cure.
- Monsieur P. a démissionné de la Caisse d'Épargne après 4 ans de services.

5.9 La rémunération

M1

Indice (◇ der Index) désigne, au Luxembourg, l'ajustement automatique des salaires à l'évolution des prix, en d'autres termes l'inflation. Un ajustement à l'indice signifie une hausse des salaires, des retraites et de l'allocation chômage de 2,5 %. Ceux qui sont contre ont pour argument que les entreprises luxembourgeoises perdent de la compétitivité en faisant cela. En temps de crise, l'ajustement des salaires peut être arrêtée pour une certaine période.

> En tant que vendeuse dans le commerce de détail, je gagne moins qu'une serveuse. Je trouve cela injuste. Je dois aussi souvent travailler le week-end.

> J'ai hérité d'une maison de mes parents. Grâce à la location de cette maison, je finance les études onéreuses de mes enfants.

> Je possède une entreprise de bâtiment. Mon salaire dépend de la situation des commandes et de mon engagement personnel. Je ne sais jamais combien je gagne à la fin du mois.

> J'ai bien fait de passer mon brevet de maîtrise. Depuis, je gagne 20 % de plus.

> J'ai fait des études – aussi à l'étranger – et gagne très bien ma vie.

> Je suis depuis longtemps au chômage et je ne trouve pas de nouvel emploi.

> J'ai obtenu mon diplôme avec de bons résultats. Ce fut la base de mon ascension professionnelle et du bon salaire que je gagne aujourd'hui.

> En ce moment, je travaille à mi-temps pour pouvoir m'occuper de mes enfants. L'allocation versée par l'État pour le congé parental ainsi que les allocations familiales me permettent de joindre les deux bouts.

M2 **Répartition des charges entre l'employeur et le salarié 2015**

	Part du salarié	Part de l'employeur
Assurance maladie	• Prestations en espèces : 0,25 % • Prestations en nature : 2,80 %	• Prestations en espèces : 0,25 % • Prestations en nature : 2,80 %
Assurance pension	8,00 %	8,00 %
Assurance dépendance	1,40 %	–
Assurance accident	–	1,10 %
Santé au travail (STM)	–	0,11 %

http://www.guichet.public.lu/entreprises/fr/ressources-humaines/remuneration/cotisations-sociales/payer-cotisations/index.html (18.1.2016)

Qu'est ce qu'un salaire juste ?

Pour répondre à cette question, il faut tenir compte de plusieurs aspects : Est-ce que le salaire permet de subvenir aux besoins élémentaires tels que manger, se vêtir, se loger ? Est-ce que le salaire correspond au travail fourni ? Est-ce que les salaires sont répartis de manière juste dans la société ? Est-ce-que le salaire veille à l'égalité des chances en permettant l'accès à la formation ? Souvent les personnes considèrent le salaire comme une reconnaissance du travail fourni.

Étant donné qu'il est difficile de répondre à ces questions de manière toujours positive, l'État intervient et avec lui le contribuable. Chacun peut alors bénéficier de prestations sociales, comme p. ex. les allocations familiales et l'allocation de vie chère. Parallèlement, la loi fixe le salaire minimum et le revenu minimum garanti qui se basent sur les besoins élémentaires des citoyens. Les salaires s'ajustent à l'indice. De plus, les employeurs et les salariés peuvent négocier des contrats collectifs, dans lesquels des compléments concernant les heures supplémentaires sont fixés. Les travailleurs indépendants (◇ der Selbstständige) ne jouissent pas de la même sécurité. Leur salaire dépend des bénéfices de l'entreprise.

5.9 Arbeit lohnt sich

M3 Bulletin de salaire

ALphalux s.à r.l.
10, rue du lycée
L-8527 Niederanven

DÉCOMPTE DE RÉMUNÉRATION
PÉRIODE DU 01/11/2015 AU 30/11/2015

Matricule	1969072462413
Date d'entrée	01/03/2010
Classe d'impôt	1
Fonction	Chauffeur

M./Mme/Mlle
SCHILTZ Tun
15, Grand-rue
L-9950 MERSCH

Calcul de la rénumération

A. Rémunération brute
heures de travail normal : 184 heures à 14,10 €   2594,40 €
suppl. pour heures de travail suppl. :
salaire brut : 24 heures à 14,10 €   338,40 €
suppl. de salaire : 30 % de 338,40 €   101,52 €
suppl. pour heures de travail de dim. :
salaire brut : 16 heures à 14,10 €   225,60 €
suppl. de salaire : 70 % de 225,60 €   157,92 €

Rémunération brute totale :   **3417,84 €**

B. Cotisations sociales :
assurance maladie : 3,05 % de 3417,84 € = 104,24 €
assurance pension : 8 % de 3417,84 € = 273,43 €   −377,67 €

C. Exemptions
suppl. pour heures de travail suppl. : 101,52 €
suppl. pour heures de travail de dim. : 157,92 €   −259,44 €

D. Rémunération imposable   **2780,73 €**
Arrondissement au multiple inférieur à 5 €   2780,00 €

E. Impôt retenu   **−315,20 €**

F. Contribution à l'assurance dépendance :
1,4 % de 3417,84 € − 480,74 € (¼ Sal. soc.min.)   −41,12 €

G. Rémunération nette
Rém. impos. − impôt − ass. dép.   2424,41 €
+ suppl. heures suppl.   +259,44 €

TOTAL   **2683,85 €**

La classe d'impôt
(<> die Steuerklasse)
Au Luxembourg, il y a trois classes d'impôt : pour les célibataires, les célibataires avec enfants et les couples mariés ou liés par un partenariat ayant choisi de remettre une déclaration d'impôt sur le revenu commun. Les familles avec des enfants bénéficient p. ex. d'une modération d'impôts (bonus pour enfant).

Le panier de référence
(<> der Warenkorb)
Échantillon représentatif de différents produits dans le cadre d'une enquête sur l'inflation et l'indice des prix.

1 Débattez sur les exemples de M1. Quel est le salaire le plus juste ?

2 Expliquez la différence entre le salaire brut et le salaire net ? Qui paie le salaire brut ? Comment est calculé le salaire net ?

3 En vous servant de M2, calculez combien le salarié de M3 coûte en tout à l'employeur.

4 Serait-ce une bonne chose d'instaurer une limite de salaire maximum ? Trouvez des arguments pour et contre.

5.10 Le chômage

Le chômage a de nombreuses causes. Malgré un marché du travail en pleine croissance, le chômage tend à augmenter. En principe, il peut toucher tout le monde, l'ouvrier comme l'employé de banque. On entend souvent dire : « Celui qui n'a pas de travail n'a qu'à s'en prendre à lui-même ! » ce qui est souvent pas vrai. Pour lutter contre le chômage, il y a plusieurs possibilités, p. ex. des services de conseil professionnel pour les jeunes, des placements publics ou privés ou bien des initiatives pour l'emploi.

L'avancée technique impose toujours plus d'exigences aux salariés. La première condition est une bonne formation professionnelle générale. Mais ce sont la flexibilité et la formation continue qui permettent aux salariés de remplir ces exigences et de garder leur poste. L'État, tout comme les organisations professionnelles ou les syndicats offrent un certain nombre de formations ainsi que des cours de formation continue.

M1 Les types et les causes du chômage

Types	Causes, p. ex.	Solutions, p. ex.
Chômage conjoncturel	Les fluctuations de l'économie influencent la demande, la production et les besoins en main d'œuvre, p. ex. dans les branches du bâtiment et de l'automobile.	• de compensation annuelle (◇ das Jahresarbeitszeitkonto) • de compensation à vie (◇ das Lebensarbeitszeitkonto) • Chômage partiel • En cas de pics de production : recours à l'intérim
Chômage structurel	Baisse de la compétitivité, p. ex. Dans l'industrie de l'acier, du charbon et du textile. Perte de la compétitivité technologique, p. ex. la technologie des microprocesseur.	• Implémentation rapide d'entreprises du secteur tertiaire • Renforcement de la recherche et du développement • Amélioration du système scolaire et de la form. prof.
Chômage saisonnier	Les saisons influent sur le besoin de main d'oeuvre, p. ex. dans les branches du bâtiment, du tourisème et dans l'agriculture.	• Indemnité de compensation annuelle • Indemnité de compensation à vie • Récupération des heures supplémentaires en temps libre
Chômage « Mismatch »	Les connaissances, les aptitudes des chercheurs d'emploi ne correspondent pas au profil recherché par l'employeur.	• Programmes de qualification pour les chômeurs • Formation continue en interne

M2 L'Agence pour le développement de l'emploi, ADEM
(◇ Agentur für Arbeit)

L'Agence pour le développement de l'emploi s'occupe de placer les chercheurs d'emploi.

D'un côté, elle les aide gratuitement dans leur recherche d'un emploi qui leur correspond, d'un autre côté elle soutient les employeurs dans la recherche de personnel approprié.

Les postes de travail libres ainsi que les places d'apprenti doivent être déclarées à l'ADEM.

1 De quel type de chômage s'agit-il dans les exemples suivants :

Paul H. (25), serveur dans le Müllerthal: *« Je suis au chômage chaque année entre octobre et Noël. »*

Jerry A. (57), employé à la chaîne : *« Je ne peux plus travailler à la même vitesse qu'un jeune. »*

Jean M. (54), soudeur, sans emploi depuis 2 ans : *« Mon entreprise n'était plus compétitive. »*

Yasmine A. (18), couturière, au chômage depuis la fin de son apprentissage : *« Bien que tout le monde me l'ait déconseillé, j'ai voulu apprendre ce métier. »*

José P. (45), employé de banque, au chômage depuis 6 mois : *« La crise économique a eu aussi pour conséquence des pertes d'emploi dans le secteur bancaire. »*

5.10 Arbeitslosigkeit

M3 Qui reçoit l'indemnité de chômage (<> das Arbeitslosengeld) ?

Conditions importantes	Durée	Montant de l'allocation chômage
• chômage involontaire • avoir travaillé au moins 26 semaines pendant les 12 derniers mois • inscription comme demandeur d'emploi auprès de l'ADEM	En fonction de la période pendant laquelle le salarié a travaillé au cours des 12 derniers mois. Le dernier mois est arrondi, c.-à-d. : si un salarié a travaillé 6 mois et 20 jours dans les 12 derniers mois, il reçoit 7 mois d'allocation chômage.	80 % du salaire brut des 3 derniers mois

M4 Le chômage des jeunes et la qualification

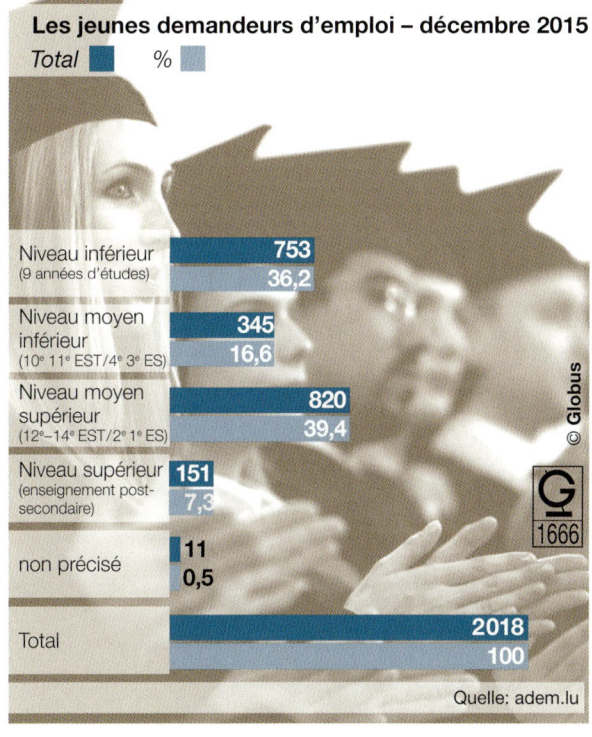

Les jeunes demandeurs d'emploi – décembre 2015
Total / %

	Total	%
Niveau inférieur (9 années d'études)	753	36,2
Niveau moyen inférieur (10ᵉ 11ᵉ EST/4ᵉ 3ᵉ ES)	345	16,6
Niveau moyen supérieur (12ᵉ–14ᵉ EST/2ᵉ 1ᵉ ES)	820	39,4
Niveau supérieur (enseignement post-secondaire)	151	7,3
non précisé	11	0,5
Total	2018	100

Quelle: adem.lu

M5 Les initiatives privées ou les mesures d'État peuvent faire obstacle au chômage ou y remédier

1. Claudine N. habite à Diekirch. On lui propose un emploi dans une filiale bancaire à Esch.
2. Eric S., vendeur dans une boutique de sport, prend des cours du soir d'informatique.
3. La commune de Redingen fait de la promotion pour des terrains à prix intéressants destinés à favoriser l'activité industrielle.
4. L'entreprise Construlux ne peut plus occuper ses ouvriers en raison des intempéries. Les employés sont dédommagés à partir de la 17ème heure par le Fonds pour l'emploi.
5. En coopération avec la commune de Esch « Eng nei Schaff a.s.b.l. » offre des emplois aux chômeurs de longue durée.
6. Après un mois de chômage, Josy M. s'est inscrit dans l'agence Lux Intérim.

2 En plus de proposer des postes, l'ADEM a d'autres missions. Faites une recherche sur le site www.adem.public.lu. Cherchez aussi sous quelles conditions les jeunes peuvent recevoir l'allocation chômage.
3 Analysez les cas (M5) et dites, s'il s'agit d'initiatives privées ou d'État.
4 Est-ce que le chômage est un thème qui vous intéresse personnellement ? Donnez votre avis à ce sujet.

5.11 L'avenir de l'État-providence

Le terme « État-providence » est en lien étroit avec l'idée de couverture sociale. L'État est censé venir en aide aux plus nécessiteux. On peut imaginer une grande couverture qui doit protéger un grand nombre de personnes. En d'autres termes : chaque euro dépensé par l'État-providence doit être recouvré par des impôts ou des cotisations. Si le rapport entre les dépenses et les rentrées d'argent est déséquilibré, l'État-providence, sous la forme que nous connaissons, ne peut pas survivre. Si nous pensons au financement des prestations sociales, nous devons nous projeter loin dans l'avenir.

M1 Cotisants pour la retraite en 2050

M2 « Les Luxembourgeois vivent de plus en plus longtemps. »

En ce qui concerne l'espérance de vie, le Luxembourg est très bien positionné en Europe. D'après une étude récente du Statec, en moyenne, les femmes atteignent l'âge de 84,3 ans alors que les hommes atteignent l'âge de 79,5 ans.

… D'après les statistiques, l'espérance de vie a augmenté de 12,2 années pour les hommes et de 9,8 années seulement pour les femmes. Cette augmentation aurait plusieurs causes, dont les progrès en médecine, une meilleure hygiène de vie et de meilleures conditions de travail. S'y ajoute que le style de vie actuel des femmes approche de celui des hommes. Le Statec cite entre autres les exemples de la vie professionnelle ainsi que la consommation de tabac et d'alcool. Tout cela fait que la différence entre l'espérance de vie des femmes et des hommes diminue.

Article publié le 7.11.2013 sur www.wort.lu (18.1.2016)

M3 Les étrangers ont sauvé la sécu

Conférence du président de la Caisse nationale d'assurance pension (CNAP), Robert Kieffer

Le président de la CNAP a expliqué lors d'une conférence-débat que si le système de sécurité sociale luxembourgeois est „très confortable et agréable, c'est uniquement grâce à la croissance extraordinaire de l'emploi des travailleurs étrangers. Sans eux, le régime de pension serait aujourd'hui en faillite, les cotisations pour l'assurance maladie bien plus élevées, et l'assurance dépendance née en 1999 n'aurait jamais vu le jour". Ces trente dernières années, l'emploi a plus que doublé (120 %) au Luxembourg. „On constate que cette augmentation de l'emploi total est presque intégralement imputable aux travailleurs immigrés résidant dans le pays et aux frontaliers."… „En l'absence de cette croissance, le régime général d'assurance pension n'aurait plus été viable dès 1991 : les dépenses auraient dépassé les recettes, en 1988, notre réserve aurait été totalement vidée, en 1999, les cotisants n'auraient plus été suffisantes et en 2008, on aurait été face à un déficit de 8 milliards d'euros, or un déficit n'est pas envisageable dans un système par répartition."

Article publié le 14.3.2012 sur www.wort.lu (18.1.2016)

5.11 Die Zukunft des Sozialstaats

M4 Quel sera, à l'avenir, le filet de la sécurité sociale ?

M5 Le saviez-vous ?

- Ce n'est que depuis 2015 qu'il existe une loi réglant le salaire social minimum en Allemagne.
- Au Danemark, le paiement de l'allocation chômage dépend de la disposition du demandeur d'emploi à déménager s'il trouve un poste dans une autre ville.
- Grâce aux réformes de Obama, la part des personnes sans assurance maladie a diminué de 20,3 % (2013) à 12,3 % (2015) aux États-Unis.
- Aux Pays-Bas, l'âge de la retraite passera à 67 ans.
- Au Luxembourg, en 2013, la sécurité sociale a versé 2.465.300.000 euros de remboursements.
- Dans certains pays, les fumeurs sont considérés comme des patients à risque et doivent payer plus de cotisations à la caisse de maladie.

M6 Déficit et excédent

Avec des recettes de 2,38 milliards d'euros et des dépenses de 2,4 milliards, l'année passée présente un déficit courant de 22 millions d'euros. Lors de la présentation du budget, le comité directeur de la caisse nationale de santé prévoyait un déficit de 2,4 millions seulement.

Grâce aux réserves des années précédentes, l'assurance maladie peut clôturer l'année budgétaire avec un excédent total de 114 millions d'euros. S'y ajoute la réserve minimale prévue par la loi de 180 millions d'euros. Les réserves totales sont donc de 295 millions d'euros.

Article publié le 26.6.2014 sur www.wort.lu (18.1.2016) (trad.)

M7 Dépendant avec l'âge ?

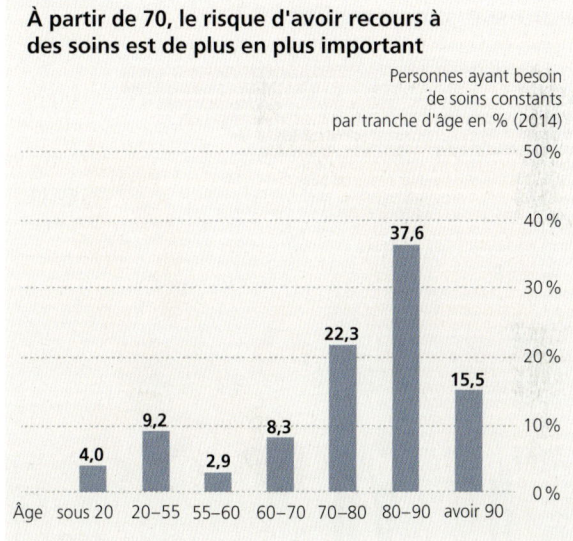

Bundesministerium für Gesundheit

M8 Du personnel qualifié !! Honnêtement Monsieur Klotzke, je ne vois plus l'intérêt … !

1. Expliquez la caricature M1 à l'aide de l'article de journal M2.
2. Pourquoi l'accroissement du marché du travail est-il si important pour la sécurité sociale luxembourgeoise ?
3. Comment peut-on expliquer le déficit de la caisse de sécurité sociale selon M6 ?
4. Par quelles mesures l'État-providence peut-il être assuré à l'avenir ? Faites une liste avec vos propositions.
5. Commentez M8. Êtes-vous d'accord ?

MÉTHODE   Analyser des statistiques

Aucun rapport du marché de l'emploi, aucun bulletin d'information et aucun journal n'est publié sans que les informations ne soient illustrées par des chiffres, des statistiques et des graphiques. Mais peut-on toujours s'y fier ? Comment les chiffres sont-ils utilisés dans les statistiques et les graphiques ? Comment les statistiques peuvent-elles porter à confusion ? En voici deux exemples :

L'exemple du chômage des jeunes

Si l'on se base sur des définitions différentes, les statistiques qui en résultent le sont également. L'exemple du chômage des jeunes montre que derrière le même terme se cachent des définitions différentes. Si l'on considère tous les jeunes de 16 à 26 ans, et si parmi un total de 60 000 jeunes appartenant à cette tranche d'âge, 3000 cherchent un emploi, cela équivaut à 5 %. Le terme utilisé par l'OECD et le centre de statistiques de l'Union européenne est défini autrement. Ici, le nombre de chercheurs d'emploi est défini par rapport aux jeunes qui ont actuellement un emploi. Dans cette tranche d'âge, environ 15 000 personnes travaillent. Par conséquent, si 3000 personnes cherchent un emploi, cela équivaut à 20 %. Le terme « jeune » peut aussi être défini différemment (15–24 ans ou 16–26 ans).

M1 La jeunesse sans emploi

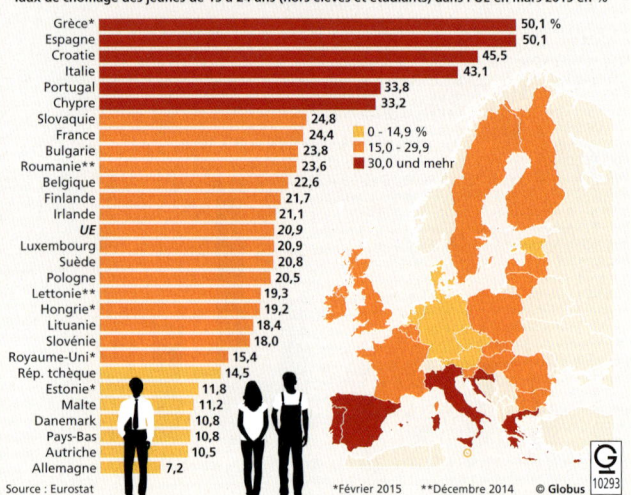

M2 Le nombre de chômeurs en recul de 3,3 % sur un an

En octobre, 17 530 personnes se trouvaient au chômage au Luxembourg, contre 17 026 en septembre 2015, soit 504 personnes de plus. Le taux de chômage s'est établi à 6,8 % de la population active contre 6,7 % en septembre. En un an cependant, 594 personnes ont quitté les rangs de l'Adem, soit une baisse de 3,3 %. La baisse profite également aux demandeurs d'emploi qui sont inscrits depuis plus d'un an. Leur nombre est en recul de 0,5 % par rapport à octobre 2014.

Le nombre de demandeurs d'emploi s'établit à peu près au même niveau qu'en 2013, où il s'élevait à 17 516 personnes à la même date. Les hommes ont davantage bénéficié de cette baisse (-5,1 % en un an contre -1,4 % pour les femmes). La baisse a été la plus sensible pour les moins de 30 ans (-7,8 % sur un an) et à un degré moindre pour les 30-39 ans (-3,1 %).

En octobre 2015, 2 166 personnes se sont inscrites à l'Adem, soit une hausse de 9 personnes par rapport à octobre 2014. Le nombre de bénéficiaires de l'indemnité de chômage complet s'élève à 6626, soit 515 personnes de moins qu'au 31 octobre 2014.

L'essentiel Online du 23.11.2015 (18.1.2016)

1 Comparez le chômage des jeunes au Luxembourg avec celui des autres pays industrialisés de M1. Que constatez-vous ?

2 Expliquez avec vos propres mots comment on arrive à ce pourcentage ?

3 Sur le site web de l'Agence pour le développement de l'emploi (ADEM) (M2) figure le nombre des demandeurs d'emploi pour le mois de juillet 2019. Que constatez-vous ?

▸ **LE SUJET**

Les différentes représentations graphiques des chiffres suggèrent des faits différents. Voici une méthode qui peut vous aider à aborder les statistiques de manière critique.

▸ **LE DÉROULEMENT**

1. Description

Thème, répartition dans le temps et l'espace, type de diagramme, chiffres absolus ou pourcentages, particularités ou remarques, valeurs maximums, minimums ou moyennes, évolution dans le temps, source (Eurostat, Statec, OECD …).

2. Interprétation
- Quels chiffres sont utilisés, des chiffres absolus ou des chiffres relatifs (pourcentages) ? Dans le cas des pourcentages, il est important de mentionner sur quelle base ils sont calculés. Exemple : deux écoliers se présentent à l'examen du permis de conduire, l'un échoue, on obtient donc 50 % d'échec.
- Comment sont présentés les chiffres ? Quel est le type de diagramme ?
- Quel est le type de graduation (X et Y) ?
- Est-ce qu'elle commence à 0 ? Quels sont les écarts entre les unités ?
- Que se cache-t-il derrière les termes « chômage » et « cotisations sociales »
- Comment expliquez-vous l'évolution représentée ?
- Qu'en résulte-t-il ?
- Quelles sont les informations manquantes et pourquoi ?
- Est-ce que le graphique doit décrire, expliquer ou suggérer quelque chose ? Qui profite des statistiques ? À qui peuvent-elles porter préjudice ?

3. Conclusion

Est-ce que l'impression donnée par les statistiques correspond à la réalité des faits ?

4 Analysez les diagrammes M3 a, b et M4 a-c à l'aide de la méthode décrite ci-dessus.

Tenez compte aussi des points suivants :
- Comparez les diagrammes temporels M3 a, b. Ont-ils la même portée ? Expliquez.
- Dans M4b, pourquoi le pourcentage reste constant entre 2009 et 2011, alors que les chiffres augmentent ?

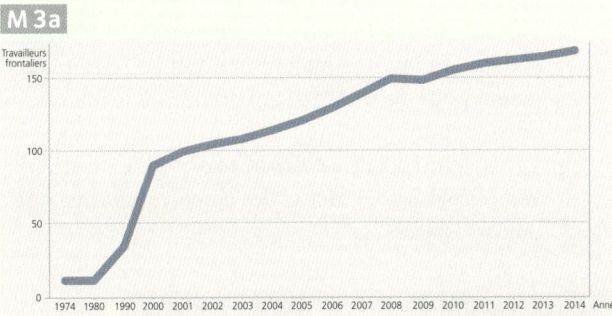

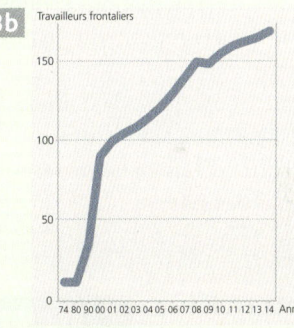

Travailleurs frontaliers occupés au Luxembourg (en 1000 personnes) 1974–2014

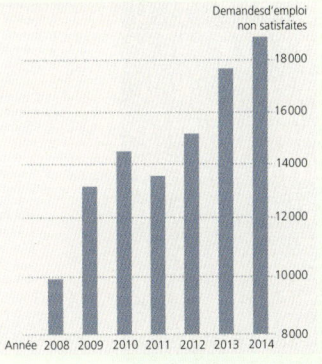

M 4a Demandes d'emploi non satisfaites

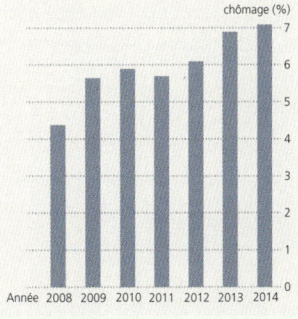

M 4b Taux de chômage

M 4c Demandes d'emploi non satisfaites 2008–2014

Année	Demandes d'emploi non satisfaites*	Taux de chômage
2008	9 916	4.4
2009	13 228	5.7
2010	14 409	5.8
2011	13 494	5.7
2012	14 966	6.1
2013	17 213	6.9
2014	18 323	7.1

*Moyennes annuelles calculées à partir de données mensuelles.

ADEM, STATEC

5.12 En bref

Les acteurs principaux du monde du travail
- Le salarié : met à disposition sa force de travail, sur la base d'un contrat, en échange d'un salaire
- L'employeur : donne du travail aux salariés
- L'État et l'UE : régulent le marché du travail par des lois.

Les organisations professionnelles
- Les syndicats défendent les intérêts des salariés devant les employeurs et les représentants politiques.
- Les organisations patronales défendent les intérêts des employeurs.
- Les chambres professionnelles défendent les intérêts d'un corps de métier devant l'État et examinent les projets de lois. Elles sont prévues par la loi et l'adhésion est obligatoire contrairement aux syndicats et aux organisations patronales.

Les types de chômage
- conjoncturel : dû à des fluctuations économiques
- structurel : perte de la compétitivité (hauts salaires, mauvais produits)
- saisonnier : pendant une période donnée de l'année (p. ex. la restauration, la viticulture)
- Le mismatch : l'offre d'emploi ne correspond pas aux qualifications des salariés.

Le droit du travail
- La loi fixe des conditions minima : salaire minimum, conditions de travail (temps de travail, congés, sécurité sur le lieu de travail), protection contre le licenciement
- Convention collective : est valable pour des secteurs entiers de travail ou pour des grandes entreprises
- Contrat de travail individuel (CDI, CDD) : entre le salarié et l'employeur
- L'Inspection du travail et des mines veille au respect des lois et des conditions de travail, contrôle la sécurité sur le lieu de travail. Les infractions font l'objet de poursuites judiciaires.

La sécurité sociale
- Au Luxembourg, tout le monde est en principe assuré dans les cas suivants : maladie, maternité, accident du travail, maladie professionnelle, invalidité, vieillesse, décès du principal soutien économique de la famille, chômage, pauvreté.
- Principe de solidarité : les personnes en bonne santé subviennent aux besoins des malades, les plus forts économiquement aident les plus faibles
- Pacte de solidarité entre les générations : les personnes qui ont un emploi financent les retraites et paient pour des enfants, qui prendront le relais dans le futur.
- La sécurité sociale est financée par des cotisations versées par les salariés et des employeurs ainsi que par des impôts.

Mots croisés :
À quoi faut-il faire attention lors d'un entretien d'embauche ? Cherchez quatre mots (horizontalement et verticalement).

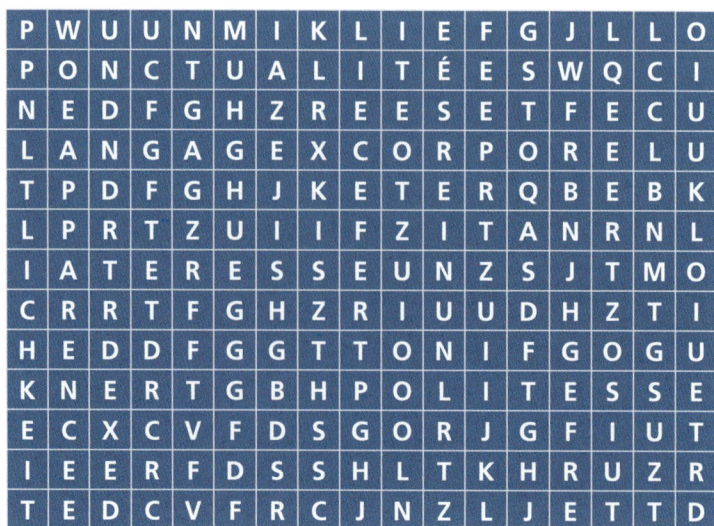

5.12 Das Wichtigste auf einen Blick

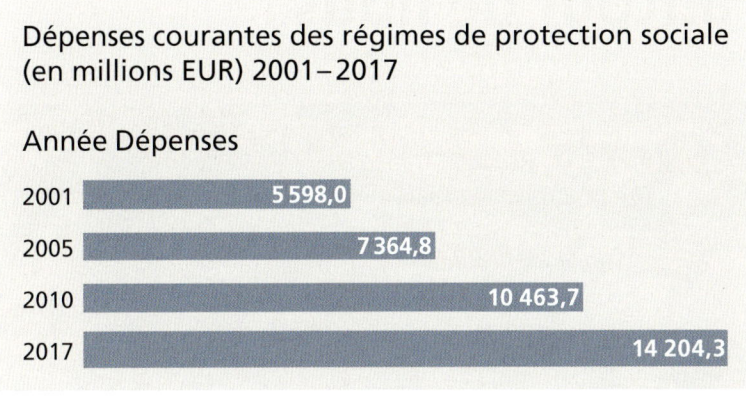

STATEC

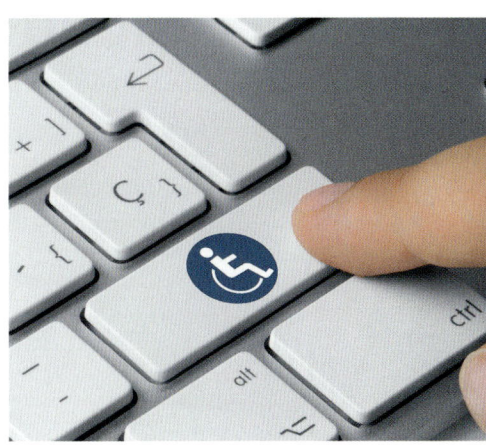

Maîtriser des savoirs (◇ Sachkompetenz)
1. Lequel des trois secteurs de l'économie offre le plus d'emplois au Luxembourg ?
2. Citez les informations essentielles reprises dans un contrat de travail.
3. Quelles sont les obligations mutuelles des patrons-formateurs et des apprentis ?
4. Expliquez la différence entre un CDI, un CDD et une convention collective.
5. Quelles sont les fonctions des syndicats ?
6. Comment les employeurs défendent-ils leurs intérêts auprès des salariés et de l'État ?
7. Énumérez les différentes assurances sociales, leurs fonctions et leurs financements.
8. Expliquez le rôle de l'Inspection du travail et des mines.
9. Quelles sont les différentes formes de chômage ?

Utiliser des méthodes (◇ Methodenkompetenz)
10. Simulez un entretien d'embauche.
11. Analysez les statistiques. Citez des causes possibles de l'évolution représentée.

Juger et agir (◇ Urteils- und Handlungskompetenz)
12. À quoi pourrait ressembler le monde du travail dans 100 ans ? Faites-en une description.
13. Estimez les avantages et les inconvénients d'un salaire minimum et d'un salaire maximum.
14. Créez un profil requis pour le métier que vous aimeriez exercer.
15. Formulez une offre d'emploi (qualifications, compétences, diplômes).
16. Débattez sur cette phrase : « La plupart du temps les chômeurs sont responsables de leur situation. »

6 Le monde autour de nous

Kirchberg 2015

Kirchberg 1972

Die Welt um uns

De 1975 à 2015, en quatre décennies, la population du Luxembourg est passée de 359 000 habitants à 613 900 (01.01.2019) et, d'après les prévisions des scientifiques, elle augmentera encore. La raison en est le dynamisme de la croissance économique du pays.

Les hommes consomment les ressources naturelles (p. ex. l'eau), modifient le paysage et produisent des déchets et des eaux usées. La mobilité croissante rend le trafic plus dense et accroît la pression sur les transports en commun. Citoyens et politiciens doivent relever ces défis et planifier l'avenir durablement – aussi par respect des générations futures.

1 Décrivez les photos. Comment le Kirchberg a-t-il changé au cours des dernières décennies ?

2 Pourquoi les hommes modifient-ils leur environnement ? Expliquez.

COMPÉTENCES VISÉES

Maîtriser des savoirs (◇ Sachkompetenz)
- Savoir comment l'espace est utilisé par l'homme au Luxembourg et comment l'homme a de l'influence sur son environnement
- Nommer les différentes régions du pays
- Décrire les problèmes et défis du Luxembourg : nature, consommation d'eau, gestion des déchets et protection du climat
- Comprendre que les problèmes du Luxembourg sont des problèmes globaux et exigent donc des solutions globales.

Utiliser des méthodes (◇ Methodenkompetenz)
- Lire et exploiter des cartes thématiques
- Dans un « atelier d'avenir », développer ensemble des solutions pour un avenir durable

Juger et agir
(◇ Urteils -und Handlungskompetenz)
- Comprendre que chaque individu consomme des ressources qui sont limitées
- Comprendre comment on peut agir localement pour contribuer à la protection de l'environnement et du climat de notre planète
- Juger la relation entre comportement humain et pollution

6.1 Un pays – beaucoup de paysages

Malgré sa surface réduite de 2 586 km², le Luxembourg est riche en paysages variés ; les propriétés naturelles de ces paysages sont constamment soumises à des modifications par la main des hommes. Si les hommes se sont installés sur ces terres, c'est en raison des facteurs naturels favorables : de l'eau propre, des sols fertiles, un climat modéré, la présence de matières premières et une bonne situation par rapport aux axes routiers. Le paysage est en constante évolution car l'homme intervient dans la nature afin de l'exploiter. La construction d'immeubles et de maisons, de routes et d'autoroutes, d'usines et de zones industrielles occupe beaucoup d'espace et modifie le paysage.

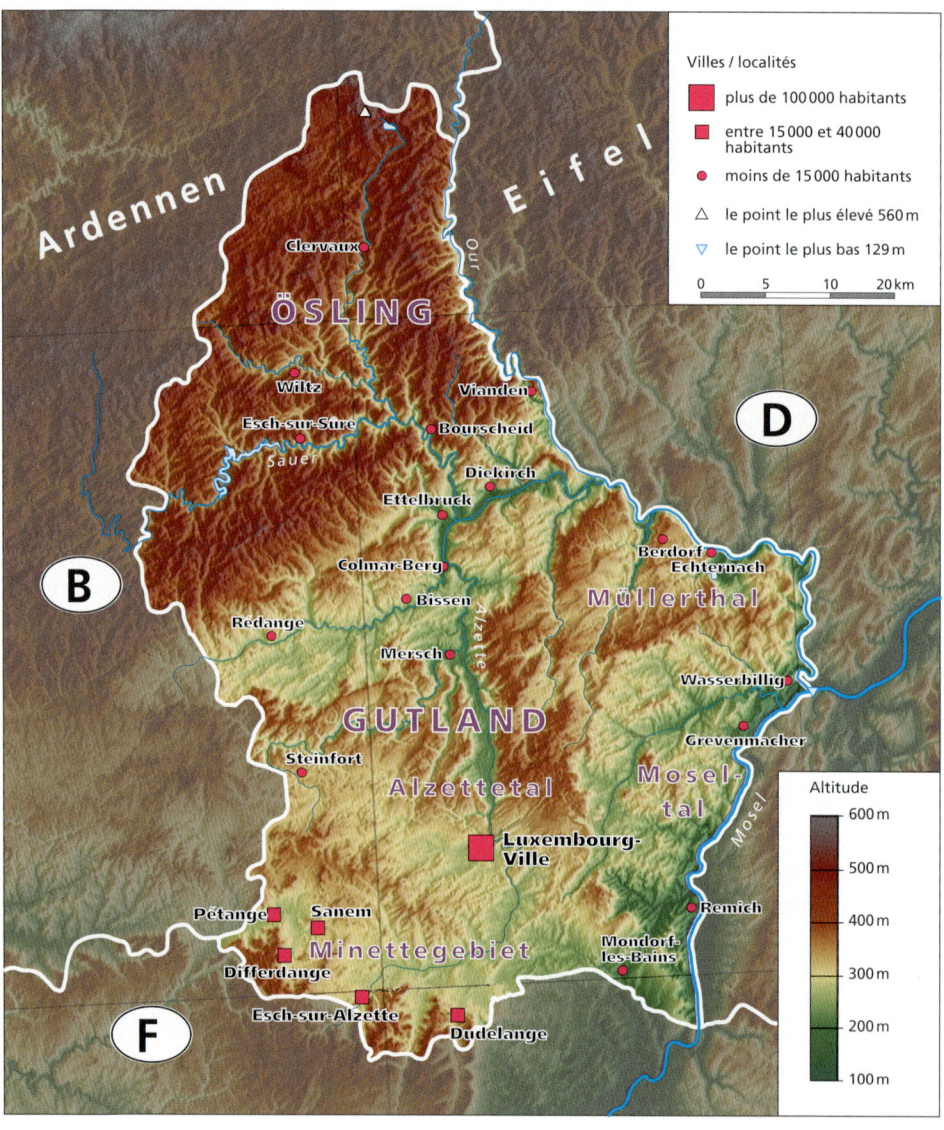

M1 Paysages luxembourgeois

Le Gutland constitue la plus grande partie du pays. Il est constitué par le Müllerthal, la Minette, la vallée de la Moselle, celle de l'Alzette et la capitale.

6.1 Ein Land – viele Landschaften

① Fond de vallée de la Wiltz — Schlindermanderscheid

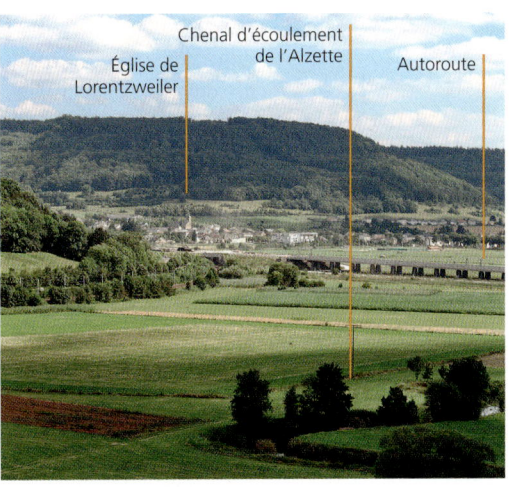

② Chenal d'écoulement de l'Alzette — Église de Lorentzweiler — Autoroute

③ Usine sidérurgique de Differdange — Butte témoin

④ Église de Wormeldange — Fumée de la centrale nucléaire de Cattenom

M 2

① Paysage de l'Ösling. Le village est situé en hauteur. Les vallées sont étroites et boisées. Dans les vallées on trouve des zones humides. L'agriculture est une caractéristique importante de cette région.

② Paysage de la vallée de l'Alzette. La localité se trouve au pied de la forêt. On constate une forte concentration de constructions le long de l'axe principal vers la capitale.

③ Paysage de la Minette. Caractéristiques : forte densité des constructions et nombreuses zones industrielles. L'industrie sidérurgique continue à être en phase de changement structurel. Jusque dans les années 1980, on y extrayait du minerai de fer.

④ Paysage de la vallée de la Moselle : le long de la Route du Vin, il est caractérisé par la viticulture. C'est aussi une région touristique.

1 Nommez les régions du Luxembourg et leurs principales caractéristiques. Vous pouvez rechercher les informations dans un atlas ou sur Internet.

2 Trouvez trois caractéristiques pour chacune des régions de M 2.

3 Expliquez, à l'aide des images de cette double page, comment l'homme est intervenu pour modifier la nature selon ses besoins.

4 Quels facteurs naturels ont eu une influence sur le développement du pays ? Pourquoi la plupart des habitants vivent-ils au centre et au sud du pays ? Où aimeriez-vous vivre ?

6.2 Une ville en mutation

Differdange est aujourd'hui la troisième ville du Luxembourg (de par sa taille), après la capitale et Esch/Alzette. Au 18e siècle, Differdange était un petit village vivant principalement de l'agriculture. Fin du 19e siècle, l'industrie sidérurgique s'est développée au sud du pays et Differdange est devenue une ville où des milliers de Luxembourgeois et d'immigrés ont trouvé du travail. Dans les années 1970, le site industriel a amorcé son déclin. Usines et mines ferment. Ce changement économique a entraîné une nouvelle utilisation de l'espace ; ainsi on a fait des anciens terrains miniers des réserves naturelles et des zones de loisirs. L'aspect de la ville a également changé.

M1 Differdange au 18e siècle et aujourd'hui

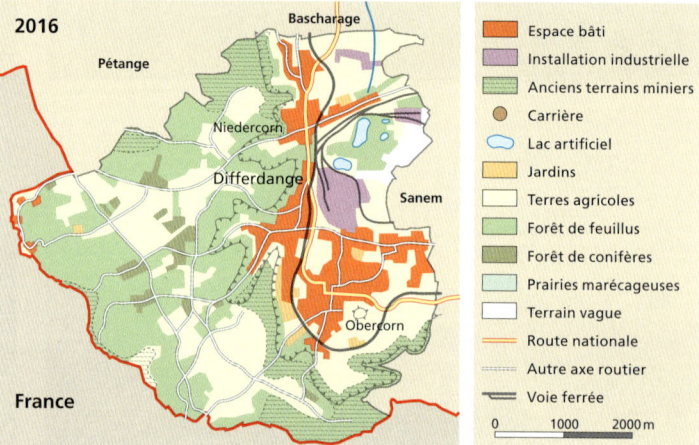

M2 Funiculaire pour le transport du minerai de fer près de Differdange, 1960

6.2 Eine Stadt verändert ihr Gesicht

M 3 Autrefois – aujourd'hui.
Le collage illustre les changements de la rue au cours des cent dernières années

M 4 L'évolution démographique de Differdange dans le contexte national

	Differdange (superficie 22,18 km²)	Luxembourg (superficie 2586 km²)
1851	2175	194 719
1900	8756	236 125
1960	17 637	314 889
1981	16 712	364 606
2008	20 400	483 800
2015	24 304	563 000

M 5 Differdange se présente sur Internet

Differdange 2030 : De la « métropole du fer » vers le centre des industries créatives !
En raison de l'industrialisation et du développement de l'industrie sidérurgique au XXe siècle, Differdange est rapidement devenue une ville moderne et vivante. Après avoir traversé des années de récession économique, suite à la crise sidérurgique, Differdange se présente aujourd'hui comme une ville dynamique et active. Ces dernières années, de nombreux projets ont été élaborés et mis en œuvre. Ces projets concernent principalement les industries créatives, l'aménagement urbain, l'éducation, les affaires sociales, l'environnement, la culture, les loisirs et le tourisme. …

Source: https://www.differdange.lu/developpement-urbain/le-developpement-de-la-ville/

1 Comparez les plans de la ville de Differdange à l'aide des questions suivantes :
   a) Où se trouve le centre historique de Differdange ?
   b) De quels quartiers/localités se compose Differdange aujourd'hui ?
   c) Comparez l'utilisation de l'espace au 18e siècle avec celle d'aujourd'hui (agriculture, industrie etc.).
   d) Comment s'est développée la localité de Differdange ?

2 a) Faites un diagramme de l'évolution démographique de Differdange de 1851 à nos jours. Que constatez-vous ?
   b) Cherchez les explications possibles pour l'accroissement resp. la diminution de la population.
   c) Déterminez l'évolution de la densité de population (habitants/km²).
   d) Comparez les résultats avec les chiffres pour le Luxembourg entier.

3 Quelle image la commune de Differdange cherche-t-elle à se donner d'ici 2030 (M5) ?

4 Examinez d'autres villes et communes du Luxembourg qui ont changé de visage au cours du 20e siècle. Déterminez les causes et les conséquences de cette évolution.

6.3 L'aménagement du territoire

Nouveau lotissement à Niederfeulen près d'Ettelbruck

Pit Schmit habite à Bissen et se rend tous les jours à Luxembourg-Ville où il fréquente le Lycée technique de Bonnevoie. Son père travaille au Kirchberg et sa mère à Diekirch.

Les cas similaires sont nombreux. Tous les jours des milliers de gens font la navette, beaucoup en voiture. D'autre part, de nombreux frontaliers (◇ der Grenzgänger) viennent au Luxembourg.

Dans le souci d'un développement durable, les plans d'aménagement nationaux doivent tenir compte de l'accroissement de la population et des défis qui en découlent dans la planification de la circulation et du développement spatial. C'est pour cela notamment qu'un concept intégré des transports et du développement spatial (IVL) a été élaboré. Les communes doivent elles aussi fixer l'évolution future de leurs aménagements dans un Plan d'aménagement général (PAG) (◇ der Flächennutzungsplan).

M1 Utilisation du sol

	1972	1990	2000	2015
	en %			
Surface totale	100.0	100.0	100.0	100.0
Surfaces agricoles et sylvicoles	93.2	91.8	87.4	85.3
Surfaces bâties	3.1	4.3	8.1	9.7
Voirie, chemin de fer etc.	3.2	3.4	3.9	4.4
Cours et plans d'eau	0.5	0.5	0.6	0.6

STATEC

M2 Champs d'action

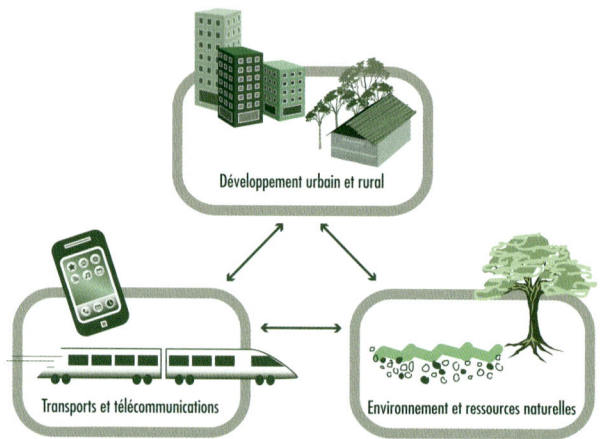

Le développement durable
(◇ die nachhaltige Entwicklung)
Un développement est durable quand il respecte les générations futures. Elles aussi auront besoin de matières premières, de ressources (p. ex. le pétrole, le charbon). Il ne faut pas consommer plus que ce qui peut se régénérer. De plus l'environnement ne doit pas être pollué par des gaz d'échappement, des eaux usées ou des substances toxiques.

M3 Exemple d'un PAG communal

Le PAG (Plan d'aménagement général) donne la possibilité à la commune de prendre elle-même la responsabilité et de fixer les règles et les grandes lignes d'un développement harmonieux de son territoire.
Le territoire communal est subdivisé en différentes zones : zones d'habitation, surfaces de circulation (rails …), zone agricoles et forestières, ces dernières totalisant 395,69 ha. Dans le PAG les utilisations des différentes surfaces sont définies de façon contraignante, ce qui fait du PAG un instrument essentiel de pilotage pour le développement durable des communes. Dans le PAG on trouve entre autres les zones (= surfaces utilisées à des fins diverses) suivantes : zones d'habitation à forte densité, à densité moyenne et à faible densité, zone pour les infrastructures publiques, zone verte et zone de loisirs, de sport, de tourisme, zone d'industrie légère, zone inondable.

www.walfer.lu/commune-de-walferdange_Pag.74-3.html (15.02.2012), abrégé

6.3 Raum- und Landesplanung

M 4 Carte thématique : L'évolution spatiale au Luxembourg (2014)

La carte thématique (⇔ die thematische Karte)
Ce type de carte traite d'un sujet spécifique. À peu près tout ce qui présente une extension spatiale peut ainsi être représenté. On peut, p. ex. faire une carte thématique sur la densité de population, l'économie ou le trafic aérien.

1. Comment l'utilisation des surfaces a-t-elle changé au Luxembourg au cours des 40 dernières années ? Donnez des explications plausibles.
2. Qu'entend-on par « aménagement du territoire » ? Cherchez des exemples d'actions responsables et durables.
3. Exploitez la carte thématique (M4) :
   a) Quels avantages et désavantages présente le lieu de résidence de la famille Schmit ?
   b) Quels moyens de transport la famille peut-elle utiliser pour se rendre resp. au travail ou à l'école ?
   c) Où se trouve la « zone de poussée urbaine » ? Localisez les agglomérations importantes et les centres tertiaires.
   d) Quels axes de circulation sont les plus utilisés par les frontaliers ?
   e) Dans quelles régions du pays trouve-t-on les zones de fort développement économique ?
   f) Résumez les relations entre les axes dominants du développement économique, les axes de circulation et les interdépendances transfrontalières.

6.4 Le problème de la mobilité

La mobilité est un besoin élémentaire des hommes et une condition indispensable au développement d'un pays. La voiture reste le moyen de transport le plus utilisé, même pour des trajets courts (2–5 km), malgré des coûts (achat, entretien) en constante hausse. La circulation individuelle et les embouteillages croissants ainsi que l'augmentation de la pollution expliquent le regain d'intérêt pour les transports publics. Les politiciens, l'État et les communes cherchent à promouvoir les alternatives au transport individuel. Il s'agit de développer le réseau ferroviaire, d'optimiser les liaisons par autobus et d'améliorer l'offre régionale pour les frontaliers.

M1 Pratique de « l'écomobilité » (bus, train, vélo, marche à pied) par les jeunes des classes terminales

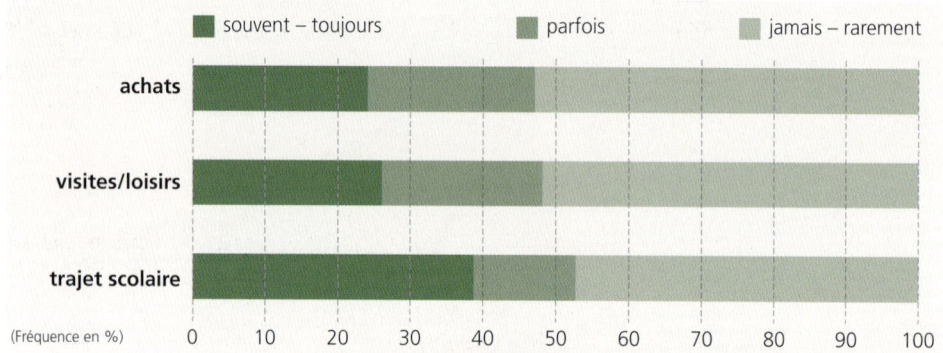

Théid Faber/Thomas Boll, Nachhaltige Entwicklung aus der Sicht von Jugendlichen, Université de Luxembourg, 2010, p. 44 (trad.)

M2 Publicité pour les transports publics

M3 „Rent a bike"

6.4 Die Herausforderung Mobilität

M4 Évolution du volume de trafic (trajets par jour)

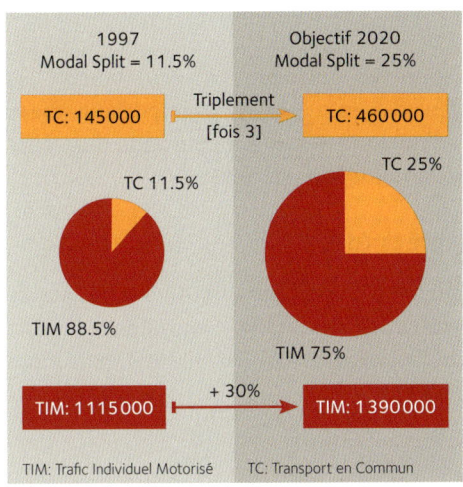

http://www.route2020.lu/introduction/;
Administration des Ponts et Chaussées, 2007

M6 Le saviez-vous ?

- Les voitures écologiques ainsi que les vélos électriques sont subventionnés par l'État.
- Le Luxembourg a le plus grand taux de véhicules par habitant en Europe : 787 voitures / 1000 habitants (en 2015).
- Le Luxembourg est l'un des plus gros émetteurs de CO_2 par habitant : 20,9 t (en 2011).
- La majeure partie du carburant vendu au Luxembourg est utilisée en-dehors du territoire du Grand-Duché.
- Les recettes de l'État provenant de la vente de carburant représentaient environ 7,5 % de l'ensemble des recettes du pays en 2014 (1043 milliards d'euros).
- Le Luxembourg est le premier pays en Europe à avoir introduit la gratuité des transports publics.

M5 La folie ordinaire

Rien ne va plus. Un automobiliste jure, un autre klaxonne. Il est vendredi après-midi et, sur l'autoroute A3, la longue colonne des navetteurs en route vers le weekend est immobilisée. Un peu plus tôt le long serpent de tôle avançait encore comme une coulée de lave visqueuse traversant la frontière française. Mais maintenant le bouchon sur l'autoroute de Dudelange bloque déjà la sortie Luxembourg - Sud. ... Un accident et ce serait la catastrophe. ...
Une des conséquences des bouchons, c'est l'augmentation des émissions polluantes ; les dégâts économiques sont considérables aussi. Or, les calculs comme ceux de l'ADAC, montrant que les embouteillages causent des pertes de salaires de près de 100 milliards d'euros par la perte d'heures de travail en Allemagne, ne sont guère vérifiables. De plus il n'y a pas de données pour le Luxembourg. Il est vrai cependant que c'est dans les bouchons qu'on gaspille à peu près un cinquième de la consommation annuelle de carburants. ... Pour certains chauffeurs, il y a ... danger de mort, car le risque d'avoir un infarctus dans un bouchon est trois fois plus élevé que la normale. Le niveau de stress d'un automobiliste équivaut plus ou moins à celui d'un policier qui se trouve en face d'un groupe de hooligans. ...

Stephan Kunzmann, Der ganz normale Wahnsinn, Revue, no 40/2010, p. 20-24 (abrégé), trad.

1. Décrivez et expliquez le comportement de mobilité des jeunes (M1). Comparez-le à votre propre comportement.
2. Décrivez les changements qui ont eu lieu dans les transports publics et la circulation ces dernières années (M4–M6). Émettez des hypothèses sur les raisons de cette évolution.
3. Quels effets les embouteillages ont-ils sur l'homme et la nature ?
4. La subvention étatique pour les véhicules écologiques est-elle en contradiction avec les transports publics ? Jusitfiez votre réponse.
5. Le prix des carburants au Luxembourg devrait-il être aligné sur celui des pays voisins ? Discutez. Quelles en seraient les conséquences pour l'environnement et l'économie ?

6.5 Le défi de l'eau

Au Luxembourg, plus de la moitié de l'eau potable est utilisée par les ménages. L'agriculture et l'industrie en consomment aussi et par conséquent il arrive que l'on ait des problèmes d'approvisionnement en eau. Les raisons de cette pénurie: l'abaissement du niveau des nappes phréatiques, l'augmentation de la consommation – due à l'accroissement de la population, une consommation individuelle plus élevée ou de longues périodes de sécheresse. La qualité de l'eau est un autre problème. Beaucoup de nos cours d'eau sont très pollués, car il n'y a pas assez de stations d'épuration modernes. L'État et les communes doivent beaucoup investir pour l'approvisionnement en eau potable et l'assainissement des eaux usées: un important réseau de conduites d'eau et de stations d'épuration doit régulièrement être agrandi et modernisé.

M1 Le barrage d'Esch/Sûre (g.) et la station d'épuration Bleesbréck (d.)

Avec une capacité de 60 millions de m³, c'est le réservoir d'eau potable le plus important du Luxembourg: Le SEBES (Syndicat des Eaux du Barrage d'Esch-sur-Sûre) assure l'approvisionnement en eau de 80 000 personnes et fournit tous les jours 100 000 m³ d'eau, ce qui correspond à 1/3 des besoins journaliers en eau. À Bleesbréck, les eaux usées de 100 000 personnes peuvent être traitées.

M2 L'eau en danger

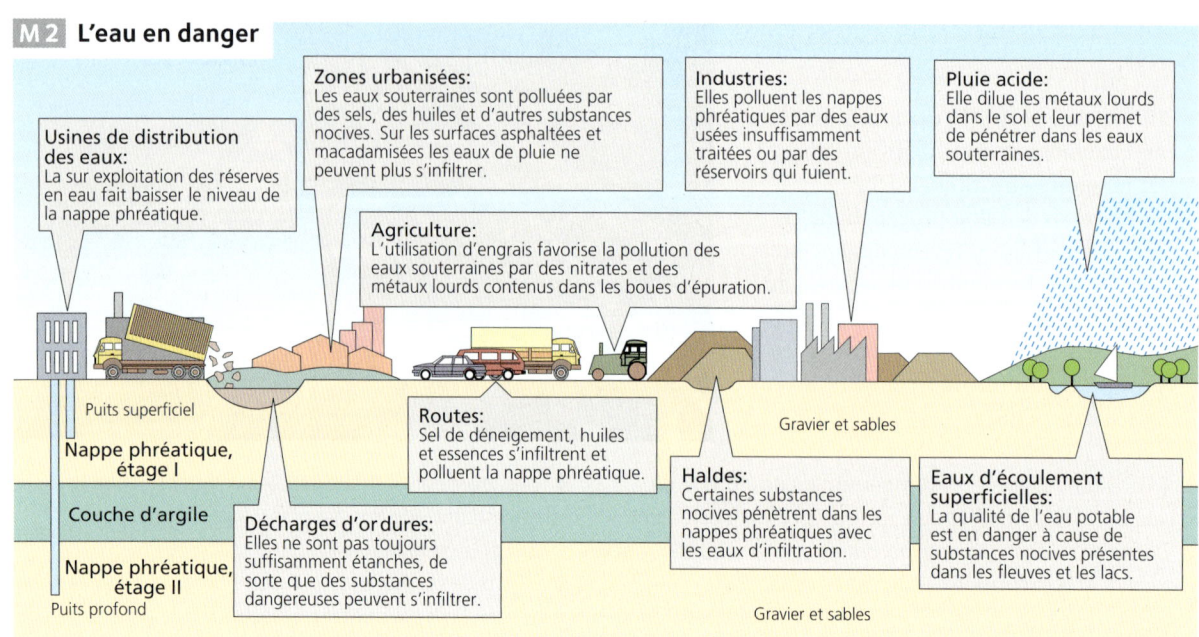

6.5 Die Herausforderung Wasser

M3 La consommation d'eau au Luxembourg

La consommation globale d'eau au Luxembourg (ménages, industrie, agriculture) est actuellement de 250 litres par personne et par jour. En comparaison : la consommation par personne au Luxembourg en 1900 était de 10 à 20 litres par jour.

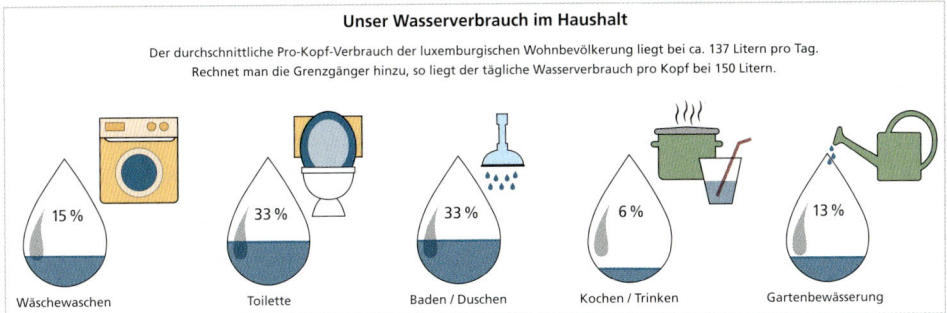

Source : Eist Waasser. Administration de la gestion de l'eau – Gouvernement du Grand-Duché du Luxembourg, Luxembourg 2013, S. 53; http://www.statistiques.public.lu/fr/publications/thematique/territoire-environnement/eist-wasser/PDFeistwaasserok.pdf (22.04.2016)

M4 Qu'est-ce que l'eau virtuelle ?

Notre consommation dessèche d'autres régions de la Terre. En effet, ce n'est pas seulement la tomate que nous mangeons qui doit être arrosée, mais aussi le coton pour nos vêtements. Chaque processus de fabrication nécessite de l'eau. Ainsi pour faire du vin (960 l par litre de vin), du lait (1000 l par litre), des chips (4500 l par kg). La production de viande de bœuf détient le record (15000 l par kg). Quand on y ajoute cette « eau virtuelle », notre consommation moyenne par ménage grimpe très vite de 160 l par jour et par habitant à 4000 l par jour. Chacun peut calculer sa consommation personnelle sur www.waterfootprinting.org.

Revue No 28 du 8.7.2009, p. 19 (trad.)

M5 Le prix de l'eau au Luxembourg

KOSTENDECKENDER WASSERPREIS: Zwei Gemeinden im Vergleich

	WINTGER (NORDEN)	SCHIFFLINGEN (SÜDEN)
Fläche	11368 ha	771 ha
Einwohner	3800	9000
Gesamtlänge Wasserleitungsnetz	77 km	50 km
Gesamtlänge Kanalnetz	53 km	32 km
Aktueller Wasserpreis (Haushalte)	2,50 €/Fuder + 60 € Fixkosten/Jahr	2,25 €/Fuder + 21,60 € Fixkosten/Jahr
Aktueller Abwasserpreis (Haushalte)	2,20 €/Fuder + 75 € Fixkosten/Jahr	1,75 €/Fuder + 50 € Fixkosten/Jahr
Berechneter kostendeckender Wasserpreis (Haushalte)	3,98 €/Fuder (variable und fixe Kosten)	2,35 €/Fuder (variable und fixe Kosten)
Berechneter kostendeckender Abwasserpreis (Haushalte)	5,35 €/Fuder (variable und fixe Kosten)	1,99 €/Fuder (variable und fixe Kosten)
Ist der aktuelle (Ab-)Wasserpreis kostendeckend?	Nein	Ja
Durchschnittlicher Wasserverbrauch / 4-Personen-Haushalt	189 Fuder / Jahr	212 Fuder / Jahr
Eingekaufte Wassermenge (2009)	246 000 Fuder	641 000 Fuder

Grafik: Michèle Zeyen

Luxemburger Wort du 22 mars 2011

1 Expliquez l'importance de l'eau pour les ménages privés, l'agriculture et l'industrie.

2 D'où vient notre eau ?

3 Donnez les raisons des problèmes d'approvisionnement en eau.

4 Quelles sont les conséquences de la pollution des cours d'eau et des nappes phréatiques pour l'approvisionnement en eau potable du pays ?

5 Comment expliquer l'augmentation de la consommation d'eau sur les 100 dernières années ?

6 Établissez un protocole hebdomadaire de votre consommation personnelle d'eau (cf. M3). Comparez à la consommation moyenne par personne au Luxembourg. Comment pourriez-vous réduire votre consommation personnelle ?

7 Comment pourrait-on expliquer les divergences des prix de l'eau au Luxembourg (M5) ? Comparez p. ex. le nombre d'habitants ou la longueur des réseaux de conduite d'eau des deux communes.

6.6 Le problème des déchets

M1 Le tri des déchets

Le Luxembourg fait partie des pays produisant le plus de déchets. Trois syndicats intercommunaux s'occupent de l'enlèvement des déchets ménagers. Seulement 47 % des déchets sont recyclés au Luxembourg. Le reste se retrouve à la décharge ou dans l'incinérateur.

Le parcours des déchets ne se termine pourtant pas dans notre pays – beaucoup de déchets toxiques doivent être exportés à l'étranger pour être respectivement transformés ou stockés définitivement.

M2 Les déchets en Europe, 2014

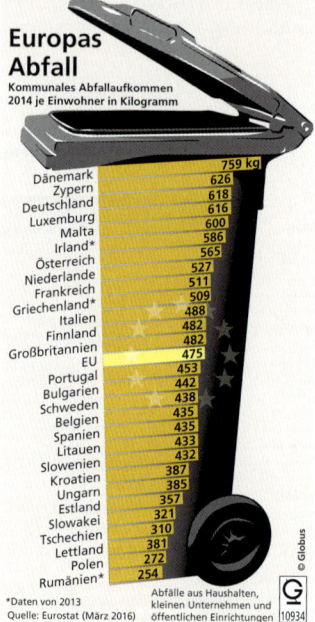

M3 Composition des ordures ménagères, 2009/10 (Cantons Redange et Wiltz)

- déchets biodégradables : 39 %
- papier, carton : 18 %
- plastique : 18 %
- produits d'hygiène pour le corps : 6 %
- métaux : 3 %
- verre : 3 %
- vêtements, textiles : 3 %
- autres : 10 %

M4 Évolution des ordures ménagères et assimilées

année	2000	2013
total en tonnes	187 720	177 397
habitants	436 300	543 200
kg/habitant	430.3	326.5
traitées par		
SIDOR	125 992	132 019
SIDEC	41 600	18 131
SIGRE	20 128	27 247

STATEC

M5 La collecte des matériaux recyclables

En tonnes	2010	2013
Verre	54 674	44 226
Papier et carton	84 235	83 498
Matières synthétiques	17 269	18 302
Vêtements et textiles	3 451	3 724
Bois	76 794	65 254
Déchets électroniques	7 632	5 267
Pneus et caoutchouc	8 585	7 477
Emballages (plastique, métaux)	4 926	6 617
Réfrigérateurs (pièce)	19 885	18 803

STATEC

6.6 Die Herausforderung Müll

M6 Le recyclage est-il vraiment la solution ?

Recycler c'est fabriquer du neuf à partir de matériaux recyclables. On fabrique des produits identiques à ceux qui ont été recyclés ou alors d'autres produits. En tout cas, il faudra un apport d'énergie et souvent aussi de nouvelles matières premières. Le verre usagé fondu sert à fabriquer de nouvelles bouteilles, les vieux journaux servent à faire de nouveaux cahiers, les bouteilles en PET redeviennent des bouteilles en plastique. Souvent il ne s'agit cependant pas d'un vrai recyclage.

Comme les matières plastiques sont souvent mixtes, elles ne peuvent pas être réutilisées de la même manière. Le recyclage équivaut donc à une perte de qualité du matériau. À partir de boîtes de sodas, on fait des produits de moindre qualité comme du fil métallique ou de l'acier de construction. Avec les recyclages successifs, la qualité se dégrade et on doit rajouter de plus en plus de matières premières neuves. Souvent les produits ainsi recyclés ont une durée de vie réduite, sont jetés et ensuite incinérés. Recycler, c'est raisonnable mais cela ne doit pas servir à justifier les emballages perdus et le gaspillage. Pour la protection de l'environnement, il vaut mieux éviter de produire des déchets que de les recycler.

M7 Nos déchets toxiques polluent le Tiers Monde

Quand nous jetons nos appareils électroniques, des entreprises de recyclage les démontent et les trient, contre paiement. Leur travail est très réglementé car beaucoup de composants d'ordinateurs, de réfrigérateurs etc. sont hautement toxiques comme l'amiante, le mercure et le plomb. Les appareils très pollués doivent être recyclés avec des précautions considérables. C'est donc très cher. Mais on peut aussi faire plus simple. Les déchets toxiques, hop, au Tiers Monde ! Dans la capitale du Nigéria, Lagos, on compte chaque mois à peu près 500 conteneurs pleins d'ordinateurs et d'écrans. Ici, les lois sont moins strictes et la main d'œuvre est bon marché. Les vêtements de protection, les filtres et la protection de l'environnement sont peu connus. Beaucoup d'ordinateurs sont simplement brûlés et empoisonnent ainsi surtout les enfants, mais aussi les chèvres et les poules qui servent de nourriture à la population. Une affaire pas très nette. L'exportation de déchets électroniques est expressément interdite. Seul le commerce avec des appareils en état de marche est légal. Mais la frontière entre déchets et marchandise est mal définie. Le recycleur encaisse l'argent pour la réception des appareils et économise le recyclage. Même si la route vers l'Afrique est longue, cela n'empêche pas des marchands peu scrupuleux de faire des affaires.

www.zdf.de, frontal 21: émission du 17.01.2006,
par Peter Moers et Frank Papenbrook (trad.)

1. Comparez la quantité de déchets du Luxembourg avec celles des autres pays. Indiquez des causes pour les différences.
2. Que fait-on des déchets du Luxembourg ? Quel rôle jouent les centres de recyclage ainsi que Valorlux ?
3. Quelles sont les conséquences à long terme des quantités croissantes de déchets ?
4. Analysez la composition de vos ordures ménagères. Que pourrait-on recycler ? Comment éviter de produire des ordures ménagères ?
5. Dans quelle mesure peut-on dire que la collecte des matériaux recyclables est un succès ? Informez-vous sur ce qu'on fait avec ces matériaux.
6. Faites un graphique intitulé « Le parcours des déchets ».

6.7 Le réchauffement climatique

Des scientifiques ont constaté que la surface terrestre est en train de se réchauffer. Ils pronostiquent que la terre va continuer à se réchauffer d'au moins 1,4 à 5,8 degrés Celsius jusqu'en 2100. Même si ces chiffres ne semblent a priori pas inquiétants d'un point de vue luxembourgeois, les conséquences sur le climat global et la vie sur Terre en sont graves.

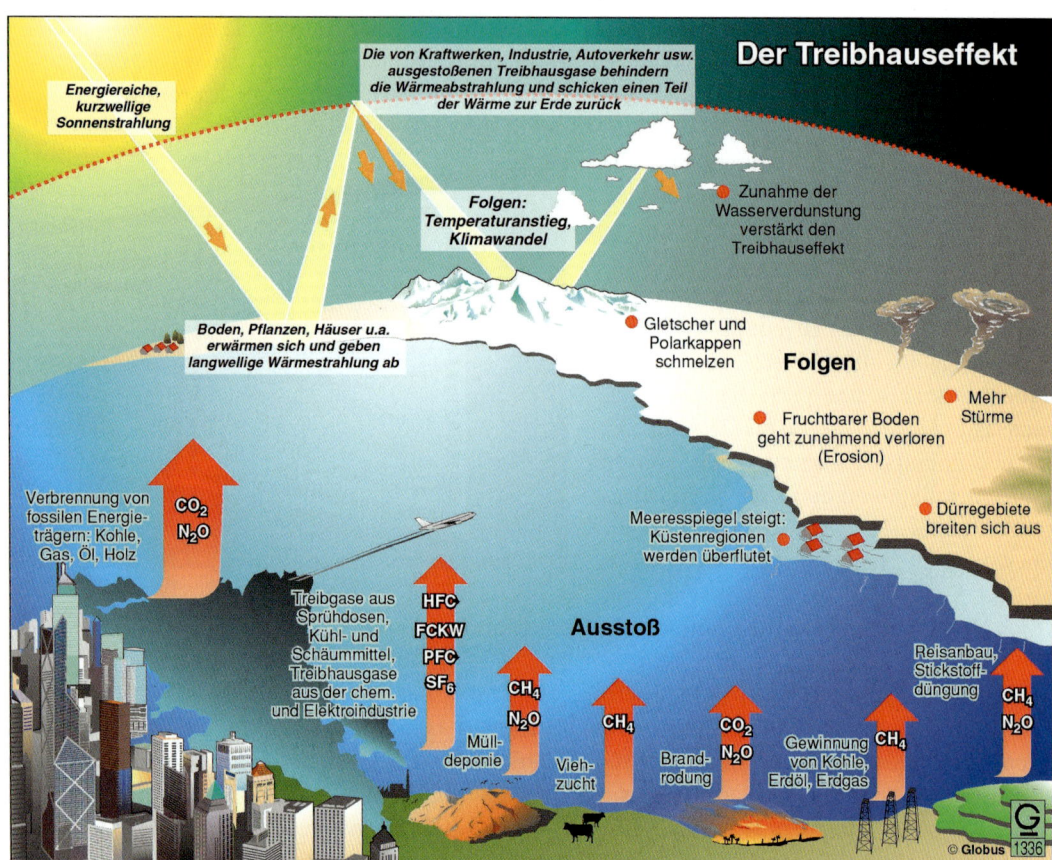

Le réchauffement global et ses conséquences

De l'avis de la plupart des scientifiques, le réchauffement climatique est causé par les activités humaines. Brûler de l'essence, du pétrole, du gaz et d'autres substances produit des gaz nocifs. L'effet de serre s'aggrave. En effet, comme le verre d'une serre, des gaz dans les couches supérieures de l'atmosphère empêchent le rayonnement thermique de la Terre vers l'espace. En fait, il est important pour nous que la chaleur ne se perde pas toute dans l'espace, car sinon la température sur Terre serait toujours de −33°C. Mais il faut quand même un rayonnement thermique vers l'espace pour que les températures restent supportables pour l'homme. Cependant, comme les gaz à effet de serre sont devenus de plus en plus impénétrables, il n'y a pas assez de chaleur qui s'échappe et voilà pourquoi le climat sur Terre se réchauffe.

Les suites de ce réchauffement sont catastrophiques. Les glaciers et les calottes polaires fondent, le niveau de la mer monte et les régions côtières sont submergées. Le climat change. Et ceci a des conséquences sur la santé des hommes et sur l'agriculture.

6.7 Die Erde kommt ins Schwitzen

M2 Émetteurs de gaz à effet de serre au Luxembourg 2013

Secteur	CO_2 (eq) [kt]	%
Trafic routier	6298,17	56,53
Industrie	2353,42	21,12
Ménages	1648,35	14,79
Agriculture	734,08	6,59
Divers	108,15	0,97
Total national	**11 142,19**	**100,00**

kt = 1000 t; eq = polluant équivalent de CO_2

Ministère du Développement durable et des Infrastructures, Administration de l'environnement, Luxembourg 2015

M3 Caricature

M4 Comparaison de l'empreinte écologique du Luxembourg, 2008

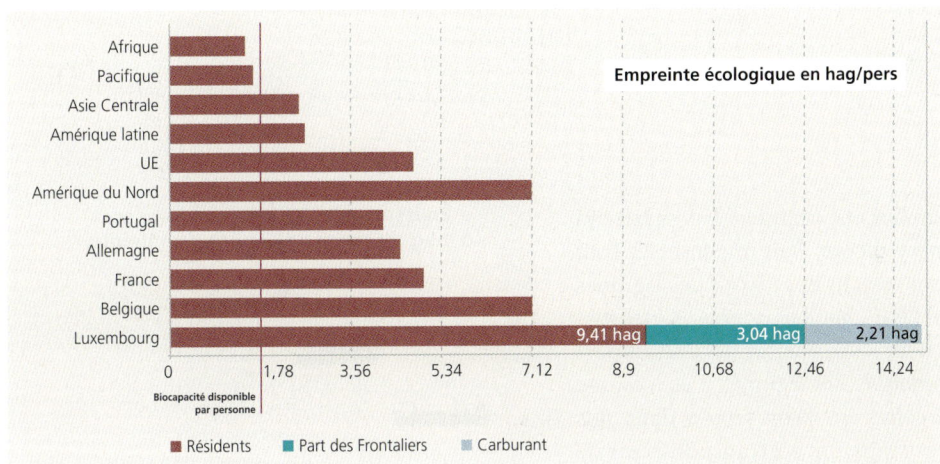

Par biocapacité on entend les limites de ce que la nature peut fournir pour fabriquer toutes les ressources consommables et pour absorber les déchets. Par empreinte écologique on entend les traces que laisse un être humain sur la Terre. On la calcule sur la base de la surface nécessaire pour couvrir tous ses besoins (logement, nourriture, mobilité, déchets et émissions de CO_2). Elle est exprimée en hectares globaux par habitant (hag/hab.).

1. Décrivez les causes et les conséquences de l'effet de serre.
2. En vous basant sur M2, indiquez les principaux responsables des émissions de CO_2 au Luxembourg.
3. Expliquez le rapport entre consommation d'énergie et réchauffement climatique.
4. Qu'est-ce que l'empreinte écologique et comment la calcule-t-on ?
5. Comparez l'empreinte écologique du Luxembourg avec celle d'autres pays (M4). Donnez des raisons. Que pourrait-on changer ?

6.8 „Think global …"

À l'aide de trois exemples tirés de la vie quotidienne nous pouvons analyser la compatibilité de nos habitudes avec la protection de la nature. Il faut toujours penser à la devise « Think global, act local » (Pensez globalement, agissez localement).

M1 Le goût des voyages des Luxembourgeois

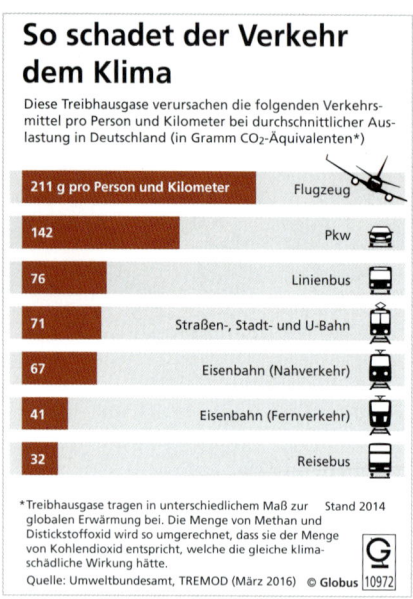

Les voyages des Luxembourgeois en 2013/2014

En 2013, près de 83 % de la population luxembourgeoise ont effectué au moins un voyage de loisirs d'au moins une nuitée. Dans l'ensemble, 1.4 millions de voyages ont été entrepris dont seulement quelques 4 % au Grand-Duché. Les motifs du voyage varient fortement en fonction de la période de l'année, de la destination et des voyageurs. Le principal motif des voyages de loisirs était la détente, suivie par la visite de la famille/d'amis. Parmi ces voyageurs, 54 % préféraient l'automobile et 32 % l'avion aux bus et trains. Quant aux voyages d'affaires, presque la moitié (48 %) a opté pour l'avion, 20 % pour le train et le bus et, enfin, un peu plus d'un tiers des voyageurs a pris la voiture.

STATEC

M2 Fruits et légumes

La globalisation des marchés et l'énergie à bas prix rend possible ce qui, récemment encore, était impensable. Tout au long de l'année, on trouve dans nos rayons des légumes frais, qu'il neige ou qu'il fasse chaud chez nous. Cette disponibilité de légumes hors saison entraîne une importante consommation d'énergie. Les légumes d'été comme les tomates ou les courgettes … qu'on trouve dans nos rayons en hiver et au printemps, ont été transportés sur de longues distances ou proviennent de serres chaudes. Une combustion de pétrole sous forme d'essence, de kérosène, de diesel ou de mazout a donc été nécessaire. Les émissions de CO_2 qui en découlent sont largement responsables du changement climatique global.

Les produits de saison cultivés en pleine terre, les produits régionaux ou nationaux ne sont transportés que sur de courtes distances. La production « bio » respecte les cycles naturels et renonce à l'utilisation de fertilisants et de produits phytosanitaires d'origine synthétique.

Patrick Hofstetter, WWF-Klimatipps, septembre 2003, d'après : http://assets.wwf.ch/downloads/klimatippsdklein.pdf, abrégé (trad.)

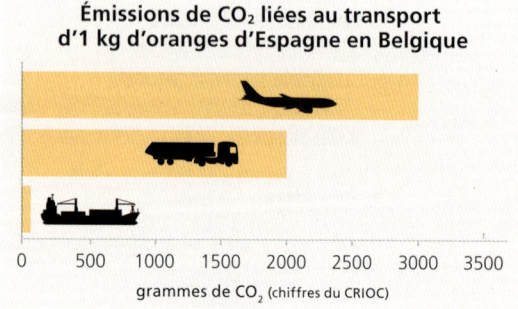

1 kg de fraises d'Israël, importé par avion, acheté en mars nécessite 4,9 litres de pétrole.

1 kg de fraises de Suisse acheté en juin nécessite 0,2 litres de pétrole.

6.8 „Think global ..."

M3 La consommation de viande

Les Luxembourgeois mangent en moyenne 136 kg de viande par an et sont ainsi en tête de la consommation mondiale de viande. Aux États-Unis, on ne mange que 122 kg/habitant et en Mongolie, où la viande est l'aliment de base, on en consomme 70 kg.

La production mondiale de viande était de 258 mio de tonnes en 2004 ; en 1950 on en était à 44 mio. 18 milliards d'animaux sont engraissés tous les ans et la plus grande partie finit en « fast food ». Pour obtenir ces quantités de viande il faut nourrir les animaux avec des tonnes de céréales. En même temps, un milliard d'hommes sont mal nourris et toutes les trois secondes quelqu'un meurt de faim. L'élevage du bétail contribue aussi au gaspillage et à la pollution de l'eau par la fertilisation excessive. Alors que 40 % de la population mondiale n'ont pas accès à l'eau potable, la production d'1 kg de viande de bœuf avale 15 000 litres d'eau. Chaque minute la déforestation ampute à la forêt tropicale l'équivalent d'au moins 38 terrains de football. La majeure partie de ces forêts doit céder la place à des pâturages ou des champs de fourrage. 20 % de la forêt amazonienne ont été défrichés dans les 40 dernières années pour la culture du soja. Or, sans le poumon vert de la planète nous ne pourrons, à la longue, pas survivre. L'élevage de bétail est responsable globalement d'un cinquième des gaz à effet de serre. L'émergence d'épizooties comme l'ESB, les grippes aviaire ou porcine est aussi liée à une forte consommation de viande et à l'élevage intensif.

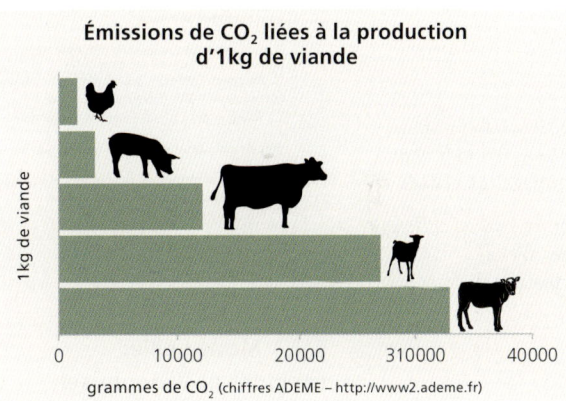

1. Quels moyens de transports peuvent être considérés comme écologiques et pourquoi ?
2. Un jeune prend l'avion « low cost » pour Barcelone pour voir un match de foot : calculez les émissions de CO_2 pour le trajet Luxembourg–Barcelone (1152 km) en avion et en voiture.
3. Expliquez le rapport entre voyages et changement climatique.
4. Expliquez les expressions : de saison, régional, produit bio. Pourquoi les fraises venant p. ex. d'Israël polluent-elles l'environnement ?
5. Quelles pollutions sont causées par la production de viande ?
6. Informez-vous sur l'élevage intensif. Expliquez ensuite le lien entre protection de l'environnement et protection des animaux.
7. À partir des exemples, établissez une liste de conseils pour la protection du climat.

6.9 „… act local!"

Nous polluons tous l'environnement. Nous consommons de l'eau, polluons l'air, produisons des déchets et directement ou indirectement aussi du CO_2 : par l'utilisation d'énergie pour les appareils et machines dont nous nous servons, par la circulation, par la fabrication et l'utilisation d'aliments et de biens de consommation avec leurs emballages. Mais nous pouvons également avoir une influence positive sur notre empreinte écologique.

M1 Calculateur d'empreinte

Vous pouvez calculer votre part des émissions de CO_2 en ligne et puis changer votre comportement (www.klimaktiv.de/article330_0.html).

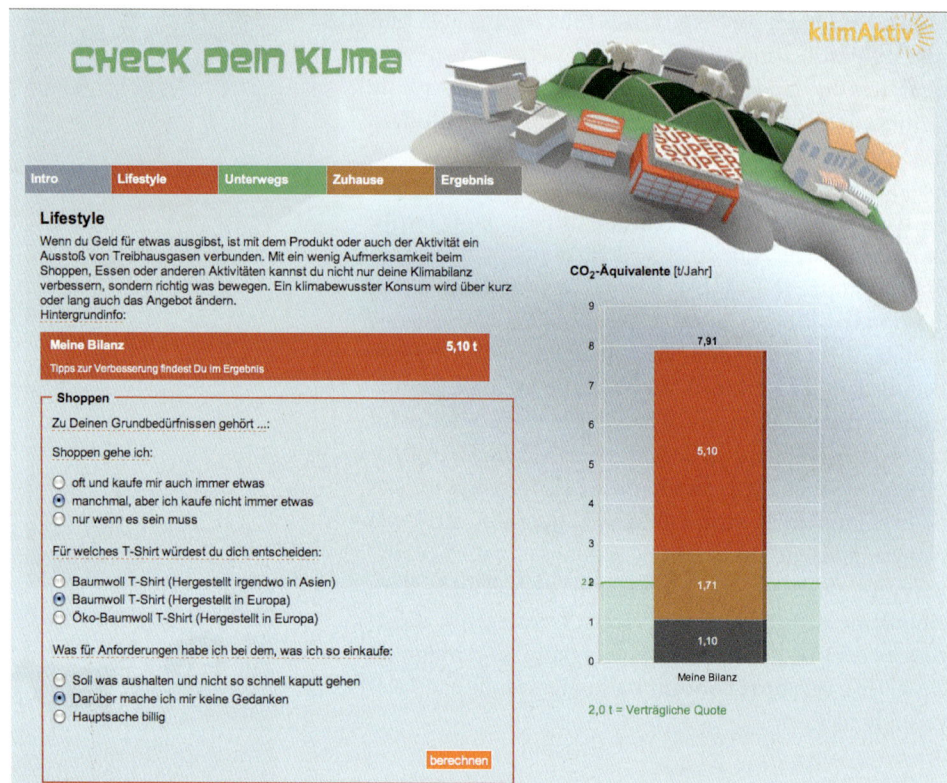

http://www.footprintnetwork.org/fr/index.php/GFN/page/calculators

http://www.wwf.ch/fr/agir/vivre_mieux/calculateur_d_empreinte

M2 Mode veille: éteindre et économiser

Surtout des anciens téléviseurs, lecteurs DVD, lecteurs Blu-ray et chaînes hifi consomment beaucoup d'énergie en standby. Il vaut donc mieux éteindre les appareils et les couper complètement du réseau électrique.

Deutsche Energie-Agentur (dena), Broschüre: Strom sparen im Haushalt, Berlin 2015

M3

Des aides financières sont offertes aux particuliers pour l'assainissement énergétique de bâtiments existants ainsi que pour de nouvelles constructions à basse consommation d'énergie.

PRIMe House - Gutt fir eis Ëmwelt, gutt fir äre Portmonni, gutt fir nei Aarbechtsplazen

PRIMe House

6.9 „... act local!"

M4 Tous ensemble

Checklist (ménage)	
· limiter la température ambiante (couloir et ch-à-c 18 °C, autres pièces 20 °C, sdb 21 °C)	☐
· aérer à fond mais brièvement	☐
· éteindre les lumières inutiles	☐
· utiliser des ampoules à basse consommation surtout pour l'éclairage en continu	☐
· ne pas laisser les appareils électriques (comme TV, hifi) en mode « veille »	☐
· toujours bien fermer le réfrigérateur, ne pas y mettre d'aliments chauds	☐
· utiliser une taille de casserole adaptée à la plaque de cuisson, n'utiliser que la quantité d'eau nécessaire	☐
· réchauffer les petites quantités de nourriture au micro-ondes	☐
· ne pas préchauffer le four trop longtemps	☐
· mettre en marche le lave-vaisselle et le lave-linge seulement quand ils sont pleins ; utiliser la touche « éco »	☐
· prendre une douche au lieu d'un bain	☐
· débrancher les ballons d'eau chaude en cas d'absence prolongée	☐
· se rendre à l'école à vélo, en bus ou en train	☐
· éviter les voyages courts en avion	☐
· limiter la consommation de viande	☐
· acheter des fruits et légumes de saison	☐

M5 Le label énergétique européen pour réfrigérateurs

Les consommations d'eau et d'énergie de différents appareils peuvent être comparées facilement. Ceci aide le consommateur à se décider et à faire des économies d'argent et d'énergie.

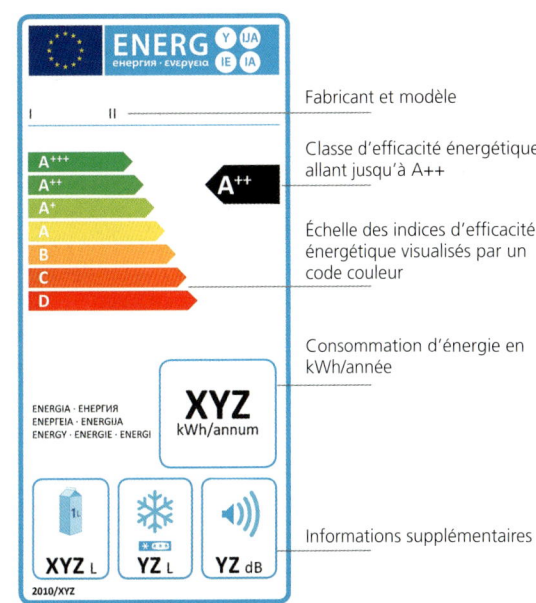

M6

Sur ce site, le ministère de l'environnement présente, en coopération avec des organisations pour la protection de l'environnement, des produits écologiques :

www.oekotopten.lu

M7

Pour améliorer mon bilan CO_2 j'ai acheté un arbre à la jardinerie ... Je dois y aller encore une fois pour acheter un deuxième arbre.

1 Faites votre propre bilan carbone et comparez-le à celui de vos camarades. Que constatez-vous ?

2 Dans quels domaines pouvez-vous imaginer changer de comportement afin d'améliorer votre bilan carbone ?

3 Discutez en classe des moyens de sensibiliser vos camarades aux émissions excessives de CO_2.

6.10 L'environnement – un enjeu global

Conséquences du changement climatique

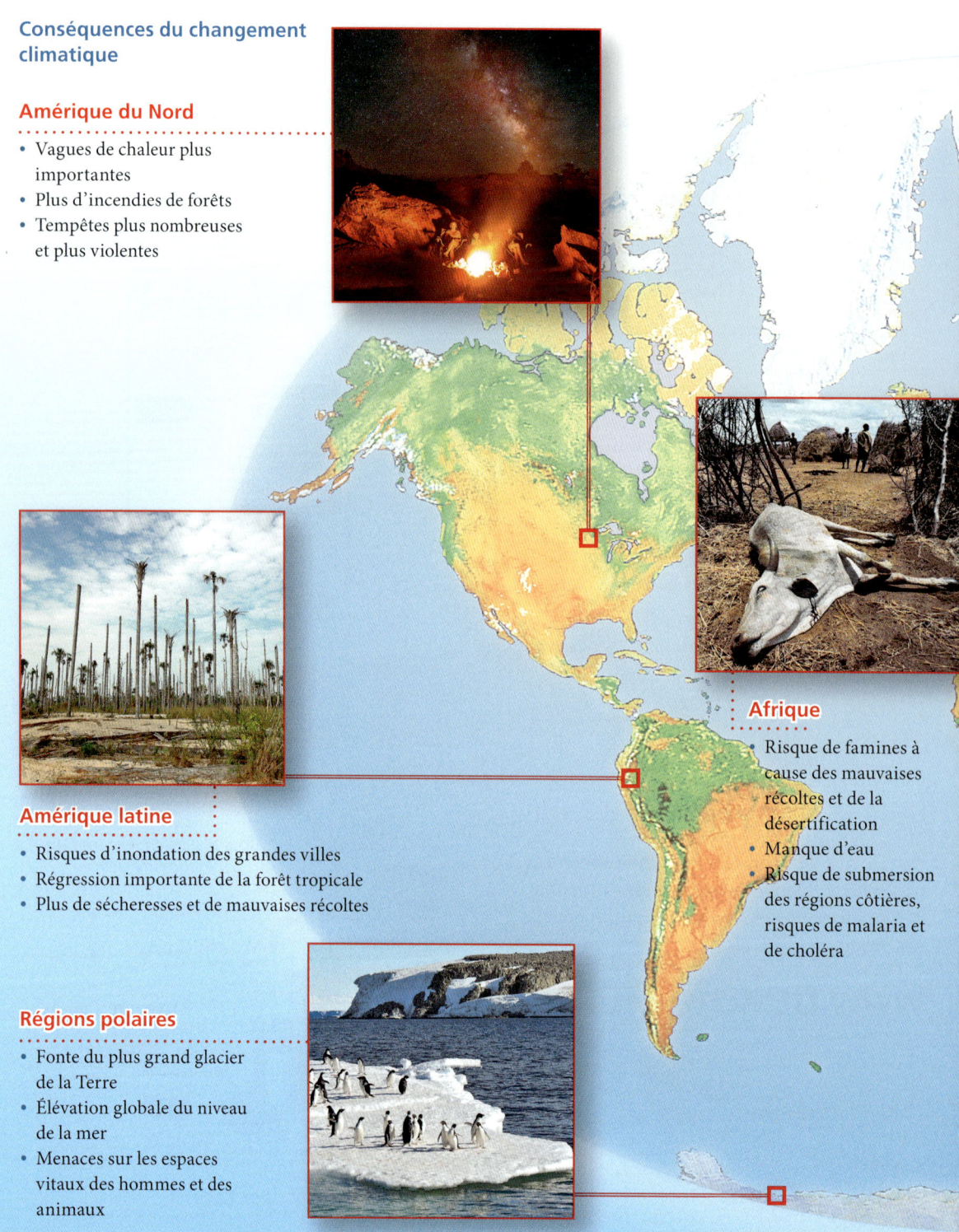

Amérique du Nord
- Vagues de chaleur plus importantes
- Plus d'incendies de forêts
- Tempêtes plus nombreuses et plus violentes

Afrique
- Risque de famines à cause des mauvaises récoltes et de la désertification
- Manque d'eau
- Risque de submersion des régions côtières, risques de malaria et de choléra

Amérique latine
- Risques d'inondation des grandes villes
- Régression importante de la forêt tropicale
- Plus de sécheresses et de mauvaises récoltes

Régions polaires
- Fonte du plus grand glacier de la Terre
- Élévation globale du niveau de la mer
- Menaces sur les espaces vitaux des hommes et des animaux

1 Faites des groupes
  a) Choisissez une région et rassemblez des informations sur les conséquences du changement climatique dans cette région.
  b) Recherchez des informations supplémentaires sur la région choisie.
  c) Cherchez des informations actuelles sur des dégâts climatiques dans la région choisie.
  d) Réalisez une affiche sur ce sujet.

6.10 Umwelt kennt keine Grenzen

Europe
- Plus de vagues de chaleur extrêmes et de sécheresses
- Plus de crues et d'inondations
- Fonte des glaciers alpins
- Tourisme d'été en Méditerranée menacé

États insulaires du Pacifique
- Des raz-de-marée menacent les populations, les récoltes et les infrastructures
- Manque d'eau potable
- Tourisme menacé

Asie
- Fonte des glaciers de l'Himalaya et risque de raz-de-marée
- Risques d'inondations pour les mégalopoles près des deltas des grands fleuves
- Manque d'eau potable aggravé

Australie
- Manque d'eau potable aggravé
- Plus d'inondations
- Menaces sur la barrière de corail et la biodiversité

2 « L'environnement – un enjeu global ». Expliquez à l'aide des images.

3 Quels problèmes écologiques sont prioritaires, d'après vous ? Justifiez votre opinion.

4 Pourquoi est-il si difficile d'imposer des normes écologiques et des traités internationaux sur l'environnement ?

MÉTHODE   Atelier avenir

▶ **LE SUJET**

Les problèmes globaux de l'environnement sont les vrais défis d'aujourd'hui et de demain. Face à ces défis, il ne sert à rien de se réfugier dans le pessimisme et l'immobilisme. Une discussion sur nos modes de vie futurs et sur la manière de façonner l'avenir s'impose. L'atelier avenir est une méthode pour enrichir cette même discussion sur l'avenir avec des idées, des rêves, des visions alternatives mais aussi des propositions concrètes et des mesures applicables. C'est donc une méthode pour développer de nouvelles solutions originales pour des problèmes existants. Le but en est d'influencer l'évolution de la société vers un avenir désiré et voulu.

Organisez maintenant un atelier avenir sur le sujet : « Les énergies de demain »

▶ **LE DÉROULEMENT**

1. Préparation
- Fixer un cadre temporel (plusieurs leçons ou une journée scolaire) et équipez l'atelier de stylos, fiches bristol et panneaux d'affichage.
- Rassemblez des informations sur l'énergie utilisée actuellement : D'où vient notre énergie ? Que disent les différents partis politiques à propos de la politique énergétique ? …

2. Rassembler les résultats et évaluer
- Déterminez dans des entretiens en binôme et en groupe ce qui ne vous plaît pas dans la politique énergétique actuelle. Notez vos idées sur des fiches bristol en phrases brèves. Vous pourrez commencer ainsi : « La société … », « L'économie … », « La nature … » etc.
- Classez ensuite les fiches de l'ensemble de la classe par thèmes et faites-en une carte des idées sous le titre « Problèmes ».
- Après une courte explication des différents types de problèmes, vous choisirez le domaine qui vous intéresse le plus et auquel vous aimeriez travailler activement.

3. Un peu d'imagination!

- Il s'agit maintenant d'opposer à chaque point de critique une affirmation positive. Chaque groupe de travail formulera donc une affirmation positive pour chaque critique et la notera sur une fiche bristol (p. ex. : point de critique : « Les centrales nucléaires sont dangereuses. » Affirmation positive : « L'énergie nucléaire est propre. ») Ici, il faut de l'imagination. Toutes les solutions seront acceptées.
- Faites maintenant une carte des idées avec les solutions. Celle-ci sera posée à côté de la carte des idées « Problèmes ».
- Présentez à vos camarades les solutions que vous avez imaginées.

4. Réalisez vos idées

- Prenez les fiches « problèmes » et la solution alternative des deux cartes des idées et reliez-les. Revenez maintenant à la réalité et réfléchissez à la mise en pratique de vos idées.
- Chaque groupe de travail cherchera maintenant à formuler, pour son domaine, des consignes concrètes pour éviter le gaspillage des énergies : déterminez des idées et les étapes de leur réalisation, élaborez un plan d'action.
- Les résultats seront présentés à la classe, expliqués, acceptés et notés dans un catalogue de mesures.

5. Bilan de l'atelier avenir

- Le catalogue de mesures est consultable par tous et diffusé plus amplement (auprès d'autres élèves, des communes, de la presse, …)
- L'atelier avenir peut être suivi d'un projet d'action concret.
- Les participants devraient aussi réfléchir au fonctionnement du travail en groupe. On abordera les expériences positives aussi bien que les négatives.

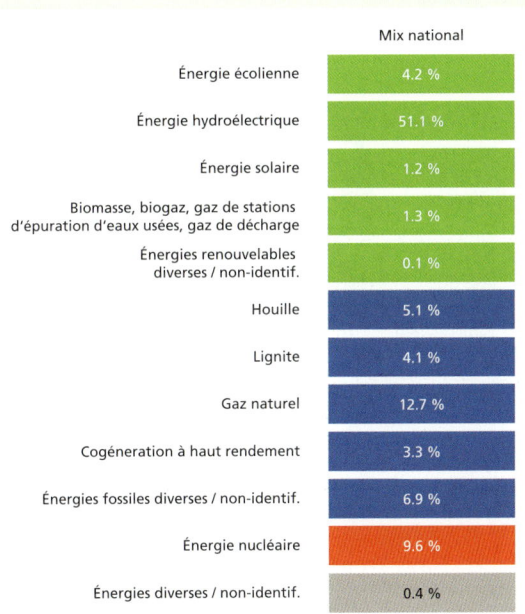

M2 **L'électricité et ses sources** (mix national luxembourgeois pour l'année 2013)

M3 « Tu as l'air malade! » – « Je souffre d'homosapiens !! »

6.11 En bref

Les régions du Luxembourg
- Divers paysages : Ösling et Gutland (Minette, Müllerthal, vallée de l'Alzette)
- L'espace est utilisé et modifié par les hommes : centres administratifs et de services, agriculture et viticulture, loisirs et tourisme, industrie et commerce, habitations

Aménagement de l'espace et du territoire
- L'accroissement de la population/l'occupation croissante des sols rend nécessaire des plans d'aménagement
- L'État et les communes établissent des plans directeurs pour un développement équilibré de l'habitat (IVL, PAG)
- Aspects de l'aménagement du territoire : développement économique, zones d'habitat, trafic (navetteurs locaux et transfrontaliers), loisirs, offre culturelle et protection de la nature

Durabilité
- Principe d'après lequel les ressources ne devraient pas être consommées plus rapidement que la nature ne peut les régénérer.
- Les défis sont les suivants : approvisionnement en eau et qualité de l'eau, enlèvement des déchets, énergies, mobilité/trafic, émissions de CO_2 …

Réchauffement global
- Causes : émissions de CO_2 par l'utilisation d'énergies fossiles (charbon, gaz, pétrole) pour obtenir de l'électricité, pour chauffer, pour l'industrie et les transports
- Conséquences : vagues de chaleur et sécheresses, inondations et submersion de terres, météo extrême, fonte des calottes glacières et des glaciers
- Que faire ?
  - modifier son propre mode de consommation
  - consommer de manière plus écologique
  - économiser l'énergie
  - recourir à des énergies durables comme l'eau, le soleil et le vent

Affiche: „Nous avons emprunté la terre à nos enfants." - Étiquette: „Avec tous nos remerciements!"

« Moi en tout cas, je ne prêterai plus jamais quelque chose !

6.11 Das Wichtigste auf einen Blick

Maîtriser des savoirs
(◇ Sachkompetenz)

1. Notez sur la carte les noms des différentes régions et agglomérations avec leurs caractéristiques principales.
2. Expliquez les termes suivants : aménagement de l'espace et du territoire, mobilité, effet de serre, durabilité.
3. Énumérez les mesures qui permettent aux personnes privées de protéger l'environnement.
4. Expliquez le rapport entre croissance économique et pollution.

Utiliser des méthodes
(◇ Methodenkompetenz)

5. Établissez une carte thématique sur la gestion des déchets.
6. Imaginez un scénario d'avenir concernant « l'environnement et la protection de l'environnement » au Luxembourg.

Juger et agir
(◇ Urteils- und Handlungskompetenz)

7. Expliquez le slogan « Think global, act local ».
8. Expliquez les problèmes écologiques évoqués par la chanson.

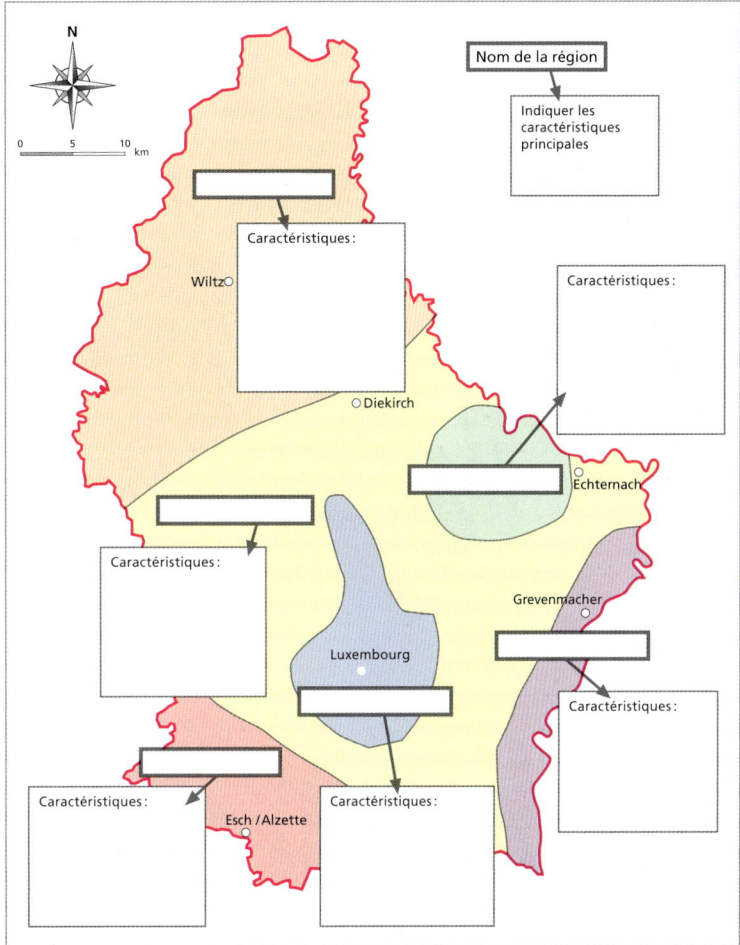

7 Identité et histoire

Den Dag vun der oppener Dier (Paroles d'une chanson tirée de l'album Stëbslong du groupe De Läb, 2011)

Et wor eemol en Haus mat enger schéiner Façade,
mat engem klenge Virgaart, mat moofe Schäiner um Bam.
„Pëtz mech mol!", mee erwäscht sinn ech net aus deem Dram.
Eng gëlle Fra sot: "Kommt eran!", a mär si gaang.

Et wor ee klengt Haus mat ville koloréierten Zëmmeren,
mee dee groe Schleier wollt hier Faarwen um Blénken hënneren.
D'Ambiance am Ënneren, déi wuar nawell e bësse latzeg,
well ouni Kommunikatioun ginn déi grellsten Téin och blatzeg.

De groe Schleier hat sech wéi e Film op meng Haut geluet
an op eemol hunn ech e Gefill vu Sécherheet verspuert.
Si gouf zur Sucht, déi Alldag a Liewe kontrolléiert,
alles ass liberal, mee näischt ass toleréiert.

Eng unzéiend Kraaft, wou dëse Schleier hat,
Friemer wuaren Alldag op Besuch an owes nees op der Heemfahrt.
Mee d'Heemechtssprooch gouf net oft geschwat,
do huet e roude Léiw de rout-wäiss-bloe Fändel verbrannt am Gaart.

Mär wëlle bleiwe wat mer sinn ... mee wat si mer iwwerhaapt?

Ee Privileg, deen een an dësem Haus ka genéissen,
datt een haut um Menu zwou Sproochen am Pass ka begréissen.
Hei schaffen déi mannst fir e sou genannten Hongerloun,
Als Dessert gëtt et schliisslech en 13. Mount.

Mee eppes un deem Schleier wuar ons schleierhaft.
D'Fro wuar, firwat ee just als Fifi fir sou deier schafft.
Vum Schäi bedrunn, dëst wuar net d'Gerechtegkeet!

Identität und Geschichte

« Mär wëlle bleiwe wat mer sinn, mee wat si mer iwwerhaapt ? » : cette phrase du groupe luxembourgeois De Läb se réfère à l'identité nationale, c'est-à-dire, les caractéristiques, par lesquelles on se différencie des autres nations. L'identité nationale est difficile à définir. Souvent, elle n'est pas palpable. Par exemple, on se sent plus luxembourgeois lorsque l'on est à l'étranger.

Dans notre société, les personnes ont des identités souvent très diverses. Un regard en arrière sur l'histoire du Luxembourg, mais aussi sur l'évolution de la population et sa composition, aident à comprendre ce qui fait l'identité luxembourgeoise.

1 D'où est tirée la phrase : « Mär wëlle bleiwe wat mer sinn » ? Que veut dire cette phrase ?
2 Faites une liste des caractéristiques luxembourgeoises dont parle la chanson. Quels symboles et événements typiques sont mentionnés ? S'agit-il d'un texte critique ? Expliquez votre réponse.
3 Peut-on vraiment répondre à la question : « Wat si mir iwwerhaapt? » ?

COMPÉTENCES VISÉES

Maîtriser des savoirs (◇ Sachkompetenz)
- Connaître les évolutions historiques les plus importantes du Luxembourg
- Comprendre qu'il existe, selon l'origine et les expériences de vie, des identités différentes
- Expliquer les termes « nation », « nationalité », « migration », « intégration », « société d'abondance »

Utiliser des méthodes (◇ Methodenkompetenz)
- Lire et analyser une pyramide des âges

Juger et agir
(◇ Urteils- und Handlungskompetenz)
- Être capable de remettre en question les termes « nation » et « identité »
- Être capable de se définir soi-même comme membre de la société luxembourgeoise

E grousse Kuch wuar do, mee d'Stécker goufen net gerecht gedeelt.

Als Bewunner beschränks de dech op dat Materiellt;
du weess zwar net, wat dobausse leeft, mee de Fernseh ass d'Fënster zur Welt.
Do koum eng statesch Figur fir d'Symbolik vun dësem Haus, elo fille mer eis doheem, well de Fändel hänkt eraus.

3 Mol Lëtzebuerg, wéi fréier ënnert de Brongen.
Mär hunn zesumme gehal, dat huet och deemools gutt geklongen. An eis Nonno'en an de Minen, ouni sie wier d'Haus mol net gebaut,
Respekt aus déifster Broscht, gëllt hinnen och nach haut.

Mär wëlle bleiwe wat mer sinn … mee wat si mer iwwerhaapt?

7.1 Typiquement luxembourgeois

M1

AN DAS FEST KANN ICH MICH NICHT ERINNERN ABER DIE THÜRINGER.. ...DIE WAREN UNVERGESSLICH!

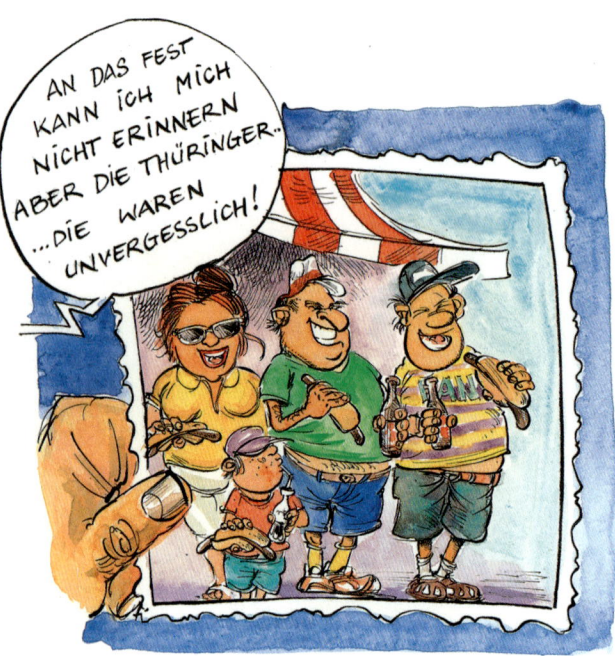

À la question « Qu'est-ce qui est typiquement luxembourgeois ? », on répond souvent par des lieux communs. Comme c'est le cas avec les baguettes en France, le Luxembourg et ses habitants font l'objet de clichés, c'est-à-dire on y associe des habitudes et des caractéristiques qui ne reflètent pas toujours la vérité.
Des symboles, comme la Tour Eiffel ou la Marseillaise en France, peuvent aussi représenter un pays. Certains symboles sont même fixés par la loi. Il y en a quatre au Luxembourg : la fête nationale, les armoiries et le drapeau, l'hymne national. Depuis 1993, ces symboles sont protégés contre tout usage non autorisé.

M2 Clichés sur les Luxembourgeois

Tous les Luxembourgeois sont riches
Tous les Luxembourgeois conduisent des voitures chères
Les Luxembourgeois ne sont pas des boute-en-train.
La bière est un culte au Luxembourg.
Le Luxembourgeois typique a toujours les mains dans les poches.

M3 Lëtzebuerg ass …

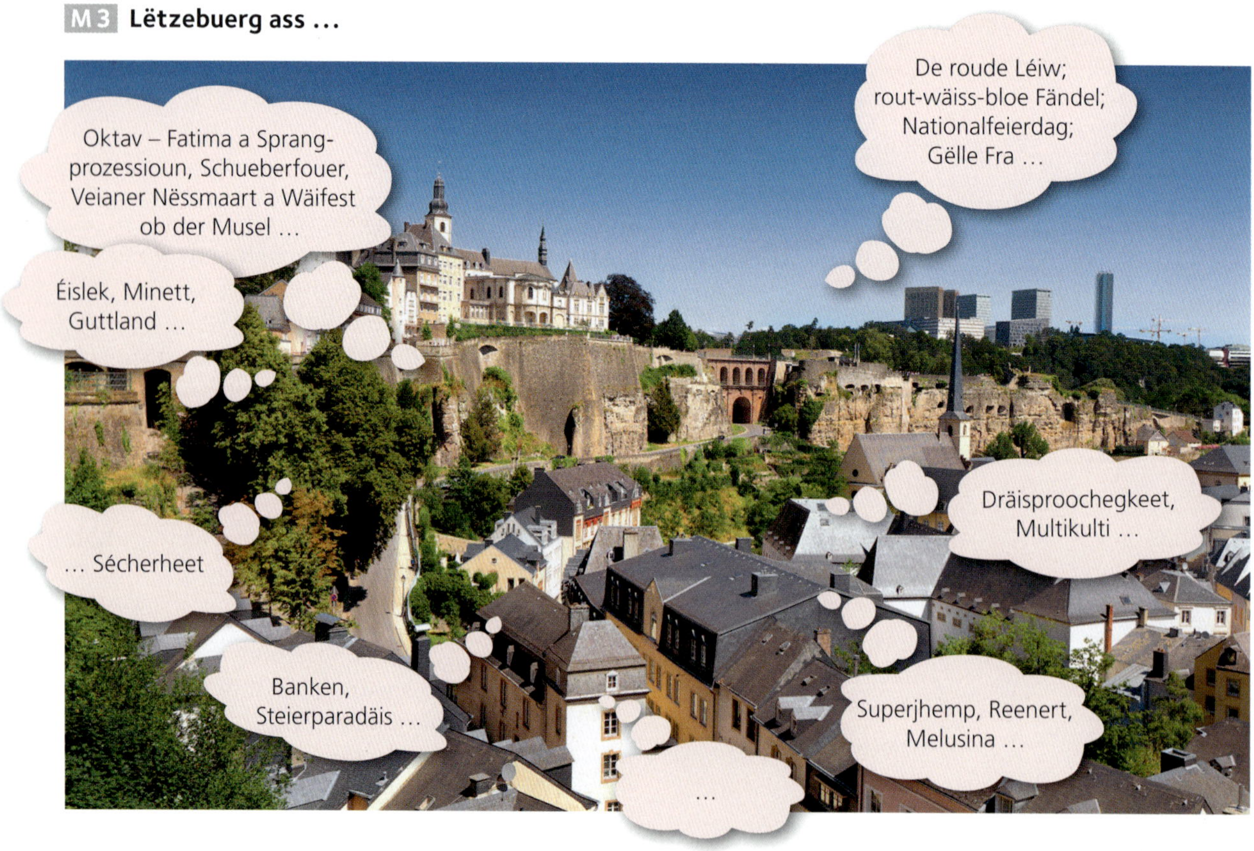
Oktav – Fatima a Sprangprozessioun, Schueberfouer, Veianer Nëssmaart a Wäifest ob der Musel …
De roude Léiw; rout-wäiss-bloe Fändel; Nationalfeierdag; Gëlle Fra …
Éislek, Minett, Guttland …
Dräisproochegkeet, Multikulti …
… Sécherheet
Banken, Steierparadäis …
Superjhemp, Reenert, Melusina …
…

7.1 Typisch Luxemburg

M4 Les symboles nationaux

Fête nationale : le 23 Juin
Depuis le 18e siècle, la tradition est de fêter l'anniversaire du chef d'État. Du temps de la Grande-Duchesse Charlotte (1919–1964), cette fête avait toujours lieu en hiver, le 23 janvier, jour de son anniversaire. Étant donné les basses températures à cette période de l'année, il fut décidé en 1961, de reporter la fête publique de l'anniversaire, c'est-à-dire la fête nationale, au 23 juin.

Armoiries et drapeau du Luxembourg
Les armoiries du Luxembourg remontent au Moyen Âge (13e siècle.). L'élément principal est un lion rouge à deux queues, avec une langue dorée et doté d'une couronne, sur un champ burelé bleu et argenté. Les armoiries sont aujourd'hui officiellement utilisées par l'armée et la police, et non officiellement lors des évènements sportifs.

Les couleurs du drapeau luxembourgeois (tricolore) remontent à 1845. Les armoiries sont le signe traditionnel des monarques, les drapeaux, en revanche, représentent le pouvoir de l'État et du peuple.

Hymne national
Il est composé de la 1re et 4e strophe de la chanson «Ons Heemecht» (1864) de Michel Lentz (texte) et de Jean-Antoine Zinnen (musique). Elle a été longtemps en concurrence avec le «Feierwon» de Michel Lentz (musique et texte), écrite en 1859.

M5 Ons Heemecht

Wou d'Uelzecht duerech d'Wisen zéit,
Duerch d'Fielsen d'Sauer brécht.
Wou d'Rief laanscht d'Musel dofteg bléit,
Den Himmel Wäin ons mécht.
Dat ass onst Land, fir dat mir géif,
Heinidden alles won.
Onst Heemechtsland, dat mir sou déif
An onsen Hierzer dron.

O Du do uewen, deem seng Hand
Duerch d'Welt d'Natioune leet.
Behitt Du d'Lëtzebuerger Land
Vru friemem Joch a Leed!
Du hues ons all als Kanner schonn,
de fräie Geescht jo ginn.
Looss viru blénken d'Fräiheetssonn
déi mir sou laang gesinn.

M6 De Feierwon

De Feierwon deen ass bereet,
E päift duerch d'Loft a fort e geet,
Am Dauschen iwwer d'Stroos
vun Eisen,
An hie geet stolz den Noper weisen,
Dat mir nun och de Wee hu fonnt,
Zum éiweg grousse Vëlkerbond,

Kommt hier aus Frankräich, Belgie,
Preisen,
Mir wëllen iech ons Heemecht weisen,
Frot dir no alle Säiten hin,
Mir wëlle bleiwe wat mir sinn.
Frot dir no alle Säiten hin,
Wéi mir esou zefridde sinn.

1. Selon vous, qu'est ce qui est typiquement luxembourgeois (M2) ? Trouvez d'autres exemples. Faites une liste de clichés sur d'autres nationalités. Expliquez.
2. Complétez M3 par d'autres bulles avec des caractéristiques luxembourgeoises sur la gastronomie, l'histoire, l'économie, la littérature, la mode, la culture …
3. Analysez les textes (M5, M6) en analysant les éléments suivants : symboles, images, sentiments, rapport à la religion, progrès …
4. À votre avis, pourquoi « Ons Heemecht » s'est imposé comme hymne national ? Comparez le texte de l'hymne luxembourgeois avec des textes d'autres hymnes nationaux.

7.2 Nation et nationalité

Patriotisme
(◇ der Patriotismus)
Désigne l'amour de la patrie. Le nationalisme est un patriotisme mal compris qui ne reconnaît que sa propre nation et déprécie les autres. Lié à l'arrogance envers les autres nationalités, le nationalisme mène souvent à la xénophobie.
(◇ die Fremdenfeindlichkeit).

M1 Le passeport luxembourgeois est aussi un passeport européen

Par le terme « nation », on entend une communauté de personnes, caractérisée par :
- la volonté de vivre ensemble,
- une culture commune (histoire, langue, religion, valeurs) et
- la volonté de se différencier des autres nations.

Ces caractéristiques peuvent être plus ou moins marquées et importantes. C'est le cas pour la Suisse qui n'a pas de langue commune.

La nationalité (◇ die Staatsbürgerschaft) est le lien juridique et politique entre un individu et l'État. La carte d'identité (◇ der Ausweis) ou le passeport (◇ der Pass) prouvent cette appartenance.

La Constitution et les lois prévoient une série de droits civils et politiques pour les citoyens luxembourgeois. Le gouvernement a introduit la double nationalité par la loi du 23 octobre 2008, dans le but de renforcer l'intégration des étrangers qui vivent au Luxembourg.

M2

M3 Comment devient-on Luxembourgeois ?

Par la filiation (◇ **die Abstammung**) :
- Un enfant, dont le père ou la mère est Luxembourgeois(e), (le droit du sang ◇ das Abstammungsrecht). Cela est aussi valable pour les enfants adoptés.
- Un enfant, dont les parents ne sont pas Luxembourgeois, né au Luxembourg, et dont l'un des parents est né au Luxembourg.
- Une personne née au Luxembourg avant le 1er janvier 1920 (le droit du sol ◇ das Bodenprinzip).

Par voie de naturalisation (◇ **die Einbürgerung**) :
- À partir de 18 ans, il est possible, en tant que non-Luxembourgeois de faire une demande de naturalisation auprès de sa commune. Le demandeur doit habiter depuis 7 ans au Luxembourg, il doit maîtriser suffisamment une des langues officielles (français, luxembourgeois, allemand), passer un test de langue luxembourgeoise, suivre un cours d'instruction civique, et avoir un casier judiciaire vierge.
- Afin d'obtenir la double nationalité, le candidat doit aussi passer un test de luxembourgeois et suivre un cours d'instruction civique. Les autorités du pays d'origine du candidat doivent approuver la double nationalité.

7.2 Nation und Nationalität

M4 Le Luxembourg et ses langues

Saviez vous que le luxembourgeois …
- est enseigné dans les écoles depuis seulement 1912.
- s'est imposé en tant que langue parlementaire depuis la fin de la Seconde Guerre mondiale.
- a une orthographe officielle depuis 1964.
- est ancré comme langue officielle dans la constitution depuis 1984.
- est utilisé comme langue du discours sur l'état de la nation.

Le luxembourgeois est parlé par plus de 400 000 personnes.

Passeport de la langue luxembourgeoise

Nom de famille
dialecte francique mosellan

Prénom
Lëtzebuergesch

Visa
- Allemagne (le Platt de la Sarre)
- France (le Platt de Thionville)
- Belgique (dialecte de la région frontalière)

Signes particuliers
Nombreux mots étrangers et mots empruntés
- de l'allemand : Wirtschaft, Kino etc.
- de l'anglais : week-end, back office etc.
- du français : plus ou moins, à peu près etc.

M5 Prises de positions par rapport à la langue luxembourgeoise

« Luxemburgisch ist ein wichtiger Teil der Integration. Wer diese Sprache nicht lernt, schließt sich selbst aus einem Teil des Arbeitsmarktes und aus der gesellschaftlichen Diskussion aus. Das muss verhindert werden. »
Premierminister Xavier Bettel, in: tageblatt.lu vom 10.2.2015 (22.1.2016)

« Et ass wichteg, fir drun ze erënneren, datt mir keen dräisproochegt Land sinn, esou wéi d'Belsch, d'Schwäiz oder Kanada méisproocheg sinn. Mir sinn en eesproochegt Land, dat aus historeschen, politeschen a praktesche Grënn niewent eiser Nationalsprooch och nach Däitsch a Franséisch benotzt.
… an dësem Land muss et nach vill méi selbstverständlech ginn, datt iwwerall Lëtzebuergesch geschwat, verstanen a geschriwwe gëtt. »
Fernand Kartheiser, Interpellation sur la langue luxembourgeoise à la Chambre des députés, 27.11.2014 (www.chamber.lu 22.1.2016)

« Ce qui est admis comme identité luxembourgeoise a changé et continue de changer. Comme autrefois l'histoire, c'est aujourd'hui la langue qui est considérée comme la caractéristique principale de l'identité. »
Pit Péporté, historien, 3.4.2010 (www.wort.lu/de/view/wie-nationale-identitaet-entsteht-4f61db6de4b0860580ab20ee, 16.05.20012), trad.

« La langue est sûrement un facteur d'intégration parce qu'elle est d'abord un instrument de communication. Elle peut être une barrière et une cause de discrimination, surtout au niveau de l'école. Trop d'enfants issus de l'immigration échouent dans leur parcours scolaire et risquent ainsi de connaître d'énormes difficultés au niveau de leur insertion professionnelle …
Pour les jeunes de cette génération, elle est le véhicule normal de communication. Elle est la langue des SMS et des e-mails et de tout autre message dont notre génération n'aurait même pas osé rêver … C'est un véhicule qui avance avec d'autant plus de légèreté que nous ne le surchargeons pas de fantasmes identitaires qui simplifient à outrance une situation linguistique luxembourgeoise bien plus complexe. »
Nicolas Schmit, Ministre du Travail, de l'Emploi et de l'Immigration ; extrait d'un discours prononcé le 18 novembre 2009 à l'occasion du 30e anniversaire de l'ASTI, forum 292, p. 4–5.

1. Essayez de définir ce que l'on entend par « nation ».
2. Expliquez avec vos propres mots la différence entre patriotisme et nationalisme.
3. Expliquez la caricature dans M2.
4. Faites une liste pour et contre au sujet de la double nationalité.
5. Prenez position par rapport aux propos de M5.
6. Organisez un débat sur le sujet : « Plurilinguisme au Luxembourg – quand utilisez-vous quelle langue ? »

7.3 La naissance de l'État luxembourgeois

 **Plus de 2000 ans d'histoire**

	[Antiquité]
jusqu'au 1er siècle avant J.-C.	colonisation celtique
à partir du 1er siècle avant J.-C.	partie de l'Empire romain
	[Moyen Âge]
698	fondation de l'abbaye d'Echternach par Willibrord
vers 963	le comte Sigefroi acquiert le château fort Lucilinburhuc
1244	lettre de franchise de la comtesse Ermesinde pour la ville de Luxembourg
1340	création de la Schueberfouer par Jean l'Aveugle
1354	le Luxembourg devient duché
	[Temps modernes jusqu'à nos jours]
à partir de 1506	tour à tour, partie des Pays-Bas espagnols, du Royaume de France et des Pays-Bas autrichiens
1795	partie du Département des Forêts (France)
1815	Congrès de Vienne : le Luxembourg devient Grand-Duché et appartient au roi des Pays-Bas de la dynastie Orange-Nassau
1839	Congrès de Londres
1848	première constitution
1867	le Traité de Londres stipule la neutralité du Luxembourg (démantèlement de la forteresse)
1890	dynastie des Nassau-Weilburg
1914–1918	l'Allemagne occupe le Luxembourg (Première Guerre mondiale)
1919	introduction du suffrage universel ; référendum sur l'avenir économique et politique
1940–1944	l'Allemagne occupe et annexe le Luxembourg (Seconde Guerre mondiale)
1945	adhésion à l'ONU
1951	début de l'intégration européenne
2002	introduction de la monnaie commune européenne (Euro)
2014	Commémoration du 175e Anniversaire de l'indépendance du Grand-Duché de Luxembourg
2019	Le Luxembourg célèbre 100 ans de démocratie (suffrage universel)

Jusqu'au XIXe siècle, le Luxembourg n'était pas un État autonome. Il était soumis aux monarques de France, d'Espagne ou aussi d'Autriche.
Bien que la fondation de l'État ait eu lieu en plusieurs étapes (1815, 1839, 1867, 1890), l'année 1839 est généralement considérée comme date de naissance. Jusqu'à la Première Guerre mondiale, les grandes puissances prenaient les décisions concernant l'avenir du pays, sans tenir compte de la volonté de la majorité des habitants. Après la Première Guerre mondiale, le sentiment national des Luxembourgeois s'est renforcé, ils se sont attachés à leur indépendance et ils ont combattu les tentatives d'annexion des pays voisins. Depuis la fin de la Seconde Guerre mondiale, l'indépendance du Luxembourg n'est plus remise en cause.

7.3 Der Staat Luxemburg entsteht

M2 Un petit Grand-Duché : le développement territorial du Luxembourg

1659 : la partie sud du Duché est rattachée à la France (Traité des Pyrénées).
1815 : la partie est revient au Royaume de Prusse (Congrès de Vienne).
1839 : la partie ouest est cédée à la Belgique (Traité de Londres).

M4 Le statut juridique du pays au 19e siècle

1815 : union personnelle avec les Pays-Bas, c'est-à-dire, le roi des Pays-Bas est aussi Grand-Duc de Luxembourg (jusqu'en 1890).
1815 : jusqu'en 1867, le Luxembourg fait partie de la Confédération germanique, ce qui explique la présence de troupes prussiennes dans la forteresse fédérale de la capitale.
1842 : le Luxembourg devient membre du Zollverein (union douanière allemande) jusqu'en 1918.
1867 : les puissances européennes décident que le Luxembourg est un pays neutre, la forteresse est démantelée, le pays n'a plus d'armée (jusqu'en 1944).

M3 On peut considérer l'année 1839 comme la date de naissance du Luxembourg parce qu'…

- il a eu son unité territoriale (jusqu'à aujourd'hui, les frontières sont restées les mêmes)
- il a atteint une unité linguistique (après la suppression de la partie francophone, le luxembourgeois est la seule langue parlée).
- il possède son propre gouvernement, avec sa propre administration ainsi que sa propre monnaie etc.

M5 Le nom « Luxembourg »

- Moyen Âge : « Lucilinburhuc » = « petit château fort », il s'agit du château sur le rocher du Bock, construit sur des vestiges romains.
- De là vient le nom « Luxembourg », qui désigne la capitale et le pays.
- Le Luxembourg a été Comté jusqu'en 1354, Duché jusqu'en 1815, depuis cette date Grand-Duché.

1. Qui décidait de l'avenir du Luxembourg jusqu'à la Première Guerre mondiale ?
2. L'année 1839 est considérée comme la date de naissance du Luxembourg. Pourrait-on imaginer une autre année ou un autre évènement ? Pour quelles raisons ?
3. Quand fut menacée l'indépendance du pays au cours du 20e siècle ?
4. Selon vous, quel est l'événement le plus important de l'histoire du Luxembourg ? Recherchez des informations sur cet évènement et présentez les résultats.
5. Peut-on dire que le Luxembourg est un « produit du hasard » de l'histoire ? Pour quelles raisons ?

7.4 L'évolution économique et sociale

M1 L'agriculture au Luxembourg, vers 1900

De l'agriculture à l'industrie

Au début du 19e siècle, le Luxembourg était un pays pauvre : l'industrie et l'agriculture étaient arriérées. La plupart des Luxembourgeois vivaient de l'agriculture. Les mauvaises récoltes et la famine étaient fréquentes. Beaucoup de familles durent quitter leur patrie et émigrèrent en Amérique pour commencer une nouvelle vie. Avec l'industrialisation dans les années 1870, la situation économique du pays a commencé à s'améliorer : la construction de voies ferrées a permis d'établir les liaisons nécessaires avec les pays voisins. À partir de là, on a pu importer des matières premières importantes comme p. ex. du charbon, et exporter des produits finis. C'est l'industrie sidérurgique (◇ die Stahlindustrie) qui a pu en profiter, en devenant le secteur d'économie le plus important du Luxembourg. On fit appel à de la main d'œuvre qualifiée et non qualifiée des pays voisins et de l'Europe du Sud (Italie). Longtemps pays d'émigration, le Luxembourg est devenu un pays d'immigration.

M2 La poutrelle Grey, un produit de réputation internationale, Differdange 1911

M3 Ouvriers métallurgistes à Esch-Belval, années 50

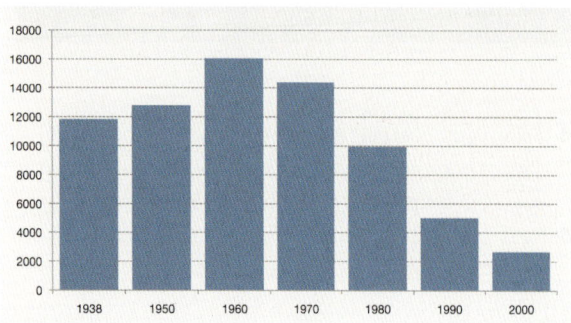

STATEC

M4 Nombre de travailleurs dans l'industrie lourde au Luxembourg

7.4 Wirtschaftliche und gesellschaftliche Entwicklung

L'évolution vers une société de services

Après la guerre, l'industrie lourde est longtemps restée le secteur industriel le plus important, jusque dans les années 1970 où une crise internationale de l'acier a entraîné une suppression massive des emplois dans la région de la Minette. Dans les dernières décennies du 20e siècle, l'industrie a perdu en importance alors que le secteur des services (commerce, finance, assurances) offrait toujours plus d'emplois. De la même manière, le secteur agricole a subi des mutations ; tandis que les exploitations agricoles s'agrandissent, le nombre de personnes travaillant dans ce secteur diminue continuellement (1947 : 35 000, 2014 : 5000).

La population du pays a considérablement augmenté (236 000 hab. au début du 20e siècle, 613 894 en 31.12.2018), dû à une augmentation de la main d'œuvre immigrée. Les immigrés venant du Sud de l'Europe (e. a. du Portugal) ont contribué à la croissance et à la prospérité du pays. Les étrangers représentent aujourd'hui 47 % de la population. Environ 190 000 frontaliers (<> die Grenzpendler) viennent chaque jour au Luxembourg. Les salariés étrangers sont un élément important de la population active et participent aux financement des caisses de sécurité sociale.

Au début du 21e siècle, l'économie du Luxembourg doit faire face à de nouveaux défis, p. ex. en créant de nouveaux emplois dans le secteur de la logistique et de l'informatique.

M 5 Banques sur le Boulevard Royal

M 7 Technologie de pointe à Betzdorf

M 6 Frontaliers venant au Luxembourg

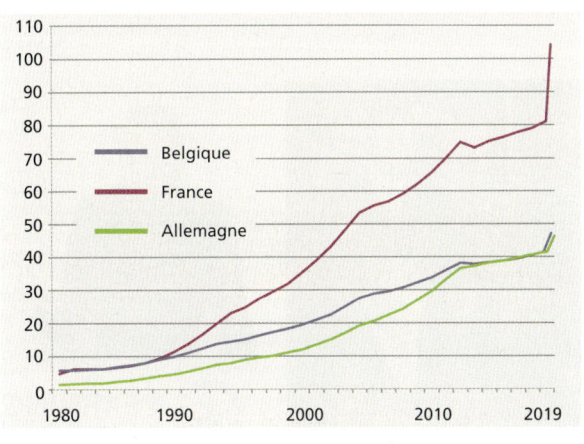

STATEC

1 Analysez le graphique M4. Décrivez l'évolution du nombre de travailleurs de l'industrie lourde. Que constatez-vous ? Comment peut-on expliquer cette évolution ?

2 Comment se sont développés les trois secteurs de l'économie depuis le 19e siècle ?

3 Dans quelle mesure peut-on dire que le Luxembourg a aujourd'hui une économie caractérisée par les prestations de services ?

4 Quels effets le développement économique des dernières décennies a-t-il sur la société luxembourgeoise ?

7.5 Vers un État démocratique

Aujourd'hui, le Luxembourg est une monarchie parlementaire. Le Grand-Duc est certes le chef de l'État, mais c'est le Parlement qui est au centre de l'État. Dans la Constitution, des principes démocratiques importants sont fixés, comme la liberté, l'égalité de tous les citoyens ainsi que le suffrage universel.

Mais jusqu'en 1918/19, le Luxembourg n'était pas une démocratie au sens où on l'entend aujourd'hui. Pendant la première moitié du 19e siècle, les Rois Grands-Ducs étaient des monarques absolus, c'est-à-dire que jusqu'en 1848, il n'y avait pas de constitution qui limitait leur pouvoir.

Le suffrage censitaire était en vigueur jusqu'en 1918 : cela signifiait que seulement les hommes luxembourgeois riches possédaient le droit de vote actif et passif. Les femmes et les étrangers n'avaient pas le droit de vote.

Le droit de vote pour les femmes existe depuis 1919.
Les partis politiques ont émergé au début du 20e siècle, en même temps les syndicats ont commencé à défendre les droits des travailleurs. Jusqu'en 1936, faire la grève était puni par une amende ou une peine de prison.

Après la Seconde Guerre mondiale, la société luxembourgeoise s'est démocratisée. Depuis les années 1970, les hommes et les femmes sont égaux en droits, l'âge du droit de vote a été abaissé à 18 ans ; dans les années 1990, on introduit le droit de vote des étrangers pour les élections communales.

En 2015, les citoyens luxembourgeois furent appelés à se prononcer par référendum pour savoir si, à l'avenir, les étrangers pourraient participer aux élections du parlement national. Les 245 000 électeurs ont rejeté la proposition du gouvernement avec 78,02 % des voix.

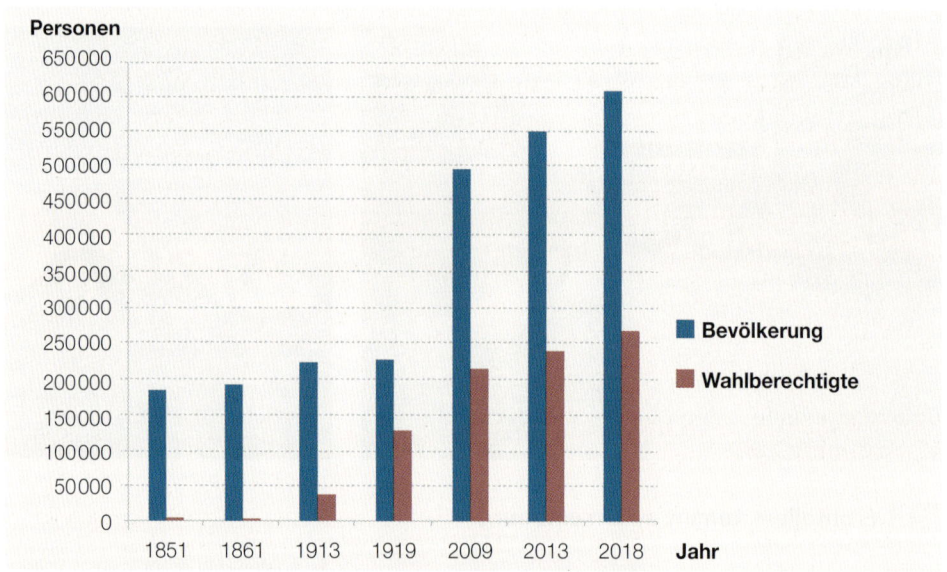

M1 Électeurs aux élections nationales au Luxembourg avant et après l'introduction du suffrage universel

STATEC

M2 Politiciens dans les années 1950 et aujourd'hui

7.5 Entwicklung zur Demokratie

Une démocratie fragile

La fin de la Première Guerre mondiale a été le début d'une nouvelle ère.

Malgré une démocratisation grandissante, le Luxembourg n'a pas été épargné par les problèmes politiques intérieurs. La démocratie luxembourgeoise a vacillé une première fois, lorsque dans les années 1930, beaucoup de politiciens ont vu le parti communiste comme un danger. En 1934, deux enseignants communistes ont été licenciés et l'élection de deux députés communistes annulée. En 1937, un projet de loi prévoyait d'interdire le Parti communiste luxembourgeois ainsi que des groupements et des associations qui voulaient modifier la Constitution et la législation au Luxembourg par des actions violentes et des menaces. Cependant, les Luxembourgeois ont rejeté, à 50,67 %, cette loi « muselière » lors d'un référendum.

À partir de 1933, des idées xénophobes et antidémocratiques ont commencé à se répandre. Des Allemands résidant au Luxembourg ont créé un groupe national du NSDAP qui a atteint très vite 800 membres. La plupart des Luxembourgeois ont rejeté ces idées radicales et ont affirmé leur soutien à la démocratie.

Après 1945, les groupes extrêmes n'ont eu plus aucune influence sur la vie politique du Luxembourg, même si la xénophobie et le racisme étaient toujours présents.

M4 Rapport sur la xénophobie sur le site Internet de « Grenzgänger.lu », janvier 2011

Dans les tracts qui circulent actuellement au Luxembourg, les Français, les Portugais et les Yougoslaves sont accusés de profiter du Grand-Duché, de le souiller et d'être un fardeau pour le pays. Signés par Pierre Peters, … fondateur du mouvement nationaliste luxembourgeois « National Bewegong », ces tracts sont une attaque contre tous les étrangers du pays :

« À cause des étrangers, nous sommes de plus en plus pauvres et devons payer toujours plus.

Les impôts augmentent et les étrangers sont un fardeau pour le pays. »

Les tracts contiennent des propos xénophobes invitant les Portugais, les Français et les Yougoslaves à quitter le Grand-Duché. …

D'après les déclarations de l'avocat général adjoint, Georges Oswald, la police a fouillé deux domiciles de Pierre Peters. L'été dernier, le site Internet de Pierre Peters était déjà sous surveillance policière. Le principal chef d'accusation était l'incitation à la haine raciale.

www.diegrenzgaenger.lu/index.php?p=edito&id=4725 (5.07.2012), trad.

M3 Racisme et xénophobie avant la Seconde Guerre mondiale, Luxemburger Volksblatt, 23 novembre 1938

Luxemburg allen andern Ländern weit voraus! – Eine bedenkliche Ehre!

Wem sagt es nichts, dass ausgerechnet das kleinste Land Europas bei weitem den höchsten Fremdenindex hat?

Gibt diese Erscheinung nicht jenem doppelt zu bedenken, der weiß, dass wir in Bezug auf den Geburtenindex ungefähr am Schluss sämtlicher Völker marschieren?

Wäre es nicht ein Verbrechen am Volke, es noch mehr überfremden zu lassen und kann jemand von uns verlangen, dass wir weitere Fremde ins Land lassen?

Müssen wir nicht im Gegenteil fordern, dass die andern Länder unsern Fremdenindex erreichen, ehe wir weitere Fremde ins Land lassen und haben wir nicht gegenüber dem Luxemburger Volke die unabweisbare Pflicht, den Fremdenindex so abzubauen, dass er nicht mehr so erschreckend weit wie bisher über allen anderen liegt?

1. Résumez l'évolution de la démocratie au Luxembourg au cours du 20e siècle.
2. Comment s'est développé le nombre des électeurs comparé à la population totale (M1) ?
3. Doit-on interdire un parti anti-démocratique dans une démocratie ? Prenez position. Rapportez-vous à la « loi muselière ».
4. Est-ce que la démocratie est encore en danger aujourd'hui ? Cherchez des exemples.
5. Depuis 1974, les hommes et les femmes luxembourgeois sont égaux en droits. Pourtant, seulement un quart des députés sont des femmes. Comment pourrait-on remédier à cette situation ?
6. Relevez les préjugés racistes employés par le nationaliste dans M4 ? Trouvez des arguments contraires.

7.6 Le Luxembourg et ses voisins

L'indépendance en danger

Après 1839, l'existence du Luxembourg fut menacée à plusieurs reprises. Ceci était surtout dû à la position stratégique du pays, situé entre l'Allemagne et la France. La ville de Luxembourg avait des fortifications parmi les plus modernes en Europe. Comme le Luxembourg appartenait depuis 1815 à la Confédération germanique, des troupes prussiennes occupaient la forteresse. En 1867, le roi des Pays-Bas, qui possédait le Grand-Duché, accepta de le vendre à la France, ce qui provoqua un conflit entre la France et la Prusse. Seule une conférence à Londres a pu éviter une guerre. Le Luxembourg devint neutre, et les fortifications furent détruites.

Pendant la Première Guerre mondiale (1914–1918), le Luxembourg fut occupé par les troupes allemandes. Si l'Allemagne avait gagné la guerre, le pays aurait été annexé. Même après la défaite de l'Allemagne, la situation du Luxembourg resta précaire : il fut question que la Belgique annexe le pays. Lors d'un référendum en 1919, 75 % des Luxembourgeois se prononcèrent pour la Grande-Duchesse qui occupait le trône et ainsi pour l'autonomie du pays.

En 1940, le Luxembourg fut de nouveau occupé par l'Allemagne et rattaché au Reich. Certes, il y eut quelques milliers de Luxembourgeois collaborant avec l'Allemagne, mais la grande majorité était pour l'indépendance et la démocratie. En septembre 1944, le Luxembourg fut libéré par les troupes américaines.

M1 Fortifications à Luxembourg, 2012
Les vestiges des fortifications font partie du patrimoine mondial culturel de l'UNESCO.

M2 La crise de 1867, Caricature

M3 Entrée des troupes allemandes au Luxembourg en 1914 et 1940

7.6 Luxemburg und seine Nachbarn

Le Luxembourg : partenaire en Europe et dans le monde

Après la Seconde Guerre mondiale, les États étaient convaincus qu'il fallait coopérer afin d'éviter d'autres guerres. Pour le Luxembourg, cela signifiait ne plus rester neutre, mais devenir membre d'organisations internationales. Vu sa taille, le Grand-Duché dut travailler en coopération avec d'autres États européens dans les domaines économique, politique et militaire. Dans les organisations internationales, créées après 1945, le Luxembourg est aujourd'hui un partenaire égal en droits. Ceci implique aussi des obligations p. ex. l'envoi de casques bleus dans les zones de conflits.

Dès 1945 le Luxembourg entra dans l'Organisation des Nations Unies (ONU), nouvellement créée. L'union douanière du Benelux, née en 1944, élargit l'Union économique belgo-luxembourgeoise créée en 1921. En 1949, le Luxembourg fut l'un des fondateurs de l'OTAN (Organisation du traité de l'Atlantique Nord), un pacte de défense militaire. Au niveau européen, la pays a signé le traité instituant la Communauté européenne du charbon et de l'acier (1951) et les Traités de Rome (1957), précurseurs de l'actuelle Union européenne (UE).

M 4 „L'Europe unie pour le progrès et la paix"

M 5 Le Premier ministre luxembourgeois et la Chancelière allemande, 2015

1. Quelles crises internationales ont menacé l'indépendance du Grand-Duché de Luxembourg ?
2. Analysez l'affiche M4. Quel message veut-elle faire passer ?
3. Expliquez pourquoi le Luxembourg s'engage dans des organisations internationales (comme par exemple l'ONU, l'OTAN, l'UE).
4. Recherchez comment les Luxembourgeois ont réagi aux différentes menaces.

7.7 1940–1944 : L'indépendance en danger

Le 10 mai 1940, les troupes allemandes occupent le Luxembourg neutre. La Grande-Duchesse et les membres du gouvernement partent en exil. Après quelques semaines, Gustav Simon, le Gauleiter nazi prend le pouvoir. En tant que chef de l'administration civile, il obtient de la part d'Hitler la mission d'intégrer le Luxembourg au Reich allemand. Le mouvement VdB créé par les collaborateurs luxembourgeois est pour l'annexion et soutient la germanisation. La majorité des Luxembourgeois ne sont pas d'accord avec cette politique de germanisation, beaucoup font la Résistance (◇ der Widerstand). En 1941, lors d'un recensement, le Gauleiter exige des Luxembourgeois de renier leur identité. C'est un échec. Lorsque les Luxembourgeois sont forcés en 1942 d'entrer dans l'armée allemande, une grève éclate. Les nazis font exécuter 21 grévistes, des centaines sont emprisonnés ou déportés. Parmi les 10.000 enrôlés de force (◇ der Zwangsrekrutierte), 3 500 jeunes hommes sont réfractaires ou désertent de l'armée allemande. Beaucoup de familles sont déplacées vers l'est. Des mesures de terreur frappent les Juifs, qui sont expropriés, privés de leurs droits et chassés. À partir d'octobre 1941, commencent les déportations vers la Pologne occupée, où environ 1.200 Juifs du Luxembourg sont assassinés dans les camps, comme à Auschwitz par exemple.

En septembre 1944, les troupes américaines libèrent le pays. Pendant la dernière offensive allemande dans les Ardennes en hiver 1944/1945, le nord et l'est du pays subissent des destructions matérielles importantes.

M1 Les conséquences de l'occupation allemande (1940/1942) :
❶ Destruction de l'État luxembourgeois ❷ Affiche de propagande du VdB (1940) ❸ Affiche antisémite
❹ Manifestation national-socialiste à Luxembourg : Gauleiter Simon avec le chef du VdB Kratzenberg

- Interdiction des partis luxembourgeois
- Création du VdB (Volksdeutsche Bewegung), mouvement luxembourgeois pro-nazi, par des sympathisants du régime allemand
- Interdiction des syndicats
- Introduction des lois raciales de Nuremberg
- Dissolution de la Chambre des députés et du Conseil d'État
- Presse sous contrôle allemand.
- Introduction du Reichsmark comme monnaie unique.

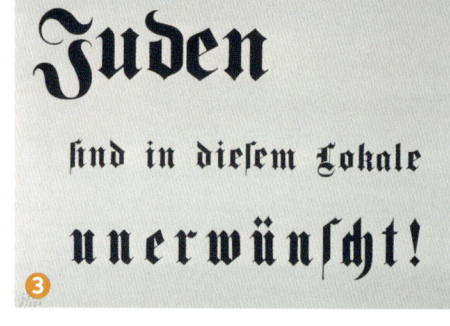

7.7 1940–1944 : Unabhängigkeit in Gefahr

M2 **Résistance contre les nazis :** ❶ Lors du recensement de 1941, les Luxembourgeois devaient répondre à des questions concernant leur langue maternelle et leur appartenance ethnique (nationalité). ❷ Carte postale d'une organisation de résistance. ❸ Le mouvement de grève contre le service militaire a été réprimé dans le sang en 1942.

M3 **Mémoire des victimes de la Seconde guerre mondiale :** ❶ Élèves visitant une exposition à l'occasion de la « Journée internationale de commémoration en mémoire des victimes de l'Holocauste » (27 janvier) ❷ Croix de Hinzert au Cimetière Notre-Dame ❸ Mémorial pour les déportés juifs à Cinqfontaines

1. Quelles mesures ont détruit la démocratie et l'indépendance pendant les années d'occupation ? Quels droits fondamentaux de la Constitution luxembourgeoise n'ont plus été respectés par les nazis ?
2. Nommez des formes de résistance qui ont existé entre 1940 et 1944. Quels risques les résistants ont-ils pris ?
3. Comment sont commémorées les victimes de la Seconde guerre mondiale dans votre ville ou votre commune ?
4. Dessinez un axe chronologique. Notez-y les événements les plus importants qui ont eu lieu entre 1939 à 1945.
5. Pourquoi des cérémonies de commémoration encore 70 ans après la fin de la 2e Guerre mondiale ? Discutez.

7.8 La migration

Il ne faut pas forcément avoir des ancêtres luxembourgeois ou bien être né au Luxembourg pour être Luxembourgeois. Au Luxembourg, il y a beaucoup de personnes issues de l'immigration. Chaque jour, de nouveaux habitants viennent s'installer au Luxembourg, et d'autres, en revanche, quittent le pays.

Dans les dernières décennies, le nombre de personnes qui passent les frontières pour aller travailler dans un autre pays n'a cessé de grandir. Mondialement, 1 personne sur 35 a migré.

Quitter son pays est une décision très difficile, même si les raisons qui poussent à émigrer peuvent être très différentes d'une personne à l'autre.

M1 Témoignages d'immigrés

Je m'appelle Maria. Je suis Portugaise. Il y a presque 3 ans, mon mari et moi avons perdu notre travail, parce que notre entreprise a dû fermer. Nous avons pensé à mon oncle qui habite au Luxembourg depuis trente ans. Il a trouvé du travail pour mon mari chez son ancien patron et moi je travaille comme femme de ménage. Nous avons trouvé un appartement et nos trois enfants vont à l'école ici et parlent déjà le luxembourgeois.

Je suis Pavel. Comme Polonais je travaille pour les institutions européennes en tant qu'interprète. En 2009 nous nous sommes installés au Luxembourg. Nous vivons dans une grande maison confortable près de la capitale. Mes enfants vont à l'école européenne.

Ich heiße Eroll. Ich bin 50 Jahre alt und bin mit meiner Familie aus Mitrovica, dem Norden des Kosovo, gekommen. 22 Jahre habe ich als Chemiker in einem Labor gearbeitet. Bis 1989 war der Kosovo eine autonome Provinz. Dann änderte sich diese Situation und 90 Prozent des Personals im Labor wurden entlassen. 2010 bin ich mit meiner Familie nach Luxemburg gekommen. Nach mehreren Monaten im Flüchtlingsheim haben wir eine Antwort vom Ministerium bekommen, dass wir bleiben können.

Ech heeschen Louise an sinn zënter 15 Joer hei zu Lëtzebuerg. Mir sinn aus dem Ruanda an wore wéinst dem Krich an engem Flüchtlingslager am Kongo. Duerch Frënn koume mir hei op Lëtzebuerg. Ech schaffen a mengem Beruff als Aide-soignante an hu mäi Liewen hei opgebaut. Meng Kanner fillen sech hei doheem a mir hunn elo déi lëtzebuerger Nationalitéit ugefrot.

7.8 Auswandern – Einwandern

M2 L'immigration vers le Luxembourg : qui peut entrer?

Alors qu'il est facile pour les citoyens de l'UE d'obtenir un permis de séjour au Luxembourg, les citoyens des États tiers doivent faire une demande. Ils doivent donner les raisons de leur séjour, comme par exemple le travail, les études ou bien un regroupement familial. Le permis de séjour est régulièrement renouvelé. En cas de séjour légal ininterrompu de cinq ans, il est possible d'obtenir une carte de résident de longue durée.

Au Luxembourg, il y a également des personnes qui viennent pour demander l'asile. Sont reconnus comme réfugiés uniquement ceux qui sont poursuivis dans leur pays à cause de leur religion, leur appartenance ethnique, leurs opinions politiques ou leur appartenance à un groupe. Misère, catastrophes naturelles ou pauvreté ne sont pas des causes reconnues par le droit d'asile international. La plupart des demandes sont rejetées et les demandeurs d'asile sont expulsés ou reconduits vers leur pays d'origine.

M3 Immigration au Luxembourg selon le pays d'origine

	2000	2005	2010	2018
UE (B, Fr, All, It, PB, Esp, P)	7390	8747	10199	5410
autres États européens	3305	4077	4520	3279
États non européens	993	1507	2176	2680
Total	11765	14397	16962	11369

M4 Demandes d'asile au Luxembourg 2011–2018

	Nombre de personnes
2011	2171
2012	2057
2013	1070
2014	1091
2015	2447
2016	2036
2017	2318
2018	2206

Ministère des Affaires étrangères

M5 Demandes d'asile selon le pays d'origine

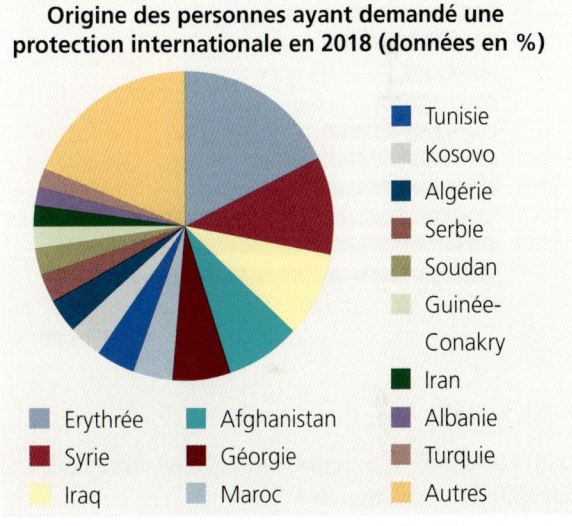

Origine des personnes ayant demandé une protection internationale en 2018 (données en %)

- Tunisie
- Kosovo
- Algérie
- Serbie
- Soudan
- Guinée-Conakry
- Iran
- Erythrée
- Afghanistan
- Albanie
- Syrie
- Géorgie
- Turquie
- Iraq
- Maroc
- Autres

Ministère des Affaires étrangères

1. Déménageriez-vous ou bien même émigreriez-vous pour trouver du travail correspondant à votre qualification ? Débattez en groupes de deux.
2. Pourquoi les immigrés viennent-ils au Luxembourg (cf. M1) ? Faites un tableau d'après le modèle suivant :

Facteurs d'impulsion (push factors)	Facteurs d'attraction (pull factors)
…	…

3. Informez-vous sur la façon dont d'autres pays (p. ex. la Suisse, le Canada ou les USA) essayent de réguler l'immigration. Comparez avec les lois en vigueur dans notre pays.
4. Quelle est la différence entre un demandeur d'asile, un réfugié et un immigré ?
5. À quoi ressemblerait le Luxembourg aujourd'hui sans l'immigration des 50 dernières années ? Débattez sur ce sujet.

MÉTHODE Analyser une pyramide des âges

L'évolution démographique de la population

Par population, on entend la totalité de tous les habitants d'un pays – du nouveau-né jusqu'au vieillard. Le nombre d'habitants ainsi que la structure de la population évoluent de manière permanente. Le Luxembourg est passé d'environ 200 000 habitants au début du siècle dernier à 314 889 en 1960. Aujourd'hui, le seuil du demi-million d'habitants est dépassé. Le STATEC, l'institut national de la statistique et des études économiques du Luxembourg, pronostique une population totale de 730 000 habitants en 2060. Il existe beaucoup de raisons à cette évolution : la population vieillit parce que les soins médicaux se sont améliorés au cours du temps. De cette façon, la population augmente bien que les familles aient souvent moins d'enfants qu'au début du siècle. Au Luxembourg en particulier, l'immigration est essentielle pour l'évolution démographique. La part des non-Luxembourgeois en 2015 était de 46 %.

M1 Part des étrangers dans la population totale 1910–2019 en %

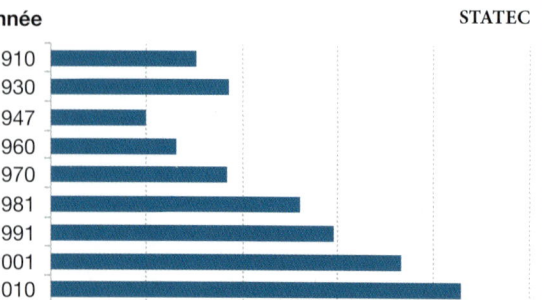

M2

▶ **LE SUJET**

La pyramide des âges représente la composition de la population en fonction de l'âge et du sexe.
Les étapes suivantes devraient vous aider à lire une pyramide des âges et à l'analyser.

▶ **LE DÉROULEMENT**

1. Lire les informations
- Quelle année est représentée ?
- Combien d'années représente une classe d'âge ?
- Quelle part de la population représente chaque classe d'âge ?

2. Analyser les informations
- Comment se répartit la population au cours des années ?
- Quelles tranches d'âge sont fortement ou faiblement représentées ?
- Quelle image globale montre la pyramide des âges ?

3. Analyser
- Quelles informations supplémentaires y-a-t-il ?
- Quelles sont les explications possibles à ces observations ?
- Quelle sera l'évolution démographique à l'avenir ?
- Quels sont les effets éventuels sur la société ? (p. ex. sur les assurances sociales, le marché du travail, les écoles etc.)
- Quelle sera l'influence de l'immigration (voir M1) sur la pyramide des âges ?
- À quoi ressemblerait probablement la pyramide sans l'immigration ?

M3 Pyramides des âges de la population du Luxembourg (1910, 1960, 2015 et 2060)

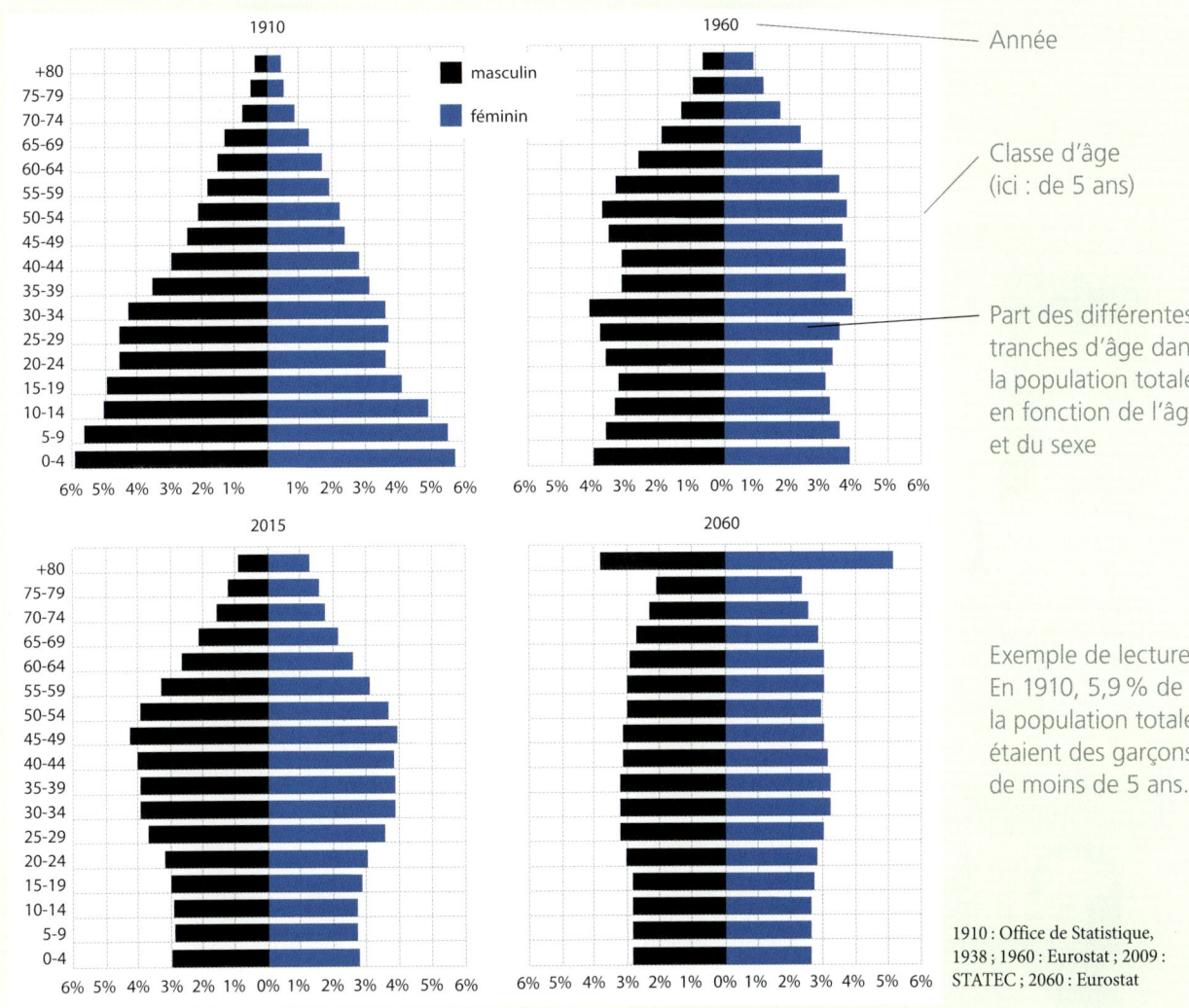

Année

Classe d'âge (ici : de 5 ans)

Part des différentes tranches d'âge dans la population totale en fonction de l'âge et du sexe

Exemple de lecture : En 1910, 5,9 % de la population totale étaient des garçons de moins de 5 ans.

1910 : Office de Statistique, 1938 ; 1960 : Eurostat ; 2009 : STATEC ; 2060 : Eurostat

Formes de base des diagrammes de population

Forme de pyramide
La pyramide représente une population croissante. Chaque nouvelle tranche d'âge est plus grande que la précédente.

Forme de ruche
La forme de ruche correspond à une population stable. Chaque nouvelle tranche d'âge est environ aussi grande que la précédente. Chaque couple met au monde 2,1 enfants.

Forme d'urne
La forme d'urne montre une surpopulation de personnes âgées. Parallèlement, la population des jeunes diminue d'année en année. La forme d'urne se retrouve dans beaucoup d'États industrialisés. Ce phénomène est appelé vieillissement de la population.

7.9 Un pays multiculturel

Le Luxembourg compte plus de 170 nationalités. Chaque immigré a son histoire et ses traditions. L'État et les communes agissent pour aider les personnes à s'intégrer au Luxembourg, par exemple, en offrant des cours de langue et un soutien scolaire aux enfants et adolescents. Par le droit de vote et la double nationalité, on veut aussi intégrer les immigrés dans la vie politique.

M 1 **Nous sommes des Luxembourgeois**

Lucy Molitor

Dans notre classe, je suis la seule qui parle l'anglais et le luxembourgeois à la maison, car mon père est originaire de Mamer et ma mère du Canada, où ils se sont rencontrés pendant leurs études. J'aime le Canada, sa nature et sa bonne cuisine. Quand mes cousins canadiens nous rendent visite, ils sont toujours fascinés par le fait que l'on puisse, dans l'espace de quelques kilomètres carrés, visiter quatre pays différents. Bien que je puisse m'imaginer vivre un certain temps au Canada, ma famille et mes amis ici me manqueraient beaucoup.

Stéphane Rodrigues

Je suis né le 23 juin 2001 au Luxembourg. Mes frères et sœurs, qui sont plus âgés que moi, sont nés au Portugal. Mon frère a même fait sa première année d'école primaire dans notre village, pas loin de Guimarães, dans le nord du Portugal. Je me suis souvent demandé pourquoi mes parents ont quitté leur pays alors que mon père avait du travail au Portugal. Mes parents disent qu'ils sont venus au Luxembourg, parce qu'ici on gagne mieux sa vie. Bien que j'aime le village natal de mes parents, parce que j'y passe chaque année mes vacances d'été, je ne sais pas vraiment dire où se trouve ma patrie.

Adnan Drašković

Je suis né au Luxembourg. C'est devenu ma patrie depuis que ma famille et moi avons obtenu dans les années 1990 le statut de réfugiés politiques, dû à une guerre civile dans notre pays. Des choses horribles sont arrivées à ma famille en Bosnie pendant cette période. Beaucoup ont été chassés de leur village. Les hommes ont dû faire une guerre que je n'ai jamais comprise. Pourquoi les Serbes, les Croates et les Bosniaques se sont tirés dessus, alors qu'auparavant ils vivaient ensemble dans une Yougoslavie unie ? La paix et la sécurité sont les choses les plus précieuses. C'est pourquoi je me considère chanceux de pouvoir vivre dans cette partie pacifique de l'Europe.

Claudia Monti

J'ai beau avoir un nom italien, je suis Luxembourgeoise. Mon arrière-grand-père, du côté de mon père, est venu dans la région de la Minette comme travailleur au début du siècle dernier et a passé toute sa vie ici, avec une petite interruption. Ma mère vient de la région de la Moselle, où ma famille possède des vignes des deux côtés du fleuve. Je n'ai pratiquement plus de liens avec l'Italie. Pour moi, l'Italie est simplement un beau pays où on peut passer ses vacances.

7.9 Ein Land – viele Kulturen

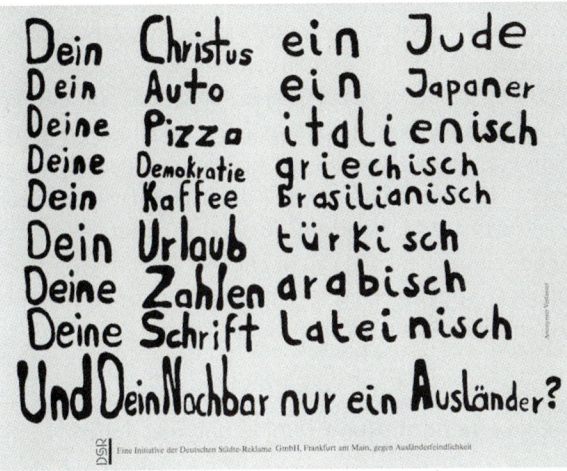

M2

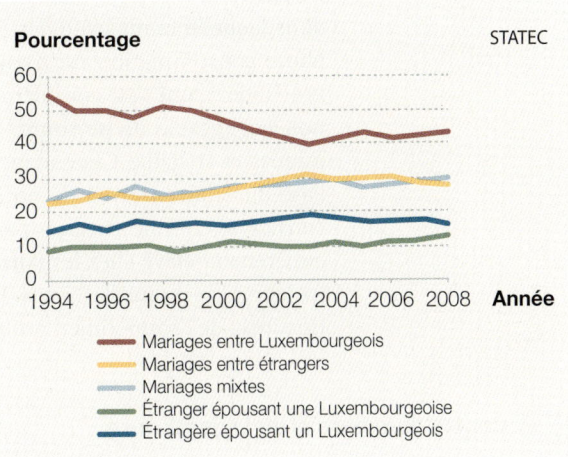

M3 Mariages par nationalité 1994–2008

— Mariages entre Luxembourgeois
— Mariages entre étrangers
— Mariages mixtes
— Étranger épousant une Luxembourgeoise
— Étrangère épousant un Luxembourgeois

M4 La multi-culturalité soumise à un test de résistance

La vague de migration actuelle a une toute autre qualité qu'au siècle dernier : Les citoyens de l'UE qui s'installent au Luxembourg sont hautement qualifiés. Il ne sont pas pour autant plus appréciés, car ils sont non seulement une concurrence pour les postes bien rémunérés, mais aussi pour les emplois qui demandent moins de qualifications.
Les 700 à 800 euros qu'ils pouvaient gagner au Portugal ou en Italie sont moins que le minimum au Luxembourg. …
Le modèle multiculturel luxembourgeois tient encore mais pour combien de temps ? Les premiers qui ressentent la nervosité grandissante de la population sont les immigrés des pays tiers, souvent trop vite catalogués comme des demandeurs d'asile illégaux.
Il est difficile de savoir jusqu'à quel point les nouveaux immigrants européens seront tolérés. L'image d'une intégration réussie, propagée par la politique pendant des décennies, n'est en fait qu'une cohabitation plus ou moins harmonieuse, ce qui n'est pas la meilleure base de départ. …

Léon Marx, Tageblatt, 18 novembre 2011 (trad.)

1. Lisez les biographies de M1. Écrivez votre propre biographie et comparez.
2. Pourquoi parle-t-on aujourd'hui de sociétés multiculturelles dans la plupart des pays européens ? Expliquez le terme.
3. Trouvez d'autres exemples d'influences culturelles que celles citées dans M2. Pensez aussi à ce que vous faites pendant votre temps libre.
4. Analysez M3. Quels sont les effets des mariages sur la diversité culturelle du Luxembourg ?
5. Selon M4, quelles questions sont soulevées par le phénomène de la migration ?
6. « Intégration ne signifie pas adaptation complète. » Expliquez ce propos.

7.10 Le Luxembourg – une société d'abondance ?

Société d'abondance

Le terme de « société d'abondance » est né dans les années 1960 et désigne une société dans laquelle la majorité des personnes peut consommer au-delà de ses besoins vitaux. Notre consommation est mesurée à l'aide de l'indice de pouvoir d'achat (<> der Kaufkraftindex), qui s'est considérablement développé au siècle dernier. Toutefois, un nombre non négligeable de personnes dans notre société est touché par des problèmes économiques et sociaux. Cependant, la pauvreté est relative, du fait qu'elle est calculée sur la base du salaire moyen de notre société. Tout de même, 16,4 % de la population étaient considérés comme menacés par la pauvreté en 2014. Le risque de devenir pauvre est particulièrement élevé chez les familles monoparentales, mais aussi chez les jeunes femmes et les jeunes de moins de 17 ans. Les causes en sont diverses : chômage, problèmes d'intégration, prix de l'immobilier, problèmes familiaux et consommation de drogue.

M1 Centre commercial au Luxembourg

M2 Logement d'une famille pauvre, 1954

M3 Évolution des dépenses des ménages luxembourgeois

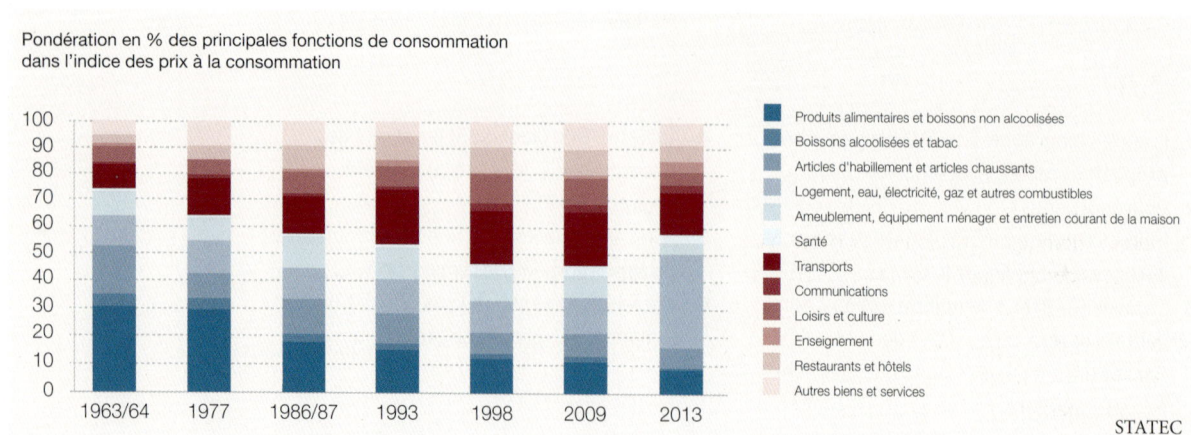

STATEC

7.10 Luxemburg – eine Wohlstandsgesellschaft ?

M4 Reportage d'un journal en ligne du 19 avril 2010

Ouverture officielle du « Cent Buttek »

Bien qu'en activité depuis des mois, le « Cent Buttek » de Bettembourg n'a officiellement ouvert ses portes que jeudi soir. Le «Cent Buttek» s'adresse aux plus démunis, qui ne peuvent pas se permettre d'acheter des produits dans les magasins traditionnels. …

Fidèle à l'idée « Chacun doit aider comme il le peut, et s'impliquer comme il le veut », le projet agit contre la pauvreté invisible dans le pays. …

Actuellement, le « Cent Buttek » soutient 44 familles des communes de Bettembourg, Dudelange, Kayl et Frisange. Il s'agit en tout de 113 personnes, dont 40 % sont des enfants.

L'idée de base de l'association est la distribution d'aliments. Les produits alimentaires, destinés à être jetés sont collectés dans les supermarchés et revendus à un prix très bas aux personnes nécessiteuses. Les produits en question doivent être de bonne qualité. La seule différence avec l'achat en supermarché est la date de péremption bien plus courte des produits. Afin que l'acheteur reconnaisse les produits comme une valeur, ils ne sont pas offerts mais vendus. Cela permet aussi à l'acheteur de préserver sa dignité.

Les bénéficiaires de l'aide sociale de la commune et les personnes reconnues par une organisation caritative peuvent faire leurs achats au « Cent Buttek ». Ce dernier est soutenu par des boulangeries, des supermarchés et des petits magasins.

L'association à but non lucratif fonctionne grâce à des dons. Toute forme d'aide, qu'elle soit sous forme de travail bénévole ou sous forme de don, est la bienvenue.

www.mywort.lu/bettembourg/news/1026611.html (2.2.2016), trad.

1. Formulez en vos propres mots ce que l'on entend par société d'abondance.
2. Différenciez les besoins élémentaires des besoins de luxe. Citez des exemples.
3. Selon le graphique M3, comment ont évolué les parts des articles de base et des articles de luxe dans les dépenses ?
4. À votre avis, comment se répartissaient les articles de base et les articles de luxe dans la consommation totale d'un ménage luxembourgeois au début du 20e siècle ?
5. Énumérez les groupes de la population particulièrement touchés par la pauvreté.
6. Quelles étaient les causes de la pauvreté autrefois, quelles en sont les causes de nos jours ?
7. Quelles mesures permettent d'atténuer les conséquences de la pauvreté ?
8. D'après vous, comment pourrait-on réduire les risques de tomber dans la pauvreté ?

7.11 En bref

La nation luxembourgeoise
- Symboles : Fête nationale, armoiries, drapeau, hymne national
- Caractéristiques de la nation : communauté de personnes ayant la volonté de vivre ensemble ; culture commune (histoire, langue, religion et valeurs)
- Nationalité : par la filiation, la naturalisation ; la possibilité d'avoir la double nationalité

L'histoire du Luxembourg
- Fondation de l'État en plusieurs étapes (1815, 1839, 1867)
- L'indépendance en danger (1867, 1919, 1940–45)
- Développement d'un État neutre au partenaire égal en droits
- Évolution d'un pays agricole vers un pays industriel, puis une société de services.
- Développement vers une démocratie au suffrage universel

La société luxembourgeoise aujourd'hui
- Pays d'immigration
- Diversité culturelle
- Société d'abondance avec des revers
- Vieillissement de la population

	1981	1991	2001	2011	2013	2014	2019
Population totale	364,6	384,4	439,5	512,4	537,0	549,7	613,9
Luxembourgeois	268,8	271,4	277,2	291,9	298,2	300,8	322,4
Étrangers (x1000)	95,8	113,0	162,3	220,5	238,8	248,9	291,5
dont: Portugais	29,3	39,1	58,7	82,4	88,2	90,8	95,5
Italiens	22,3	19,5	19,0	18,1	18,3	18,8	22,5
Français	11,9	13,0	20,0	31,5	35,2	37,1	46,9
Belges	7,9	10,1	14,8	16,9	17,6	18,1	20,0
Allemands	8,9	8,8	10,1	12,0	12,4	12,7	13,0
Britanniques	2,0	3,2	4,3	5,5	5,7	5,9	5,8
Néerlandais	2,9	3,5	3,7	3,9	3,9	4,0	4,2
Autres UE	10,6	6,6	9,2	21,5	24,8	27,0	38,2
Autres	…	9,2	22,5	28,7	32,7	34,5	45,4
Étrangers en %	26,3	29,4	36,9	43,0	44,5	45,3	47,5

STATEC

Aus einem Reiseführer über Luxemburg:

„Er [der Luxemburger] ist ein widersprüchliches Wesen: er unterliegt dem Minderwertigkeitsgefühl der kleinen Zahl, der Einflusslosigkeit … Er ist stolz auf seine Unabhängigkeit, seine Eigenheiten und auf die Möglichkeit, auf verschiedene Karten zu setzen. Oft schwankt er zwischen einem starken Selbsterhaltungstrieb und dem resignierten Gefühl trotz allem zum Verschwinden verurteilt zu sein."

Jul Christophory, Luxemburg, DuMont Reisetaschenbuch, 3. Auflage, Köln 2001

7.11 Das Wichtigste auf einen Blick

Maîtriser des savoirs (◇ Sachkompetenz)
1. Nommez les symboles officiels du Luxembourg.
2. Comment devient-on Luxembourgeois ?
3. Expliquez les termes suivants : nation, migration, société d'abondance, demandeur d'asile.
4. À quels événements correspondent les années suivantes dans l'histoire du Luxembourg : 1839, 1867, 1919, 1940, 1951 ?
5. Quelles sont les bases de la richesse économique du Luxembourg ?
6. Montrez, à l'aide de deux exemples, quand et comment la démocratie luxembourgeoise a été en danger.
7. Dans quelles organisations internationales le Luxembourg est-il membre ?

Utiliser des méthodes (◇ Methodenkompetenz)
8. Réalisez une statistique des étrangers dans votre classe ou dans votre école.
9. Comparez la pyramide des âges du Luxembourg avec celle d'autres pays (p. ex. les pays en voie de développement).

Juger et agir (◇ Urteils- und Handlungskompetenz)
10. Réalisez une carte des idées (Mindmap) de votre identité.
11. Essayez de répondre à la question : « Wat si mer iwwerhaapt » ?
12. Discutez la question suivante : « Les réfugiés pour raisons économiques, devraient-ils pouvoir habiter au Luxembourg sans condition ? »
13. Selon vous, est-ce que la société luxembourgeoise est une société qui manifeste de la sympathie pour les étrangers ?
14. Prenez position par rapport à la description des Luxembourgeois de Jul Christophory.

8 L'État luxembourgeois

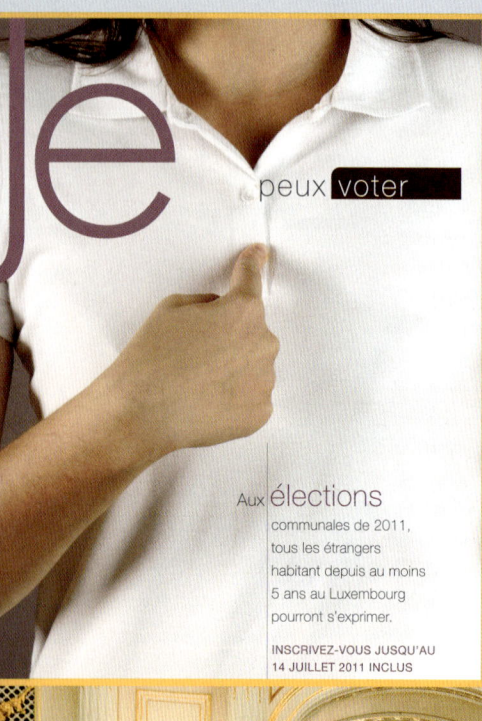

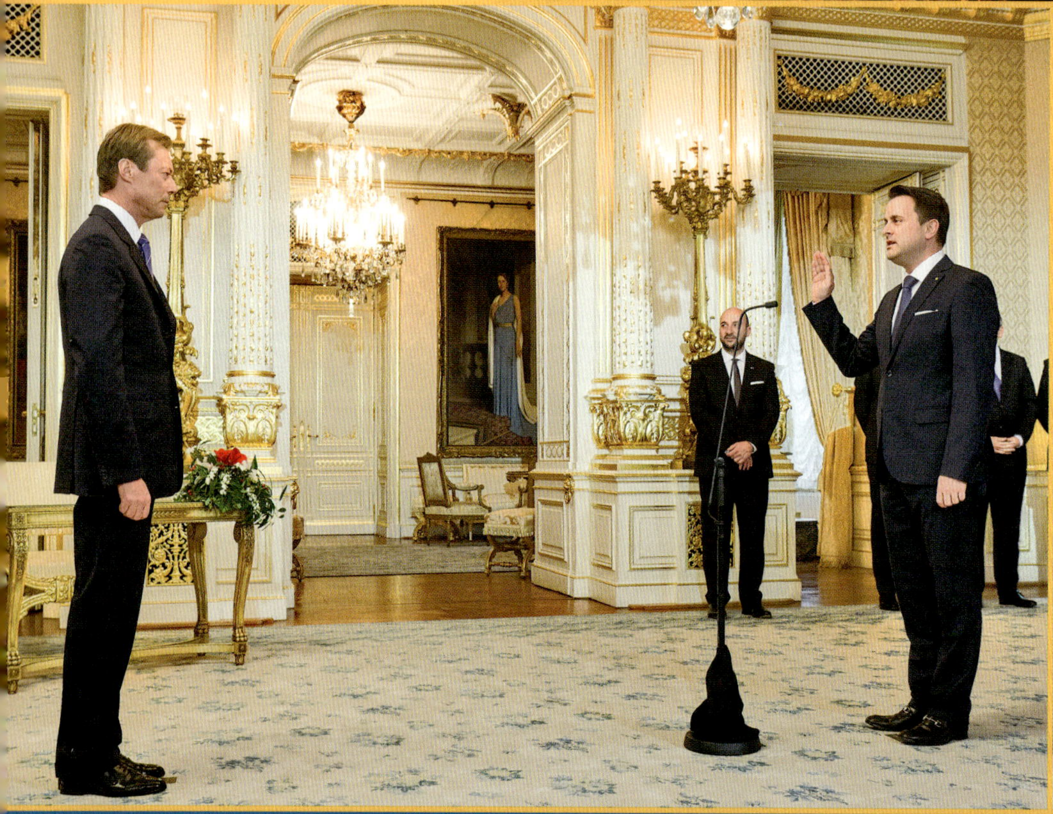

Der Staat, in dem wir leben

12 cantons
Capellen
Clervaux
Diekirch
Echternach
Esch-sur-Alzette
Grevenmacher
Luxembourg
Mersch
Redange
Remich
Vianden
Wiltz

Un État est une communauté d'individus vivant sur un territoire donné selon des règles communes. Dans la plupart des cas, la création d'un État est une question de longue durée ; des symboles spécifiques tels que le drapeau ou l'hymne national, mais aussi le partage d'une même langue, sont vecteurs d'un sentiment d'appartenance commune. Tous les citoyens sont soumis aux lois de l'État ; chacun a des droits (la liberté d'expression, par exemple) et des devoirs (celui de payer des impôts, etc.). Néanmoins, les Luxembourgeois et les non-Luxembourgeois ne bénéficient pas tout à fait des mêmes droits. Les étrangers ne peuvent par exemple pas participer aux élections législatives. Par ailleurs, chaque État fonctionne selon une forme de régime politique et de gouvernement spécifique. Au Luxembourg, le peuple élit ses représentants au parlement dans le cadre d'une démocratie parlementaire. Le pays étant en même temps une monarchie (notre souverain est un Grand-Duc), on parle de monarchie constitutionnelle.

1 Essayez de mettre la définition de l'État en relation avec les images ci-contre.

2 Trouvez d'autres exemples qui pourraient caractériser l'État luxembourgeois.

COMPÉTENCES VISÉES

Maîtriser des savoirs
(◇ **Sachkompetenz**)
- Comprendre les notions d'« État » et de « démocratie »
- Nommer et définir le régime politique du Luxembourg
- Citer les trois pouvoirs et décrire leur rôle
- Expliquer le déroulement des élections
- Comprendre la procédure législative

Utiliser des méthodes
(◇ **Methodenkompetenz**)
- Analyser des affiches électorales

Juger et agir
(◇ **Urteils- und Handlungskompetenz**)
- Étudier et commenter des programmes électoraux des partis politiques
- Comprendre les processus de décision à l'aide d'exemples concrets
- Évaluer les moyens de participation des citoyens à la vie publique

8 L'État luxembourgeois

8.1 Qui détient le pouvoir ?

M1 La séparation des pouvoirs au Luxembourg

la Constitution
(◇ die Verfassung)

le pouvoir législatif
◇ die gesetzgebende Gewalt
Chambre des Députés

- fait les lois
- contrôle le gouvernement

le pouvoir exécutif
◇ die ausführende Gewalt
Gouvernement

- définit les lignes directrices de la politique
- propose des lois
- l'administration (fiscale, p. ex.) met les lois en application

le pouvoir judiciaire
◇ die rechtsprechende Gewalt
Cours et tribunaux

- interprète les lois
- détermine s'il y a violation des lois

les associations
◇ die Verbände

Organisations qui ont pour but de faire peser les intérêts de leurs membres dans le processus de décision politique (lobbyistes).

les partis politiques
◇ die Parteien

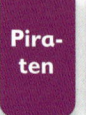     

Piraten — Déi Lénk — LSAP — Déi Gréng — DP — CSV — ADR

Les partis politiques sont des groupements d'individus partageant les mêmes intérêts et objectifs politiques. Ils cherchent à obtenir les voix de vote des électrices et des électeurs. En règle générale, les députés élus à la Chambre sont membres de partis politiques.

les médias
◇ die Medien

Qualifiés de « quatrième pouvoir » de la société démocratique, les médias informent les citoyens et par cela contrôlent les personnalités politiques.

Les électrices et les électeurs sont appelés aux urnes tous les cinq ans afin de déterminer qui doit gouverner pendant une période donnée. 60 députés sont ainsi élus pour siéger à la Chambre des Députés.

8.1 Wer hat die Macht im Staat?

M2 La Constitution de 1848 est considérée comme la première Constitution du Luxembourg. À cette époque, le droit de vote était réservé à ceux qui payaient un certain montant d'impôts (suffrage censitaire) et les femmes n'avaient pas le droit de voter. La peine de mort était autorisée. Le texte de la Constitution a connu plusieurs révisions depuis lors.

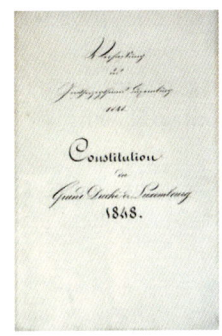

Les fondements démocratiques de l'État luxembourgeois

La Constitution du Luxembourg pose les fondements démocratiques de l'État. C'est pour cela qu'il est également question de loi fondamentale. La démocratie requiert la souveraineté du peuple, la séparation des pouvoirs et le respect des droits de l'homme. La séparation des pouvoirs (◇ die Gewaltenteilung) implique qu'aucune personne, aucun parti ni aucun groupe ne gouverne seul, et que le pouvoir de l'État est réparti entre différentes institutions. Celles-ci doivent se limiter et se surveiller mutuellement. Le pouvoir législatif a pour mission d'édicter les lois. Ainsi, le parlement, appelé Chambre des Députés au Luxembourg, décide ou non d'adopter une proposition de loi. Le pouvoir exécutif veille à l'exécution des lois. Il est détenu par le gouvernement (◇ die Regierung), composé de plusieurs ministres. Le personnel de l'administration et de la police fait également partie du pouvoir exécutif. Il est chargé de mettre en application les lois sur le terrain. Le pouvoir judiciaire se rapporte à l'administration de la justice. Il détermine s'il y a violation des lois, tranche en cas de litige et prononce les peines.

M3 Extraits de la Constitution du Luxembourg de 2013. Elle est constituée de 121 articles, divisés en 13 chapitres.

> **Art. 1er.** Le Grand-Duché de Luxembourg est un État démocratique, libre, indépendant et indivisible.
> **Art. 32.** La puissance souveraine réside dans la Nation. Le Grand-Duc l'exerce conformément à la présente Constitution et aux lois du pays.
> **Art. 32bis.** Les partis politiques concourent à la formation de la volonté populaire et à l'expression du suffrage universel. Ils expriment le pluralisme démocratique.
> **Art. 33.** Le Grand-Duc est le chef de l'État, symbole de son unité et garant de l'indépendance nationale. Il exerce le pouvoir exécutif conformément à la Constitution et aux lois du pays.
> **Art. 46.** L'assentiment de la Chambre des Députés est requis pour toute loi.
> **Art. 49.** La justice est rendue au nom du Grand-Duc par les cours et tribunaux.
> **Art. 49bis.** L'exercice d'attributions réservées par la Constitution aux pouvoirs législatif, exécutif et judiciaire peut être temporairement dévolu par traité à des institutions de droit international.
> **Art. 50.** La Chambre des Députés représente le pays.
>
> La Constitution du Grand-Duché de Luxembourg, Luxembourg 2013

M4 Charles de Montesquieu (1689–1755), dans « De l'Esprit des Lois » (1748) :

> Lorsque, dans la même personne (…), la puissance législative est réunie à la puissance exécutrice, il n'y a point de liberté ; parce qu'on peut craindre que le même monarque (…) ne fasse des lois tyranniques, pour les exécuter tyranniquement. Il n'y a point encore de liberté, si la puissance de juger n'est pas séparée de la puissance législative et de l'exécutrice.
>
> Extrait du Livre XI, chapitre 6 (abrégé)

1 Décrivez le schéma (M1). Quels sont les liens entre les différentes institutions ?
2 Quels sont les fondements d'un État démocratique ?
3 Quels organes et institutions présentés (M1) retrouvez-vous dans l'article de la Constitution (M3) ? Faites un classement.
4 Analysez la Constitution actuelle (M3). Quels sont les articles qui permettent de dire que le pouvoir appartient au peuple ?
5 Pourquoi, d'après Montesquieu, la séparation des pouvoirs est-elle si importante ? (M4)
6 Qu'est-ce qui permet d'affirmer que la Constitution de 1848 n'est pas vraiment démocratique ?
7 Expliquez l'Art. 49bis. Quelles pourraient être les conséquences de cet article sur la législation luxembourgeoise ?
8 « Qui détient le pouvoir au sein de l'État ? ». Essayez de trouver des éléments de réponse.

8.2 Les élections

M2 Le scrutin

M1 Le devoir du citoyen

> La politique, c'est comme un match de football. Les hommes politiques, ce sont les joueurs, les citoyens, les spectateurs. De quelles compétences le spectateur a-t-il besoin ? Il doit savoir quel est le but du jeu, être informé et connaître les règles. Lorsque les hommes politiques jouent mal ou ne respectent pas les règles du jeu, il peut, grâce à son vote, faire en sorte que l'équipe soit remplacée.
>
> extrait de Wilhelm HENNIS, « Das Modell des Bürgers », dans : Gesellschaft – Staat – Erziehung, cahier n°7 – année 1957, pp. 330 ssq. (trad.)

Le système électoral

Tous les citoyens luxembourgeois majeurs ont le droit de voter. Depuis 1919, c'est le suffrage universel (◇ das allgemeine Wahlrecht) pour hommes et femmes. Les étrangers peuvent participer aux élections communales, mais pas aux élections législatives. Les élections législatives (« Chamberwalen ») ont lieu tous les 5 ans. Le pays est divisé en 4 circonscriptions électorales. Cette division permet une représentation de toutes les régions, y compris de celles qui sont moins peuplées. Le nombre de députés (◇ der Abgeordnete) est fixé à 60. Avant les élections, les partis ou les groupements présentent des listes de candidats dont le nombre ne doit pas dépasser celui des députés pouvant être élus dans la circonscription correspondante. Chaque électeur dispose d'autant de suffrages qu'il y a de députés à élire dans sa circonscription. Un habitant du Nord dispose ainsi de 9 suffrages. Pour donner sa voix à un parti, il suffit de noircir le cercle blanc de la case placée en tête d'une liste. Mais il est également possible d'attribuer un suffrage à différents candidats de différentes listes (panachage). Chaque candidat ne peut recevoir que deux suffrages au maximum.

M3 Principes électoraux

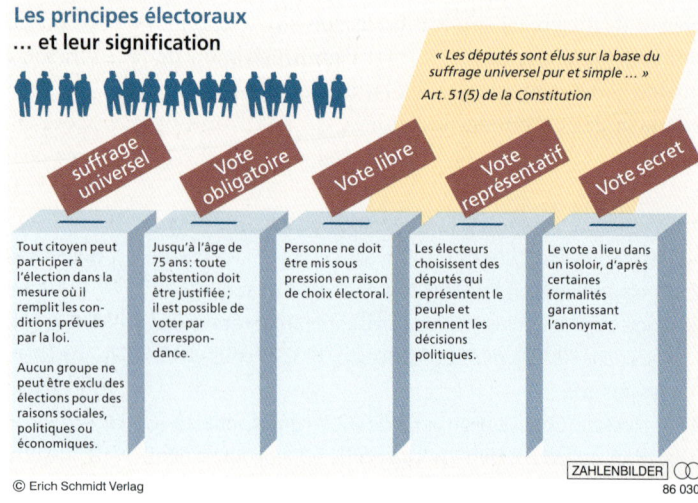

8.2 Wahlen

M4 Circonscriptions et nombre de députés

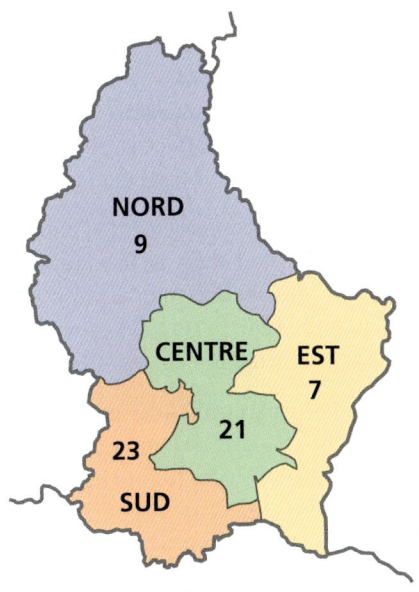

M6 Le bulletin de vote

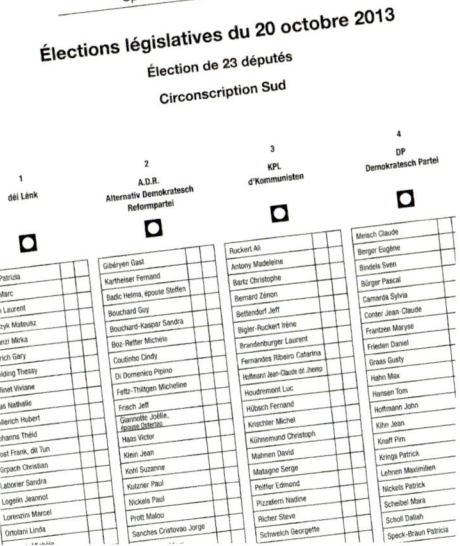

Le vote par correspondance
(◇ die Briefwahl)
Les électeurs domiciliés à l'étranger et ceux qui, pour des raisons professionnelles ou de santé, ne peuvent pas se présenter en personne devant le bureau de vote de leur commune, ont la possibilité de voter par correspondance.
La demande doit être effectuée par écrit auprès du bourgmestre au plus tard 30 jours avant les élections.

M5 Le droit de vote

Pour être électeur (aller voter) et être éligible (être élu), il faut :
- être Luxembourgeois ;
- être âgé de dix-huit ans accomplis au jour des élections ;
- jouir des droits civils et politiques ;
- être domicilié au Grand-Duché de Luxembourg.

Résultats des élections et répartition des sièges

Le comptage des voix est effectué dès la clôture des bureaux de vote. La répartition des sièges a lieu une fois que tous les suffrages d'une circonscription ont été comptés. La répartition des sièges entre les listes se fait proportionnellement au nombre de suffrages recueillis par chaque liste. Au sein d'une même liste, ce sont les candidats qui ont recueilli individuellement le plus grand nombre de suffrages qui obtiennent un siège. Les députés sont élus pour une période de cinq ans. Les partis qui ont obtenu un plus grand nombre de sièges qu'aux élections précédentes font figure de vainqueurs des élections.

Le référendum
(◇ die Volksabstimmung)
Le référendum permet de consulter le peuple dans le cadre de décisions importantes telles qu'une modification de la Constitution. Son résultat n'est pas forcément contraignant. Le recours au référendum est rare à l'échelle nationale.

1. Expliquez le déroulement des élections.
2. Pourquoi un électeur de la circonscription du Nord ne dispose-t-il que de 9 suffrages tandis qu'un électeur de la circonscription du Sud peut en attribuer 23 ?
3. Pourquoi le bulletin de vote doit-il rester anonyme ?
4. Expliquez la comparaison présentée dans le texte (M1) : « La politique, c'est comme un match de football. »
5. Les étrangers n'ont pas le droit de participer aux élections législatives. Débattez sur la question du « droit de vote des étrangers » (trouvez des arguments pour ou contre).
6. Faites une recherche. Les citoyens disposant de la double nationalité ont-ils le droit de voter dans deux pays ? Prenez position.
7. Quelles qualités doit avoir un candidat ou un parti pour que vous votiez pour lui ?
8. Pensez-vous qu'on devrait avoir plus souvent recours à des référendums permettant de consulter le peuple ? Pesez le pour et le contre.

8.3 Les partis politiques

La droite, la gauche (◇ rechts, links)
Le clivage entre groupements de gauche et de droite existait déjà dans l'assemblée nationale de 1789.
À la gauche du président de l'Assemblée siégeaient les progressistes, qui souhaitaient – en partie – changer la société de manière radicale.
Au centre se trouvaient les groupements libéraux, à droite les groupements conservateurs.

Tous les citoyens n'ont pas les mêmes opinions en ce qui concerne l'avenir de leur pays. Pour développer leurs conceptions et réaliser leurs objectifs politiques communs, les citoyens se rassemblent au sein de partis. Les membres d'un parti ont la conviction qu'ils iront plus loin en travaillant en groupe plutôt qu'isolés. Chaque parti essaye de convaincre les autres citoyens de son programme. Tous les partis veulent être élus, car c'est le parti qui obtient le plus grand nombre de suffrages qui peut dessiner l'avenir politique du pays.

Les partis sont indispensables au bon fonctionnement d'un État démocratique. Ils jouent un rôle important dans la formation de l'opinion. C'est par l'intermédiaire des médias qu'ils présentent leurs idées. Une spécificité du Luxembourg : ce sont des quotidiens proches des partis qui contribuent à la formation de l'opinion.

Au cours des dernières décennies, les programmes des grands partis se sont de plus en plus rapprochés les uns des autres. De nouveaux partis ont vu le jour. Les années précédentes ont également vu grandir l'importance de la personnalité et des apparitions en public des candidats aux dépens de l'intérêt porté au contenu de leurs programmes.

Les partis sont financés par le biais de cotisations, de donations et de subventions de l'État.

M1 Devoirs et fonctions d'un parti

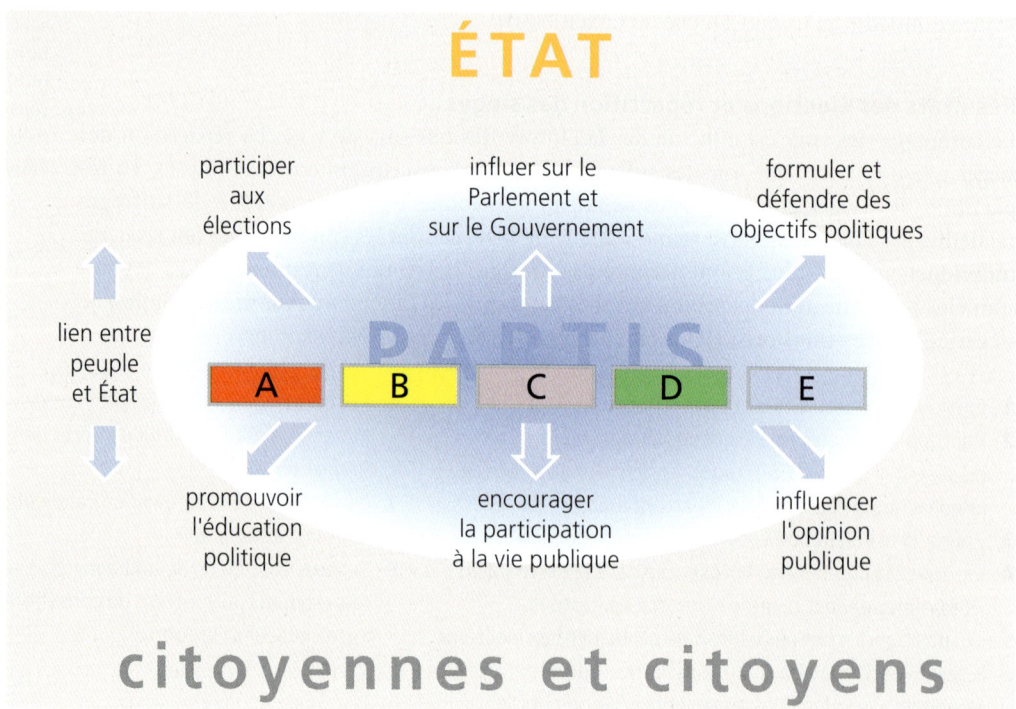

8.3 Die Parteien

M2 **Au Luxembourg, on parle de pluralisme politique : un grand nombre de partis est représenté aux élections.** Au fil des années, la plupart des partis sont devenus des partis populaires qui s'adressent, à travers leur programme, à une population électorale issue de tous les milieux sociaux.

Nom du parti	Aperçu historique	Organisation de jeunesse
Chrëschtlech Sozial Vollekspartei (www.csv.lu)	Fondé en 1914 en tant que Parti de la Droite, porte le nom de CSV depuis 1945	CSJ
Lëtzebuerger Sozialistesch Arbechterpartei (www.lsap.lu)	Fondé en 1917, porte le nom de Parti ouvrier luxembourgeois à partir de 1924, puis de LSAP depuis la fin de la Seconde Guerre mondiale	JSL
Demokratesch Partei (www.dp.lu)	Fondé en 1904 sous le nom de Ligue Libérale ; issu de la réunion des mouvements de résistance patriotique et démocratique à la fin de la Seconde Guerre mondiale ; DP depuis 1954	JDL
Déi Gréng (www.greng.lu)	Parti fondé dans les années 1980 à partir de différents mouvements écologiques et comités d'action	Déi jonk Gréng
Alternativ Demokratesch Reformpartei (www.adr.lu)	Fondé en 1987 sous le nom de « Aktiounskomitee 5/6 Pensioun fir Jiddfereen ». Le parti actuel est le résultat d'une évolution sur plusieurs années. Connu de 1992 à 2006 sous le nom de « Aktiounskomitee fir Demokratie a Rentegerechtigkeet », duquel est issu en 1992 ce parti politique.	adrenalin, déi jonk adr
Déi Lénk (www.dei-lenk.lu)	Fondé en 1999 avec le soutien de « Néi Lénk » et du KPL. En 2004, le KPL quitte le regroupement.	Déi jonk Lénk
Kommunistesch Partei Lëtzebuerg (www.kp-l.org)	Issu de la scission du Parti socialiste en 1921	JCL
piratepartei (www.piratepartei.lu)	Fondé en 2009, fait partie d'un mouvement mondial qui se consacre en particulier aux questions liées à l'internet.	Jonk Piraten

M3 **Saviez-vous que ...**

- on ne doit pas nécessairement appartenir à un parti pour être éligible ?
- les listes dont le nombre de candidats est inférieur au nombre de sièges à attribuer sont également admises ?
- un parti ne bénéficie d'une aide financière de l'État qu'à partir du moment où il atteint plus de 2 % des suffrages dans toutes les circonscriptions ?
- un parti n'est pas autorisé à recevoir de dons anonymes ?
- les entreprises n'ont pas le droit d'apporter leur soutien financier à un parti ?

1. Quelles sont les fonctions des partis politiques ?
2. Pourquoi l'État soutient-il des partis ?
3. Une démocratie peut-elle fonctionner sans partis ? Justifiez votre réponse.
4. Pourquoi la plupart des partis se sont-ils transformés en partis populaires visant à rassembler des membres issus de toutes les couches sociales ?
5. À votre avis, devrait-il y avoir plus ou moins de partis au Luxembourg qu'il n'en existe actuellement ? Listez vos arguments.
6. Consultez les sites Internet des différents partis et comparez leurs positions sur des thèmes tels que l'environnement, l'éducation, le chômage, etc. À quel parti pouvez-vous vous identifier le mieux ? Argumentez.

8.4 La campagne électorale

Une question qui passionne toujours : qui obtiendra le plus de voix aux élections ? Tous les partis espèrent gagner un grand nombre d'électeurs. Ainsi, les candidats essaient de convaincre par leur personnalité et par leurs idées. La campagne électorale (◇ der Wahlkampf) est avant tout une campagne de publicité. De nombreux partis font appel à des agences de communication pour la planification de leur campagne électorale.

Les sondages et le baromètre politique permettent de sonder l'opinion de la population.

M1 Sources d'information aux législatives en 2013 en %

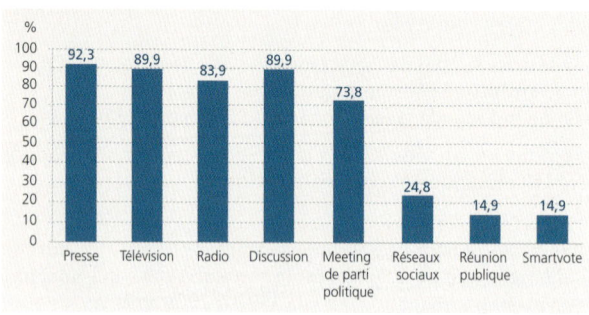

X. Carpentier-Tanguy, P. Dumont, R. Kies, A. Spreitzer et P. Poirier (dir.), Les élections législatives et européennes 2013 et européennes de 2014 au Grand-Duché de Luxembourg, Luxembourg 2015 p. 286

M3 Saviez-vous que …

- un candidat n'a pas le droit d'offrir des boissons ou de l'argent en période pré-électorale ?
- un candidat n'a pas le droit de rendre visite à un électeur chez lui ?
- la publication de résultats de sondages est interdite un mois avant les élections ?
- seuls les partis ayant obtenu au moins un siège peuvent être dédommagés financièrement par l'État de leurs frais de campagne ?

M4

M2 Partis et personnalités politiques pendant la campagne électorale

Objectifs
- convaincre les électeurs de leur politique
- remporter la majorité des suffrages
- s'adresser à des électeurs fidèles ou indécis ou à de nouveaux électeurs
- agrandir leur influence politique ou prendre la tête du gouvernement

Stratégies
- campagne médiatique : affiches électorales, télévision, radio, presse, Internet, réseaux sociaux
- campagne sur le terrain : manifestations électorales, stands d'information, contact direct avec les citoyens, cadeaux de publicité (stylos bille, ballons, etc.)
- campagne à programme : programme du parti, promesses électorales sur des thèmes spécifiques

1 Quels sont les objectifs des partis et des personnalités politiques durant la campagne électorale et de quels moyens d'action se servent-ils pour les atteindre ? (M2)
2 Commentez le graphique (M1). Quelles sources d'information les électeurs utilisent-ils pour faire leur choix ?
3 Expliquez la caricature. Quelles méthodes utilisent les spécialistes de la publicité ? Faites une liste.
4 La campagne électorale : show politique ou véritable aide à la décision pour les électeurs ? Discutez.

MÉTHODE Analyser des affiches électorales

▶ **LE SUJET**

Les affiches de campagne contiennent à la fois des images et de courts textes faciles à retenir (slogans). Or, la politique ne se résume pas en quelques slogans sur des affiches électorales. Celles-ci ne sont finalement rien d'autre que des supports publicitaires qu'il convient d'analyser avec attention. La méthode suivante propose une clé de lecture.

▶ **LE DÉROULEMENT**

1. **Caractéristiques extérieures**
- Quel est le parti qui cherche à séduire l'électorat ? Quel est le sujet de l'affiche ?

2. **Description**
- Qui ou qu'est-ce qui est représenté ? Quels symboles sont utilisés ?
- Quelle est la longueur du texte (mots-clés, phrases) ?
- Comment les images et le texte sont-ils disposés les uns par rapport aux autres (taille, proportions) ? Quelle est la perspective choisie ? Dans quelle position se trouvent les personnes ?
- Quelles sont les couleurs dominantes ? Quelles couleurs jouent un rôle symbolique ? Comment les contrastes de couleur sont-ils utilisés ?

3. **Interprétation et synthèse d'analyse**
- À quelle cible d'électeurs l'affiche s'adresse-t-elle ? À quoi cela est-il reconnaissable ?
- Quelles idées politiques et quelle vision de la société l'affiche reflète-t-elle ?
- Quel est le propos, le but de cette affiche ? Quelle image le parti donne-t-il de lui-même et de ses concurrents ?
- Quelles peurs, quels espoirs l'affiche doit-elle inspirer au public ? Comment la structure de l'image et la mise en page participent-elles à ce concept ?
- Effet sur l'électeur : l'affiche vous inciterait-elle à voter pour ce parti ? Justifiez votre réponse.

4. **Pour aller plus loin**
- Qu'est-ce qui figure dans le programme du parti concernant le sujet mis en avant sur l'affiche ? Comparez le programme et l'affiche. Quelle était jusqu'à présent (au cours de la dernière législature) la position du parti sur ce sujet ?

8.5 La Chambre des Députés

M1 Session plénière de la Chambre des Députés

① gouvernement
② président
③ tribune
④ députés de la majorité
⑤ députés de l'opposition
⑥ caméras
⑦ orateur

Au Luxembourg, le parlement est appelé Chambre des Députés. Son siège se trouve dans la capitale, au « Krautmaart ». La Chambre est détenteur du pouvoir législatif. C'est là que les propositions de loi sont discutées et votées. Dans la plupart des cas, c'est le gouvernement qui propose un projet de loi, mais le parlement peut également déposer des propositions.

Les 60 membres du parlement luxembourgeois sont appelés députés. Élus généralement tous les cinq ans au suffrage universel, ils sont les représentants du peuple.

La Chambre ne peut prendre de décisions qu'en présence de la majorité des députés. Une loi ne peut être adoptée que si la majorité des députés présents vote « Oui ». Les discussions sont publiques. Tout le monde peut assister aux séances publiques en tant que spectateur. Les sessions sont retransmises via la chaîne de télévision parlementaire et, en plus, les protocoles de séance sont imprimés sur support papier et distribués à titre gratuit.

Une majorité du travail est effectuée dans le cadre des commissions parlementaires, constituées de représentants des différents partis (Commission de l'Éducation nationale et de la Formation professionnelle, Commission des Affaires étrangères, Commission des Finances et du Budget, par exemple). On y prépare les sessions parlementaires, on y discute les textes des propositions de loi et propose d'éventuels amendements.

M2 Le parlement surveille le gouvernement

Contrôle politique	Contrôle financier
• Le gouvernement a besoin de la confiance de la Chambre des Députés, c'est à dire de la majorité des députés • Les députés peuvent adresser des questions au gouvernement (question parlementaire), auxquelles doivent répondre les ministres compétents • Le parlement peut établir une commission d'enquêtes	• Le parlement vote le budget (droit budgétaire) • Le parlement surveille les dépenses de l'État et du gouvernement (contrôle financier)

8.5 Die Abgeordnetenkammer

M3 Composition de la Chambre (depuis les élections de 2018)

Le groupe politique
(◇ die Fraktion)
Un groupe politique est constitué d'au moins cinq députés d'un même parti. Il dispose de certains avantages tels que l'allongement du temps de parole.

La pétition
Une pétition est une demande ou une plainte déposée devant le parlement par un individu ou un groupe d'individus.

Législature
Durée du mandat d'une assemblée législative. Au Luxembourg, la législature de la Chambre des Députés est de cinq ans. Si le gouvernement perd la majorité, la Chambre peut être dissoute.

M4 La composition de la Chambre des Députés après les élections (2009 à 2018)

Après les élections, des pourparlers ont lieu en vue de la formation d'un gouvernement qui doit avoir la confiance d'une majorité de députés pour obtenir les majorités de votes requises à la « Chambre ». Lorsque deux ou plusieurs partis arrivent à se mettre d'accord, ils forment une coalition. Les députés n'appartenant pas aux partis de la majorité forment l'opposition.

	2009	2013	2018
CSV	26	23	21
LSAP	13	13	10
DP	9	13	12
Déi Gréng	7	6	9
ADR	4	3	4
Déi Lénk	1	2	2

1. Faites un résumé du rôle et des devoirs de la Chambre des Députés.
2. Comparez la photo (M1) et le schéma (M3). Reliez les chiffres au schéma.
3. Quelle influence pouvez-vous exercer en tant que citoyen et électeur sur les décisions de la Chambre des Députés ?
4. Un gouvernement doit toujours être soutenu par une majorité de députés (au moins 31 députés). Au vu des résultats des dernières élections, quels partis auraient pu former une coalition ?
5. Contactez un député de votre circonscription et organisez une visite à la Chambre des Députés. Utilisez la méthode de la consultation d'experts.

8.6 Le quotidien d'un député

La situation personnelle d'un député

Pour que chacun – indépendamment de ses revenus – soit en mesure d'accomplir un mandat parlementaire, les députés sont dispensés de l'exercice de leur profession régulière (à l'exception des professions libérales) et touchent une indemnité parlementaire. Cette mesure doit permettre aux députés d'être indépendants et de prendre des décisions en leur âme et conscience uniquement.

Toutefois, bien que les députés prennent leurs décisions de manière indépendante, ils sont soumis à une certaine « discipline de groupe » ; cela implique qu'un député vote en général dans le même sens que ses collègues de parti.

Les députés bénéficient de l'immunité parlementaire : ils ne peuvent pas être sanctionnés pour une opinion ou pour un vote. En revanche, dans tous les autres cas de figure, les députés ont le même statut que les autres citoyens. Ils sont également tenus de respecter le Code de la route, par exemple.

M 1 Le quotidien des députés

8.6 Aus dem Alltag eines Abgeordneten

M 2 **Exemple fictif : la députée-maire Jeanne Muller :** 44 ans, députée de la circonscription du Sud, membre de son parti depuis 25 ans, bourgmestre d'une commune du Sud. Profession : employée

Semaine du 14 au 20 novembre

Lundi
8 h	Rédiger la correspondance / planifier le déroulement de la semaine
11 h	Préparer la question parlementaire (Thème : réforme scolaire)
14 h	Rencontre avec des représentants syndicaux
16 h	Rédiger le discours sur le thème du « Chômage chez les jeunes »
19 h	Réunion du conseil communal

Mardi
9 h	Discussion du projet de loi N°2345
9 h 30	Réunion du groupe parlementaire
12 h 30	Déjeuner avec des journalistes
15 h	Session de la Chambre (session plénière)
19 h 30	Réunion du parti

Mercredi
Matin	consulter les e-mails des électeurs de la circonscription et leur répondre ; étudier en détails les documents pour le prochain rendez-vous
12 h 30	Déjeuner avec le président du parti
14 h 15	Accueil d'une classe d'école (à la Chambre), table ronde sur le thème de la politique de la jeunesse
15 h	Session de la Chambre (session plénière)
19 h	Inauguration du Centre culturel ; réception

Jeudi
9 h	Réunion de commission
15 h	Session plénière
18 h	Rencontre avec des entrepreneurs de la commune
20 h	Manifestation électorale

Vendredi
10 h	Rencontre internationale avec des députés français, belges et allemands (Thème : Grande Région)
13 h	Repas de travail
15 h	Réunion des conseillers communaux
17 h	Mariage

Samedi
15 h	Hommage au doyen de la commune
20 h	Concert au Centre culturel

Dimanche
Fête du foot / Quetschefest

1 Pourquoi l'indépendance et l'immunité des députés sont-elles importantes ?
2 Existe-t-il un conflit entre l'indépendance du député et la discipline de groupe ?
3 Calculez le nombre d'heures de travail quotidien/hebdomadaire de la députée-maire Jeanne Müller.
4 Quelles sont les devoirs d'un député ? Soulignez la différence entre le travail parlementaire à proprement parler et les activités qui ont lieu hors de la Chambre des députés.
5 À quel moment et dans quel endroit les électeurs ont-ils le plus de chance de rencontrer « leurs » députés et de leur adresser la parole ?

8.7 Le gouvernement

M1 Le quartier du gouvernement

- Ministère de l'Agriculture, de la Viticulture et de la Protection des consommateurs
- Ministère des Finances
- Ministère des Finances
- Ministère des Affaires étrangères et européennes
- Présidence du Gouvernement, Ministère d'État

La formation du gouvernement

En règle générale, la formation du gouvernement a lieu après les élections. Le vainqueur, qui est généralement le représentant du parti de la majorité, a pour mission de former un nouveau gouvernement. Celui-ci doit obtenir la confiance des députés, c'est à dire d'une majorité d'au moins 31 députés. Lorsqu'un parti n'obtient pas la majorité absolue à lui seul, une coalition s'impose. Cela signifie que deux ou plus de deux partis doivent s'allier sur une période donnée afin d'obtenir la majorité au parlement. Ils se mettent alors d'accord sur un programme de gouvernement commun.

Lorsqu'un gouvernement n'a plus la confiance de la Chambre des Députés (c-à-d. qu'il n'obtient plus la majorité), il doit se retirer. Il y a alors formation d'un nouveau gouvernement ou élections.

Composition et missions du gouvernement

Le gouvernement est composé de plusieurs ministres. Au Luxembourg, le chef du gouvernement porte le titre de Premier ministre (ou Ministre d'État).

L'exécution des lois adoptées par le législateur fait partie des tâches qui incombent au gouvernement. Lorsque, par exemple, la Chambre des députés a adopté une loi en faveur de la construction d'une autoroute ou d'une école, les ministres concernés et leurs collaborateurs sont chargés de l'attribution des contrats, en fonction du budget alloué, et ils sont responsables de l'exécution.

Au-delà de sa fonction exécutive, le gouvernement peut proposer des lois. Mais seule la Chambre des députés est en mesure de les adopter ou non. Au Luxembourg, les membres du gouvernement ne sont pas des députés et ne doivent pas être élus au préalable. En raison de la stricte séparation entre les pouvoirs, certaines occupations comme celles de juge, de policier, mais aussi de député, sont incompatibles avec la fonction de ministre.

8.7 Die Regierung

M2 **Extrait de la Constitution luxembourgeoise**

Art. 77. Le Grand-Duc nomme et révoque les membres du Gouvernement.
Art. 78. Les membres du Gouvernement sont responsables.
Art. 80. Les membres du Gouvernement ont entrée dans la Chambre et doivent être entendus quand ils le demandent. La Chambre peut demander leur présence.

La Constitution du Grand-Duché de Luxembourg, Luxembourg 2013

M3 **Le travail du gouvernement**

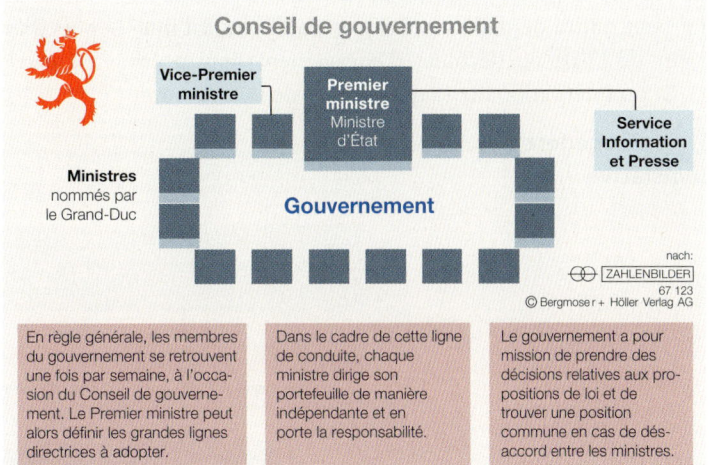

En règle générale, les membres du gouvernement se retrouvent une fois par semaine, à l'occasion du Conseil de gouvernement. Le Premier ministre peut alors définir les grandes lignes directrices à adopter.

Dans le cadre de cette ligne de conduite, chaque ministre dirige son portefeuille de manière indépendante et en porte la responsabilité.

Le gouvernement a pour mission de prendre des décisions relatives aux propositions de loi et de trouver une position commune en cas de désaccord entre les ministres.

M4 **Les ministres gouvernent.**

Le gouvernement se compose du premier ministre et de plusieurs membres ayant le titre de ministres. Selon la Constitution les ministres sont (nommés) assermentés par le Grand-Duc. Parallèlement ils disposent également de la majorité parlementaire, ce qui est en accord avec les principes de la démocratie.
Les ministres engagent leur responsabilité et doivent justifier leurs décisions devant la chambre des Députés.
Le gouvernement fait des arrêtés et des règlements afin d'exécuter les lois. Les ministres disposent en outre de nombreux moyens nécessaires à la mise en œuvre de leur travail :
- **les finances, le budget :** dans le cadre de travaux publiques (rues, édifices publiques, par exemple), rémunération des fonctionnaires (rémunération des professeurs de l'enseignement publique pour une scolarité gratuite).
- **les fonctionnaires, les administrations, les ministères :** ils exécutent les tâches requises, l'administration des impôts, par exemple.
- **la police :** elle est chargée d'assurer la sécurité publique.

M5 **Caricature**

1. Résumez en mots-clés les principales missions du gouvernement.
2. De manière schématique, expliquez comment un gouvernement est formé. Utilisez les expressions suivantes : élections, coalition, nomination, confiance, majorité.
3. Effectuez une recherche internet sur « notre gouvernement » et élaborez un mindmap ou un tableau contenant les éléments suivants : département ministériel, nom, parti.
4. Retrouvez les personnalités qui ont occupé la fonction de chef de gouvernement depuis 1945 et rédigez une brève biographie à leur sujet (dates de vie, parti, objectifs et victoires politiques, etc.)
5. Établissez une liste de priorités des problématiques politiques actuelles, qui, selon vous, doivent être résolues rapidement et précisez à chaque fois le ministère correspondant.
6. « Le chef de l'État devrait être élu au scrutin direct par la population électorale ». Prenez position par rapport à cette affirmation.
7. Expliquez pourquoi la charge du ministère des finances est d'une importance capitale.

8.8 La procédure législative

Les lois (◇ das Gesetz) sont des règles qui permettent de réguler la vie en commun au sein d'une société. La loi peut naître de débats politiques publiques à l'intérieur de l'État ou découler d'engagements européens (UE) ou internationaux (dans le cadre de l'ONU ou de l'OMC, par exemple). La procédure législative débute sur la présentation d'une initiative, suivie d'un débat puis d'un vote. La procédure prend fin avec la mise en vigueur de la loi.

M1 Procédure législative

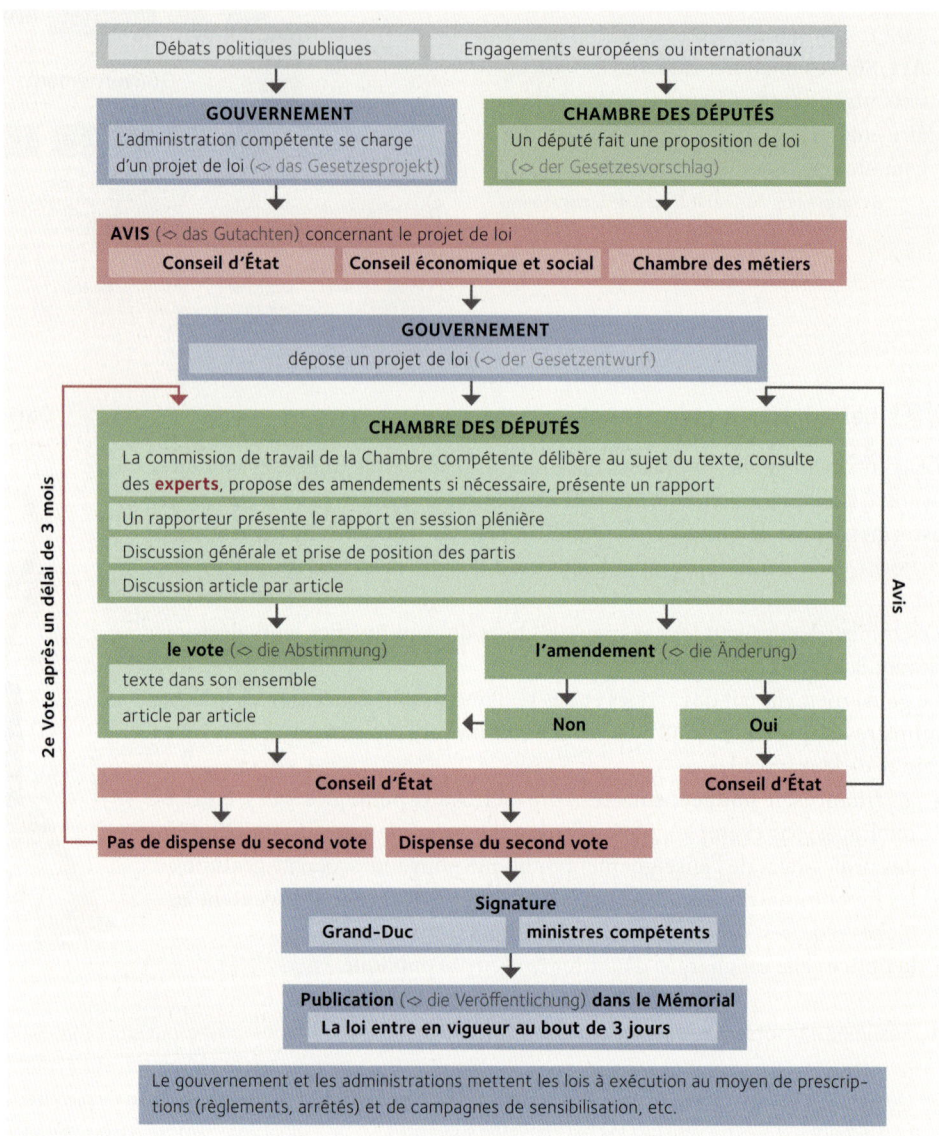

1 Lisez le schéma :
- À qui appartient l'initiative législative ?
- Qui est chargé d'émettre un avis sur les textes de loi ?
- Qui dépose un projet de loi à la Chambre des députés ?
- Où se concerte-t-on pour débattre au sujet d'un texte de loi ?
- Que se passe-t-il en cas de demande d'amendement ?
- Qui signe les lois ?
- À quel moment une loi doit-elle être publiée ?
- Identifiez les différentes étapes de la procédure législative :
  1. Initiative, 2. Débat et vote, 3. Mise en vigueur.

2 En groupes, discutez et vérifiez si vous avez bien compris les étapes importantes de la procédure législative.

8.8 Die Gesetzgebung

M2 Siège du Conseil d'État

Le rôle du Conseil d'État dans la procédure législative

Le Conseil d'État (◇ der Staatsrat) est composé de 21 conseillers, formellement nommés et démissionnés par le Grand-Duc, suivant les propositions faites alternativement par le gouvernement, la Chambre des Députés et le Conseil d'État. Dans le cadre de son avis, il est tenu d'examiner la conformité des projets de textes à la Constitution, aux conventions internationales et aux principes généraux du droit.

- Il est obligatoirement entendu sur tous les projets et propositions de loi ainsi que sur les amendements.
- Tout projet grand-ducal est soumis à son avis.
- Il décide de la dispense du second vote constitutionnel, qui intervient au plus tôt trois mois après le premier vote de la Chambre des députés.

3 Quel est le rôle du Conseil d'État dans la procédure législative ?

4 Combien de temps a duré l'élaboration de la loi antitabac ? Quel rôle ont joué les institutions internationales et européennes en la matière (M3) ?

5 Pour quelles raisons les différentes institutions et groupes d'intérêt ont-ils été appelés à émettre un avis sur cette proposition de loi (M3) ?

M3 Parcours de la loi antitabac

Discussion publique années 1990	
26.05.2003	Directive de l'Union européenne 2003/33/CE relative à la publicité et au parrainage en faveur des produits du tabac
08.06.2005	Ratification de la Convention cadre de l'Organisation Mondiale de Santé (OMS) (signature le 16.06.2003)
31.01.2006	Dépôt du projet de loi (N° 5533) par le ministre de la Santé, projet plus ambitieux que la directive
02.05.2006	Avis du Conseil d'État Quatre avis des chambres professionnelles Avis supplémentaires (1) du Collège médical, (2) de l'Union luxembourgeoise des consommateurs, (3) de la Fondation Luxembourgeoise contre le Cancer, (4) de l'Association des Médecins et Médecins dentistes, (5) du Conseil de la Presse
22.06.2006	Amendements adoptés par la Commission de la Santé et de la Sécurité sociale
04.07.2006	Avis complémentaire du Conseil d'État
05.07.2006	Rapport de la Commission de santé
13.07.2006	Premier vote constitutionnel (vote positif : oui 32 ; non 2 ; abstention 20)
14.07.2006	Dispense du second vote constitutionnel par le Conseil d'État
11.08.2006	Loi signée par les cinq ministres de la Santé, du Travail, de la Fonction publique, de l'Intérieur et de la Justice et le Grand-Duc Henri
01.09.2006	Publication au Mémorial A n°154, en page 2726

La nouvelle loi antitabac du 18 juillet 2013 stipule l'interdiction de fumer dans des cafés et des discothèques, mais la loi autorise les exploitants des locaux d'aménager un fumoir.

8.9 Le pouvoir judiciaire

M1 Justitia, déesse de la justice

M2 La séparation des pouvoirs

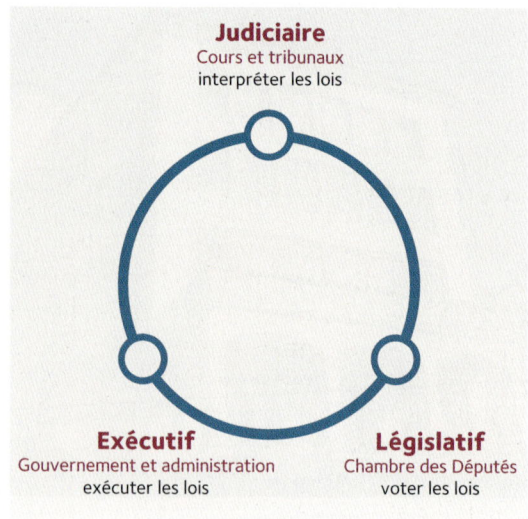

Vivre dans un État de droit

Le Luxembourg est un État de droit dans lequel des représentants du peuple prennent des décisions et des institutions étatiques garantissent le respect du droit. L'État lui-même doit respecter la loi. Dans un État de droit, personne n'est au-dessus de la loi. Les mesures prises par les policiers, les juges et les fonctionnaires des administrations doivent être conformes aux lois. Ces principes sont fixés par la Constitution luxembourgeoise. Personne n'a le droit de faire sa propre loi. Chaque citoyen doit systématiquement se tourner vers les instances étatiques compétentes.

Lorsqu'une personne est victime de dommages ou qu'elle estime qu'elle ait été traitée de manière injuste, elle peut entamer une action en justice. D'après la Constitution, il est du ressort du pouvoir judiciaire de juger si la loi a été enfreinte ou de trancher en cas de conflit. Le pouvoir judiciaire est détenu par les cours et tribunaux (◇ die Gerichte). Des juges (◇ der Richter) y sont chargés d'appliquer des sanctions adéquates en cas de non-respect des règles définies. Le plaignant et l'accusé peuvent se faire représenter par un avocat (◇ der Anwalt).

Indépendance des cours et tribunaux

Afin de garantir la séparation des pouvoirs, les juges sont indépendants et nommés à vie. Aucune femme ni homme politique n'est autorisé à leur donner des instructions ni à influencer l'issue d'un procès. Les juges n'ont pas non plus le droit d'exercer une activité politique. Ils doivent s'en tenir au cadre de la loi et ne sont pas autorisés à appliquer des sanctions qui n'y figureraient pas.

1. Pourquoi la déesse de la justice est-elle représentée les yeux bandés, portant une épée et une balance ?
2. À quoi peut-on résumer les fonctions des cours et tribunaux ?
3. Quelles règles permettent de garantir l'indépendance des juges ?

8.9 Die Justiz – die dritte Macht

M 3

Tribunal constitutionnel
Jugement du 19 mars 2010
Les juges tranchent sur la question de la conformité constitutionnelle de l'article 422

Vendredi après midi, la Cour Constitutionnelle s'est penchée sur la catastrophe ferroviaire de Zoufftgen. Le débat se rapporte à la question de la conformité de l'article 422 du code pénal, selon lequel, dans le cas d'une catastrophe ferroviaire, des peines plus lourdes sont applicables à une certaine catégorie de personnes travaillant dans le transport en commun, lorsqu'elles causent un accident, que dans le cas d'un accident impliquant un autre moyen de transport en commun.

La défense de l'un des accusés a souligné vendredi après-midi lors du procès que cette loi n'était pas conforme à la Constitution. Elle ne respecterait pas le principe constitutionnel selon lequel tous les Luxembourgeois sont égaux devant la loi. L'article 422 pénalise les cheminots plus lourdement que les chauffeurs de bus ou les capitaines de navire. ... Cette argumentation a pourtant été réfutée par le Parquet lors du procès de vendredi. L'application de peines plus lourdes ayant pour objectif de renforcer la sécurité du trafic ferroviaire. Le législateur aurait précisément souhaité établir une corrélation entre l'importance du risque et la sévérité de la peine.

Wort.lu, 29 janvier 2010 (traduction)

La Cour Constitutionnelle (◇ das Verfassungsgericht)
Comme son nom l'indique, elle statue sur la conformité d'une loi avec la Constitution, c-à-d. qu'elle vérifie si une loi est conforme à la Loi fondamentale.

M 4 Saviez-vous déjà que ...

- avant que le Droit ne soit énoncé par écrit, les décisions étaient prises selon l'usage et la tradition ?
- l'expression « œil pour œil » a plus de 4 000 ans ?
- les Romains sont les premiers à avoir instauré un système judiciaire de grande portée ?
- au Moyen-âge, le roi occupait à la fois le rôle de législateur et celui de juge ?
- pendant longtemps, les peines pour un même délit pouvait varier de manière significative en fonction des régions ? De la simple amende à la peine de mort en passant par le cachot, tout type de peine était envisageable.
- ce n'est qu'à partir du règne de l'Empereur Napoléon, au début du 19. siècle, que les nombreuses législations locales – y compris au Luxembourg – ont été remplacées par un code unique (le code Napoléon) ?
- nous ne disposons aujourd'hui d'aucune information précise concernant le nombre d'individus qui sont emprisonnés à cause de leurs opinions ? (Amnesty International comptabilise 48 États dans lesquels ce type d'emprisonnement existe.)

M 5 L'indépendance des cours et tribunaux est-elle menacée ?

La justice est-elle tenue en laisse ? – caricature

Manifestants devant un tribunal, États-Unis
Après la mort de Michael Jackson, le médecin qui le soignait a été accusé d'être responsable de la mort de son patient.

4 Expliquez le rôle de la Cour Constitutionnelle.

5 Analysez l'article de journal (M3). De quel droit fondamental est-il question ? Relevez les arguments opposés et résumez-les. Êtes-vous d'accord avec la sentence prononcée par la Cour Constitutionnelle ?

6 Les images (M5) remettent en question l'indépendance des juges. Expliquez cette affirmation.

7 Quelles conséquences sur la société pourrait avoir le fait que les citoyens se fassent justice eux-mêmes ?

8 Prenez position par rapport à l'affirmation suivante :
« Un État sans justice n'est pas une démocratie. »

8.10 Le chef d'État

M1 Les devoirs du Grand-Duc

Le Grand-Duc est le chef de l'État luxembourgeois. Tandis que dans une république le chef de l'État est élu, dans une monarchie, cette charge est dévolue par succession dynastique. Dans une monarchie constitutionnelle, les fonctions du chef de l'État sont définies par la constitution. À l'exception de quelques prérogatives traditionnelles, les droits du chef de l'État luxembourgeois sont très limités. Le Grand-Duc n'exerce plus aujourd'hui de véritable rôle politique. Sa fonction a avant tout un caractère représentatif. Grâce à sa signature, les lois adoptées par la Chambre des Députés peuvent être promulguées. Il ne peut pas refuser l'entrée en vigueur de ces lois.

Le chef de l'État est le représentant de tous les citoyens du pays et c'est lui qui représente la nation aussi bien dans ses relations extérieures (lors de visites d'État, par exemple) qu'à l'intérieur du pays (à l'occasion des fêtes nationales, par exemple). Par conséquent, il se situe au-dessus des partis et à l'écart de la politique. Le Grand-Duc n'assumant aucune responsabilité politique, toute mesure prise par lui dans l'exercice de sa fonction doit être contresignée par un ministre compétent.

8.10 Das Staatsoberhaupt

M2 Extrait de la Constitution luxembourgeoise

Art. 4. La personne du Grand-Duc est inviolable.

Art. 33. Le Grand-Duc est le chef de l'État, symbole de son unité et garant de l'indépendance nationale. Il exerce le pouvoir exécutif conformément à la Constitution et aux lois du pays.

Art. 34. Le Grand-Duc promulgue les lois dans les trois mois du vote de la Chambre.

Art. 36. Le Grand-Duc prend les règlements et arrêtés nécessaires pour l'exécution des lois.

Art. 37. Le Grand-Duc fait les traités. Les traités n'auront d'effet avant d'avoir été approuvés par la loi … Le Grand-Duc commande la force armée ; il déclare la guerre et la cessation de la guerre après y avoir été autorisé par un vote de la Chambre …

Art. 38. Le Grand-Duc a le droit de remettre ou de réduire les peines prononcées par les juges …

Art. 44. Le Palais Grand-Ducal à Luxembourg et le Château de Berg sont réservés à l'habitation du Grand-Duc.

Art. 45. Les dispositions du Grand-Duc doivent être contresignées par un membre du Gouvernement responsable. La Constitution du Grand-Duché de Luxembourg, Luxembourg 2013

M3 Le serment du Grand-Duc devant la Chambre des Députés (Art. 5)

Je jure d'observer la Constitution et les lois du Grand-Duché de Luxembourg, de maintenir l'indépendance nationale et l'intégrité du territoire ainsi que les libertés publiques et individuelles.

M4 Droits régaliens

Le Grand-Duc jouit de quelques prérogatives traditionnelles appelées « droits régaliens ». Parmi les prérogatives les plus importantes figure le droit de grâce. Cela signifie que le chef de l'État dispose du droit de remettre ou de réduire les peines prononcées par les juges. Néanmoins, la « Commission de grâce » donne son avis sur chaque demande en grâce avant que le souverain n'y statue, et après que la police ait fait une enquête. Toute personne condamnée à une peine peut adresser une demande en grâce au chef de l'État. Celui-ci a en outre le droit de battre monnaie, de conférer des titres honorifiques dans les ordres civils et militaires ainsi que des titres de noblesse.

M5 Questions fréquentes au sujet du Grand-Duc

- *Le Grand-Duc a-t-il le droit de vendre le Luxembourg ?* Non, la Constitution établit l'indivisibilité et le caractère invendable du pays.
- *À qui appartiennent les châteaux du chef de l'État ?* Les châteaux de Luxembourg et de Berg appartiennent à l'État et sont mis à la disposition du Grand-Duc mais ils ne peuvent être vendus.
- *Le Grand-Duc est-il rémunéré ?* Le chef de l'État reçoit une indemnité fixe, définie dans le budget de l'État.
- *Le chef de l'État doit-il être un homme ?* Non, depuis 2011, l'égalité entre hommes et femmes en matière de succession au trône a été introduite.
- *Le Grand-Duc participe-t-il aux élections ?* Étant donné qu'il se situe au-dessus des partis et qu'il se tient à l'écart de la politique, le chef de l'État renonce au droit de vote.

1 À l'aide de M1, décrivez les missions du Grand-Duc.
2 Quelle est la différence la plus marquante entre une république et une monarchie ?
3 Expliquez la notion de « monarchie constitutionnelle ».
4 Montrez dans quelle mesure la Constitution limite les droits du chef de l'État (M2). Quelle est la signification du serment que le Grand-Duc doit prêter devant la Chambre des Députés (M3) ? Pourquoi la prestation de serment a-t-elle lieu devant la Chambre des Députés ?
5 L'article 4 de la Constitution souligne l'inviolabilité de la personne du Grand-Duc : ce dernier ne peut être poursuivi par personne et on ne peut lui demander compte de ses actes. Dans quelle mesure cette disposition est-elle limitée par l'article 5 (M3) ?
6 Discutez. Selon vous, les régimes monarchiques sont-ils encore d'actualité au 21e siècle ?

8.11 Médias et associations

M1 Conférence de presse au ministère d'État

> La politique, c'est pop. Ça doit être POPulaire. Ça doit pouvoir se vendre. On vend de la politique de la même manière qu'on sort un treizième Boygroup sur le marché.
> *Extrait d'un journal des élèves*

> Les gens se laissent souvent influencer par les reportages dans les journaux et à la télévision.
> *Analyste de sondage*

> Des médias libres sont une composante indispensable dans une société démocratique.
> *Horst Pötsch, politologue*

> Des questions politiques complexes, il ne reste souvent dans les médias que des images amusantes de personnalités politiques. Le ministre en train de faire du vélo ou entouré de citoyens à l'inauguration d'une nouvelle caserne de pompiers.
> *Jürgen Falter, politologue*

L'importance politique des médias

L'expression de « quatrième pouvoir » souligne bien l'importance des médias dans une société démocratique. Ils rendent les décisions politiques plus compréhensibles en informant les citoyennes et les citoyens et en décryptant le contexte politique. De plus, ils jouent un rôle capital dans le contrôle des hommes et des femmes politiques, mettant à jour les cas de corruption et d'abus de pouvoir éventuels.

Afin de garantir la diversité du paysage médiatique, l'État luxembourgeois apporte un soutien financier aux journaux, sans pour autant en influencer le contenu. Certains journaux ne pourraient pas survivre si cette aide était supprimée.

Les politiques essayent de se montrer dans les mass media, dans les journaux, à la radio, à la télévision et de plus en plus sur Internet. Le public s'intéresse souvent davantage à l'apparence et aux loisirs des personnalités politiques qu'à leurs idées politiques. Certains critiques craignent que par le biais des médias, la politique ne finisse par être réduite à un simple divertissement.

1 Avec quelles affirmations de M1 êtes-vous d'accord ? Justifiez votre réponse.
2 Expliquez le sens de l'expression « quatrième pouvoir ». Qu'entend-on par cela ?
3 À votre avis, qu'est-ce qui permet à une personnalité politique de faire une apparition réussie dans les mass médias ? Relevez les différences entre télévision, internet, radio et journaux.
4 Discutez l'affirmation suivante : « Pour faire de la politique, il vaut mieux avoir un physique avantageux qu'un gros cerveau. »

8.11 Medien und Verbände

Associations et comités d'action

Pour défendre certains objectifs ou intérêts particuliers auprès des services administratifs ou des instances politiques, des individus ou des groupes s'associent. Plus le nombre de personnes ou le poids économique représenté est important, plus leur influence est grande. Parmi ces groupes d'intérêt on trouve aussi bien des organisations de défense de l'environnement, des associations sportives, que des organisations syndicales et patronales. Tous cherchent à plaider la cause de leurs intérêts auprès des responsables politiques du parlement et des gouvernements. C'est ce qu'on appelle le lobbyisme. Les comités d'action par contre sont en général constitués dans l'optique de poursuivre des objectifs concrets, comme la construction d'une voie de contournement, par exemple. Le plus souvent, ces comités se dissolvent lorsque leur objectif a été atteint.

M2 Quelques associations et comités d'action

Le comité d'action
(◇ die Bürgerinitiative) Rassemblement de citoyens visant à défendre un objectif particulier, organisé sur le plan local dans la plupart des cas, non partisan et dont la durée de vie est limitée.

M3 Lobbyistes

M4 La consommation de tabac au Luxembourg

Un bilan qui fait froid dans le dos. D'après la « Fondation Cancer », le nombre de fumeurs a à peine baissé au Luxembourg. L'enquête se rapportant à l'année 2010… montre que 24 % de la population luxembourgeoise fume ; contre 25 % les années précédentes (2009 à 2006). D'après cette enquête, les hommes seraient plus concernés par le tabagisme que les femmes (27 % d'hommes contre 20 % de femmes). Les personnes âgées de 25 à 34 ans fumeraient plus que la moyenne (30 %). Ce serait également le cas des jeunes âgés de 18 à 24 ans (29 %). Un aspect positif : la plupart des fumeurs (54 %) disent vouloir arrêter de fumer. 17 % aimeraient fumer moins souvent. 28 % des fumeurs représentent un noyau dur pour lequel il n'est pas question d'arrêter de fumer. Quant au tabagisme passif, l'enquête montre que 80 % de la population est gênée par la fumée passive à laquelle elle est exposée. 58 % des fumeurs sont même dérangés par leur propre fumée.

www.tageblatt.lu/wissen/gesundheit/story/14917254, 27 mai 2011 (10 juillet 2012), trad.

5 De quels types de groupe d'intérêt est-il question (M2) ? Utilisez l'Internet pour vous informer sur leurs objectifs et leurs intérêts.

6 Décrivez et expliquez la caricature (M3).

7 Analysez l'article (M4). Que souhaite atteindre la « Fondation Cancer » en publiant cette enquête ?

8 Discutez. Quels sont les arguments pour ou contre les groupes d'intérêt ?

9 Connaissez-vous des comités d'action au Luxembourg, ou dans votre entourage ? Cherchez des informations sur leurs objectifs et sur leurs méthodes.

8.12 En bref

Régime politique en vigueur au Luxembourg
- démocratie parlementaire
- monarchie constitutionnelle

Le chef de l'État – le Grand-Duc
- représente l'État et ses citoyens à l'intérieur et à l'extérieur
- promulgue les lois en y apposant sa signature
- a des missions à caractère essentiellement représentatif
- jouit de certaines prérogatives traditionnelles telles que le droit de grâce

Le législatif – la Chambre des Députés
- 60 députés, élus pour cinq ans
- le parlement fait les lois, surveille le travail du gouvernement et les dépenses de l'État
- les députés (parlementaires) bénéficient de l'immunité parlementaire, ils prennent des décisions en leur âme et conscience uniquement, et sont rémunérés pour leur activité
- les sessions sont publiques

L'exécutif – le gouvernement
- est constitué du Premier ministre (chef du gouvernement) et des ministres
- est chargé d'exécuter les lois
- doit s'appuyer sur une majorité de députés
- une coalition gouvernementale est soutenue par plusieurs partis ayant formé une coalition

Le judiciaire – les cours et tribunaux
- sont chargés de juger si la loi a été enfreinte ou non et, le cas échéant, de condamner le coupable
- tranchent en cas de conflit
- il existe plusieurs types de juridictions exerçant différentes compétences
- la Cour Constitutionnelle statue sur la conformité des lois à la Constitution

Partis et élections législatives
- pluralité des partis
- les députés sont élus tous les cinq ans par les Luxembourgeois âgés de plus de 18 ans
- les élections sont universelles, libres et obligatoires
- les partis présentent des listes de candidats
- la campagne électorale sert de publicité pour les personnalités politiques et pour les partis

Procédure législative
- initiative : gouvernement ou Chambre des députés
- le Conseil d'État est, entre autres, chargé d'émettre des avis
- discussion et vote des députés
- signature et promulgation par le Grand-Duc et les ministres compétents
- publication du texte de loi au Mémorial

8.12 Das Wichtigste auf einen Blick

Maîtriser des savoirs (◇ Sachkompetenz)
1. Expliquez les expressions suivantes : État, démocratie et Constitution.
2. Nommez les institutions les plus importantes du Luxembourg.
3. Décrivez le déroulement des élections législatives.
4. Relevez et résumez les principes fondamentaux inscrits dans la Constitution.
5. Pourquoi les médias sont-ils qualifiés de « quatrième pouvoir » ?
6. Dans une démocratie représentative, à quelle occasion le citoyen a-t-il la possibilité d'y participer ?

Utiliser des méthodes (◇ Methodenkompetenz)
7. Analysez l'affiche électorale.
8. Interviewez un député.
9. Faites un schéma pour illustrer la séparation des pouvoirs.

Juger et agir (◇ Urteils- und Handlungskompetenz)
10. D'après l'Eurobaromètre (août 2011), au Luxembourg, 77 % des interrogés accordent leur confiance au gouvernement contre 62 % au parlement.
    À votre avis, comment cette différence s'explique-t-elle ? Ces données reflètent-elles également votre état d'esprit ?
11. Vous vous présentez en tant que candidat au « Comité des élèves » ? Établissez un programme électoral et créez une affiche de campagne.
12. Rédigez une pétition et déposez-la.
13. Les groupes d'intérêt sont-ils un danger pour la démocratie ou représentent-ils au contraire un moyen politique nécessaire ? Justifiez votre réponse.

Caricatures sur le thème de la politique et des médias

9 Vivre dans un État de droit

1. Le Code de la Route fixe les règles de la circulation, p. ex. les limitations de vitesse
2. La loi interdit de fumer dans des bâtiments publics (p. ex. les écoles) et dans les lieux publics (p. ex. les restaurants, cafés).
3. Au Luxembourg, la scolarité est obligatoire, de 4 ans à 16 ans. La période d'obligation scolaire porte sur 11 années.
4. La loi protège les auteurs et les artistes en interdisant de télécharger illégalement de la musique ou des films sur internet.
5. Les salariés ont un droit de congé et de repos ; c'est pourquoi, en règle générale, il est interdit de laisser ouvert un commerce en permanence.
6. Les communes perçoivent annuellement une taxe sur les chiens de 10 euros minimum. Il existe aussi des lois contre les mauvais traitements envers les animaux.

Leben in einem Rechtsstaat

Le droit est un système de règles qui s'appliquent à tout le monde. Ignorer la loi n'est pas une excuse. Des lois organisent la vie communautaire de façon à ce qu'aucun conflit ne survienne ou que les différends soient réglés de manière pacifique.

Les lois et les réglementations sont fixées par l'État ou la commune. Si elles ne sont pas respectées, seul l'État a le droit de prendre des sanctions. Cela signifie que la justice a pour mission de constater des infractions à la loi et de les sanctionner si nécessaire.

1 Décrivez la grande photo. Qu'est ce qui est réglé par les lois et les règlements ? Cherchez d'autres exemples où l'État ou la commune fixent des réglementations.

2 Imaginez à quoi ressemblerait la société sans droit ni loi ?

COMPÉTENCES VISÉES

Maîtriser des savoirs (◇ Sachkompetenz)
- Expliquer dans quelle mesure le Luxembourg est un État de droit
- Connaître chaque domaine du droit et classer des exemples de cas
- Connaître les instances judiciaires et nommer les arrondissements judiciaires
- Expliquer comment le statut juridique change en fonction de l'âge
- Connaître les principes importants lors de la signature d'un contrat

Utiliser des méthodes
(◇ Methodenkompetenz)
- Organiser une visite au tribunal d'instance
- Faire une interview avec un expert, évaluer et présenter les résultats

Juger et agir
(◇ Urteils- und Handlungskompetenz)
- Débattre sur la nécessité et le caractère juste des sanctions
- Être en mesure de s'informer concernant les questions juridiques et de se procurer de l'aide en cas de besoin

7 Dessiner des graffitis sur des propriétés privées ou publiques est considéré comme du vandalisme.

8 Il est interdit de jeter des déchets par terre ou dans la nature.

9 La loi réglemente les droits et les devoirs des locataires d'un appartement.

9 Vivre dans un État de droit

9.1 L'État de droit

Dans un État de droit, tout ce que l'État et ses institutions font est soumis aux règles de la Constitution et aux lois. Les droits des citoyens sont protégés par l'État. Le contraire d'un État de droit est une dictature où ces droits ne sont pas garantis.

M1 « Dans un État de droit … »

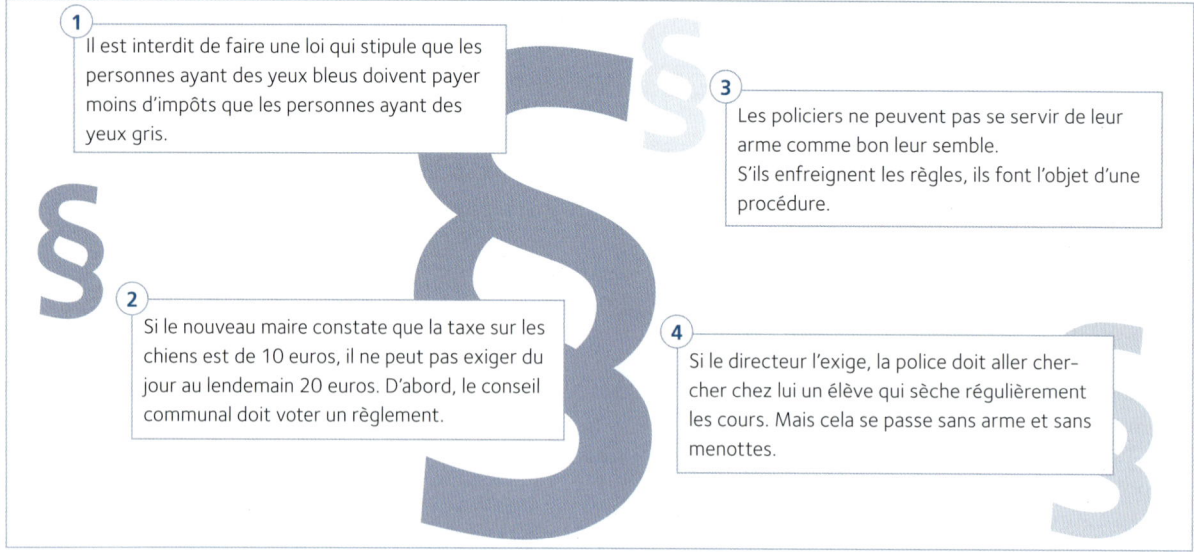

1 Il est interdit de faire une loi qui stipule que les personnes ayant des yeux bleus doivent payer moins d'impôts que les personnes ayant des yeux gris.

2 Si le nouveau maire constate que la taxe sur les chiens est de 10 euros, il ne peut pas exiger du jour au lendemain 20 euros. D'abord, le conseil communal doit voter un règlement.

3 Les policiers ne peuvent pas se servir de leur arme comme bon leur semble. S'ils enfreignent les règles, ils font l'objet d'une procédure.

4 Si le directeur l'exige, la police doit aller chercher chez lui un élève qui sèche régulièrement les cours. Mais cela se passe sans arme et sans menottes.

PZ, no 15. éd.: Bundeszentrale für politische Bildung. Bonn, p. 7 sqq. (trad.).

M2 Les principes de l'État de droit

A. Soumission à la loi : Chaque citoyen, mais aussi chaque institution publique doit se soumettre au droit et tenir compte des lois.
B. Égalité devant la loi : Tous les hommes sont égaux devant la loi. Personne ne doit être privilégié ou défavorisé.
C. Sécurité juridique : Chaque citoyen doit pouvoir compter sur la validité du droit et savoir ce qui est autorisé et interdit. Les lois doivent être formulées le plus clairement possible et ne pas se contredire. On peut uniquement être sanctionné sur la base d'une loi.
D. Principe de proportionnalité : La justice doit tenir compte des conditions de vie de chaque personne, p. ex. des revenus lors de la fixation des amendes. Un petit délit ne doit pas être sanctionné autant qu'un grand crime.
E. Droit d'accès à la voie judiciaire : Chaque citoyen qui estime que ses droits ne sont pas respectés, peut s'adresser à la justice.
F. Indépendance des juges : Les décisions des juges doivent être conformes aux lois. Aucun politicien, aucune autorité n'a le droit de leur donner des directives ou bien d'essayer d'influencer le verdict d'un procès.
G. Les lois et la Constitution : Les députés de la Chambre font les lois mais ils doivent respecter la Constitution.
Par exemple, ils ne peuvent pas faire une loi introduisant la peine de mort. Cela ne serait pas en accord avec la Constitution.

9.1 Der Rechtsstaat

M3 Les missions du droit

L'État de droit assure la paix intérieure
- Si nécessaire, les litiges sont réglés par les tribunaux.
- Seuls les pouvoir publics peuvent faire usage de la violence (p. ex. la police). La violence privée est interdite, sauf dans les cas de légitime défense. L'État a le monopole de la force.

L'État de droit réglemente la vie en communauté
Le législateur et la justice doivent réagir aux conditions générales de la société, celles qui existent et celles qui évoluent, p. ex. :
- La loi sur la réglementation du travail protège les droits des salariés et des employeurs ;
- Les lois sur la formation professionnelle veillent à l'égalité des chances.

L'État de droit protège ses citoyens
- Les pouvoirs législatif, exécutif et judiciaire doivent respecter la dignité humaine.
- La liberté des uns s'arrête là où commence celles des autres, p. ex. le droit

d'exprimer ses opinions est limité par le droit à l'intégrité de chaque individu. Les insultes, le harcèlement moral ou la diffamation sont passibles de sanctions.
- Tant que l'accusé n'est pas jugé par un tribunal, il jouit de la présomption d'innocence (<> die Unschuldsvermutung).

La police a-t-elle le droit…
- … de faire usage de violence ? Uniquement dans les cas de légitime défense et de la protection d'une tierce personne.
- … d'exiger la présentation de la carte d'identité ? Il suffit de dire son nom, son âge et son adresse.
- … de passer des tests toxicologiques et d'alcoolémie ? Oui, sur ordre du parquet, en cas de suspicion, sur indication d'un tiers et lors d'un accident de la route avec des blessés.
- … de pénétrer dans un appartement ? Uniquement avec un mandat de perquisition ou en cas de flagrant délit.

1 Expliquez le rapport entre les exemples dans M1 et le droit dans un État.
2 Classez les exemples donnés (M1) selon les principes de l'État de droit (M2).
3 Expliquez le dessin M3.
4 « Le monopole de la force fait obstacle à la loi du plus fort ». Expliquez ce propos avec vos propres mots.
5 Créez un article d'une encyclopédie sur le sujet « L'État de non-droit ». Citez des exemples.

9.2 Les branches du droit

Le droit se divise en deux grandes branches : le droit privé et le droit public.

Le **droit privé** traite entre autres les conflits. Les personnes privées sont égales devant la loi. Un tribunal indépendant décide qui est la victime et qui est le coupable, il fixe aussi le montant des dommages et intérêts à verser par le coupable. Les plaintes sont déposées, non par l'État, mais par les personnes privées.

Le **droit public** traite les rapports entre les citoyens et l'État. Il s'agit ici de trouver un équilibre entre les intérêts des particuliers et l'intérêt de la communauté (intérêt général). On distingue différents cas litigieux, soumis chacuns à une autre procédure.

Les cas sont souvent compliqués et peuvent se rapporter à plusieurs branches du droit. Par exemple, si une personne blesse quelqu'un lors d'un excès de vitesse, elle fera l'objet d'une poursuite devant une juridiction pénale. Si la personne blessée exige des dommages et intérêts, elle peut porter plainte pour dégâts matériels et moraux.

M1 Différents cas litigieux

Droit pénal	Délits	p.ex. infraction au Code de la route, diffamation, mauvais traitement envers les animaux, vol, meurtre
Droit civil	Conflits entre personnes privées	p.ex. factures impayées, questions de dommages et intérêts, questions de partage des biens lors d'un divorce, différends entre propriétaires et locataires, cas d'héritage
Droit commercial	Conflits entre commerçants ou entre clients et commerçants	p.ex. rupture de contrat, faillite, concurrence déloyale
Droit du travail et droit social	Conditions de travail, assurances sociales	p.ex. licenciements, congés, discrimination, droit à l'aide sociale
Droit administratif	Plaintes de particuliers contre l'État	p.ex. autorisation de bâtir
Droit constitutionnel	Contradictions entre les lois et la Constitution	p.ex. protection des droits fondamentaux

M2 En droit pénal, selon la gravité du cas, on parle de …

- La contravention (◇ die Übertretung) : légère infraction au Code de la route, infraction envers la paix publique etc. Le tribunal de police peut infliger des amendes allant jusqu'à 250 euros.
- Le délit (◇ das Vergehen) : vol, fraude, mauvais traitements des animaux, infraction grave au Code de la route, coups et blessures etc. En principe, les chambres correctionnelles des tribunaux d'arrondissement peuvent infliger des peines allant jusqu'à 5 ans de prison ou des amendes à partir de 251 euros.
- Le crime (◇ das Verbrechen) : homicide, meurtre, vol à main armée, incendie criminel etc. La chambre criminelle du tribunal d'arrondissement peut, en principe, prononcer des peines de prison de plus de 5 ans. Depuis l'abolition de la peine de mort en 1979, la peine maximale est la réclusion à perpétuité.

9.2 Die Bereiche des Rechts

M3 La justice au quotidien

VIN
Un homme assoiffé attaque un magasin

MARTELANGE/RAMBROUCH – Jeudi après-midi, le rayon de vin d'un supermarché a été dévalisé. Le voleur a fui avec plusieurs bouteilles.

Tageblatt.lu, 19 avril 2012 (10.5.2012), trad.

La police a verbalisé 122 excès de vitesse en juin

LUXEMBOURG – La police grand-ducale a procédé à 327 contrôles routiers au mois de juin et dressé une contravention à 248 automobilistes. Les fonctionnaires ... ont distribué aux automobilistes un dépliant rappelant le nouveau barème du permis à points.

L'essentiel online du 26 juin 2015 (28.02.2016)

Faillite Imprimerie Faber:
« 75 salariés sur le carreau »

MERSCH – La grande majorité des 75 salariés, licenciés de fait suite à la faillite, ont assisté à une réunion d'information de l'OGBL quant aux formalités à remplir pour toutes les indemnités.

wort.lu du 3 novembre 2015 (05.02.2016)

Lëtzebuerg
Deux accidents, deux fois l'alcool en cause

Un automobiliste a dérapé et fait un tonneau avec sa voiture.

(jw) Dans la nuit de vendredi à samedi, 2 personnes ont été blessées dans deux accidents de voiture dans la région de Mersch. Selon le rapport de la police, l'alcool en est la cause dans les deux cas. Le premier accident a eu lieu vers 3.45 sur la A7, près de Colmar-Berg.

Trois hommes blessés au couteau

Une rixe survenue dans l'avenue de la gare a fait trois blessés, dont deux graves. L'incident s'est déroulé vers 18h30 mardi en début de soirée. Au cours de la dispute, l'un des individus a brandi son couteau. Il a réussi à en blesser trois autres. Deux ont été grièvement blessés. Ils ont été amenés à l'hôpital. La police vient de lancer un appel à témoins. Ils sont priés de se rendre au commissariat de proximité à la gare ou d'appeler au 2442-9500 ou au 113.

wort.lu du 3 février 2016 (11.3.2016)

wort.lu du 4 mars 2012 (10.5.2012), trad.

1. Quels intérêts défend le droit privé ? En quoi se différencie-t-il du droit public ?
2. Nommez des exemples des branches du droit public et du droit privé.
3. Décidez à quelle branche les cas présentés appartiennent (M3). Débattez les décisions qu'un tribunal pourrait prendre. Si vous préparez une visite d'une cour de justice, vous pouvez demander au juge son estimation.
4. Cherchez d'autres articles de presse et classez les selon les branches du droit.
5. Tous les procès devraient se dérouler en audience publique. Discutez.

9.3 Les juridictions

M1 La Cité judiciaire à Luxembourg

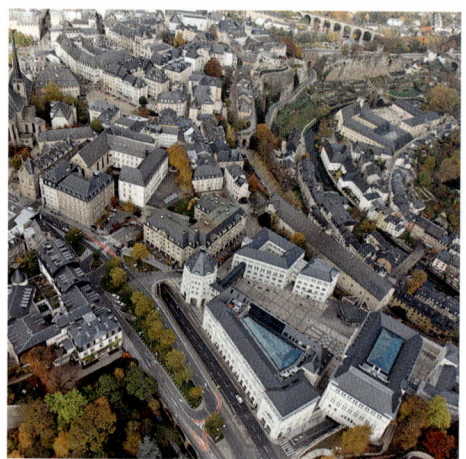

Un voleur doit passer devant le tribunal. Une personne qui rompt un contrat doit payer des dommages et intérêts. Un citoyen réclame une augmentation de sa retraite. Quel est le tribunal compétent pour chacun de ces cas ? La juridiction veut dire que des tribunaux jugent en fonction du droit en vigueur. Ils infligent des sanctions et décident dans les cas de litige. Si une personne n'est pas d'accord avec le jugement, elle peut faire appel. On parle alors d'un procès d'appel (◇ der Berufungsprozess). L'appel se fait à la prochaine instance de la hiérarchie judiciaire.

À côté des tribunaux nationaux, des tribunaux européens sont compétents dans des cas spéciaux, p. ex. la Cour européenne des Droits de l'Homme à Strasbourg (en cas de violation des droits de l'homme) ou la Cour de justice de l'Union Européenne (en cas de violation du droit européen).

M2 Les lieux de justice

On ne peut pas choisir le tribunal devant lequel on doit passer. En général :
- Dans les cas de litiges privés, le lieu de domicile de l'accusé est déterminant.
- Dans le cas de procès pénaux, le lieu du crime est déterminant.

Les justices de paix
Elles se trouvent tout en bas de la hiérarchie judiciaire. Elles traitent les affaires de moindre importance.

Les tribunaux d'arrondissement
Ils sont compétents pour toutes les autres affaires et les affaires civiles. Dans le cadre de la procédure d'appel, ils décident sur les jugements émis par les tribunaux de paix.

M3 Quel est le tribunal compétent ?

a) Julie S. a été expulsée sans préavis de son appartement à Limpertsberg. Sa propriétaire ne lui a pas donné de raison.
b) Jean P. a été pris en flagrant délit de cambriolage à Dudelange.
c) Christophe a été arrêté à Mersch. Il roulait à 65 km/h.
d) Monsieur Martin n'est pas d'accord avec son avis d'imposition.
e) Monsieur et Madame Schmidt divorcent. Leur dernier domicile se trouvait à Diekirch.
f) Deux voisins se disputent à Echternach sur la limite de leurs terrains.
g) José a été renvoyé pour faute grave (◇ die schwere Verfehlung). Il n'est pas d'accord. Son poste se trouvait à Hesperange.
h) Marie n'est pas d'accord avec le jugement du tribunal de police d'Esch-sur-Alzette.

9.3 Die Rechtsprechung

M4 Différents tribunaux au Luxembourg

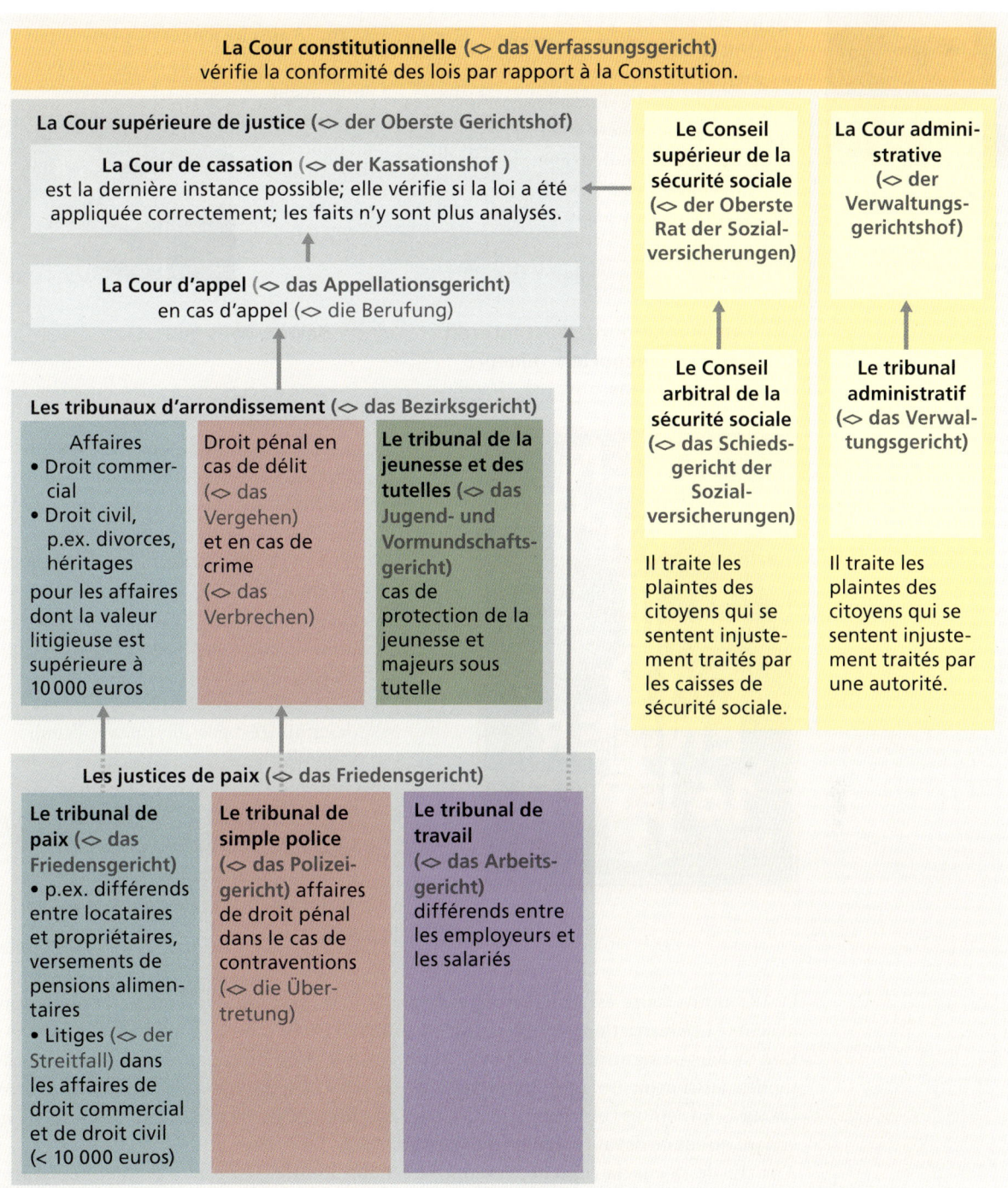

1 Résumez le rôle des tribunaux.
2 Quel est la différence entre le tribunal de paix et le tribunal d'arrondissement ?
3 Comment se fait-il qu'un autre verdict puisse tomber lors d'une procédure d'appel ?

9.4 Enfin majeur !

M1

Kevin, 35 ans : pour mes 18 ans, mon grand-père m'a offert sa montre. Elle appartenait à son père, qui la lui avait offerte à sa majorité. Il avait déjà 21 ans. J'aurais bien sûr préféré recevoir une voiture mais aujourd'hui, je suis content du cadeau qu'il m'a donné. J'ai aimé mon 18e anniversaire. D'abord, j'ai trinqué avec ma famille, ensuite j'ai fait la fête avec mes amis. Enfin, je me suis senti libre et adulte.

M2 L'achat d'une voiture à 18 ans

Avant 18 ans, les jeunes ne peuvent pas exercer leurs droits, ils ne peuvent par conséquent pas signer un contrat d'achat de voiture.

M3 Au Luxembourg, il est interdit de vendre de l'alcool aux mineurs de moins de 16 ans

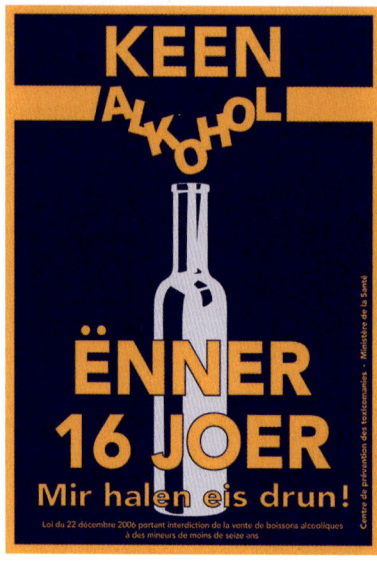

M4 Saviez-vous que ...

- la vente de cigarettes à des jeunes en dessous de 16 ans est interdite ?
- une loi interdisant les piercings et les tatouages sur des mineurs sans l'autorisation des parents est en voie d'élaboration ?
- l'entrée dans les bars et les discothèques est autorisée à partir de 16 ans ? En dessous de 16 ans, cela est seulement possible accompagné par les parents ou les tuteurs légaux.
- pour les mineurs, habiter seul ou avec des amis n'est possible qu'avec l'autorisation des parents ? Dans ce cas, le contrat de location doit être signé par les parents ou les tuteurs légaux.
- les parents sont responsables des délits de leurs enfants car ils sont liés par le devoir de surveillance prescrit par la loi.

Le 18e anniversaire est quelque chose de particulier pour tous les jeunes : ils sont enfin majeurs ! Les restrictions valables pour les mineurs (◇ der/die Minderjährige) s'arrêtent. Être majeur ne signifie pas seulement avoir enfin le droit de conduire une voiture ; cela signifie aussi avoir un autre statut vis-à-vis de la loi. On atteint la responsabilité pénale (◇ die Strafmündigkeit). Après 18 ans, on n'est plus jugé par le tribunal de jeunesse mais en tant qu'adulte devant le tribunal compétent.

À partir de 18 ans, la capacité d'exercice n'est plus limitée. On peut à présent non seulement faire toutes sortes d'achats mais aussi signer des contrats.

La capacité de jouissance des droits signifie avoir des droits mais aussi des devoirs. Dès la naissance, chacun jouit des droits fondamentaux. Les enfants peuvent déjà recevoir un héritage. Les parents exercent les droits des enfants dans l'intérêt de ceux-ci.

9.4 Endlich 18!

M5 Le statut juridique en fonction de l'âge

4 ans	début de l'obligation scolaire
10 ans	droit de rouler sur la route en vélo
12 ans	droit d'ouvrir un compte avec l'autorisation des parents
15 ans	droit de commencer un apprentissage et d'avoir un job d'été
16 ans	fin de la scolarité obligatoire après 11 années d'études. Il est possible de passer le permis de conduire pour les catégories A1 et A3 et de se rendre, sans être accompagné, dans un débit de boissons.
17 ans	conduite accompagnée
18 ans	majorité, permis de conduire, obligation de verser des dommages et intérêts en cas de délit, capacité d'exercice, majorité pénale, majorité matrimoniale, droit de vote passif et actif

M6 Que peut-il se passer de grave ?

- Une fois de plus, Bruno (16) a été pris sur le fait, en train de vendre de la Marijuana. Avec ses recettes, il finance sa propre consommation. Depuis trois ans, il consomme régulièrement de la drogue en plus de l'alcool. Le juge des mineurs ordonne une cure de désintoxication et 40 heures de travail d'intérêt général dans une maison de retraite. S'il recommence ou s'il ne respecte pas le jugement, une mesure éducative peut s'ensuivre comme p. ex. le placement dans un foyer d'éducation.
- Mike (17) et Jenny (14) sont en couple depuis peu. Mike habite avec sa grand-mère et a eu plusieurs fois des ennuis avec la justice. Il est passé deux fois devant le tribunal pour vol, dégradation de matériel et bagarres. Sous l'influence de son nouveau compagnon, Jenny sèche l'école régulièrement. Un jour, ils sont pris en flagrant délit de cambriolage. Comme Mike est depuis longtemps connu des services de police et que sa grand-mère est surmenée par son éducation, le juge décide de la placer dans un foyer d'éducation. Comme Jenny n'avait jamais commis de délit auparavant et qu'elle vient d'une famille stable, elle a reçu un avertissement de la part du juge. Privée de sortie par ses parents depuis l'incident, elle fréquente l'école régulièrement.

1 Jugez les cas (M5) :
  a) Frank (17 ans) s'intéresse au travail du conseil municipal. A-t-il le droit de se présenter aux élections ?
  b) Andy (15 ans) achète un vélo pour 1 000 euros. Il négocie un paiement échelonné avec le vendeur (80 euros par mois).
  c) Léna (13 ans) travaille l'été comme serveuse dans un café.
  d) Marc (5 ans) vend sa console de jeux à Guido pour deux euros sans que ses parents le sachent.
  e) Michel (16 ans), trésorier du FC UNION SPORTIVE de Rameldange, a perdu l'argent des recettes de la tombola en jouant au casino.

2 Expliquez les termes suivants avec vos propres mots : capacité de jouissance des droits civiques, capacité d'exercice, majorité pénale.

3 Pourquoi y-a-il des tranches d'âge dans le droit ?

4 Est-ce-que la justice devrait être plus sévère avec les jeunes délinquants (M6) ? Débattez.

5 Formez deux groupes et faites un débat. Le premier groupe argumente pour la majorité à 16 ans, l'autre veut la retarder à 21 ans.

9.5 Le procès
Das Gerichtsverfahren

Le déroulement d'un procès

Une procédure judiciaire est soumise à des règles très strictes, qui sont les mêmes pour tous. Lors d'un procès pénal, les personnes sont accusées par l'État, parce qu'ils ont violé la loi. Dans le cas d'un délit ou d'un crime (p. ex. vol, trafic de drogue, dommages corporels) le parquet ordonne une enquête. Le juge d'instruction (◇ der Untersuchungsrichter) rassemble des éléments prouvant la culpabilité ou l'innocence d'un suspect. S'il considère que ce dernier risque de s'enfuir, il peut le mettre en détention préventive (◇ die Untersuchungshaft). Si les preuves sont suffisantes, il est accusé et un procès a lieu.

Normalement, les procès sont publics. L'avocat représente l'accusé et le défend. Il tente de prouver l'innocence de son client ou de trouver des circonstances atténuantes afin de réduire sa peine. Après que l'accusé, les témoins et les experts ont été entendus, vient le plaidoyer de la défense, le cas échéant l'avocat de la victime (partie civile) et pour finir le procureur. Les juges se retirent, se concertent et prononcent le verdict.

Ils infligent des sanctions et éventuellement fixent le montant des dommages et intérêts qui doivent être versés à la partie civile. Jusqu'au verdict, l'accusé est considéré comme innocent. Si des doutes subsistent quant à la culpabilité de l'accusé, il doit être acquitté.

Le casier judiciaire (◇ das Strafregister) Les condamnations pénales sont inscrites dans le casier judiciaire. Un extrait du casier judiciaire doit être présenté dans certaines circonstances (p. ex. dans le cas de la recherche d'un emploi).

M1 Combien coûte un procès ?

Exemple :
J. M. a été impliqué dans une bagarre en été 2015. Il a cassé deux dents d'une personne. J. M. a avoué. Les coûts suivants peuvent être à sa charge :

Les coûts de procès :	200 euros
Coûts d'avocat :	1 500 euros
Amende :	1 000 euros
Dommages et intérêts :	3 000 euros
Expertises :	1 000 euros
Total des coûts :	**6 700 euros**

M2 Salle d'audience

❶ 3 Juges/3 Richter
❷ Greffier/Gerichtsschreiber
❸ Avocat de l'accusé/Anwalt des Angeklagten
❹ Avocat de la partie civile/Anwalt des Nebenklägers
❺ Témoins/Zeugen
❻ Procureur d'État/Staatsanwalt
❼ Accusé/Angeklagter

MÉTHODE   Interroger un expert

▶ **LE SUJET**

Interroger des experts est une manière efficace d'obtenir des informations.

▶ **LE DÉROULEMENT**

1. **Préparation**
   - Définissez qui vous voulez interroger (juge, procureur, avocat).
   - Quel est son rôle dans un procès ?
   - Notez les questions que vous voulez poser à l'expert.

2. **Plan et mise en œuvre**
   - Prenez contact avec l'expert, expliquez-lui votre démarche et fixez un rendez-vous et un lieu pour une interview.
   - Définissez qui se chargera de poser les questions et dans quel ordre. Décidez comment vous voulez prendre note des réponses (p. ex. par écrit, enregistrement avec un appareil audio)
   - Faites l'interview.

3. **Évaluation et présentation des résultats**
   - Évaluez l'interview et présentez les résultats (p. ex. sous forme d'un petit lexique).

Palais de justice à Diekirch

M3 Exemple pour la préparation de l'enquête auprès d'experts

Préparation
1. *Chercher les experts de votre arrondissement dans l'annuaire téléphonique ou sur Internet*
2. *Chercher et rassembler des articles de journaux sur les procès actuels.*
3. *Brainstorming sur le thème « Juger et sanctionner » : émissions de télévision rediffusant des procès, différences entre les tribunaux luxembourgeois et américains etc.*

L'expert peut expliquer des termes juridiques importants. Renseignez-vous sur les termes suivants :
Assistance judiciaire
Service d'accueil et d'information juridique
Casier judiciaire
Appel
Sursis
…

1. Cherchez la signification des termes suivants : juge, juge d'instruction, parquet, détention provisoire, défense, présomption d'innocence. Quelles sont les termes allemands pour ces expressions ?
2. À l'aide de M2, énumérez tous ceux qui participent à un procès. Qui a quel rôle dans une salle d'audience ?
3. Sur un axe du temps, inscrivez le déroulement d'une procédure judiciaire.
4. À votre avis, pourquoi les procès sont-ils publics ?
5. Expliquez pourquoi l'accusé est toujours considéré comme innocent jusqu'à ce que sa culpabilité soit établie.

9.6 La délinquance juvénile

Caricature : G. Mester

Caricature : Plaßmann

Caricature : Plaßmann

M2 La délinquance juvénile par catégories d'infractions.

L'analyse prend en compte les auteurs jusqu'à l'âge de 24 ans inclus (< 25). Ainsi, en 2014, les auteurs de moins de 25 ans ont commis 106 cambriolages, ce qui équivaut à 37,6 % de tous les cambriolages.

Groupes de catégories (avec tentatives)	2010 auteurs < 25 (%)	2012 auteurs < 25 (%)	2014 auteurs < 25 (%)
vols avec violence	116 (64,1)	125 (49,8)	143 (52,2)
cambriolages	140 (59,3)	73 (32,4)	106 (37,6)
vols liés aux véhicules	97 (56,4)	54 (40,9)	70 (51,9)
autres vols	851 (44,4)	831 (38,6)	883 (38,7)
affaires de vandalism	599 (49,0)	552 (38,4)	505 (34,3)
violences envers les personnes	1242 (32,0)	1543 (27,3)	1573 (24,4)
atteintes aux mœurs	67 (25,9)	74 (24,4)	104 (30,2)
affaires de stupéfiants	1850 (52,7)	1898 (52,3)	2491 (45,7)
divers	262 (54,1)	157 (37,1)	174 (40,2)
Total:	5224 (44,0)	5307 (37,4)	6049 (35,4)

Rapport d'activité 2014 de la Police grand-ducale (www.police.pubic.lu, 28.2.2016)

9.6 Jugendkriminalität

L'éducation avant la sanction

Lorsque l'on a commis un délit grave, on doit en assumer la responsabilité – cela est valable autant pour les jeunes que pour les adultes. La loi prévoit une procédure spéciale pour les délinquants mineurs, dans laquelle l'éducation est au premier plan et où la sanction joue seulement un rôle secondaire. Au Luxembourg, ces procédures se basent sur la loi relative à la protection des mineurs de 1992.

M3 La loi relative à la protection des mineurs au Luxembourg

Mesures de protection
- Placement dans une famille d'accueil
- Placement dans un centre socio-éducatif (p. ex. Dreiborn pour les garçons, Schrassig pour les filles) ou la prise d'une mesure de garde
- Mesures spéciales, p. ex. aide aux toxicomanes, thérapie d'anti-agressivité, cure de désintoxication

La réprimande (◇ die Verwarnung)

Les œuvres philanthropiques (◇ die Sozialstunden) p. ex. 40 à 120 heures de travail dans une maison de retraite

Le retrait de permis (dans le cas d'infraction au Code de la Route)

Réclusion
Le juge des mineurs a aussi la possibilité de remettre l'affaire au tribunal d'arrondissement. Le mineur y sera traité de la même manière qu'un adulte et pourra aussi être condamné à une peine de prison.

Particularités
Les séances du tribunal de la jeunesse (◇ das Jugendgericht) ne sont pas publiques. Les mesures prises par le tribunal de la jeunesse ne sont pas inscrites au casier judiciaire.

---

1 Racontez si – et sous quelle forme – vous avez fait l'expérience de la criminalité. Qui a été témoin ou victime d'un délit ?

2 Pourquoi les jeunes deviennent-ils criminels ? Commentez les caricatures dans M1.

3 À l'aide de M2, expliquez l'ampleur de la délinquance juvénile au Luxembourg.

4 Pourquoi existe-t-il une législation particulière pour les mineurs ?

5 Le tribunal de jeunesse a plusieurs possibilités de sanctions pour les jeunes délinquants. Faites une liste de ces sanctions. Quels sont les effets attendus d'une sanction ?

9.7 Des sanctions justes ?

Les sanctions – un monopole de l'État

Les peines servent à dissuader et à réparer des dommages. Mais en premier lieu, elles ont pour but de sanctionner un mauvais comportement. En Europe, les punitions corporelles furent longtemps appliquées et jusqu'au 20e siècle, même la peine de mort. Aujourd'hui, l'État applique comme mesures de sanction en cas d'infraction à la loi des peines de détention ou des amendes. Pour les délits moins graves ou lorsqu'il s'agit d'un délinquant primaire, les accusés peuvent bénéficier d'un sursis (<> die Bewährung).

Dans beaucoup de pays non européens, la peine de mort existe toujours. Amnesty International estime que chaque année, plusieurs milliers d'exécutions ont lieu ; en 2015, 28 personnes ont été exécutées aux États-Unis et des milliers en Chine. Au Luxembourg, la dernière condamnation à mort a été exécutée en 1948. La peine de mort a été abolie au Luxembourg en 1979. Le code pénal prévoit des peines de prison et des amendes. Les condamnés doivent purger leur peine privative de liberté au centre pénitentiaire de Schrassig. Afin de préparer leur réintégration, les condamnés peuvent aussi être placés dans la prison semi-ouverte de Givenich. Là, il y a par exemple la possibilité de pratiquer dans la journée une activité professionnelle normale. Cela est également possible grâce au bracelet électronique introduit en 2011.

M1 Sanctions : ❶ Chaise électrique aux États-Unis ❷ Prison à Schrassig ❸ Condamnés exhibés devant la foule en Chine ❹ Détenus dans une prison américaine ❺ Condamnation à des coups de fouet en Indonésie

9.7 Gerechte Strafen ?

M2 Différents avis sur le thème « Sanctions justes »

Avis 1

Danièle O., 43 ans, victime d'une attaque à main armée, qui lui a valu plusieurs fractures et un traumatisme crânien :
« L'homme qui m'a fait cela a été condamné à 3 ans et demi de prison. Je n'arrive pas à comprendre ! Lorsqu'il sortira - peut-être même qu'il n'aura pas besoin de purger sa peine jusqu'au bout - il continuera à vivre normalement. Je ne pourrai plus jamais vivre normalement. Je pense que l'on devait enfermer les criminels plus longtemps. Mais ils peuvent même commencer une formation professionnelle en prison. »

Avis 2

Pierre K., 41 ans, assistant social :
« Nous ne pourrons pas garantir aux anciens condamnés un retour sans problème à la liberté. Afin d'éviter la récidive, ils ont besoin d'un emploi, ils doivent, si possible sortir de leur ancien milieu et ils doivent pouvoir vivre de manière indépendante. Pour cela, le condamné a besoin d'aide. Le délinquant a payé sa faute en accomplissant sa peine. »

Avis 3

Kim P., 20 ans, condamné à 4 ans de prison pour coups et blessures à plusieurs reprises.
« Au début, cela était très difficile en prison. Je ne me suis jamais habitué à être enfermé. On n'a plus le droit de faire ce qu'on veut, et on n'est jamais seul. On n'a plus de téléphone portable et le courrier personnel est contrôlé. Je n'avais pas de vrais amis en prison, là-bas c'est chacun pour soi. Tous ceux qui disent « C'est comme les vacances » peuvent venir passer quelque temps en prison. Quand les portes se ferment le soir, c'est fini les vacances ! »

1. Pourquoi l'État de droit a-t-il besoin de sanctions ? Qui peut infliger des peines ?
2. La plupart des États du monde ont aboli la peine de mort ou n'y ont plus recours. Elle est cependant encore pratiquée dans 22 pays du monde. Rassemblez des arguments pour et contre la peine de mort.
3. Expliquez pourquoi la victime de M2 n'est pas satisfaite avec la sanction du coupable.
4. Pourquoi un détenu doit-il être préparé à sa remise en liberté?
5. Débattez sur les thèmes suivants :
   - Aujourd'hui, la resocialisation d'un criminel est un fondement important de l'État de droit.
   - La prison, c'est comme en vacances.
   - Il n'y a pas de sanction juste.

9.8 Les contrats

M1 Les formes de contrat

Chaque jour, nous passons des contrats, en achetant du pain à la boulangerie ou en téléchargeant de la musique. Un contrat (◇ der Vertrag) est un accord passé entre des personnes, des entreprises, des organisations ou des institutions. Les contractants s'engagent à vendre une chose, à l'emprunter, à la louer, ou bien à faire tout autre chose, comme p. ex. se marier, souscrire une assurance, louer un appartement.

Un contrat peut être oral (p. ex. accord par une poignée de main, un signe de tête) ou écrit. En cas de litige, il est quasiment impossible de prouver des contrats oraux devant la justice. C'est pour cette raison que la loi prévoit que les contrats immobiliers (achat, don, partage des biens) doivent en plus être rédigés par un notaire. Dans un contrat, les droits et devoirs des contractants sont fixés, p. ex. les délais de livraison, les prix de vente etc. Les conditions du contrat se trouvent dans les conditions générales de vente (CGV), souvent imprimées en petits caractères.

Le notaire
(◇ der Notar) rédige des actes authentiques, p. ex. vente immobilière, créations d'entreprise, contrats de mariage, testaments.

M2 Un contrat est…

non valable lorsque…	valable lorsque…
• l'accord est atteint par inadvertance, par escroquerie ou en ayant eu recours à la violence.	• l'accord entre les contractants est libre.
• il est passé avec un mineur ou un adulte sous tutelle.	• les contractants jouissent de l'exercice de leurs droits.
• il est en contradiction avec l'ordre public ou la loi, p. ex. la vente de drogue ou d'organes humains est interdite.	• l'objet du contrat est légal.
• le but du contrat n'est pas en accord avec la loi, p. ex. un contrat de location qui a pour but de stocker des biens volés.	• le but du contrat est légal.
La nullité d'un contrat doit être constatée par un tribunal.	

9.8 Verträge regeln und verpflichten

M3 Petit lexique

La procuration
(◇ die Vollmacht) :
Elle autorise une personne à mener une action en justice au nom d'une autre personne (mandataire), lorsque celle-ci ne peut pas être présente.

Le compromis
(◇ der Vorvertrag) :
Il fixe les conditions de vente convenues entre les contractants lors d'un achat immobilier. Il engage les deux parties jusqu'à ce que l'acte notarié soit signé.

Le cautionnement
(◇ die Bürgschaft) :
Le garant s'engage vis-à-vis du créancier à prendre en charge les différentes dettes, dans le cas où le débiteur ne remplit pas ses obligations.

Le crédit
(◇ das Darlehen) :
Le donneur s'engage à payer un certain montant d'argent et le preneur à le rembourser avec des intérêts et les coûts de prêt en sus.

M4

" So what happens if we can't meet our monthly mortgage repayments?"

M5 Test de compréhension

Contrat valable : oui ou non ?	OUI	NON
1. Nathalie organise une fête d'anniversaire pour son ami et commande par téléphone un gâteau au chocolat pour 15 personnes à la boulangerie.		
2. Pol a commandé un exemplaire gratuit du magazine d'informatique INFOCOM. Sans le lui avoir demandé, l'entreprise continue de lui envoyer le magazine chaque mois ainsi qu'une facture.		
3. Mike commande une bière dans un bar. Une fois qu'il l'a bue, on lui demande de payer 500 euros.		
4. Tom passe un contrat de téléphonie mobile. Dans les CGV, il est écrit que seul le vendeur peut changer le contrat.		
5. Tim a 17 ans. Il loue une partie du logement de ses parents à un ami pour 150 euros par mois pendant qu'ils sont partis deux mois en croisière.		

1 Quelles sont les deux sortes de contrats qui existent ?
2 Quel est le rôle d'un notaire ?
3 Expliquez à quoi on doit faire attention dans les contrats à l'aide de M2.
4 S'agit-il d'un contrat valable dans les exemples de M5 ? Justifiez vos réponses.
5 Enquête auprès d'experts : invitez un représentant d'une organisation de défense des consommateurs et interrogez-le sur le thème des contrats.

9.9 Conclure des contrats

Un contrat ne doit pas être conclu de manière irréfléchie mais doit être lu et vérifié attentivement avant d'être signé. Avant de signer un contrat, il faut envisager les conséquences possibles d'un surendettement dû à des paiements échelonnés trop élevés.

M1 Ralph et le rêve d'une voiture rapide !

Ralph, 18 ans, apprenti électricien, vient de quitter le domicile de ses parents et paie à présent un loyer. Il dispose de peu d'économies mais voudrait s'acheter une voiture. Il opte pour une voiture d'occasion, bien qu'elle ne soit garantie que pour un an. La question qui se pose à lui est de savoir comment il va financer la voiture : devrait-t-il faire un crédit auprès d'une banque ? Si ses parents se portent garants, il pourrait même acheter une plus grosse voiture. Ou bien devrait-il plutôt emprunter l'argent à sa petite amie ou à ses parents ? Peut-être pourrait-il même demander une avance à son patron ?

M2 Réfléchir avant de signer un contrat

1. En ai-je vraiment besoin maintenant ?
2. À combien s'élèvent mes revenus et mes dépenses par mois ?
3. Ai-je mis de l'argent de côté ?
4. Est-ce qu'il me reste suffisamment d'argent pour le loyer, l'électricité, l'eau, les courses et mes vêtements une fois mon paiement échelonné versé.
5. Ai-je déjà des dettes ?
6. Quelle est la durée du contrat ?
7. Combien coûte un produit chez la concurrence ?
8. Ai-je lu le contrat à tête reposée à la maison ? Est-ce-que tout est bien clair ? Ai-je compris ce qui est écrit ?

M3 Droit de résiliation

Dans le cas de clauses injustes : lorsque p. ex. l'échéance de la garantie de 2 ans fixée par la loi est réduite ou bien lorsque l'un des contractants résilie ou change le contrat sans concertation avec l'autre contractant.

Dans le cas d'achats sur internet ou par correspondance : il existe un droit de résiliation, fixé par la loi. Le produit peut être testé mais pas utilisé. Certains produits ne peuvent pas être retournés comme p. ex. les produits périssables, les articles faits sur mesure, les CDs, les DVDs, les logiciels descellés, les magazines.

1. Conseillez Ralph à l'aide de M1 et M2.
2. Imprimez un modèle de contrat de vente ou de location (p. ex. sur le site internet www.ulc.lu). Analysez le modèle de contrat en fonction des conditions de paiement, des délais de livraison / d'échéance fixée, de la qualité du produit / de l'appartement…

9.9 Verträge abschließen

M4 Obligations des contractants

Le contrat de vente (◇ der Kaufvertrag)	
Le vendeur (◇ der Verkäufer) **doit :**	**L'acquéreur** (◇ der Käufer) **doit :**
• livrer une marchandise impeccable dans les délais fixés. • fixer un prix raisonnable. • assumer les défauts cachés, qui ne pouvaient pas être vus lors de l'achat du produit et qui étaient déjà existants lors de la signature du contrat (réduction du prix, remplacement du produit, dédommagement, annulation du contrat – à condition que le défaut ait été volontairement dissimulé ou qu'une caractéristique indispensable du produit manque)	• recevoir la marchandise et la payer. • utiliser correctement l'objet s'il veut pouvoir bénéficier de la garantie. • déclarer immédiatement les défauts du produit au service de garantie.

Le contrat de bail (◇ der Mietvertrag)	
Le bailleur (◇ der Vermieter)	**Le locataire** (◇ der Mieter)
doit : • remettre l'appartement dans un état convenable et utilisable. • éliminer les défauts. • informer le locataire sur les éventuels dysfonctionnements ou dégradations, p. ex. dans le cas de mesures de construction. **peut :** • résilier le contrat s'il peut prouver qu'il a besoin de l'appartement pour lui-même ou l'un de ses proches (6 mois de préavis), si le locataire ne paie pas le loyer ou bien si de grands travaux sont prévus. **a le droit :** • d'augmenter le loyer seulement tous les 2 ans. Un contrat de location est automatiquement reconduit si aucun des contractants ne l'a résilié.	**doit :** • payer régulièrement le loyer (◇ die Miete) et, le cas échéant, les charges (◇ die Mietnebenkosten). La loi prévoit une limite du montant des loyers. • informer le propriétaire des défauts ou des dysfonctionnements existants dans l'appartement. • rendre possible l'accès à l'appartement aux ouvriers ou éventuels futurs locataires. • prendre en charge les petites réparations dues à l'usure normale (◇ die Abnutzung). • rendre l'appartement, à la fin du contrat, dans le même état que lors de l'emménagement. Le locataire est responsable des dommages éventuels. C'est pourquoi il est conseillé de toujours faire un état des lieux (◇ die Bestandsaufnahme) au moment de l'emménagement. • utiliser l'appartement comme il était convenu au départ (p. ex. les pièces habitables ne doivent pas être utilisées à des fins commerciales). • respecter le délai de préavis de trois mois dans le cas de contrat à durée indéterminée.

3 Légal ou illégal ? À l'aide de M4, décidez des situations suivantes :
   a) Depuis 5 ans, Tom a loué un appartement. L'an dernier, le propriétaire a augmenté le loyer. Aujourd'hui, il lui envoie un courrier lui faisant part d'une nouvelle augmentation du loyer.
   b) Jeanne s'installe à son compte et agence un studio ongles dans son appartement. Pour cette raison, son propriétaire résilie le contrat de bail.
   c) Rodrigo est étudiant et a loué un appartement pour un an. L'année prochaine, il aimerait étudier un semestre à l'étranger. Il informe le propriétaire oralement de son déménagement prévu pour la fin de l'année.

9.10 J'ai besoin d'aide...

Services d'information et de conseil

Chacun peut se retrouver dans une situation dans laquelle il a besoin d'aide. C'est pourquoi il existe des services d'information et de conseil offerts par l'État, qui sont à la disposition de tous les citoyens. En plus de ces services, il existe de nombreuses organisations privées ainsi que des associations qui peuvent intervenir dans les situations d'urgence. Chaque citoyen peut bénéficier d'un service d'accueil et d'information juridique (◇ die Rechtsberatung). Il y est informé sur ses droits et la possibilité de les faire valoir. Des points de service d'accueil et d'information juridique se trouvent à Luxembourg, Diekirch et Esch-sur-Alzette. Celui qui veut faire valoir ses droits devant la justice, mais qui ne peut pas se permettre de payer un avocat peut bénéficier de l'assistance judiciaire (◇ der Rechtsbeistand). Dans ce cas, l'État prend en charge les coûts d'avocat.

Le médiateur (◇ der Ombudsmann).

Si une personne n'est pas d'accord avec une décision prise par une administration publique (ministère, commune) ou bien un service public (p. ex. une caisse de sécurité sociale), il peut s'adresser au médiateur. Le médiateur représente le citoyen. Cela signifie qu'il joue un rôle d'intermédiaire entre le citoyen et les autorités. Il conseille le citoyen et tente de régler le différend. Pour cela il écoute les différentes perspectives et conseille l'autorité en question, afin de trouver une solution.

M1 Exemples

	Lieu d'accueil
José est atteint d'une maladie rare. Les médicaments nécessaires sont chers et ne sont pas remboursés par la Caisse nationale de santé.	
Un an après l'achat de sa voiture, Carina doit faire remplacer le moteur. Le concessionnaire ne veut pas appliquer la garantie et veut qu'elle prenne la moitié des frais en charge.	
Mélissa travaille comme vendeuse dans un supermarché. Lorsqu'elle refuse de porter des cartons lourds, elle est renvoyée sans préavis par son employeur.	
Ralph et Marc touchent tous les deux le RMG. Au printemps, ils ont acheté une voiture à crédit, et depuis peu commandé un téléviseur 3D sur internet. Ils ne peuvent plus payer les mensualités pour la voiture.	
Monsieur Muller a quitté sa femme. Les deux se disputent à présent la garde des enfants. Ils préféreraient régler cela sans passer par un avocat.	
Guido et Carola ont fait construire un garage. L'entrepreneur a réalisé la moitié des travaux et ne vient plus.	
Jeff, 15 ans, a été attrapé à l'école en possession de cannabis. Le juge des mineurs s'occupe de l'affaire et ses parents se font beaucoup de soucis.	
Le voyage que Laura et Henri avaient réservé pour le mois d'août était une escroquerie. À leur arrivée, la construction de l'hôtel n'était pas achevée.	
Véronique subit un harcèlement moral de la part de son chef.	
Maria apprend qu'une personne de son entourage a été victime d'un abus sexuel.	

9 Leben in einem Rechtsstaat

9.10 Wer hilft mir, wenn … ?

M2 Possibilités de conseil gratuit

La police
La police n'enquête pas seulement sur les crimes et les délits, elle accompagne et soutient aussi les victimes. On peut se tourner p. ex. vers le « Service d'Aide aux victimes » du Parquet Général.

Service de psychologie et d'orientation scolaire (SePAS)
Dans chaque école, le SePAS est à la disposition des élèves et des parents, aussi en cas de problèmes autres que scolaires. C'est un service gratuit.

La médiation est une pratique volontaire et confidentielle. Les parties en conflit parlent de leur conflit, de ses causes et de ses conséquences, avec le soutien d'un médiateur formé et impartial. Les médiateurs interviennent dans différents domaines : la famille, le droit pénal, l'économie, l'école, les questions de voisinage, la jeunesse etc.

Service d'information et de conseil en cas de surendettement
Ce service de la Ligue médico-sociale est en premier lieu un interlocuteur mais aussi un service de conseil et d'aide aux familles surendettées.

Autres lieux d'accueil d'organisations privées :
- Aide aux toxicomanes
- Femmes en détresse
- SOS Jeunes (ligne téléphonique)

Vous pouvez avoir une vue d'ensemble sur le réseau social au Luxembourg et trouver d'autres services d'aide sur le site suivant : www.resolux.lu

M3 Droit et protection des consommateurs

Conseil juridique par les syndicats
Les syndicats offrent, en règle générale, une assurance de protection juridique pour tous les conflits qui relèvent du droit du travail ou du droit social.

Assurance de protection juridique
Il est possible de souscrire une assurance de protection juridique auprès d'une assurance privée. Cette assurance prend en charge une partie des coûts d'avocats et de procès.

Protection des consommateurs
Des organisations privées s'engagent pour les intérêts des consommateurs, conseillent leurs membres dans les cas de litige.

1 Lisez les exemples de cas (M1). Où les personnes concernées pourraient-elles trouver de l'aide ?
2 Pourquoi l'État offre-t-il aux citoyens un service de conseil juridique gratuit ?
3 Quelle est la différence entre une assurance de protection juridique et le conseil juridique proposé par le tribunal ?
4 Expliquez le terme « médiation » avec vos propres mots. Trouvez les différences entre la pratique de la médiation et un procès devant un tribunal.

9.11 En bref

L'État de droit
- Toutes les institutions de l'État sont soumises à la loi
- Il protège les droits des citoyens, assure la paix intérieure et réglemente la vie communautaire
- Principes : soumission à la loi, égalité devant la loi, sécurité juridique, principe de proportionnalité, droit d'accès à la voie judiciaire, indépendance des juges, conformité des lois à la Constitution

3 x Droit
- Droit privé : réglemente les relations privées entre les personnes et les entreprises (p. ex. droit des contrats)
- Droit public : réglemente le rapport entre le citoyen et l'État et les institutions étatiques (p. ex. droit fiscal)
- Droit pénal : décide de la sanction en cas de contravention, de délit et de crime

Contrats
- Types de contrats : écrit, oral
- Validité : elle dépend, entre autres, de la capacité des contractants à négocier ainsi que de la légitimité du contrat.
- Types de contrats importants : contrat de vente, contrat de bail, contrat de travail

Les juridictions
- Les tribunaux rendent des jugements conformément au droit en vigueur
- Hiérarchie des instances judiciaires (du Tribunal de paix à la Cour supérieure de justice)
- Il est possible de faire appel

Procédures judiciaires
- Elles se déroulent selon des règles fixes.
- Procédure pénale : le parquet ordonne une enquête et représente l'accusation ; le juge d'instruction rassemble des preuves ; l'avocat défend l'accusé ; les juges dirigent le procès et rendent les jugements

Sanctions
- Elles dépendent de l'âge, des circonstances, de la gravité du délit
- Leur objectif : dissuasion, punition
- Les types de sanctions au Luxembourg : détentions, amendes, travaux d'intérêt général, avertissement par le juge
- Jeunes délinquants : éduquer plutôt que sanctionner

Test de compétences : est-ce conforme aux principes de l'État de droit?	OUI	NON
1. Tous les hommes sont égaux devant la loi.		
2. Les citoyens et les citoyennes peuvent attaquer en justice des décisions de l'État.		
3. Les hommes ont plus de droits que les femmes.		
4. Le Premier Ministre a le droit de donner des consignes aux juges.		
5. L'administration se réfère à la loi.		
6. Le Grand-Duc n'est pas obligé de respecter toutes les lois.		
7. Celui qui paie plus d'impôts a plus de droits.		
8. Le parlement décide de la législation.		

9.11 Das Wichtigste auf einen Blick

Maîtriser des savoirs (◇ Sachkompetenz)
1. Énumérez les caractéristiques d'un État de droit.
2. Quelle est la différence entre le droit pénal et le droit civil ? Citez des exemples.
3. D'un point de vue juridique, qu'est-ce qui change à l'âge de 18 ans ?
4. Sous quelles conditions un contrat est-il valable ?
5. Résumez les tâches d'un avocat, d'un juge et d'un procureur.

Utiliser des méthodes (◇ Methodenkompetenz)
6. Interviewez un policier sur son travail.
7. Interrogez un représentant d'une organisation des droits de l'Homme sur les droits de l'Homme et du citoyen en Europe et dans le monde.

Juger et agir (◇ Urteils- und Handlungskompetenz)
8. Les prescriptions juridiques assurent la liberté et la limitent en même temps. Expliquez cette contradiction.
9. « Tous les hommes sont égaux devant la loi. » Pourquoi cette phrase n'est-elle pas en contradiction avec la juridiction des mineurs ?
10. Que comprenez-vous par sanction juste ? Expliquez votre point de vue. Mettez vous aussi à la place de l'accusé.
11. Débattez sur les objectifs du régime pénitentiaire.
12. Les sanctions pour les mêmes délits sont différentes selon les pays. Quelle peut en être l'explication ?

10 Les médias

Medien

On fait appel aux médias à chaque fois que des informations, des images, des paroles ou de la musique doivent être transmises entre des personnes. Autrefois, on écrivait des lettres, on lisait le journal ou l'on écoutait la radio. De nos jours, l'utilisation de téléphones mobiles et d'Internet est de plus en plus répandue. Les ordinateurs permettent d'utiliser tous ces médias à la fois. Les gens sont toujours en ligne, que ce soit au travail ou pendant leur temps libre. Les médias remplacent souvent le contact direct et exercent ainsi une grande influence sur notre vie.

L'évolution historique des médias, leur potentiel et leur pouvoir constituent le sujet de ce chapitre.

1 Expliquez à l'aide d'un dictionnaire la signification de l'expression « médias ».
2 Commentez la photo. Comparez-la avec votre expérience personnelle.

COMPÉTENCES VISÉES

Maîtriser des savoirs
(<> Sachkompetenz)
- Distinguer les nouveaux médias des médias traditionnels
- Définir le rôle des médias
- Connaître le potentiel des différents médias ainsi que leurs risques
- Comprendre comment est créée l'actualité

Utiliser des méthodes
(<> Methodenkompetenz)
- Analyser des images
- Organiser un « atelier avenir » au sujet des médias

Juger et agir
(<> Urteils- und Handlungskompetenz)
- Apprécier les médias, leur potentiel et leurs risques
- Savoir réfléchir sur son propre comportement face aux médias
- Observer les relations entre les personnalités de la vie publique et les médias

10.1 Les médias hier et aujourd'hui

Les médias sont des moyens de communication grâce auxquels des informations peuvent être transmises, sous forme de texte, de matériel visuel ou sonore. Au cours des siècles, les possibilités de transmission de l'information se sont développées de manière significative. À partir du 15e siècle, avec l'utilisation en Europe de caractères mobiles, le coût de production des médias imprimés, c-à-d. les livres et les tracts, puis les journaux, devient si bon marché que de plus en plus de gens peuvent s'informer et se cultiver. Les médias de masse – qui atteignent une grande partie de la population – voient le jour. Cette évolution a révolutionné la transmission des savoirs et le monde.

Avec l'apparition de nouveaux médias comme Internet et les outils de la communication mobile, la presse et la télévision perdent de plus en plus d'importance. Nous assistons en ce moment à une deuxième révolution des médias. Bien que nous utilisions encore la parole, l'écriture, les images ou les sons de manière analogique, nous nous servons de plus en plus des médias numériques. Nous pouvons ainsi transmettre un nombre croissant d'informations, et ce en peu de temps.

M1 Nouvelles générations du Web

L'expression « Web 2.0 » désigne un Internet global qui permet une plus grande interactivité entre les utilisateurs. L'utilisateur n'est plus uniquement consommateur de contenus, il a également la possibilité d'en publier. Cela est valable pour les sites web, qui peuvent être créés ou modifiés par les utilisateurs eux-mêmes, les podcasts, les blogs ainsi que les réseaux sociaux.

M2 L'évolution des médias

- 1450 Imprimerie au moyen de caractères mobiles (Gutenberg)
- 1830 Photographie
- 1832 Télégraphes pour la transmission de messages
- 1863 Téléphone (Reis)
- 1906 Radio
- 1933 Première émission radiophonique au Luxembourg
- 1955 Première retransmission télévisée au Luxembourg
- 1958 Téléphonie mobile
- 1964 Fax Machine à écrire (avec mémoire électronique)

10 Medien

10.1 Alte und neue Medien

M3 Les médias hier et aujourd'hui

Médias « traditionnels » :
L'utilisateur de médias est le destinataire des informations communiquées par les médias de masse. La communication est comparable à une rue à sens unique.

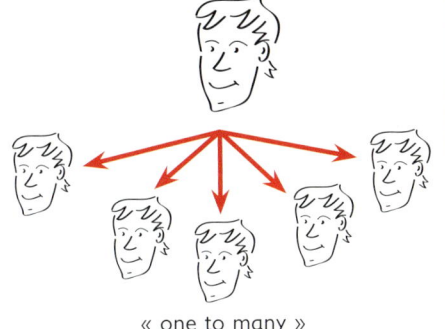

« one to many »

Nouveaux médias :
L'utilisateur de médias n'est plus uniquement destinataire, il peut lui-même émettre des informations.
La communication se fait désormais dans de nombreuses directions.

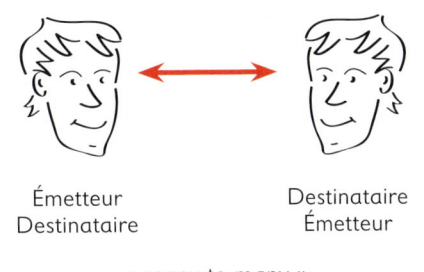

Émetteur   Destinataire
Destinataire   Émetteur

« many to many »

1 Expliquez la signification des expressions « médias traditionnels » et « nouveaux médias ».

2 Montrez, pour chacune des inventions (M2), l'influence qu'elle a exercé sur l'information transmise en matière de quantité et de rapidité. Consultez des dictionnaires ou utilisez Internet.

3 Relevez les médias qui font de nous exclusivement des « consommateurs d'informations » et ceux grâce auxquels nous pouvons nous-mêmes transmettre des informations.

4 Comment imaginez-vous l'avenir des médias ? Dans un « atelier du futur », trouvez des idées et faites des propositions.

1975	1990	1992	1993	1995	1996	2004	2006	2008	2010
Début de la révolution PC	Début de l'ère Internet	CD-ROM	Réseau de téléphonie mobile au Luxembourg	Accès Internet au Luxembourg	Premier Smartphone	Facebook	Twitter	Télévision numérique au Luxembourg	Tablet
Appareil photo numérique									

10.2 Les médias au quotidien

La plupart d'entre nous utilisent quotidiennement les différents médias pour s'informer, communiquer ou s'amuser. Tandis qu'un Luxembourgeois moyen né aux alentours de 1950 ne connaissait que les quotidiens imprimés, la radio et le téléphone fixe, de nombreux médias font aujourd'hui partie de notre quotidien (ordinateur, smartphone, tablette etc.). On parle de Digital Natives (« natif numérique ») pour désigner les personnes qui grandissent avec Internet.

M1 Comment est-ce que j'utilise les médias ?

Complétez le tableau suivant en indiquant les médias que vous utilisez quotidiennement. Précisez également le nombre de minutes.

	rarement	jamais	tous les jours	minutes
Quotidiens				
Journaux gratuits				
Journaux en ligne				
Moteurs de recherche (Google …)				
Téléphone mobile/Smartphone				
Ordinateur avec Internet				
Tablette numérique				
Télévision				
Radio				
Lecteur MP3				
E-Book				
Jeux vidéo				
Jeux en ligne				
Réseaux sociaux				

M2 Applications pour téléphones mobiles et tablettes

M3 Comment les jeunes s'informent-ils?

En Allemagne, les jeunes de 12 à 19 ans recherchent des informations sur les sujets suivants le plus souvent par …

	Internet	Télévision	Radio	Quotidiens	Magazines
Ordinateur / Jeux vidéo	73	8	1	0	5
Problèmes personnels d'actualité	66	11	3	6	3
Musique	64	10	17	1	2
Formation / Profession	52	5	2	11	8
Stars	50	26	3	4	12
Mode	47	10	0	3	25
Sport	35	40	4	13	5
Actualités	30	43	8	14	2

Source: Jim-Studie 2015   Reste jusqu'à 100: Autres   © Globus 11036

10.2 Medien im Alltag

M4 Journaux gratuits au Luxembourg.
Au Luxembourg, 29 % des plus de 15 ans lisent quotidiennement un journal gratuit, version papier ou électronique.

M5 Tablette ou livre ?
Certains spécialistes avancent que le livre sous sa forme imprimée est en train de disparaître.

M6 Utilisation de l'ordinateur et d'Internet au Luxembourg en 2015

Ménages disposant d'un ordinateur	95 % (2005: 74,5 %)
Ménages avec accès à Internet	97 % (2005: 65 %)
Fréquence d'utilisation d'un ordinateur tous les jours	83 % (2005: 74,1 %)
Accès à Internet par smartphone	75 % (2005: non disponible)

STATEC/Eurostat

M7 Télévision et Internet.
Au Luxembourg, les 16 à 30 ans passent 158 minutes par jour devant la télé et 103 minutes sur Internet.

M8 Planète de l'amitié

Lorsque le petit Louis voit le jour sur Facebook, tout est déjà en place depuis plusieurs jours pour accueillir l'événement : le père a enregistré son fils sur le réseau, créé un profil, entré les données personnelles. Il ne manque plus que la date de naissance.
Peu de temps après, dans une clinique de Hambourg, la maman a pris le nouveau-né dans ses bras. C'est une journée fraîche et brumeuse de l'année 2010. Le papa remplit solennellement le champ de la date de naissance.
Hop, on ajoute vite une photo : le désormais benjamin des citoyens du Net commence son existence sur la planète Facebook. Les parents, étudiants tous les deux, veulent que leur fils soit présent dès le premier jour sur le réseau social, dans le cercle des amis et de la famille. Tout le monde doit pouvoir partager sa vie, son premier Noël, son premier jour à la crèche, la photo de carnaval rigolote, Louis déguisé en pirate. « La mamie poste toujours régulièrement des commentaires », dit la mère. « Deux des tantes nous suivent également. »
Louis a maintenant un an et demi, et sa chronique sur Facebook ne cesse de se remplir. Le petit garçon grandit au cœur d'un réseau qui compte déjà 901 millions d'utilisateurs. Il est « connecté » depuis le premier jour de sa vie. Lui sera-t-il possible d'imaginer comment les gens ont pu vivre un jour sans Facebook ?

M. Dworschak, M. Rosenbach, H. Schmundt : « Planet der Freundschaft », dans : Der Spiegel, n°19/2012, p. 125 (trad.)

1 Quels médias utilisez-vous de préférence dans les situations suivantes ? Vous voulez vous informer sur ce qui se passe dans le monde – donner rendez-vous à des amis – réserver un voyage – préparer un exposé – vous détendre.

2 Expliquez le sens de l'expression « Digital Native ». Faites-vous partie de cette génération ?

3 Imaginez que vous vous réveillez un jour et qu'il n'y a plus aucun média (Internet, télévision, radio, presse) à portée de main. Que faites-vous de votre journée ?

4 Est-ce que vous limiteriez l'utilisation de smartphone et tablette auprès d'enfants ? Discutez.

10.3 Chances et risques du web

Grâce à son potentiel, Internet est devenu un média de référence en l'espace de quelques années. Internet n'est gratuit qu'en apparence – il se finance d'une part à travers la publicité, ciblée en fonction des utilisateurs, et d'autre part, de véritables arnaques se cachent derrière de nombreuses offres.

En outre, ce média représente sous de nombreux aspects un défi de société. Que se passera-t-il avec les médias imprimés si de plus en plus de gens lisent des livres et journaux dans leur version électronique ? Internet est-il un espace sans règles, dans lequel toutes les informations sont disponibles librement et gratuitement ? Quelles offres l'industrie du logiciel va-t-elle proposer à l'avenir ?

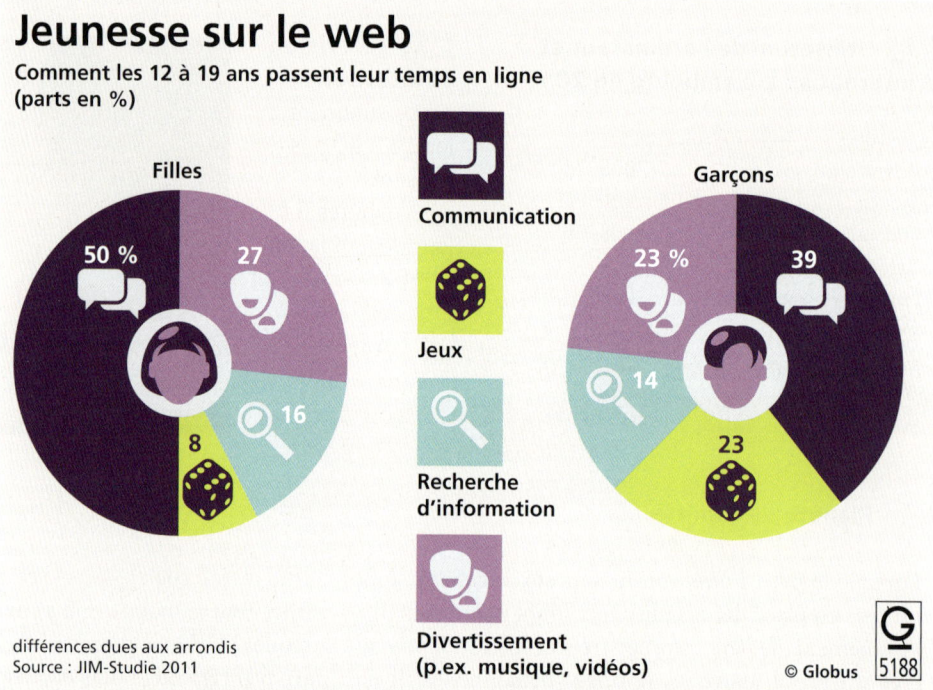

M1 Jeunesse sur le web – Comment les 12 à 19 ans passent leur temps en ligne (parts en %). Source : JIM-Studie 2011

M2 La recherche d'emploi et la visiophonie comptent parmi les offres les plus utilisées

10.3 Chancen und Risiken im Netz

M3 Voix critiques à l'égard d'Internet

❶ « Internet rend idiot. »

Henryk M. Broder, publiciste,
dans : Tagesspiegel (9.1.2007), trad.

❷ « Bon, d'accord, il y a Internet. Mais ça prend trop de temps de glaner tout ce que vous recherchez (…) En revanche, les journaux, eux, vous guident en disant : voilà ce qui est important pour toi aujourd'hui. »

Michael Ringier, éditeur, lors d'une interview pour le taz, le 15.09.2007 (trad.)

❸ « Depuis que les utilisateurs d'Internet peuvent mettre des images et des textes sur des sites web prévus à cet effet de manière incontrôlée, il semble que la morale soit définitivement anéantie. Les vidéos montrant de la violence et les pornos amateurs sont particulièrement populaires. Sur les blogs, des espèces de journaux intimes et pages de commentaires sur Internet, les utilisateurs ont l'habitude de se traiter mutuellement d'idiots et de se menacer de coups. »

Marco Stahlhut, Welt online, 15.4.2007 (trad.)

❹ « En allant chez le boulanger, on rencontre des gens, mais jamais sur Internet ».

Franz Josef Wagner, Bild, 23.11.2006 (trad.)

❺ « La recherche sur Internet n'est pas seulement inutile, elle est même nuisible pour presque tous les travaux au niveau de l'enseignement secondaire – et très certainement pour toutes les activités au niveau de l'école primaire. »

Clifford Stoll, professeur et auteur, 1999, dans son livre LogOut

Sources des citations 1 à 5 : http://netzwertig.com/2007/09/27/die-50-besten-zitate-uebers-internet/

❻ « Ma wëllt da jidderee wësse wat deen aneren denkt ? Hätt een net besser e Forum opzemaachen ALL YOU CAN MECKER ouni virgeschriwwent Thema. Well egal wéi ; iergendwéi sinn ëmmer Staat, Léierpersonal, Politik a Friemenhaass de spektakulären Héichpunkt vun de meeschten Diskussiounen (am Internet). »

Bob Konsbruck, RTL Radio Lëtzebuerg, 12.01.2012, dans : news.rtl.lu/commentaire/apropos/181909.html (28.06.2012)

M4 Caricature

« Karli est-il à la maison ? »
« Non pas vraiment, il est sur Internet. »

M5 Annonce publicitaire

En ligne, nous avons tellement d'amis qu'il nous faut un nouveau mot pour désigner les vrais amis.

1. Combien de temps passez-vous quotidiennement sur Internet ? Comparez votre comportement aux statistiques (M1).
2. Identifiez les aspects clés d'Internet de chaque citation (M3). Quelle est votre citation préférée ? Justifiez votre choix.
3. Ces citations n'évoquent que les aspects négatifs d'Internet. Pour chaque citation, répondez à l'auteur en soulignant les aspects positifs.
4. Expliquez à quel phénomène l'annonce (M5) fait allusion ? Donnez votre avis sur ce message.

10.4 Le web : un mode d'emploi

M1 Le monde numérique fait partie du quotidien – savoir se servir correctement des technologies est important…

M2 … de même qu'une utilisation intelligente et fair-play est de mise

Chaque personne a des droits sur ses propos et sur son image. Ne mets donc pas de photos, de films ou d'informations d'autrui sur le web à moins que la personne t'ait donné son autorisation.

Tu es toi-même responsable de la protection de ta sphère privée. Fais attention à ce que tu montres sur le web ! Réfléchis-bien : quelles informations est-ce que je veux vraiment montrer au reste du monde pour l'éternité ?

Qui surfe sur le web, laisse des traces
Souvent, l'Internet est perçu comme un danger pour l'ensemble des citoyens. Le risque vient de la violation des données personnelles qui intéressent surtout les entreprises privées.
En outre, un grand nombre de jeunes voit le web comme un espace où les règles du monde réel ne comptent pas. Les informations sont téléchargées ou postées à la vitesse de l'éclair. Beaucoup ont l'impression de rester anonyme. Or, télécharger illégalement un film ou de la musique n'est rien d'autre que du vol.

10.4 Das Web richtig nutzen

M3 **Conseils de sécurité pour utilisateurs d'Internet**

1 Ne donne jamais rendez-vous seul à des gens que tu as rencontré sur un chat, dans un réseau social ou sur Instant Messenger et que tu n'as encore jamais vus auparavant. On ne sait jamais vraiment avec qui on communique par écran interposé. …

2 Sois fair-play sur Internet. Il est injuste de blesser quelqu'un en répandant des mensonges à son sujet dans un forum, un chat ou par SMS. Les films grossiers ou brutaux filmés avec un téléphone portable et mis en ligne sur des portails vidéo ne sont pas drôles. Si tu as déjà été victime ou témoin de ce genre de choses – on parle de « Cyberbulling » – parles-en à quelqu'un (tes parents, tes profs, etc.). Tu peux porter plainte, car la calomnie peut être punissable.

3 Ne donne jamais d'informations personnelles (nom, adresse, numéro de téléphone, photos ou mots de passe) sur Internet. On ne sait souvent pas qui d'autre peut utiliser ces informations. Lorsque tu te crées un profil dans une communauté comme Facebook, règle ton profil de manière que seuls tes amis puissent le voir.
Important : fais toujours attention à ce que tu mets sur toi sur le web. …

4 Méfie-toi des affirmations que tu trouves sur le web. Sur Internet, n'importe qui peut écrire n'importe quoi et les informations ne sont pas toujours correctes. Souvent, on ne peut pas voir d'où elles proviennent ni qui les a modifiées. Dans ce domaine, www.wikipedia.org est l'outil de référence le plus populaire. Dans la plupart des cas, il est pourtant utile de comparer les informations récoltées sur Internet à celles que l'on trouve dans les livres traitant le même sujet. Ce n'est qu'après vérification que tu peux être sûr que les informations sont correctes et que tu peux t'en servir pour l'école.

5 Certaines offres en ligne qui ont l'air alléchantes et gratuites peuvent en réalité coûter beaucoup d'argent. Imagine que tu découvres un site internet plein de super tubes, d'affichages et de sonneries de mobile. Tout à coup, on te demande ton numéro de mobile. Fais très attention dans ce cas : souvent, on ne voit pas le prix parce qu'il est écrit quelque part en tout petit. …

6 N'ouvre jamais de mails et de pièces jointes lorsque tu ne sais pas d'où ils viennent ou ce qu'ils contiennent. Il vaut mieux les effacer sur le champ. Les mails de spam que t'envoient des inconnus qui ont trouvé ton adresse e-mail quelque part sur Internet peuvent avoir un contenu douteux : on veut peut-être t'inciter à acheter un produit, espionner tes données personnelles ou bien infiltrer un virus qui risque d'endommager ton ordinateur.

7 Le téléchargement gratuit de musique et de films est souvent interdit. Dans un magasin de disques, on paye bien pour acheter les albums. Les portails de téléchargement légaux comme itunes ou musicload sont payants aussi. Donc, si tu tombes sur une offre gratuite, méfie-toi : le téléchargement illégal de musique ou de films est passible de poursuites judiciaires.

8 Si tu veux mettre des photos ou des vidéos sur lesquelles on voit d'autres personnes que toi dans des communautés en ligne ou sur des portails vidéo, demande-leur avant si elles sont d'accord. Chacun a des « droits sur sa propre image ». Cela signifie que la photo d'une personne ne peut pas être publiée sans son autorisation explicite. Cela est également valable pour les « contenus » protégés (c.-à-d. des œuvres d'autrui, telles que des pièces de musique, des films, textes, illustrations, etc.) Si tu les utilises sans autorisation, ça peut devenir sérieusement cher.

So surft ihr sicher ! Internettipps für Jugendliche, éd. par :
EU-Initiative klicksafe (www.klicksafe.de), 2015 (trad.)

---

1 De quels dangers d'Internet est-il question sur les affiches (M1 et M2) ? Comment peut-on se protéger contre ces dangers ?
2 Lisez les conseils Internet (M3). Ces conseils peuvent-ils vous servir dans certaines situations ? À votre avis, quel est le conseil le plus important ?
3 Savez-vous quel genre d'informations apparaît sur vous sur le web ? Faites une liste des occasions auxquelles vous mettez des infos personnelles sur le net, et comparez les résultats en classe.
4 Entrez votre nom (et votre lieu de résidence) sur un moteur de recherche. Y a-t-il des informations sur vous que vous n'aimeriez pas qu'on trouve ? Que pouvez-vous faire pour remédier à ça ?

10.5 Les médias de masse

M1 Le lecteur a le choix entre six quotidiens luxembourgeois ainsi qu'une sélection de journaux allemands, belges, français et anglais

L'expression « médias de masse » désigne tous les produits qui participent à la diffusion de l'information vers un large public. Les différents rôles des médias de masse peuvent être classés en quatre catégories.

1. Informer
En démocratie, les citoyens orientent la politique en élisant au parlement les députés à qui ils font confiance pour prendre les bonnes décisions. Ainsi, une démocratie ne fonctionne correctement que dans la mesure où les citoyens sont régulièrement et largement informés. C'est là le rôle de la presse. Le contexte politique doit être décrypté de manière à être compréhensible pour les non-spécialistes, c'est-à-dire pour la majorité d'entre nous. Ce n'est que sur la base de ces informations que les électeurs peuvent faire leur choix, en tant que membre d'un parti, d'une association ou d'un comité d'action.

2. Exprimer une opinion critique et surveiller
On qualifie les médias parfois de « quatrième pouvoir de l'État » (à côté du Gouvernement, du Parlement et de la justice). Ils remettent en question les décisions politiques et les personnalités politiques et les surveillent par ce biais.

3. Distraire
Les médias proposent tout un ensemble de thèmes (sport, voyages, humour, musique, spectacles de divertissements, etc.) susceptibles d'intéresser, d'amuser, de passionner ou de divertir le consommateur.

4. Éduquer
Les médias présentent également des thèmes de culture générale dans le domaine des sciences naturelles, de l'histoire, de l'art, de la littérature ainsi que sur des questions d'intérêt général. Les connaissances scientifiques sont toutefois souvent « déguisées » et présentées de manière divertissante (on parle d'« Infotainment »).

10.5 Massenmedien

M2 Le Luxembourg figure en 19e position du classement de la liberté de la presse en 2015

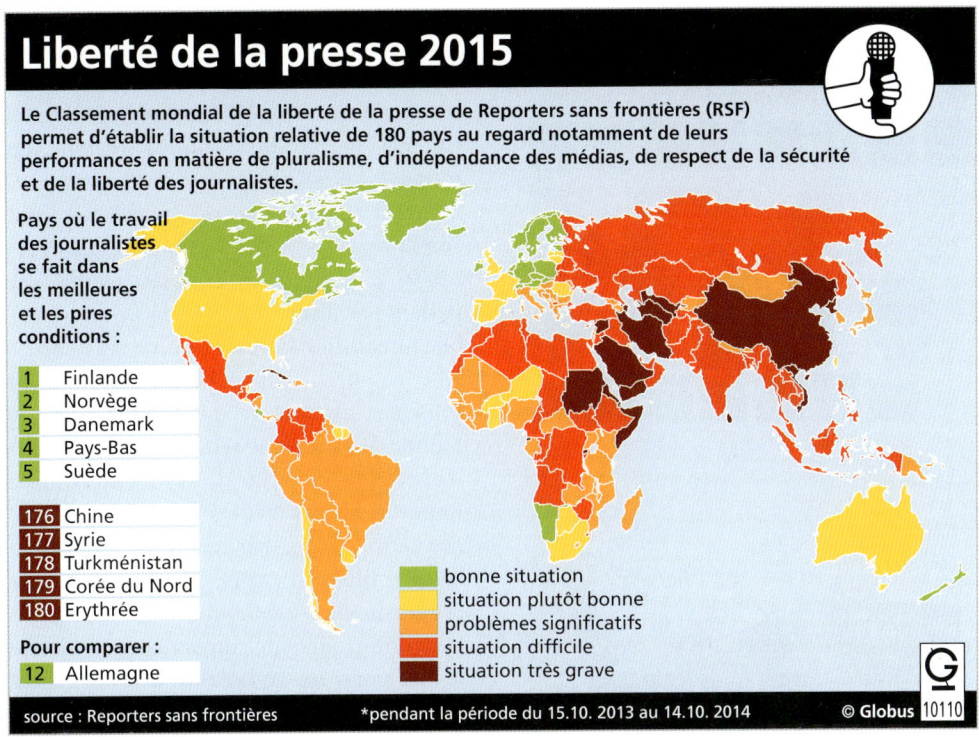

M3 Les quotas au-dessus de tout

Le journalisme ne peut financer ses coûts de production qu'en convertissant son succès publicitaire en argent. Mais comment est-ce que ça marche ? Le moyen le plus courant et le plus répandu pour y parvenir, c'est la part d'audience pour la télévision et la radio, le tirage pour les médias imprimés et le nombre d'appels pour les sites web. Plus ceux-ci sont élevés, plus les entrées d'argent des contrats passés avec les publicitaires sont importantes.

www.fremdeweltganznah.de/inhalt/ueber-allem-steht-die-quote (18.03.2016), trad.

M4 « … Voilà qu'ils interrompent de nouveau la publicité pour un film! »

1. Élaborez une carte des idées pour visualiser les différents rôles des médias.
2. Que veut dire « liberté de la presse » ? Où la presse est-elle libre, où ne l'est-elle pas ? (M2)
3. « Jusqu'à quel point la presse est-elle libre dans une démocratie ? » Discutez. (M2–M4)
4. Prenez position par rapport aux citations suivantes :
   a) « La liberté de presse, c'est le droit d'imprimer des mensonges sans y être obligé » (Robert Lembke, journaliste allemand).
   b) « La presse doit avoir la liberté de tout dire afin que certains n'aient pas la liberté de tout faire » (Steward Alsop, journaliste américain).

10.6 Créer l'actualité

M1 Le chemin de l'information

Événements

Sources : Rendez-vous Interviews, Communiqués de presse Conférences de presse, Recherches personnelles

Journalistes
Correspondants
Rédacteurs
Reporters
Photographes

Agences
Texte
Image
Illustration
Son

Présélection en fonction de l'actualité, de l'importance

Transmission par satellite ou directement en ligne dans le système de rédaction

Rédactions
Éditeurs de presse,
Stations de radio et tv,
Services en ligne
Institutions

Médias
Journaux
Émissions
Offres en ligne

Utilisateurs de médias
Lecteurs
Auditeurs
Spectateurs
Utilisateurs Internet

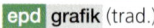
epd grafik (trad.)

La famine qui a touché le Soudan, pays d'Afrique de l'est, il y a quelques années a fait l'objet de nombreux reportages dans les médias. On a incité le public à faire des donations. On a ainsi pu éviter que de nombreux enfants ne meurent d'inanition. Chaque jour, dans d'autres régions du monde, un grand nombre de personnes meurent également de faim ou sont condamnées à un destin tragique. La différence, c'est que lorsque les médias ne parlent pas de ces événements, le grand public international n'en a pas connaissance.
Aucun journal papier ou télévisé ne peut informer sur tout ce qui se passe dans le monde. Personne ne serait en mesure d'absorber une quantité d'informations aussi importante. Les médias doivent donc faire des choix. Les informations sont triées, filtrées, traitées en vue de créer l'actualité. Le critère de sélection fondamental se base sur la question suivante : qu'est-ce qui intéresse les lecteurs, les auditeurs ou les téléspectateurs ? Les informations doivent être d'actualité, surprendre et divertir.

M2 « Comment cela se fait-il que l'actualité soit tous les jours exactement à la dimension d'un quotidien ? »

10.6 Nachrichten werden gemacht

M3

A. Envolée des prix du pétrole
B. Augmentation du chômage des jeunes au Luxembourg
C. Alerte au vampire à Moscou
D. 901 millions de personnes aiment Facebook
E. Le tribunal constitutionnel tranche : l'argent de poche est obligatoire
F. Famine dans le Sahel – Des milliers de morts
G. Le boom économique de la Chine
H. Formule 1 : neuf blessés après un incendie chez Williams
I. Grève en Belgique : la circulation sur la ligne Luxembourg-Arlon est bloquée
J. 15 morts lors d'une catastrophe aérienne au Népal
K. Barack in Love : l'ex d'Obama vide son sac
L. Fin de l'Octave Notre Dame : regain d'intérêt pour le pèlerinage à la Sainte Vierge
M. L'UE renforce les sanctions contre la Syrie
N. Qui sera la nouvelle Miss ou le nouveau Mister « animal domestique »?

M4 À la une

Directeur de lycée a battu une femme enceinte

Dans le brouillard, à 90 sur le trottoir

L'évêque maudissant le ministre des finances

Le journal à sensation (◇ die Boulevardzeitung) journal qui mise sur une accroche sensationnelle et cherche à divertir ses lecteurs. Il paraît à grand tirage et n'est pas toujours sérieux.

M5 Une nouvelle – deux articles

Le miracle chilien : ils sont sauvés !
Cela fait 69 jours que cette femme de mineur attend ce baiser de son mari ! Hier, après plus de deux mois, les époux sont tombés dans les bras l'un de l'autre.
Enfin !
Jusqu'à hier soir, la majorité des 33 mineurs ensevelis au Chili se trouvaient coincés dans un refuge à une profondeur de 700 mètres sous terre. C'est l'action de sauvetage la plus spectaculaire de tous les temps : dans une nacelle ne mesurant que 53 centimètres, les compagnons de Copiapó ont quitté leur prison pour s'élever vers la liberté. Tout sur le miracle chilien …
Bild, 14 octobre 2010, p. 1 (trad.)

Explosions de joie au Chili après le sauvetage des mineurs
Début de sauvetage sans incident après 69 jours / Président Piñera : un monument
COPIAPÓ, le 13 octobre. Les premiers des 33 mineurs ont pu être remontés à la surface plus rapidement et avec moins de difficultés que prévu. Les compagnons étaient restés coincés pendant 69 jours après un effondrement de la mine San José, près de la ville de Copiapó, au Nord du Chili. La nacelle de sauvetage « Phénix 2 » a, selon les dires, parfaitement fonctionné. Florencio Ávalos, âgé de 31 ans, a été le premier à être remonté à la surface mercredi à 0 h 10, …
Frankfurter Allgemeine Zeitung, 14 octobre 2010, p. 2 (trad.)

1 Décrivez le chemin de l'information. (M1)
2 Classez les informations (M3) dans l'ordre suivant : mettez en premier l'information qui, d'après vous, doit absolument figurer dans les journaux, et en dernier, celle qui est superflue. Justifiez votre choix.
3 Expliquez comment et pourquoi des journaux choisissent de gros titres.
4 Lisez les articles (M5), analysez le vocabulaire qui décrit un même événement de manière différente.
5 Comparez les Unes de plusieurs journaux (à sensation, gratuits, etc.). Comment les différentes nouvelles sont-elles présentées ? De quel type de journal s'agit-il ? À qui s'adressent ces gros titres ? Commentez ensuite le contenu informatif des articles.

10.7 Les hommes politiques et les médias

M1 Autopromotion

Le ministre des affaires étrangères Jean Asselborn et son homologue allemand dans une émission de cuisine, 2008

La bourgmestre joue au serveur à la Schueberfouer, 2014

Le président des États-Unis Barack Obama avec ses filles et leur chien Bo dans les jardins de la Maison Blanche, 2009

Le président des États-Unis George Bush en train de faire son jogging avec un vétéran de la guerre d'Irak, 2006

Le président français François Hollande et sa compagne de l'époque, 2012

La commissaire européenne Viviane Reding en compagnie du cinéaste Claude Lelouch à Cannes, 2008

10.7 Politiker und Medien

Il est très facile aux personnalités politiques d'atteindre leur électorat potentiel à travers les médias. En plus de la télévision et d'Internet, les médias imprimés restent également très populaires parce que les gens se laissent plus facilement impressionner par ce qu'ils voient que par ce qu'ils entendent ou ce qu'ils lisent simplement. Une apparition télévisée réussie ou une photo avantageuse dans le journal ont un effet bien plus important que de longues explications sur des sujets complexes.

M2 « Nous ne sommes pas exclusivement intéressés à votre opinion d'expert sur le droit administratif, mais nous voulons aussi savoir quelque chose sur vos préférences sexuelles, phantasmes pervers et anormalités … »

M3 La politique : une mise en scène

Chaque génération a ses méthodes pour résoudre les problèmes. À une époque où la politique et les médias sont intimement liés …, la démocratie … devient une démocratie médiatique ; au bout du compte, les règles de la présentation médiatique sont valables aussi pour les événements politiques eux-mêmes. La démocratie médiatique ne modifie pas uniquement la politique, elle modifie également le comportement des femmes et des hommes politiques, lesquels, à leur tour, influencent les médias. L'obligation permanente de mise en scène entraîne une baisse de la qualité des contenus de part et d'autre. La politique se fait de plus en plus à travers la figure d'un leader politique de premier plan, qui doit montrer qu'il est en mesure d'assumer son rôle. Celui qui n'y parvient pas ne se fait tout simplement pas élire. À cela s'ajoute le fait que la politique et les médias n'ont pas le même rythme : la politique est mille fois plus lente que les médias, qui ont tous les jours besoin de nouveaux titres. C'est là le piège pour les femmes et les hommes politiques.

Katharina Belwe, Éditorial, dans : Aus Politik und Zeitgeschichte, 29 décembre 2003, p. 2 (trad.)

1 Comment les personnalités politiques se présentent-elles (M1) ? Que veulent-elles atteindre en se présentant ainsi ?

2 Étudiez la manière dont les personnalités politiques se présentent aux infos, dans les débats télévisés ou encore dans les magazines politiques (façon de parler, langage corporel, habits, coiffure, impression générale, messages).

3 Faites une interview dans votre entourage pour mesurer le « degré de célébrité » des personnalités politiques. Est-ce que la politique doit divertir ? Qu'est-ce qui vous semble plus important : l'apparence ou les compétences d'une femme ou d'un homme politique ?

4 Décrivez le rapport entre le journalisme et la politique (M3).

5 Expliquez cette citation de la journaliste italienne Lili Gruber : « Les journalistes doivent être les chiens de garde du citoyen, pas les chiens de compagnie des puissants. »

MÉTHODE   Analyser des photos

Des photos mensongères ?

Nous vivons dans un monde d'images. Elles sont presque partout : dans la publicité, la politique, le journalisme. Les photographies et les images télévisées tout particulièrement donnent l'impression qu'on a affaire à une représentation authentique et objective de la réalité. Elles influencent notre « vision du monde ». Mais pouvons-nous leur faire confiance ? Dans une époque de surconsommation croissante d'images, il est plus important que jamais de développer un rapport critique vis-à-vis de celles-ci, ainsi que la capacité d'utiliser les médias de manière sensée (compétence médiatique).

▶ **LE SUJET**

L'enjeu est de vous faire découvrir des méthodes permettant de décortiquer la manipulation d'images et de comprendre dans quelle mesure on peut, par ce biais, influencer l'opinion du lecteur ou du spectateur. Comment vérifier l'authenticité des contenus ?

M 1 **Choix du cadre de l'image :** journaliste et politicien semblent au même niveau. En réalité, le chancelier allemand Gerhard Schröder se trouve sur un petit banc lorsqu'il est interviewé par Ulrich Deppendorf, chef du studio berlinois d'ARD, le 21.11.2001 à l'occasion du congrès fédéral de la SPD dans la Frankenhalle de Nuremberg.

▶ **LE DÉROULEMENT**

1. Décrire la photo
- Décrivez les photos et lisez les légendes correspondantes.
- Quel type d'« images » de l'événement ou de la personne est ici véhiculé ?

2. Comparer les photos
- Comparez les différentes photos. Qu'est-ce qui a été modifié ?
- Faites le rapprochement avec d'autres photos.

3. Réfléchir sur l'objectif visé
- Recherchez l'intention qui se cache derrière la manipulation d'images : quel objectif souhaite-t-on atteindre en manipulant des images ? À qui profite le cadre choisi, la manipulation d'images ?

M2 Correction d'images (retouche)

Les hommes politiques Trotsky et Kamenev sont présents lors d'un discours du dirigeant révolutionnaire Lénine à Moscou, en 1920 (photo de gauche). Ils se trouvent sur les marches de l'estrade. Sous Staline, le successeur de Lénine, n'apparaissent plus que des versions manipulées de la photo, sur lesquelles les futurs opposants de Staline ont été supprimés (photo de droite).

M3 Un événement – deux images : la guerre du Liban, 2006

M4 Des légendes différentes

Les plages du Sud de la France prêtes à accueillir les vacanciers

Invasion de méduses en Méditerranée!!

1 Analysez les photos (M1 à M4) à l'aide de cette méthode.
2 Trouvez une photo sur un événement d'actualité. Écrivez différentes versions de légende pour cette photo. Laissez vos camarades discuter des réactions produites.
3 Essayez de trouver des photos manipulées dans la publicité (prospectus, annonces) ou dans les Unes (magazines illustrés, magazines d'information).
4 Connaissez-vous d'autres méthodes de manipulation d'images ?
5 Les manipulations/retouches d'images sont-elles acceptables ou non ? Justifiez votre réponse.

10.8 Étude de cas : les émissions de casting

Les émissions de casting connaissent actuellement un énorme succès à la télévision. De l'Australie au Vénézuela en passant par le Luxembourg, on recherche puis lance de jeunes artistes de talent d'après le même schéma. Il ne s'agit pas là de simples concours déstinés à mettre en valeur le savoir-faire des candidats. On crée un véritable spectacle : le but est non seulement de divertir, mais également de vendre. Suivant les règles de la « téléréalité », on pénètre dans la vie de personnes « réelles ». Les émissions ont ainsi un aspect documentaire, sans l'être pour autant : les « vrais » talents sont sélectionnés en fonction de critères bien précis et confrontés systématiquement à des situations de stress tout au long des émissions.

Celles-ci ont souvent une dimension interactive : les spectateurs sont souvent appelés à voter, par le biais de SMS payants. Il existe une grande part de médiatisation dans bon nombre de ces émissions. Les gagnants sont sous contrat et ne reçoivent qu'une petite part des gains. Ce sont les producteurs, les managers et les chaînes de télévision qui se partagent la part du lion.

M1 Émissions de casting populaires

« Pop Idol » est une émission britannique. Diffusée pour la première fois en 2001, elle avait alors atteint une audience de 14 millions de téléspectateurs.

« American Idol » est l'adaptation américaine de l'émission britannique «Pop Idol». En 2002, Kelly Clarkson, remportait la première saison devant 31 millions de téléspectateurs.

En Allemagne, l'émission de casting « DSDS » est diffusée depuis 2002, mais son succès est en baisse. Après leur victoire, les gagnants tombent souvent dans l'oubli.

M2 Enquête : Pourquoi est-ce que tu regardes des émissions de casting ?

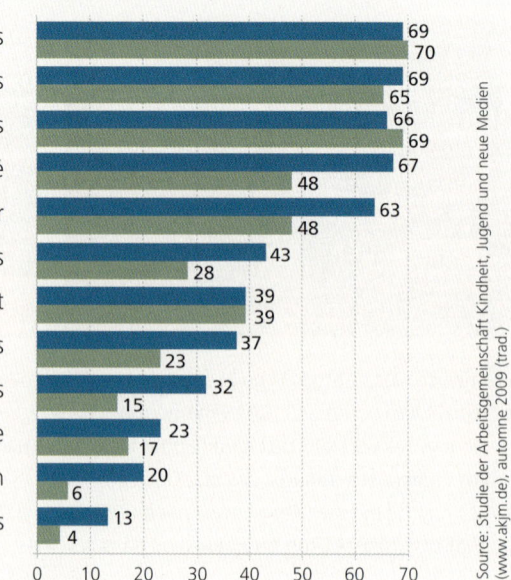

Je regarde des émissions de casting

Raison	12 à 17 ans	18 à 24 ans
parce qu'on peut se moquer de beaucoup de candidats	69	70
parce que je trouve les émissions amusantes	69	65
pour passer le temps	66	69
parce que je veux savoir qui va être éliminé	67	48
parce que je veux savoir ce qui va se passer	63	48
parce que je trouve les émissions passionnantes	43	28
pour voir comment les gens se comportent	39	39
parce qu'il y a plein de candidats sexys bien habillés	37	23
pour pouvoir en discuter avec mes amis	32	15
parce que mon copain/ma copine les regarde	23	17
parce que je veux aussi devenir chanteur/chanteuse ou mannequin	20	6
parce qu'elles me permettent d'apprendre des choses	13	4

Source : Studie der Arbeitsgemeinschaft Kindheit, Jugend und neue Medien (www.akjm.de), automne 2009 (trad.)

10.8 Eine Fallstudie – Castingshows

M3 « On cultive les émotions »

La présentatrice, musicienne et auteure Noah Show faisait partie du jury de Popstars en 2001. Elle a quitté l'émission en cours de saison parce qu'elle ne supportait plus la façon dont étaient traités les candidats. Elle avait l'impression que « les émotions des < candidats > n'étaient pas authentiques, mais qu'elles étaient < cultivées > de manière artificielle. On ne filme donc pas seulement quelqu'un quand il pleure, mais on crée exprès des situations dans lesquelles on espère voir quelqu'un pleurer. » Elle soupçonne donc la production d'avoir créé volontairement des situations qui font resurgir les émotions, dans lesquelles les candidats se sentent mal et souffrent même physiquement. Sa conclusion : « Jour après jour, j'ai éprouvé de plus en plus honte à faire partie de cette équipe qui présentait une image inacceptable de l'être humain. »

www.phf.uni-rostock.de/institut/igerman/vk/Casting%20Shows/ popstars.htm (28.06.2012), trad.

M4 Juste pour s'amuser ?

Les participantes « top modèles » sont toujours présentées hyper minces et dans un look parfait aux spectacteurs. Friedhelm Güthoff, expert des médias auprès du Comité de protection de l'enfance, trouve cela dangereux : « L'émission véhicule un idéal de beauté perverti qui peut parfois conduire à des dérangements psychiques. » Les filles normales se comparent aux candidates et ont constamment le sentiment de ne pas être à la hauteur. « Ce genre d'émissions de casting ne devrait même pas exister », dit-il.

www.tagesspiegel.de/medien/castingshow-in-der-diskussion-falsches-schoenheitsideal-oder-glamouroese-traumwelt/1248834.html, 05.06.2008 (28.06.2012), trad.

Les candidates ont vécu des expériences qu'elles n'auraient jamais connues sans l'émission. Ces expériences sont sans doute très importantes pour elles, que ce soit pour leur carrière en tant que mannequin ou dans un autre métier. Et les spectateurs se sont souvent bien amusés.

Michael Omori Kirchner, in : www.omori.de/60/was-hat-gntm-mit-der-realitaet-zu-tun/, 07.06.2008 (28.06.2012), trad.

« On a constaté ces dernières années que certains jeunes sont désorientés parce qu'ils sont tout en bas de l'échelle scolaire. Ils pensent qu'ils n'iront pas loin avec leur certificat de fin d'études primaires. Dans ce genre de situation, les émissions de casting jouent le rôle d'une grande promesse. »

Mathias Albert, professeur de Sciences politique à l'Université de Bielefeld, dans : www.focus.de/finanzen/karriere/perspektiven/berufsausbildung/casting-shows-beeinflussen-berufswunsch-jugendliche-wollen-superstar-und-topmodel-werden_aid_710652.html, 04.02.2012 (28.06.2012), trad.

1 Aimeriez-vous participer à une émission de casting ? Citez des arguments pour expliquer pourquoi les émissions de casting vous tentent ou pourquoi, au contraire, elles ne vous tentent pas.
2 Comparez les arguments principaux en les opposant dans un tableau.
3 Les parents, les spécialistes des médias, les enseignants, les pédagogues, regardent souvent les émissions de casting d'un œil critique et pensent qu'elles peuvent avoir une influence néfaste sur la jeunesse. Dressez une liste dans laquelle vous confronterez les arguments pour et contre les émissions de casting.
4 L'auteure Noah Show (M3) écrit également : « Les candidates doivent se mouler dans un idéal qui a été défini par le haut. Or, on fait rarement carrière dans la réalité en suivant cette stratégie. » À votre avis, cette affirmation est-elle vraie ? Discutez : dans quelle mesure les émissions de casting peuvent-elles peut-être favoriser une carrière ?
5 La « mise en scène » ou la « présentation de soi-même » jouent un grand rôle non seulement dans les émissions de casting, mais également dans les réseaux sociaux. Prenez position : est-ce tout simplement amusant ou y a-t-il une part de contrainte ?

10.9 En bref

Médias de masse
- Médias imprimés (livres, journaux, etc.)
- Radio
- Télévision
- Internet

Rôle des médias
- Informer
- Exprimer une opinion critique et surveiller (quatrième pouvoir au sein de l'État)
- Divertir
- Éduquer

Liberté des médias
- Garantie par la loi
- Permet d'informer librement et sous un angle critique
- Partiellement limitée à cause d'une relation de dépendance financière (vis-à-vis des contrats publicitaires, des quotas) et de la censure (restriction de la liberté de la presse)

Internet
- Média de masse disponible à l'échelle planétaire
- Média de recherche d'information, de communication, de jeu, de divertissement
- N'est pas un espace sans règles
- Des mesures de vigilance sont nécessaires lorsqu'on surfe

Photos
- Utilisées par les médias de masse (médias imprimés ou électroniques)
- Sont des instantanés qui ne montrent pas toujours la réalité
- Peuvent être manipulées à travers la modification de l'image, le choix du cadre, la légende, etc.

Créer l'actualité
- Des événements sont sélectionnés par des agences de presse et des journalistes et présentés sous forme de nouvelles
- Celles-ci doivent être actuelles, informer ou divertir
- Les événements exceptionnels sont privilégiés
- La proximité géographique est importante pour le choix des informations

Audience TV : Les 10 chaînes les plus regardées au Luxembourg

RTL Télé Lëtzebuerg	27,4 %
TF1	14,0 %
Pro 7	13,0 %
ARD	11,4 %
RTL Television	11,3 %
ZDF	10,8 %
M6	9,7 %
France 2	7,6 %
Sat 1	5,3 %
Vox	4,0 %

TNS Ilres 2013

10.9 Das Wichtigste auf einen Blick

« Eh mec, elle est où la prise du casque sur ce truc ? »

Maîtriser des savoirs (◇ Sachkompetenz)
1. Expliquez le sens de l'expression « médias ».
2. Citez les différents rôles joués par les médias.
3. Décrivez le chemin parcouru de l'événement à la nouvelle.
4. Expliquez la relation entre politique et médias.

Utiliser des méthodes (◇ Methodenkompetenz)
5. Comparez les images et les Unes de différents journaux traitant du même événement.
6. Observez la consommation de médias au sein de votre famille et présentez-la sous forme de protocole.

Juger et agir (◇ Urteils- und Handlungskompetenz)
7. Formulez des arguments pour ou contre l'utilisation d'Internet.
8. Créez des règles pour l'utilisation de téléphones portables à l'école.
9. Formulez un jugement critique à l'encontre d'une émission télévisée de votre choix.
10. Jugez différents médias en fonction de leur crédibilité.

11 L'Europe sous la loupe

Le nom « Europe »
D'après la légende, Europe est le nom d'une belle princesse du peuple des Phéniciens, vivant sur la côte orientale de la Méditerranée. Pour la séduire, Zeus, père des Dieux, s'approche d'elle sous la forme d'un taureau. La princesse monte sur le dos de ce dernier. Zeus la conduit jusqu'en Crête où il lui promet que cette terre qui vient de l'accueillir portera son nom à jamais : Europe !

Blickpunkt Europa

Vue de l'espace, l'Europe donne l'impression d'être une péninsule occidentale du continent asiatique. Pourtant, l'Europe a toujours été considérée comme un continent à part entière : ce sont une histoire, des valeurs et une culture communes qui unissent ses peuples. Les différents États travaillent en étroite coopération sur le plan économique et politique.

L'Europe compte aujourd'hui 47 États, dont la surface et le nombre d'habitants varient considérablement. On y parle 60 langues différentes. Les 28 États membres de l'Union européenne comptent 24 langues officielles que les 500 millions de citoyens peuvent utiliser lorsqu'ils s'adressent aux institutions de l'UE. Il existe même plusieurs formes d'alphabets : latin, grec et cyrillique.

1 Préparez une fiche sur la géographie de l'Europe (frontières naturelles, montagnes, fleuves, mers et océans qui l'entourent).
2 Quels sont actuellement les pays membres de l'UE ?
3 Faites un brainstorming sur le thème de l'Europe. Classez ensuite vos résultats par aspect : géographie, culture, économie, politique et histoire.

COMPÉTENCES VISÉES

Maîtriser des savoirs (◇ Sachkompetenz)
- Connaître les origines de la création de l'UE
- Connaître les grandes étapes de la construction européenne et savoir les situer dans le temps
- Nommer les institutions européennes et décrire leurs rôles principaux
- Savoir où l'on rencontre l'Europe au quotidien

Utiliser des méthodes (◇ Methodenkompetenz)
- Analyser des caricatures sur l'UE
- Savoir lire et analyser des schémas et des diagrammes

Juger et agir
(◇ Urteils- und Handlungskompetenz)
- Discuter du rôle de l'UE dans le quotidien des citoyens
- Analyser l'intégration européenne de manière critique

11.1 L'intégration européenne

M1 Robert Schuman (1886-1963) naît et grandit au Luxembourg. Il devient ministre des Affaires étrangères de la France. Voici ce qu'il propose le 9 Mai 1950 :

Le rassemblement des nations européennes exige que l'opposition séculaire de la France et de l'Allemagne soit éliminée. … Le gouvernement français propose de placer l'ensemble de la production franco-allemande de charbon et d'acier sous une Haute Autorité commune, dans une organisation ouverte à la participation des autres pays d'Europe. … La solidarité de production … manifestera que toute guerre entre la France et l'Allemagne devient non seulement impensable, mais naturellement impossible.

http://europa.eu/about-eu/basic-information/symbols/europe-day/schuman-declaration/index_fr.htm (6.10.2012)

Au sortir de la Seconde Guerre mondiale, des politiciens européens tels que Robert Schuman, le Luxembourgeois Joseph Bech et l'Allemand Konrad Adenauer reconnaissent la nécessité d'une collaboration entre les États européens afin de garantir la paix, la prospérité et la liberté en Europe. En 1950, la déclaration Schuman pose la première pierre de la construction européenne.

L'accent est mis sur la coopération économique ; elle concerne d'abord l'industrie lourde, puis l'agriculture et le commerce. La coopération sur le plan politique se renforce par la suite. Depuis 1993, le marché commun (◇ der europäische Binnenmarkt) est devenu en partie réalité. Depuis 1995, il n'y a plus de contrôle des personnes ni des biens aux frontières entre la plupart des pays de l'Union européenne. Néanmoins, le contrôle peut être rétabli temporairement s'il est nécessaire au maintien de l'ordre public ou de la sécurité nationale.

L'adhésion de nouveaux membres représente un défi. Étape par étape, l'Union européenne passe de 6 États fondateurs à 28 membres en 2013.

En 2002, l'euro est introduit en tant que monnaie unique dans 12 États membres. En 2016, 19 pays font partie de ce qu'on appelle la zone euro. La monnaie européenne est ainsi devenue le moyen de paiement le plus important au monde après le dollar. Suite à la crise financière de 2008, il s'avère que certains États de la zone euro ont accumulé d'immenses dettes. Ces pays ne peuvent emprunter de l'argent sur les marchés financiers que sous condition de payer des intérêts très élevés. Malgré des discussions parfois difficiles, les pays de la zone euro se sont finalement résolus à leur prêter de l'argent à des taux d'intérêts avantageux. En contrepartie, les pays lourdement endettés doivent se plier à des contrôles budgétaires externes aussi de la part de l'UE.

M2 Affiche publicitaire pour l'Europe, 1955

M3 Affiche de l'UE, 2000

Depuis mai 2019, cette journée est également un jour férié au Luxembourg.

11.1 Die europäische Einigung

M4 Étapes de la construction européenne

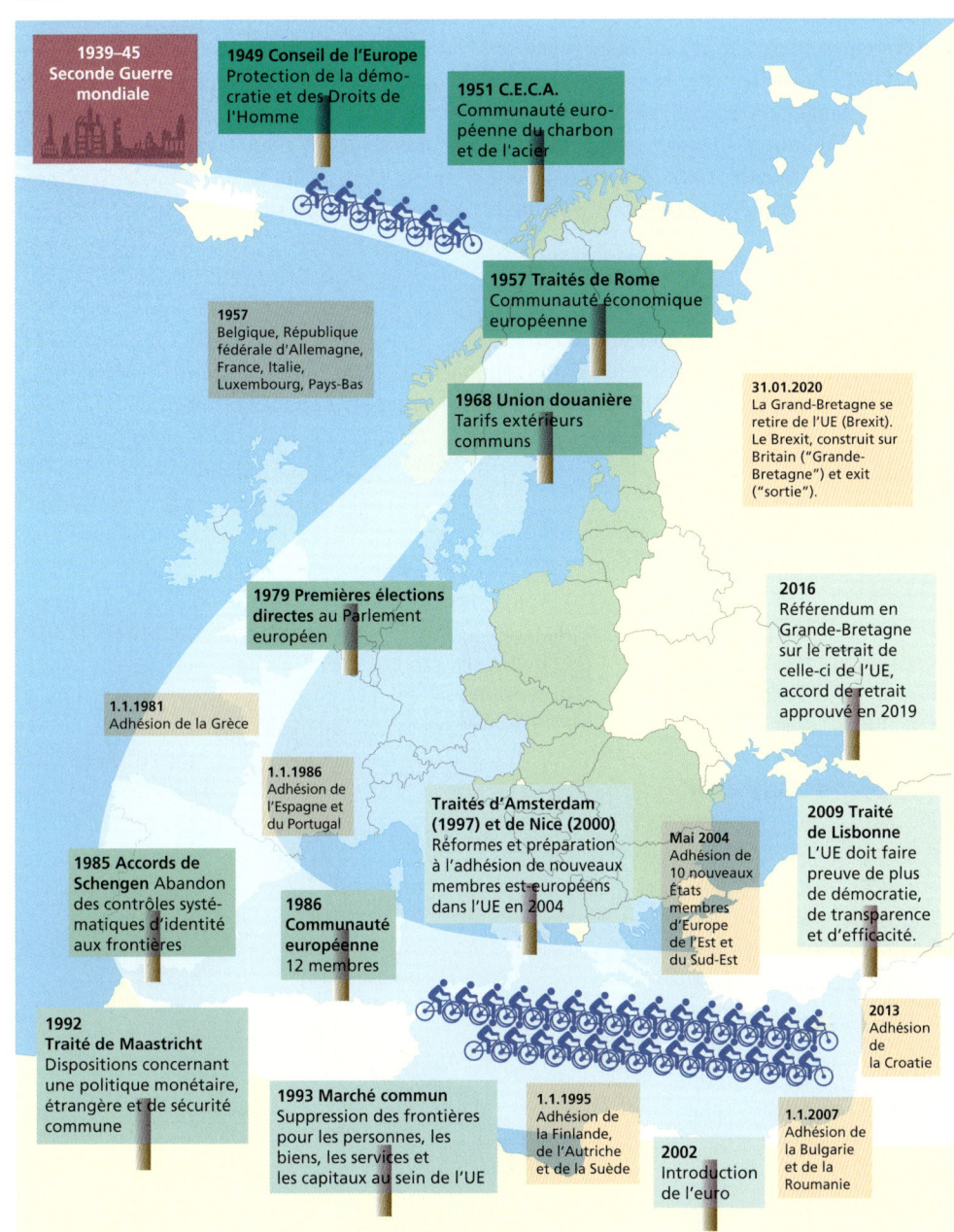

1939–45 Seconde Guerre mondiale

1949 Conseil de l'Europe Protection de la démocratie et des Droits de l'Homme

1951 C.E.C.A. Communauté européenne du charbon et de l'acier

1957 Traités de Rome Communauté économique européenne

1957 Belgique, République fédérale d'Allemagne, France, Italie, Luxembourg, Pays-Bas

1968 Union douanière Tarifs extérieurs communs

31.01.2020 La Grand-Bretagne se retire de l'UE (Brexit). Le Brexit, construit sur Britain ("Grande-Bretagne") et exit ("sortie").

1979 Premières élections directes au Parlement européen

2016 Référendum en Grande-Bretagne sur le retrait de celle-ci de l'UE, accord de retrait approuvé en 2019

1.1.1981 Adhésion de la Grèce

1.1.1986 Adhésion de l'Espagne et du Portugal

Traités d'Amsterdam (1997) et de Nice (2000) Réformes et préparation à l'adhésion de nouveaux membres est-européens dans l'UE en 2004

Mai 2004 Adhésion de 10 nouveaux États membres d'Europe de l'Est et du Sud-Est

2009 Traité de Lisbonne L'UE doit faire preuve de plus de démocratie, de transparence et d'efficacité.

1985 Accords de Schengen Abandon des contrôles systématiques d'identité aux frontières

1986 Communauté européenne 12 membres

2013 Adhésion de la Croatie

1992 Traité de Maastricht Dispositions concernant une politique monétaire, étrangère et de sécurité commune

1993 Marché commun Suppression des frontières pour les personnes, les biens, les services et les capitaux au sein de l'UE

1.1.1995 Adhésion de la Finlande, de l'Autriche et de la Suède

2002 Introduction de l'euro

1.1.2007 Adhésion de la Bulgarie et de la Roumanie

---

1. Expliquez quels étaient les objectifs du plan Schuman de 1950. Parmi ces idées, lesquelles ont pu se concrétiser ?
2. Décrivez les affiches (M2 et M3). De quelle manière cherche-t-on à convaincre de l'idée européenne ?
3. Faites la différence entre les étapes de la construction européenne qui relèvent du domaine économique et celles qui relèvent du domaine politique. Vous pouvez établir un tableau.
4. Selon vous, quelles sont les étapes les plus importantes de la construction européenne ? Justifiez votre réponse.
5. À l'aide de journaux et d'Internet, renseignez-vous sur la situation actuelle des États de l'Union et faites un exposé en classe.

11.2 L'élargissement de l'UE

Depuis le début du processus d'unification européenne, la communauté est passée en différentes étapes de 6 à 28 États membres en 2013. Actuellement, nous ne sommes pas véritablement en mesure de dire combien de membres l'Union européenne va compter à l'avenir. Cela dépendra d'une part de la volonté de candidats potentiels d'entrer dans l'UE et d'autre part de leur capacité à suivre les valeurs démocratiques ainsi que les nombreuses autres règles en vigueur dans les pays membres. En outre, la totalité des membres actuels doit voter d'une seule voix en faveur de l'élargissement. Depuis 2009, il est également possible de sortir de l'UE.

M1 **L'Union européenne en 2020**
La Turquie, l'Albanie, mais également la république de Macédoine du Nord, le Monténégro et la Serbie (pays de l'ex-Yougoslavie) sont candidats à l'adhésion à l'UE.

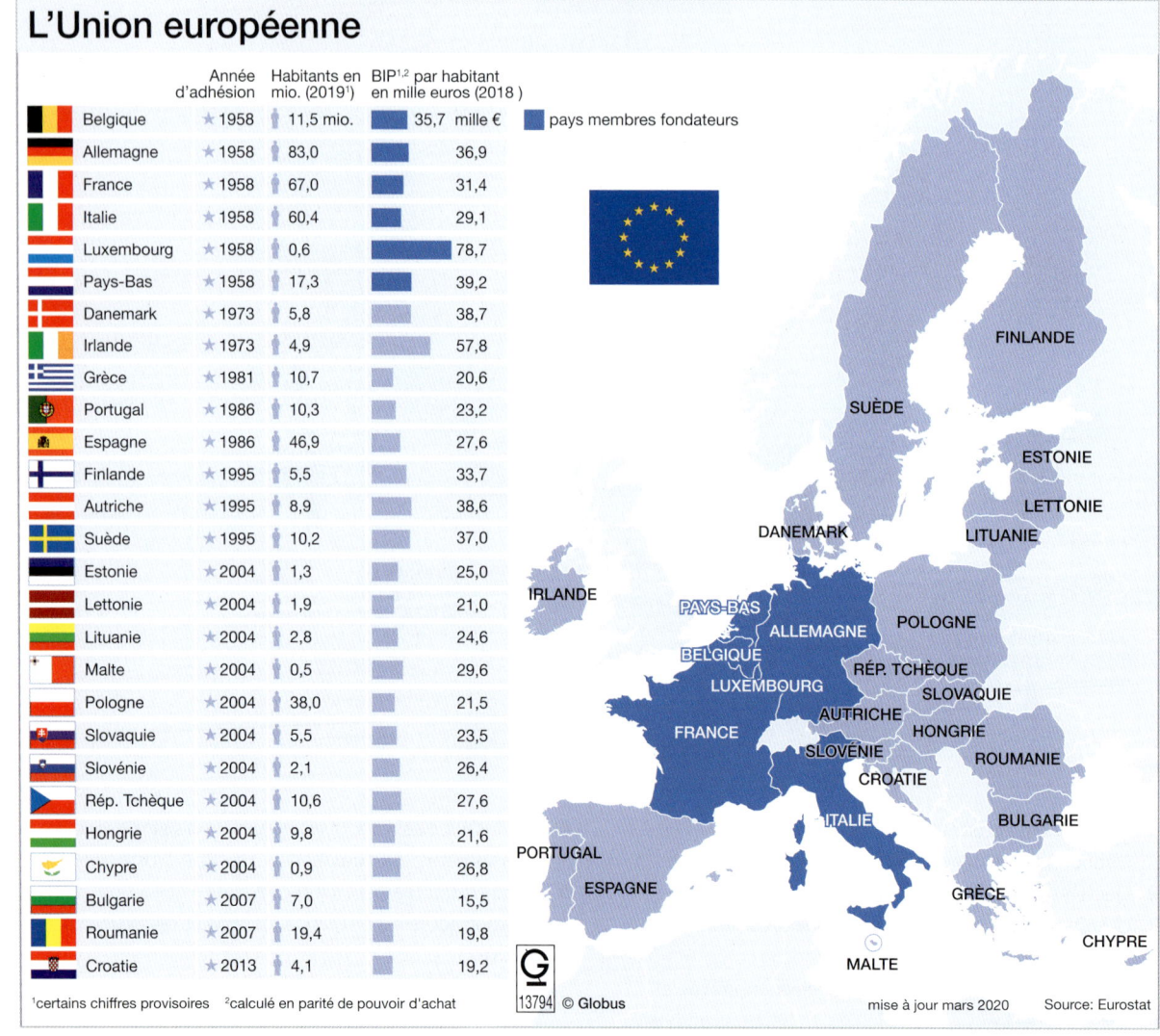

11.2 Erweiterung der EU

M2 Qui peut devenir membre de l'UE ?

Pour pouvoir devenir membre, un pays doit répondre aux critères d'adhésion suivants :
- **critères politiques** – il doit avoir des institutions stables garantissant la démocratie, le respect des Droits de l'Homme et de l'État de droit,
- **critères économiques** – il doit avoir une économie de marché viable,
- **critères juridiques** – il doit accepter les dispositions en vigueur dans l'UE et respecter leur mise en œuvre.

M3 L'Europe s'agrandit

M4 Profils de pays

Portugal

Adhésion à l'UE : 1986
Régime politique : République
Capitale : Lisbonne
Surface : 92 072 km²
Monnaie : euro
Membre de l'espace Schengen

Au moment de l'entrée dans l'UE, un grand nombre de Portugais espérait une modernisation du pays et un rebondissement économique. Cela faisait juste douze ans que la dictature Salazar avait pris fin. Cette adhésion suscitait ainsi chez beaucoup un espoir de stabilisation de la jeune démocratie. Aujourd'hui, le Portugal fait figure de pont entre l'Europe et la grande puissance économique que représente le Brésil.

Pologne

Adhésion à l'UE : 2004
Régime politique : République
Capitale : Varsovie
Surface : 312 679 km²
Monnaie : zloty
Membre de l'espace Schengen

« Nous revenons en Europe », affirma le président de la république Kwasniewski à l'occasion du référendum sur l'entrée dans l'UE lors duquel le « oui » l'emporta avec 77 % des voix. Douze ans à peine s'étaient écoulés depuis la fin de la dictature communiste d'une durée de près de 60 ans. Au même moment, un grand nombre de Polonais craignait que les petites et moyennes entreprises ne soient pas en mesure de survivre à la concurrence au sein de la puissante économie de l'UE. Bien que la Pologne ait connu une évolution économique positive malgré la crise, il y a parmi les Polonais un certain scepticisme envers l'UE.

1. Faites des listes des États de l'UE en les classant par date d'adhésion, nombre d'habitants, puis par PIB.
2. Quels pays ont le statut de candidats ?
3. Discutez : l'Europe politique doit-elle coïncider avec l'Europe géographique ?
4. Analysez la caricature (M3). Quel message critique exprime-t-elle ?
5. Quelles sont les attentes que l'adhésion à l'UE a suscitées dans les pays présentés (M4). Pensez-vous que ces espoirs ont pu être réalisés ?
6. Établissez d'autres profils de pays en suivant le modèle de présentation (M4).

11.3 Symboles et valeurs

L'Union européenne est composée de nombreux États nationaux. En entrant dans l'UE, ceux-ci se sont engagés à poursuivre des objectifs communs et à respecter les règles en vigueur.

Pendant longtemps, l'UE a uniquement été considérée comme une communauté économique. Or, il convient de rappeler que les États membres ont également des points communs sur le plan historique, culturel et politique, ce qui les unit au-delà de la simple coopération économique. Pourtant, de nombreux Européens ont plus le sentiment d'appartenir avant tout à un État que celui d'être des citoyens de l'UE.

Mais malgré toutes les différences qu'elle abrite, l'Union européenne a son propre drapeau, son propre hymne ainsi qu'un jour de fête. Les symboles de l'Union ne sont pas censés remplacer les symboles et les drapeaux des pays mais les compléter.

M1

Drapeau
Le drapeau du Conseil de l'Europe est devenu symbole officiel de l'Union européenne en 1985. Les douze étoiles représentent l'unité, la solidarité et l'harmonie. Le cercle est également symbole d'harmonie.

Hymne
La mélodie s'inspire de la Neuvième symphonie de Ludwig van Beethoven, écrite en 1823. Elle est l'hymne officiel de l'Union européenne depuis 1985. L'hymne européen est sans paroles.

Journée de l'Europe
C'est le 9 mai 1950 que Robert Schuman présente sa vision d'une Europe unifiée (déclaration Schuman). Ce jour est considéré comme la date de lancement de la construction européenne et il est célébré dans les États membres.

Devise
« Unie dans la diversité » est la devise de l'Union depuis l'an 2000.

M2 **Billets en euros.** En 2016, l'euro est la monnaie de 19 pays membres de l'Union. L'objectif est de pouvoir utiliser une monnaie unique dans toute l'UE.

11.3 Symbole und Werte

M 3 Extrait du préambule de la Charte des droits fondamentaux de l'Union européenne

Les peuples de l'Europe, en établissant entre eux une union sans cesse plus étroite, ont décidé de partager un avenir pacifique fondé sur des valeurs communes.
Consciente de son patrimoine spirituel et moral, l'Union se fonde sur les valeurs indivisibles et universelles de dignité humaine, de liberté, d'égalité et de solidarité ;
elle repose sur le principe de la démocratie et le principe de l'État de droit. Elle place la personne au cœur de son action en instituant la citoyenneté de l'Union et en créant un espace de liberté, de sécurité et de justice.
L'union contribue à la préservation et au développement de ces valeurs communes dans le respect de la diversité des cultures et des traditions des peuples de l'Europe, ainsi que de l'identité nationale des États membres et de l'organisation de leurs pouvoirs publics au niveau national, régional et local.

http://www.europarl.europa.eu/charter/pdf/text_fr.pdf (25.03.2016)

M 4 Enquête sur le sentiment d'appartenance à l'Europe, 2015

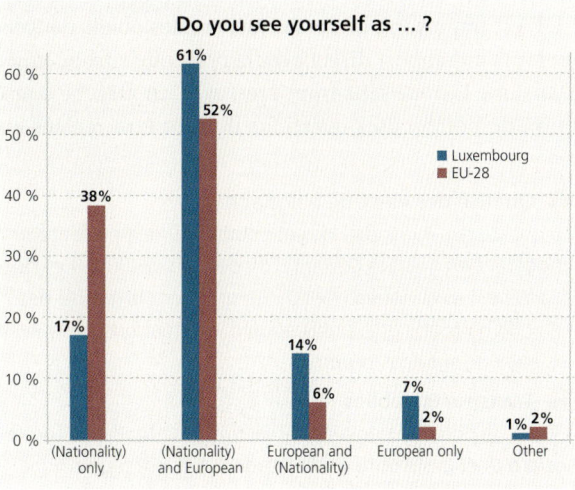

Standard Eurobarometer 83, Spring 2015 – TNS opinion & social ;
http://ec.europa.eu/public_opinion/archives/eb/eb83/eb83_citizen_en.pdf (22.04.2016)

M 5 Fondements de la citoyenneté européenne
(◇ die Unionsbürgerschaft)

Tout ressortissant d'un État membre est également citoyen de l'Union. Cette citoyenneté européenne ne remplace pas pour autant l'appartenance nationale, elle la complète. Voici certaines règles sur lesquelles est fondée la citoyenneté européenne :
- **Libre circulation :** tout citoyen a le droit de circuler librement, de séjourner et de travailler dans l'UE.
- **Droit de pétition :** tout citoyen de l'UE a le droit de s'adresser au Parlement ou au médiateur européen s'il estime que ses droits n'ont pas été respectés.
- **Droit de vote :** droit de vote actif et passif aux élections communales et européennes.
- **Droit à la protection :** hors des frontières de l'UE, chaque pays membre a le devoir de protéger les ressortissants d'un autre pays membre. Cela signifie donc qu'un citoyen européen peut s'adresser à l'ambassade de n'importe quel pays de l'Union européenne.
- **Interdiction de discrimination :** tout citoyen de l'UE doit être traité d'égal à égal avec les ressortissants du pays membre d'accueil.

1. Faites une liste des valeurs et des principes fondamentaux de l'UE.
2. Quels sont les symboles officiels de l'UE représentés sur les billets en euros ? Expliquez la signification des autres illustrations.
3. Expliquez la devise de l'UE : « Unie dans la diversité ».
4. Qu'est-ce que la citoyenneté européenne apporte-t-elle aux citoyens d'un État membre (M5) ?
5. Créez une affiche pour promouvoir l'UE.
6. Effectuez une enquête au sein de votre classe ou de votre école sur le sujet suivant : « En quoi est-ce que je me sens européen ? » Faites une comparaison avec le diagramme M4.

11.4 L'Europe au quotidien

Un grand nombre de personnes pense que la politique européenne se fait loin des problèmes quotidiens des citoyens. Pour mieux illustrer à quel point le rôle de l'UE est important, ce dessin montre des objets de tous les jours en rapport direct avec la politique européenne. Dans une Europe sans frontières, avec un marché commun, de nombreuses questions doivent être réglées en commun. Cela a une influence sur tous les citoyens. Prenons un exemple : la garantie de 2 ans qui s'applique à tous les appareils électroménagers est le résultat d'une directive européenne. En 2013, l'UE a décidé que tous les permis de conduire doivent avoir le format d'une carte bancaire et respecter certains standards pour empêcher qu'ils soient falsifiés ou manipulés.

❶ Qualité des eaux de baignade
La qualité des mers, des lacs et cours d'eau est un facteur important en matière de santé, de gestion des loisirs et du tourisme. Les directives de l'UE garantissent la qualité des eaux de baignade et la publication d'informations lorsque les eaux ne sont pas propres.

❷ Transports publics
L'UE a introduit de nouvelles prescriptions afin de renforcer les droits et la sécurité des passagers. Les passagers voyageant à bord d'un avion, d'un train ou d'un bateau de ligne au sein de l'UE sont en droit d'obtenir des informations, un soutien et un dédommagement en cas de retard. En créant une situation de concurrence entre les compagnies aériennes, l'UE a obtenu la baisse des prix des billets d'avion.

❸ La solidarité mondiale
Au plan mondial, l'Union européenne est l'un des donateurs les plus importants pour l'aide au développement et l'aide humanitaire. L'UE facilite l'accès au marché européen à des produits issus du commerce équitable.

❹ Une paix stable
Au sortir de la Seconde Guerre mondiale, la coopération dans le cadre des Communautés européennes a posé le fondement d'une paix durable en Europe. Aujourd'hui, l'Union européenne a adopté une politique étrangère et de sécurité commune (PESC).

❺ Le programme Erasmus+
Le programme européen soutient des élèves, des étudiants et des salariés financièrement s'ils veulent passer une partie de leur formation dans un autre pays.

❻ La recherche médicale
Chacun d'entre nous tombe malade un jour ou l'autre. L'UE encourage la recherche médicale dans de nombreux domaines.

❼ La sécurité des produits alimentaires
Les normes européennes relatives à la sécurité des produits alimentaires comptent parmi les plus strictes au monde. Elles s'appliquent aussi bien aux produits d'origine européenne qu'aux produits étrangers. L'étiquette doit mentionner les ingrédients contenus dans les produits, les

11.4 Europa im Alltag

conservateurs et les colorants utilisés ainsi que leur valeur nutritionnelle. L'utilisation du label « biologique » est soumise à des règlementations.

❽ Des communications mobiles moins chères
Les Européens peuvent communiquer par téléphone mobile plus facilement et à un meilleur tarif. Un règlement européen limite les frais d'itinérance si vous téléphonez d'un pays de l'UE vers un autre. À partir de 2017, les frais d'itinérance seront interdits.

❾ La lutte contre le changement climatique
En 2009, l'Union européenne a commencé à retirer progressivement les ampoules traditionnelles du marché et à les remplacer par des ampoules à faible consommation d'énergie. Les nouvelles ampoules à faible consommation d'énergie consomment 4 à 5 fois moins d'énergie que les ampoules traditionnelles, leur durée de vie est de 6 à 10 fois plus longue tandis que leur prix n'est que légèrement plus élevé.

❿ La libre circulation des personnes
L'Union européenne permet une plus grande mobilité car il n'y a plus de contrôle des personnes aux frontières intérieures. L'accord de Schengen fut signé en 1985. D'autres pays, non-membres de l'UE tels que la Suisse, la Norvège et l'Islande ont également signé l'accord.

⓫ Une alimentation saine
Après la Seconde Guerre mondiale, l'Europe est touchée par une grande pénurie alimentaire. La Politique agricole commune (PAC) a eu pour but d'aider les paysans à accroître leur productivité. Or cela a entraîné une surproduction. De nos jours, la PAC vise à limiter la production de produits alimentaires tout en assurant un niveau de vie stable aux agriculteurs. La protection de l'environnement et des paysages est également au cœur des priorités.

⓬ La monnaie unique
Dans la zone euro, il n'y a plus de coûts engendrés par le change. Il est maintenant possible de comparer les prix pratiqués dans les différents pays.

⓭ La mobilité des travailleurs
Tout citoyen d'un État membre a le droit de vivre et de travailler dans tout autre pays de l'UE dans les mêmes conditions que les nationaux. Les diplômes et qualifications professionnelles sont reconnus de part et d'autre.

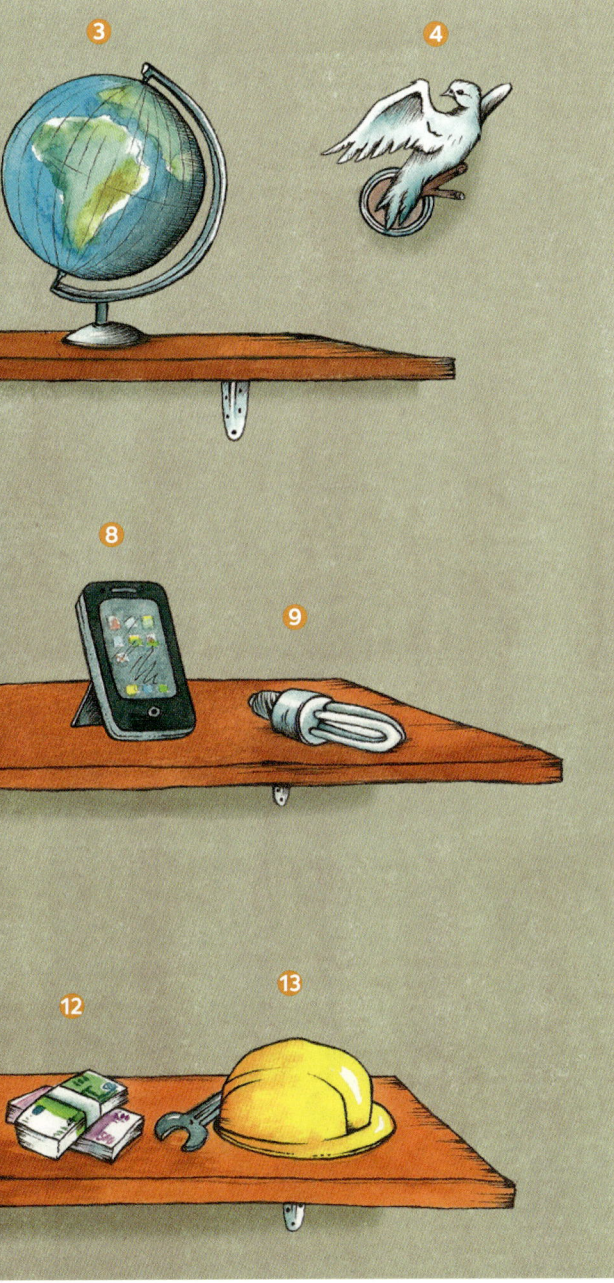

1 Relevez les différentes réalisations de l'UE sur le plan politique, économique, social et écologique. Résumez-les dans un tableau.
2 À quelles occasions rencontrez-vous personnellement l'Union européenne dans votre quotidien ? Citez des exemples.
3 Selon vous, des règlements qui s'appliquent à toute l'Europe sont-ils nécessaires ? Y a-t-il des inconvénients ? Faites une analyse.
4 Renseignez-vous auprès de la Maison de l'Europe à Luxembourg-Ville sur d'autres réalisations concrètes de l'Union européenne (p. ex. réglementations applicables aux voyages, protection des consommateurs).

11.5 Être citoyen en Europe

Le projet européen entend faire de l'Europe plus qu'un marché commun : une Europe des citoyens. Cependant, un sentiment d'appartenance authentique ne peut se développer que s'il y a des acquis et des succès mesurables. Chaque citoyen de l'UE a ainsi le droit de faire ses études, de vivre et de travailler à l'étranger. Les citoyens sont également bénéficiaires des dispositions européennes en matière de protection de la santé et des consommateurs. En effet, 500 millions de citoyens de 28 États membres partagent les mêmes droits et participent à la politique européenne par le biais des institutions communes. Les exemples suivants montrent ce que cela signifie d'être citoyen en Europe.

M1 Mindmap « Droits des citoyens européens »

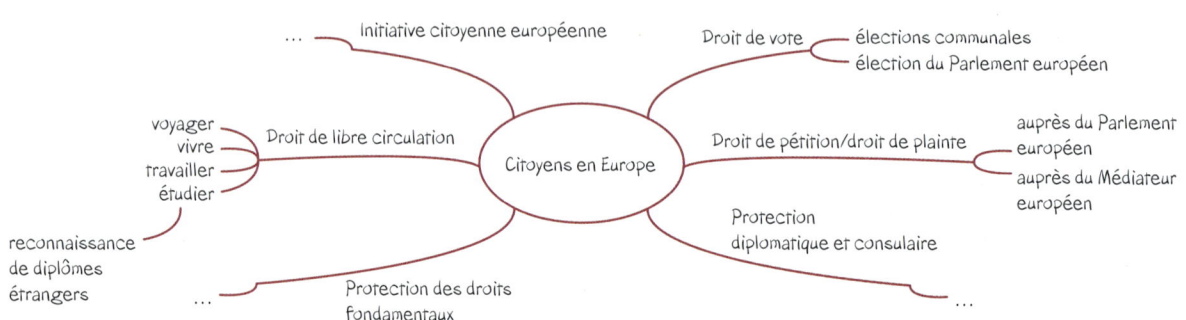

M2

M3 Visite au Parlement européen

11.5 Bürger in Europa

M 4 Portail européen de la jeunesse

M 5 Des producteurs de lait venus de l'Europe entière manifestent à Bruxelles pour obtenir une hausse des subventions agricoles.

M 7 **Initiative citoyenne européenne.** Il faut les signatures d'au moins un million de citoyens pour imposer à la Commission de mettre un thème spécifique à l'ordre du jour. Toutefois, l'initiative doit avoir un lien avec l'UE.

M 6 Contrôle des frontières en Europe

M 8 **Le Médiateur européen (Ombudsmann)**

Le Médiateur européen prend en compte les plaintes de toutes les citoyennes et de tous les citoyens qui estiment avoir été lésés par les institutions européennes. Depuis son siège à Bruxelles, il fait le suivi des fautes commises par les institutions européennes à l'égard des citoyens qui lui sont signalées.

1. Reliez les documents M2 à M8 aux droits du citoyen présentés dans le schéma M1.
2. En vous appuyant sur les documents M1 à M4, dites quelles opportunités l'UE offre aux jeunes.
3. Quels droits découlent de la citoyenneté européenne au sein de l'UE et au-delà de ses frontières ?
4. Comment peut-on s'engager politiquement au sein de l'UE ? Expliquez.
5. Renseignez-vous au sujet des programmes d'étude et de formation pour les jeunes sur le portail européen de la jeunesse.

11.6 Le fonctionnement de l'UE

Le fonctionnement de l'UE a évolué progressivement sur une durée de 50 ans. Il est le résultat d'un commun accord entre les États membres. En principe, les membres de l'UE restent des nations indépendantes et souveraines, même si elles ont donné une partie de leur pouvoir de décision à des organes européens afin que des décisions d'intérêt commun puissent être prises de manière démocratique à l'échelle européenne. Dans certains domaines tels que la politique financière ou fiscale, les décisions doivent être prises à l'unanimité. Dans d'autres domaines de la politique tels que la politique commerciale, c'est le principe de la majorité qui prévaut.

M1 Interaction entre les institutions

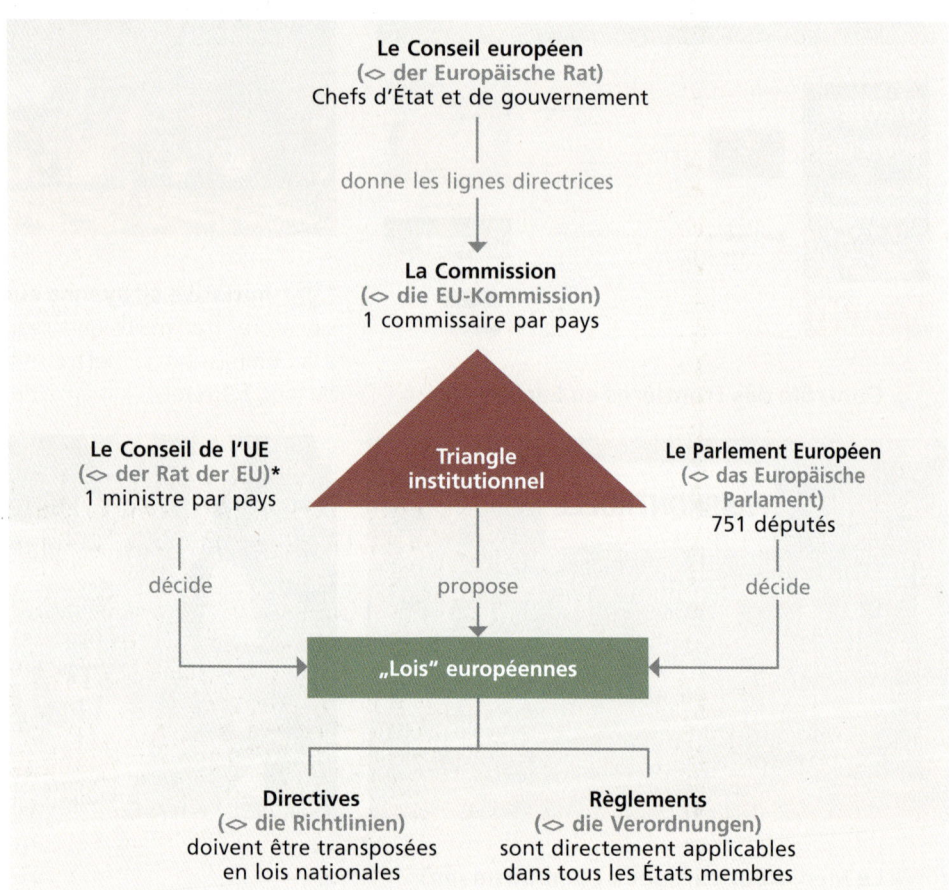

* Le Conseil des ministres change régulièrement de composition. Lorsqu'on traite de questions relatives à l'agriculture, par exemple, ce sont les ministres de l'agriculture qui se réunissent tandis que les ministres des finances siègent quant à eux lorsqu'il est question de finances, etc. Lors des votes, c'est le plus souvent le principe de la double majorité qui prévaut : 55 % des pays doivent donner leur approbation ; et ceux-ci doivent représenter au moins 65 % de la population de l'UE.

M2 Autres institutions importantes

- La Cour de Justice européenne (◇ der Europäische Gerichtshof) : interprète le droit de l'UE ; les États peuvent être poursuivis
- La Banque centrale européenne (◇ die Europäische Zentralbank) : définit la politique monétaire
- La Cour des comptes européenne (◇ der Europäische Rechnungshof) : contrôle les finances de l'UE

11.6 Wie funktioniert die EU?

M 3 Les bâtiments du Parlement européen à Strasbourg et à Bruxelles

M 4 La Commission européenne à Bruxelles

M 5 Le Conseil des ministres de l'UE à Bruxelles ; siège trois mois par an à Luxembourg

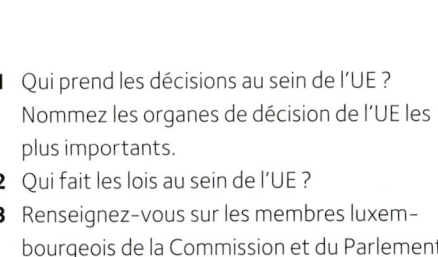

M 6 Le budget de l'UE. À titre de comparaison : Le budget de l'Allemagne s'élevait à 370 milliards d'euros en 2019.

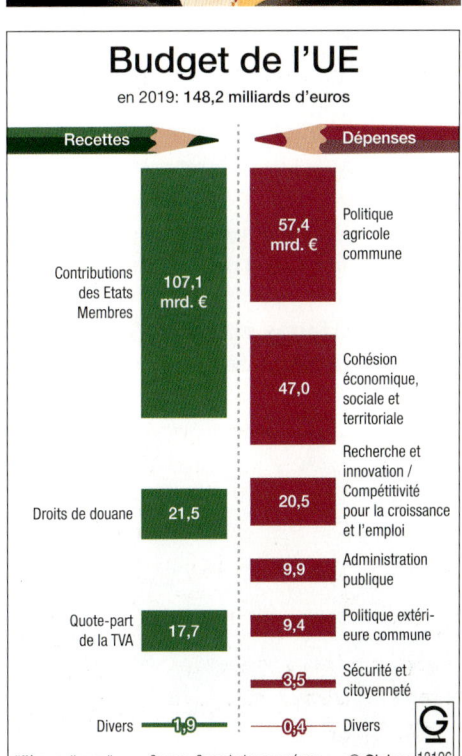

M 7 Personnalités politiques importantes de l'UE

Charles Michel, ancien Premier ministre belge, est président du Conseil européen depuis 2019. Il est chargé de préparer et de présider les réunions.

Josep Borrell (Espagne) est Haut Représentant de l'Union pour les Affaires étrangères et vice-président de la Commission européenne. Il représente l'UE à l'étranger et fait des propositions concernant la politique étrangère et de sécurité commune.

Ursula von der Leyen (Allemagne) est présidente de la Commission européenne depuis 2019. Elle détermine les lignes directrices du travail de la Commission. Sa fonction est semblable à celle d'une cheffe de gouvernement à l'échelle nationale.

1 Qui prend les décisions au sein de l'UE ? Nommez les organes de décision de l'UE les plus importants.
2 Qui fait les lois au sein de l'UE ?
3 Renseignez-vous sur les membres luxembourgeois de la Commission et du Parlement européen.
4 Comparez les organes de l'UE aux organes (trois pouvoirs) d'un État.
5 D'où proviennent les recettes de l'UE ? Dans quels dossiers l'UE investit-elle le plus d'argent ?

11.7 L'Europe au Luxembourg – Le Luxembourg en Europe

M1 Vue sur les institutions européennes à Luxembourg
❶ La Cour de justice de l'Union européenne (◇ der Europäische Gerichtshof), ❷ La Banque européenne d'investissement (◇ die Europäische Investitionsbank), ❸ La Cour des comptes européenne (◇ der Europäische Rechnungshof), ❹ Le Secrétariat général du Parlement européen (◇ das Generalsekretariat des Europaparlaments), ❺ Le centre de traduction des organes de l'UE (◇ die Übersetzungsdienste), ❻ Différents services de la Commission européenne (◇ verschiedene Dienste der Europäischen Kommission)

L'Europe au Luxembourg

L'organe qui a précédé l'actuelle Commission européenne a initié son travail à Luxembourg en 1952 sous le nom de Haute Autorité. Depuis lors, Luxembourg est avec Bruxelles et Strasbourg l'une des trois capitales européennes où siègent d'importantes institutions européennes. À Luxembourg, la plupart de ces institutions se trouvent sur le plateau du Kirchberg. C'est également là que le Conseil des ministres se réunit. Environ 11 000 fonctionnaires de l'UE travaillent à Luxembourg. En général, leurs enfants vont dans l'une des deux écoles européennes. En 2015, plus de 85 % des étrangers vivant au Luxembourg possédaient la nationalité d'un autre pays de l'UE.

M2 Le ministre français des Affaires étrangères Robert Schuman devant le siège de la CECA à Luxembourg, 1953

M3 Schengen – Lieu de signature de l'accord de Schengen ayant conduit à l'abandon des contrôles aux frontières.

11.7 Europa in Luxemburg – Luxemburg in Europa

L'importance de l'UE pour le Luxembourg

Où que l'on se trouve sur le sol luxembourgeois, on est toujours proche des frontières. Un bref coup d'œil sur la carte suffit pour s'en apercevoir. Les relations d'interdépendance entre le Luxembourg et les régions voisines se reflètent sur plusieurs plans. Environ 170 000 frontaliers viennent quotidiennement au Luxembourg pour travailler et y payent des impôts. La région n'aurait sans doute pas connu un tel essor si les frontières ne s'étaient pas ouvertes grâce à l'abandon du contrôle des personnes en 1985. Le tourisme à la pompe permet de financer une bonne partie du budget de l'État luxembourgeois. La place bancaire profite également de la libre circulation des capitaux au sein de l'Union. À cela s'ajoute le fait que de plus en plus de Luxembourgeois s'installent dans les régions frontalières du Luxembourg en raison de l'augmentation du prix des terrains liée à l'essor économique du Grand-Duché. En principe, il est possible de choisir son médecin librement et même au-delà des frontières. Aucun autre pays de l'UE n'a autant de relations d'interdépendance que le Luxembourg. Environ 85 % de sa production est réservée à l'exportation – en majorité vers les pays de l'UE.

M 4 Le saviez-vous ?

- En 1951, le Luxembourg faisait déjà partie des six États fondateurs de la Communauté européenne du charbon et de l'acier / CECA (◇ die Europäische Gemeinschaft für Kohle und Stahl/EGKS).
- Robert Schuman, ministre des Affaires étrangères français et père de l'initiative de l'intégration européenne, est né en 1886 à Clausen d'une mère luxembourgeoise et d'un père lorrain alors que la Lorraine faisait partie de l'Allemagne.
- En 1986, le peuple luxembourgeois reçut le Prix Charlemagne de la ville d'Aix-la-Chapelle en reconnaissance du rôle qu'il a joué dans l'unification européenne.

M 5 Frontaliers de la Grande Région

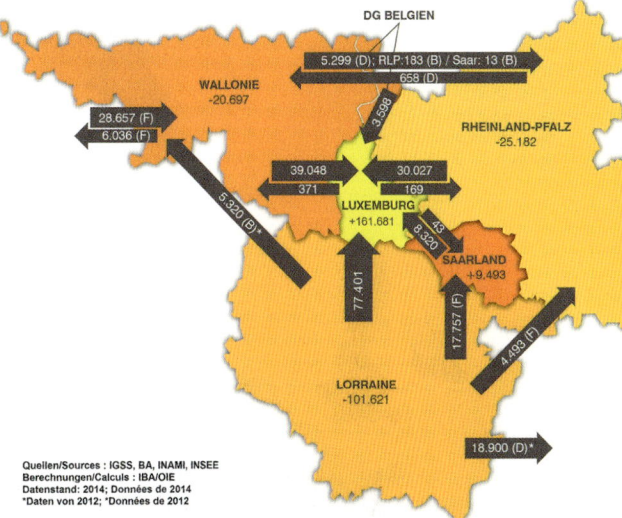

Le nombre de frontaliers augmente rapidement. En 2018, 421 826 personnes travaillaient au Luxembourg, presque la moitié étaient des frontaliers. Leur nombre augmente plus rapidement que celui des résidents.

M 6 Le poids du Luxembourg dans l'UE

- Le Luxembourg a 6 représentants sur 751 au Parlement Européen. Chaque député représente ainsi environ 80 000 habitants. L'Allemagne, pays le plus peuplé de l'UE, a 96 représentants. Cela signifie que chaque député européen allemand représente environ 800 000 Allemands.
- Le Grand-Duché est représenté par un commissaire européen sur 28, comme les grands États membres.
- La Cour de justice compte un juge par pays membre.
- Le vote à la majorité qualifiée au Conseil (à partir de 2014) implique que 55 % des États donnent leur approbation ; ce pourcentage doit parallèlement représenter au moins 65 % de la population de l'UE.
- Dans le cas des votes relatifs aux questions fiscales ou à la politique étrangère commune, en règle générale, l'unanimité est requise.

1. Où l'Europe est-elle présente au Luxembourg ?
2. Expliquez le rôle du Luxembourg en Europe.
3. Imaginez quel serait le rôle politique et économique du Luxembourg s'il n'était pas membre de l'UE.
4. À votre avis, le poids de Luxembourg dans l'UE est-il conforme aux principes de la démocratie ?

11.8 Les régions en Europe

L'UE apparaît aujourd'hui comme le poumon économique de l'Europe. En réalité, ce n'est pas si simple. De grandes différences subsistent au sein de l'Union et à l'intérieur même des États membres en ce qui concerne le développement économique et les conditions de vie des citoyens.

Le cadre économique européen commun ne peut exister qu'à condition que ces différences s'estompent. D'importantes inégalités représentent toujours un risque majeur de conflit entre les membres. Les citoyens ne peuvent accepter l'UE que s'ils ne sont pas des « Européens de deuxième classe ».

M 1 Inégalités de croissance en Europe
① Paysan en Transylvanie, 2010 ② Agriculture industrielle en Basse-Saxe ③ Centre financier, Londres ④ Fermeture du dernier haut-fourneau de Charleroi

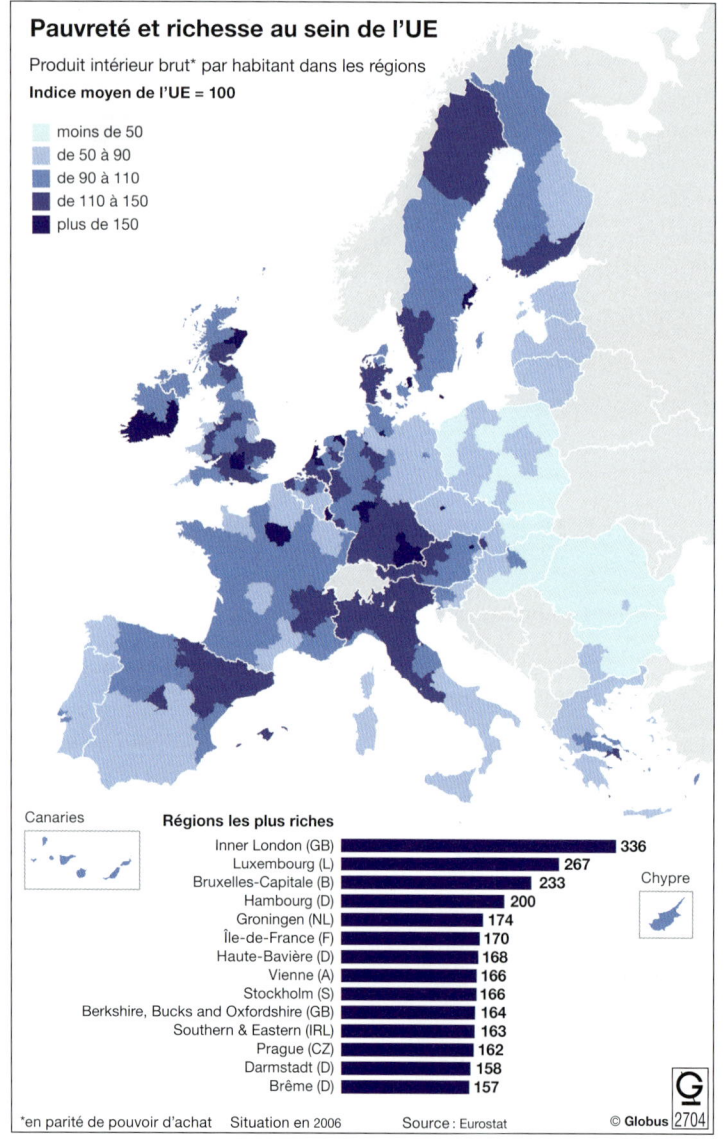

11.8 Regionen in Europa

M2 Politique régionale de l'UE

La politique régionale de l'UE est une politique d'investissement qui favorise la création d'emplois, la compétitivité et la croissance économique dans le but d'améliorer la qualité de vie tout en respectant la croissance durable. Ces investissements s'inscrivent dans la mise en place de la stratégie « Europe 2020 ».

Une politique régionale, c'est aussi l'expression d'une solidarité européenne à l'égard des pays et des régions les moins développés dans la mesure où les fonds sont avant tout utilisés dans les domaines et les secteurs qui en ont le plus besoin. L'objectif est de réduire l'écart important qui existe sur le plan économique, social et territorial entre les régions d'Europe. Les succès de cette politique sont visibles dans les régions les plus pauvres : on y observe une augmentation du niveau de vie, la création de nouveaux emplois, la construction de nouvelles autoroutes. Pour autant, la politique d'aide de l'UE n'a pas été en mesure d'éviter la crise économique dans certains pays dont les dettes nationales sont particulièrement importantes et dont le taux de chômage est très élevé (p. ex. Grèce, Espagne ou Portugal).

M3 Exemple de projets de développement régional

Estonie — Consolidation du système éducatif
Un nouveau jardin d'enfants en Estonie, financé par l'instrument chargé de la préparation à l'entrée dans l'UE (SAPARD).

Espagne et Portugal — Le projet Interreg lie l'Espagne et le Portugal
Un pont traversant le fleuve Guadiana relie l'Espagne et le Portugal.

Italie — Création d'emplois
Réaménagement d'une base pour les jeunes dans la formation et dans l'industrie, Cagliari, Sardaigne, Italie.

France — Investir dans les petites et moyennes entreprises
Aide accordée à une plantation de bananes sur l'île de la Réunion, France.

Slovénie — Développer le tourisme

Pays-Bas — Amélioration de la protection des eaux

1. Localisez les régions et les pays les plus riches et les plus pauvres de l'UE (M1).
2. Associez les images (M1) aux pays de l'UE correspondants.
3. Qu'est-ce qu'on entend par solidarité au sein de l'UE ? Donnez des exemples du domaine de la politique régionale.
4. Comment les projets présentés en M3 peuvent-ils soutenir les régions en développement ?

11.9 L'Europe et le monde

M1 Les principaux partenaires commerciaux de l'UE

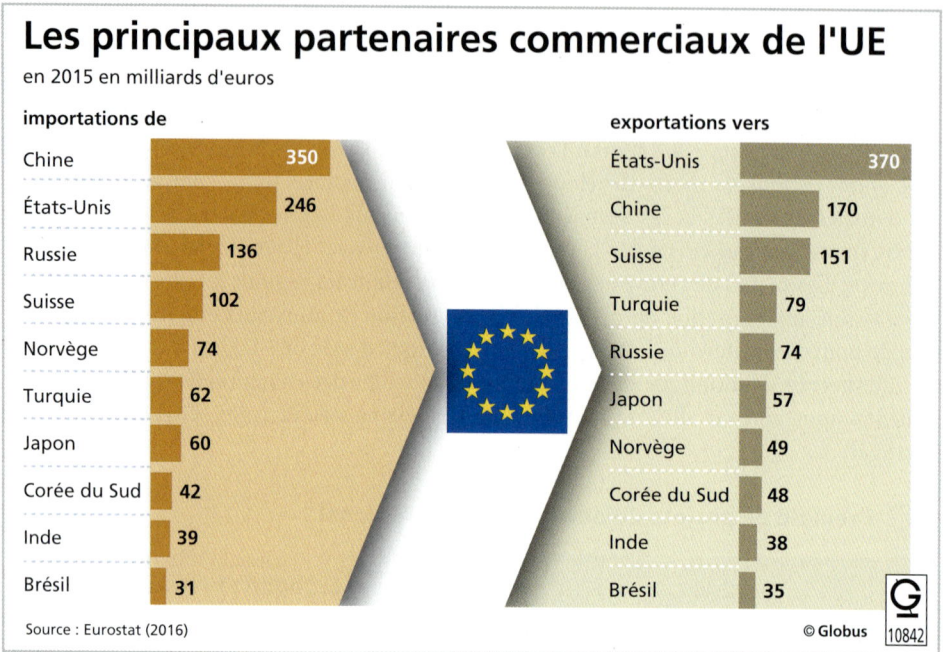

Géant économique …

La part des Européens dans la population mondiale ne cesse de diminuer (1950 : 21,6 %, 2010 : 10,6 %, 2050 : 7,6 %). Pourtant, l'Union européenne est un global player sur le plan économique, commercial et financier. Elle est la première puissance commerciale, produit un quart des richesses mondiales et possède la deuxième monnaie la plus forte au monde. Elle a en outre signé des accords de commerce et de partenariat avec la plupart des pays et des régions du globe. C'est l'UE et non les États qui signent les accords internationaux liés aux questions commerciales.

L'UE sert toujours de modèle en matière de démocratie, de respect de l'État de droit et de collaboration politique. Elle joue un rôle de pionnier dans la politique climatique et dans l'aide au développement.

Grâce à sa puissance économique et à sa stabilité politique, l'Europe est devenue une destination de rêve pour un grand nombre de personnes issues de pays pauvres. L'abandon des frontières intérieures depuis l'accord de Schengen a cependant conduit à un renforcement du contrôle des frontières extérieures de l'Europe.

11.9 Europa in der Welt

M2 Aide européenne au développement

M3 Frontex: Agence européenne pour la protection des frontières extérieurs de l'UE. Elle organise et coordonne la lutte contre le crime organisé et l'immigration clandestine, mais dépend du soutien des États membres.

… nain en politique étrangère ?

Malgré une politique étrangère et de sécurité commune (PESC), la plupart des décisions en cette matière reste aux mains des différents États membres. L'UE envoie des missions de paix dans les régions en crise partout dans le monde. Étant donné que l'UE ne possède pas d'armée, ce sont les États membres qui mettent leurs forces militaires à disposition dans le cadre de missions humanitaires, de sauvetage, de désarmement ou de prévention des conflits, ou pour des missions de stabilisation à la suite d'un conflit.

L'UE ne peut parler d'une seule voix que si tous les États membres se mettent d'accord sur une position commune. Or, pendant la guerre d'Irak en 2003, celle-ci n'a pas trouvé de position commune. Bien que l'UE ait un Haut Représentant pour les Affaires étrangères, il est extrêmement difficile de parvenir à une politique étrangère commune. Un grand nombre d'États membres n'est pas prêt à céder sa compétence en cette matière.

M4 Guerre d'Irak … l'Europe se positionne

1. Quels États sont les principaux partenaires commerciaux de l'UE ? Comparez les importations et les exportations.
2. Recherchez des informations sur la superficie, le nombre d'habitants, le PIB de l'Union européenne et de ses principaux partenaires commerciaux. Comparez.
3. Renseignez-vous sur les pays destinataires de la coopération européenne en matière de développement.
4. Recherchez des articles de journaux actuels sur la situation aux frontières de l'UE, p. ex. les flux de réfugiés.
5. Expliquez la caricature. De quel point faible de l'UE est-il question ici ?
6. Prenez position par rapport à l'affirmation suivante : « L'Union européenne est un géant économique, mais c'est un nain en matière de politique étrangère. »

MÉTHODE   Analyser des caricatures

Caricatures : les figures de style

- *personnifications : ange/colombe = paix ; vautour = ruine …*
- *métaphores : tempête menaçante, marée montante, grand/petit, maigre/gros …*
- *images : être dans le même bateau, se faire envoyer sur les roses, etc.*

Dans les débats politiques, la caricature est un moyen apprécié pour dénoncer les abus et exprimer une opinion critique. Sur les caricatures, les personnes, les faits, les événements sociétaux sont souvent représentés de manière comique et exagérée. Les caricatures peuvent également se situer dans un contexte politique ou de propagande. Elles expriment un jugement de valeur et nous montrent comment le caricaturiste a perçu quelque chose et ce qu'il en pense.

▸ **LE SUJET**

Analyser point par point une caricature et se positionner de manière critique vis-à-vis des thèmes d'actualité concernant l'Europe.

▸ **LE DÉROULEMENT**

❶ Description
- Lire le titre, la légende et la date.
- Qu'est-ce qui est représenté sur le dessin ?
- Comment et par quels moyens graphiques (personnages, objets, symboles, images, métaphores) le sujet est-il représenté ?

❷ Explication
- Quelle est la signification des symboles, des objets … ?

❸ Interprétation / message
- Que dit le dessinateur à propos du sujet ?

❹ Pour les experts
- Donnez votre avis sur le message exprimé ou le problème évoqué. Êtes-vous d'accord avec le caricaturiste ?

❶ Arbre vigoureux sur lequel sont gravés un drapeau européen et l'inscription « paix et sécurité ».

❷ Symbolise les succès de l'UE.

❶ Deux personnes armées d'une scie et d'une hache pour abattre l'arbre.

❷ Symbole de menace.

❶ Le jardinier se souvient de la tendre pousse (EWG/CEE : Communauté Économique Européenne) qu'il a plantée et soignée il y a 50 ans.

❷ Référence à l'évolution de l'Europe.

❶ Jardinier profitant de son repos et lisant un journal qui titre « 50ème anniversaire des Traités de Rome ».

❷ Se reposer sur les acquis de l'UE.

❸ Le caricaturiste dépeint l'Union européenne comme un progrès qui a apporté paix et sécurité à l'Europe pendant 50 ans (depuis la création de la CEE). Il fait remarquer pourtant qu'on ne peut pas se reposer sur ses acquis, que la paix et la sécurité continuent d'être menacées et qu'elles ne sont pas immuables.

❹ Je suis d'accord / je ne suis pas d'accord avec le caricaturiste … Je pense que…

11 Blickpunkt Europa

1 Analysez les caricatures en groupes en utilisant la méthode présentée. Au bout d'un certain temps, passez à la caricature suivante. À la fin, chaque groupe présente ses résultats et les commente.

11.10 En bref

Étapes de la construction européenne
- 1951 Communauté européenne du charbon et de l'acier
- 1957 Communauté économique européenne
- 1968 Union douanière
- 1992 Naissance de l'Union européenne
- 2013 Passage à 28 pays
- 2016 Les résultats du référendum donnent le Brexit vainqueur
- 2020 Le 1er février s'est ouverte une « période transitoire » pendant laquelle le Royaume-Uni ne participera plus à la vie des institutions européennes mais continuera de vivre selon les règles européennes.

Les quatre libertés fondamentales au sein du marché intérieur
libre circulation :
- des biens
- des personnes
- des services
- des capitaux et des paiements

Citoyenneté européenne
- libre circulation
- droit de vote aux élections européennes et communales
- droit de pétition
- initiative citoyenne
- interdiction de discrimination
- droit à la protection à l'étranger

Législation européenne
- la Commission propose
- le Conseil et le Parlement votent
- directives
- règlements

Institutions de l'UE
- Parlement européen
- Conseil de l'Union européenne / Conseil des ministres
- Conseil européen
- Commission européenne
- Cour de justice européenne
- Banque centrale européenne
- Cour des comptes européenne

L'Europe et le monde
L'UE :
- première puissance commerciale
- contribue à l'aide au développement
- organise des opérations de maintien de la paix
- coordonne la politique étrangère des pays membres

11.10 Das Wichtigste auf einen Blick

Maîtriser des savoirs (◇ Sachkompetenz)
1 Comment l'Union contribue-t-elle à la paix et au maintien de la stabilité en Europe ?
2 Relevez les aspects sous lesquels vous rencontrez l'Europe au quotidien.
3 Expliquez le rôle des institutions européennes les plus importantes.
4 Expliquez comment sont faites les lois au sein de l'UE.
5 Citez les différentes étapes de l'élargissement de l'UE.
6 Expliquez le rôle de l'Europe dans le monde.

Utiliser des méthodes (◇ Methodenkompetenz)
7 Constituez à l'aide d'Internet une collection de caricatures sur le thème de l'UE.
8 Analysez un schéma sur le fonctionnement des institutions européennes.

Juger et agir (◇ Urteils- und Handlungskompetenz)
9 Discutez : Où sont les frontières de l'Europe ?
10 Dans quels domaines les décisions devraient-elles incomber à l'UE et non pas aux différents États ? Justifiez votre réponse.
11 Qu'est-ce qui vous dérange dans l'UE ? Expliquez votre réponse.
12 Créez de nouveaux billets en euros. Quels symboles choisissez-vous ?

Zuständigkeiten in der Europäischen Union

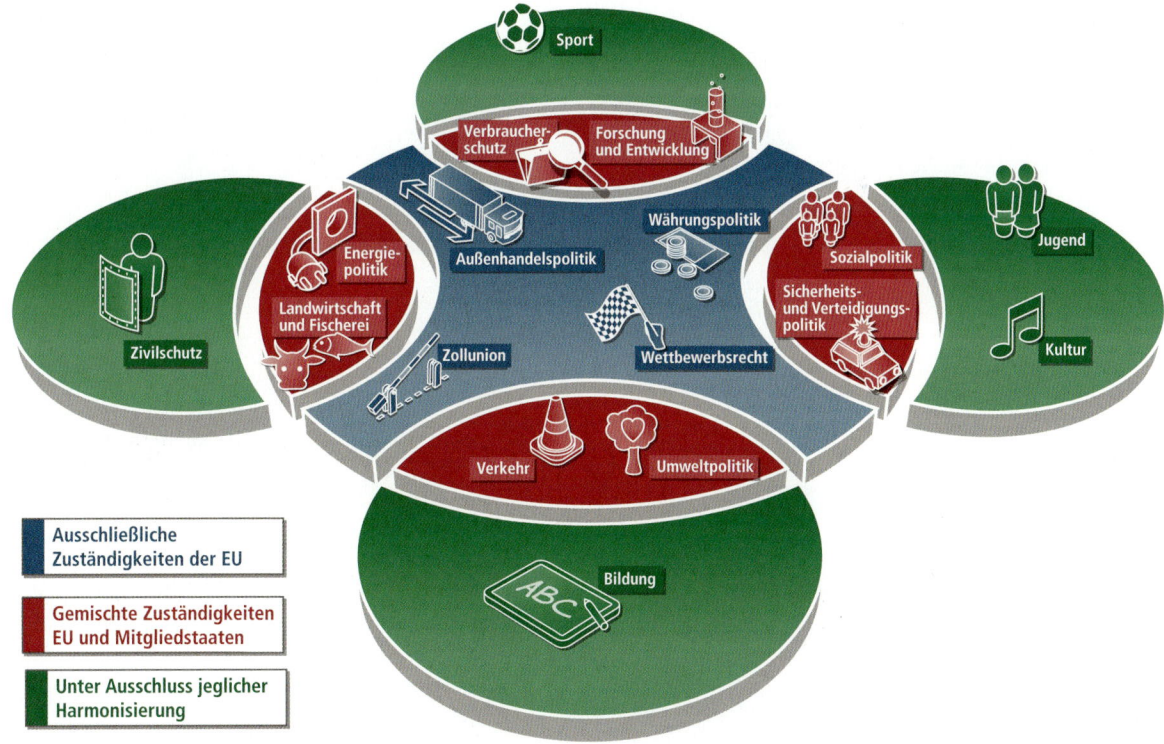

Bundeszentrale für politische Bildung, 2009, www.bpb.de   Lizenz: Creative Commons by-nc-nd/3.0/de

12 Le monde d'aujourd'hui

La carte illustre les contacts qui existent dans un réseau social : plus les endroits sur la carte sont clairs, plus il existe de liens dans ce domaine. Rien que le réseau Facebook compte 2,32 milliards d'utilisateurs (2019).

Un démineur des l'ONU en action (Chypre)

Représentants de l'Agence internationale de l'énergie atomique devant la centrale nucléaire détruite de Fukushima

Die Welt von heute

Nous vivons dans un monde qui se caractérise d'un côté par une croissance économique sans égale, de l'autre par des crises, des guerres et des catastrophes. Chacun consomme des services et des biens qui peuvent être produits partout dans le monde. Nous vivons ensemble avec des personnes avec des origines les plus diverses. La planète est un village ! Pourtant, des défis essentiels sont à l'ordre du jour pour la communauté internationale : garantir la paix dans le monde entier, assurer la justice sociale pour tous, préserver l'environnement. Même si nous ne percevons certains liens que de façon superficielle, la vie en commun sur la terre se déroule dans une dépendance réciproque.
Dans ce chapitre, il faut donc réfléchir sur les actions et les responsabilités communes.

1 Réfléchissez à l'affirmation suivante : « La planète est un village ».
2 Que révèlent les images ci-contre sur le monde d'aujourd'hui ?

COMPÉTENCES VISÉES

Maîtriser des savoirs (◇ Sachkompetenz)
- Connaître le sens du mot « mondialisation », les domaines qu'elle englobe et son impact sur notre vie
- Savoir énumérer les causes et les conséquences des différences sur le plan du développement
- Connaître le rôle d'importantes organisations internationales
- Indiquer les tâches écologiques les plus importantes du XXIe siècle

Utiliser des méthodes (◇ Methodenkompetenz)
- Analyser un conflit politique

**Juger et agir
(◇ Urteils- und Handlungskompetenz)**
- Juger les avantages et désavantages de la mondialisation
- Réfléchir à la façon dont on pourrait résoudre les problèmes sociaux, politiques et écologiques dans le monde

Bateau de réfugiés en Méditerranée

12.1 La mondialisation

M1 Visages de la mondialisation

Surfer sur la toile mondiale depuis la maison

Lakshmi Mittal (g.) et Aditya Mittal (d.) lors de l'assemblée générale des actionnaires à Luxembourg, 8 mai 2012

M2 Aspects de la mondialisation

Des supporters chinois du FC Barcelone à Beijing

Que signifie mondialisation ?

Le mot « mondialisation » vient de « mondial » (à l'échelle planétaire). Il désigne le processus d'une interdépendance progressive et mondiale dans tous les domaines. La mondialisation présente de nombreux aspects et influence également notre vie de tous les jours, p. ex. le travail, la mode, la musique, le sport et la télévision.

La révolution industrielle du XIXe siècle a contribué à l'essor du commerce international. Ensuite, pendant l'époque coloniale, l'échange de biens entre l'Europe et ses colonies s'est renforcé.

La mondialisation au sens actuel du terme est favorisée par les nouvelles technologies de l'information et de la communication. Elle permet la formation de marchés mondiaux. La mondialisation économique s'est accélérée de manière significative au cours des dernières années. Les acteurs principaux sont les firmes transnationales qui se sont implantées dans de nombreux pays. La mondialisation intensifie considérablement l'esprit de concurrence entre les pays et les entreprises et elle a des répercussions importantes sur la stabilité et la sécurité de l'emploi.

De plus en plus de pays se rendent compte que la protection du climat sera, à l'avenir, une mission mondiale. C'est la raison pour laquelle des négociations ont lieu régulièrement afin de parvenir à de nouveaux accords pour réduire les émissions de CO_2.

12.1 Globalisierung im Alltag

M3 Affirmations au sujet de la mondialisation

Les opinions divergent quant aux origines et aux conséquences de la mondialisation :

Affirmation 1

« Pour moi, le mot « mondialisation » a un sens purement économique. Depuis toujours les hommes font du commerce, en général pour limiter les dépenses. Et franchement : un seul État ne saurait mettre à la disposition des habitants tous les produits qu'ils demandent. »

Affirmation 2

« À mon avis, la mondialisation obéit à des impératifs sociaux. Jamais autant d'hommes n'ont quitté leur pays natal et se sont mélangés ailleurs aux autochtones. Ceci est également dû au fossé entre les pays riches et les pays pauvres qui ne cesse de se creuser. »

Affirmation 3

« La mondialisation est avant tout une adaptation des cultures. Elle est aujourd'hui visible partout. Tout se mélange et finit par se ressembler. Les idées et les produits se répandent en temps réel autour du globe par le biais des médias numériques. »

A. Population née à l'étranger (dans le monde)

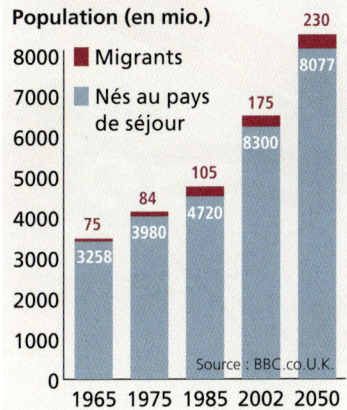

B. Voyageurs du monde

« Voyons voir, c'est nous en train de bouffer à Disneyland Paris, ou bien à Disneyland Tokyo, ou bien à Disney World Orlando… »

C. Commerce mondial de biens (1950–2014)

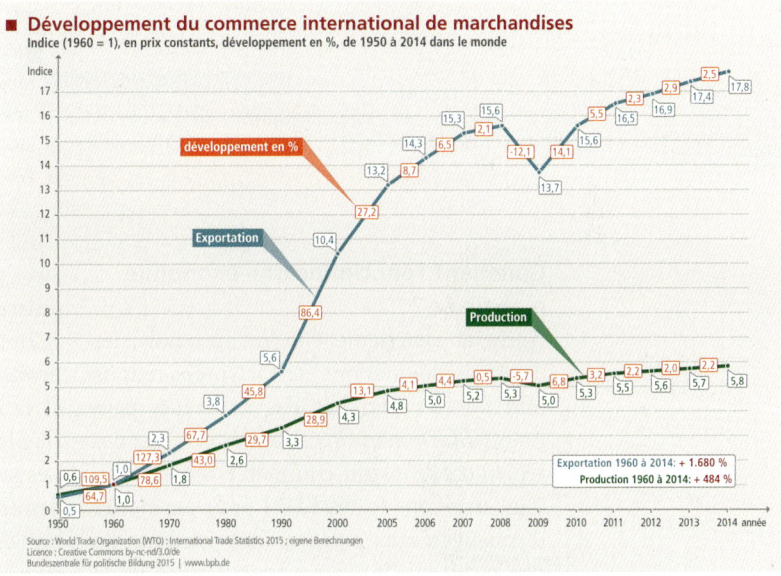

1. Déterminez où ont été fabriqués vos vêtements, sacs à dos etc. Représentez vos résultats sous forme d'un tableau ou d'une carte des idées.
2. Décrivez les photos (M1). Quels aspects de la mondialisation pouvez-vous dégager ? Donnez des exemples supplémentaires.
3. Examinez les affirmations du document M3 :
   a) Cherchez un titre pour chacune des affirmations. Associez les textes aux documents A, B et C.
   b) Comparez les déclarations 1–3. Quelle est votre opinion à ce sujet ?
   c) Que signifie « mondialisation » pour vous ?

12.2 Les flux commerciaux

M1 Commerce international, 2014

Comment fonctionne une économie globalisée ?

Après la Deuxième Guerre mondiale, les droits de douane ont été fortement réduits afin que les marchés des différents pays s'ouvrent. De nombreux traités ont fixé des réglementations du commerce mondial ou dans une zone (p. ex. l'UE) pour permettre d'échanger sans entraves des produits ou des services. On espérait ainsi stimuler le développement économique de tous les pays. Les pays membres de l'Organisation Mondiale du Commerce (OMC) adaptent leurs stratégies commerciales et résolvent les litiges du commerce international. Les opposants de la libéralisation reprochent aux pays industrialisés d'accroître leur puissance au détriment des pays moins développés. Depuis 2018, l'introduction de droits à l'importation entre les États-Unis et la Chine, mais également de l'UE, influence les échanges mondiaux.

Les processus de production subissent aussi des changements importants : les multinationales, qui sont des firmes actives dans de nombreuses régions du monde, délocalisent à une vitesse ahurissante différentes activités de production dans des pays bénéficiant d'un avantage compétitif, c'est-à-dire là, où les salaires et les charges sociales sont moins élevés. Ces firmes sont les acteurs principaux de la mondialisation.

12.2 Handelsströme weltweit

M2 Une machine à laver fait le tour du monde

Une entreprise allemande en Bavière conçoit un nouveau modèle, appelons-le « Produit blanc ». Le modèle haut de gamme, appelé « Clean+ » peut être vendu dans le monde entier. Sur le boîtier, il y a marqué « Made in Germany » – mais les constituants viennent des quatre coins du monde.

Production électronique germano-tchèque

Les unités de contrôle électroniques sont fournies par la société « Saarspitz » depuis la Sarre. Seulement 22 salariés travaillent toujours en Allemagne mais, plus de 100 en République tchèque, le pays à bas salaires. 15 ans plus tôt, tout était produit en Allemagne. Or, face à la concurrence asiatique, « Saarspitz » devait baisser les prix. Finalement, on transféra la production des pièces électroniques en République tchèque. Entre-temps, le travail y est en partie assuré par des Slovaques dont la main d'oeuvre est encore moins chère.

Moteurs électriques : Made in China

Les moteurs électriques sont fabriqués à la chaîne dans l'usine « Produit blanc » à Shanghai. Ici, une ouvrière gagne 60 euros par mois, à peine 40 cents par heure.

Toujours moins cher

À l'avenir, le coût de production d'un moteur électronique sera encore plus bas. La firme « Saarspitz » publie un appel d'offres. Des entreprises chinoises y répondent tout en faisant de la sous-enchère. Une entreprise belge l'emporte. Elle ne travaille cependant pas en Europe mais elle a transféré sa production à Shenzhen en Chine.

L'assemblage final en Allemagne

Depuis plus de 50 ans, la firme « Produit blanc » produit des machines à laver en Allemagne par toujours plus de machines et toujours moins d'ouvriers ; 500 postes ont été supprimés au cours des dix dernières années. L'ouvrière allemande n'effectue plus que le contrôle final. Un laser marque « Made in Germany » sur le produit fini.

1. Entre quels continents passent les flux commerciaux les plus importants ? Quelles régions du monde ne jouent qu'un rôle secondaire dans le commerce mondial ? Quelles peuvent en être les raisons ?
2. Établissez à l'aide d'Internet une liste des grandes multinationales. De quels pays sont-elles originaires ? Classez ces entreprises selon différents secteurs : industrie automobile ou électronique, finance, Internet …
3. Analysez le document M2 :
   a) Pour quelles raisons les firmes délocalisent-elles leur production ?
   b) Dessinez une carte sur laquelle vous inscrivez les différents sites de production. Calculez les distances parcourues pour que toutes les pièces soient ramenées en Europe jusqu'à l'assemblage final.
4. Quelle signification peut revêtir la concurrence globalisée pour vous en tant que consommateur et salarié ?
5. Vous voulez acheter un téléviseur. Optez-vous pour un appareil à 250 € fabriqué en Corée ou pour le modèle à 1000 € produit en Europe ? Justifiez votre décision.

12.3 Un développement inégal

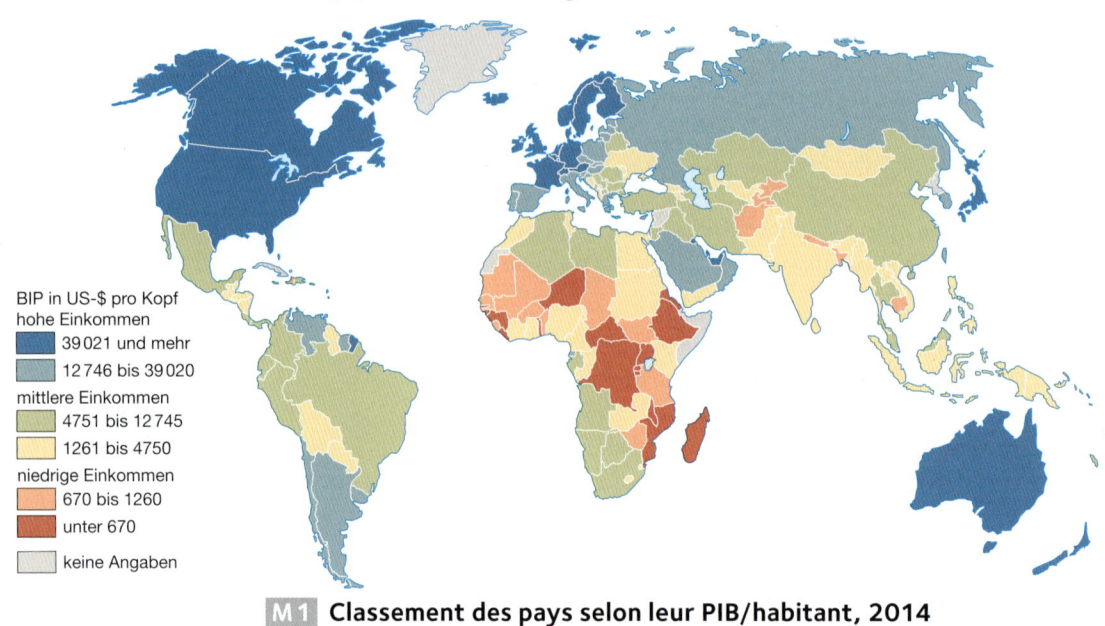

M1 Classement des pays selon leur PIB/habitant, 2014

> L'injustice sociale continue de s'aggraver: des chiffres publiés par l'organisation d'aide humanitaire Oxfam montre comment la situation est dramatique: les 62 hommes les plus riches possèdent autant que la moitié la plus pauvre de la population mondiale – et la tendance se poursuit (2015).

Le produit intérieur brut (PIB)
(◇ das Bruttoinlandsprodukt, BIP)
Le PIB indique la productivité économique d'un pays. Il se compose de la valeur totale de tous les services et biens qu'un pays a créés au cours d'une année.

Les pays sont aussi classés en fonction de leur niveau de développement en :
Pays en voie de développement : les États dont le niveau de développement économique, infrastructurel et social est inférieur à celui des pays industrialisés.
Pays émergents : ils ne comptent plus parmi les pays pauvres en voie de développement, mais ne sont pas encore au niveau des nations industrialisées. Ainsi, leur structure économique est sur le point de converger vers celle des pays riches.
Pays industrialisés : leur PIB est élevé. L'industrie, le commerce et le secteur tertiaire priment sur l'agriculture ; les infrastructures y sont très développées.

Pays pauvres – pays riches

Les différents pays du monde sont étroitement liés sur les plans politique, économique et écologique. Or, il existe des différences considérables quant à leur développement. On parle de conflit Nord-Sud ou de disparités Nord-Sud pour désigner l'opposition entre les nations industrialisées et les pays sous-développés. Ces termes sont apparus lorsque l'on a commencé à s'occuper de ce déséquilibre économique. À cette époque, les pays riches se trouvaient surtout dans l'hémisphère Nord et les pays pauvres dans l'hémisphère Sud. Or, cette séparation radicale n'est plus valable, au moins depuis la mondialisation. Des pays comme la Chine ou le Brésil sont devenus des puissances économiques majeures tandis que certains pays européens ne trouvent pas leur place dans l'économie mondiale. Les inégalités n'existent pourtant pas seulement entre les pays et les continents. À l'intérieur d'un État, les richesses peuvent aussi être réparties de façon très inégale.

Mesurer la prospérité ?

La distinction entre « riches » et « pauvres » déterminée d'après le PIB par habitant est peu révélatrice de la situation réelle des hommes dans un pays donné. C'est la raison pour laquelle on parle de plus en plus souvent de l'IDH (Indice de développement humain). Il tient compte de facteurs tels que l'espérance de vie moyenne, le niveau d'éducation et le niveau de vie (p. ex. accès à l'eau potable, aux soins médicaux, à une alimentation saine).

12.3 Ungleiche Entwicklung

M2 Paysans en Roumanie, 2010

M3 L'Indice de Développement Humain (IDH), 1980–2010

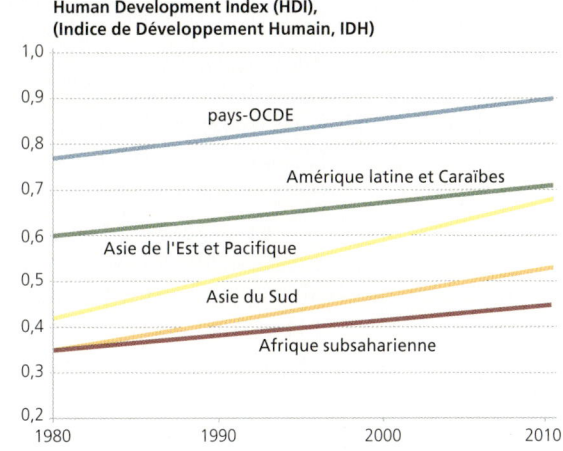

M4 **Bidonvilles à Manille.** La capitale des Philippines compte plus que 20 millions d'habitants.

M5 Les visages de la pauvreté

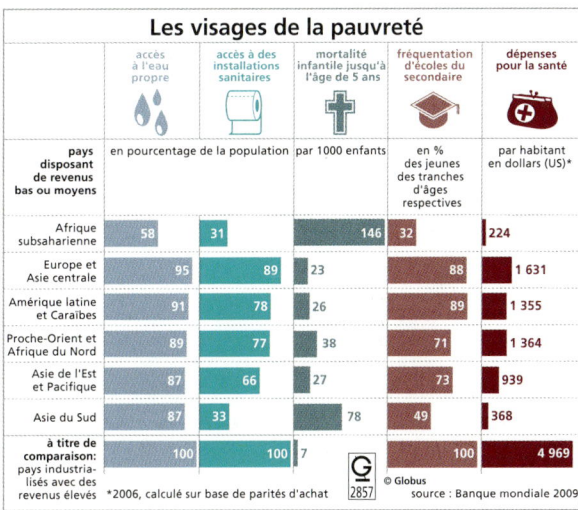

1. Établissez les caractéristiques des pays en voie de développement, des pays émergents et des pays industrialisés.
2. Distinguez, à l'aide des documents M1 et M3 entre le PIB et l'IDH. Quel indicateur vous semble le plus significatif ? Justifiez.
3. Cherchez des exemples :
   - de développements inégaux à l'intérieur de l'Europe
   - de pays développés du Sud.

12.4 Les causes des inégalités

Les causes des inégalités et du retard de développement (<> der Entwicklungsrückstand) sont variées. Le colonialisme est une cause historique. Ce sont surtout les puissances coloniales européennes qui détruisirent les structures socio-économiques existantes dans les régions colonisées dont ils empêchèrent ainsi le développement.

Mais il y a d'autres raisons : Les structures sociales et gouvernementales sont souvent injustes dans les pays sous-développés. S'y ajoutent les conflits ethniques et religieux et la corruption des dirigeants. La course aux armements et les stratégies militaires semblent plus importants que les problèmes de la population. De plus, des facteurs économiques sont responsables de cette situation. Les pays concernés n'ont qu'un accès difficile au marché mondial, ils sont exclus de l'évolution technologique et souvent fortement endettés.

Enfin, il y a le problème de la surpopulation. Dans de nombreux pays sous-développés, la croissance du PIB est littéralement mangée par une population en hausse ce qui rend le progrès social presque impossible.

M1

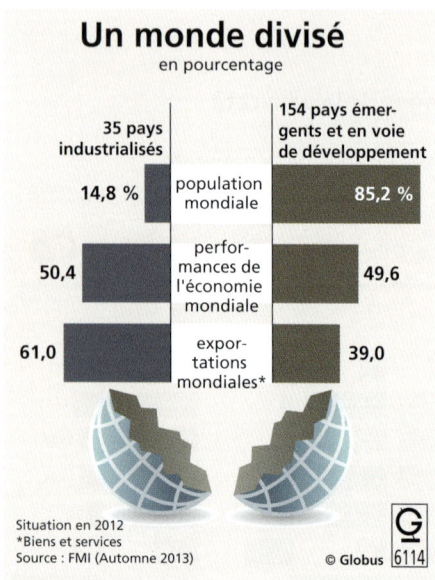

M2

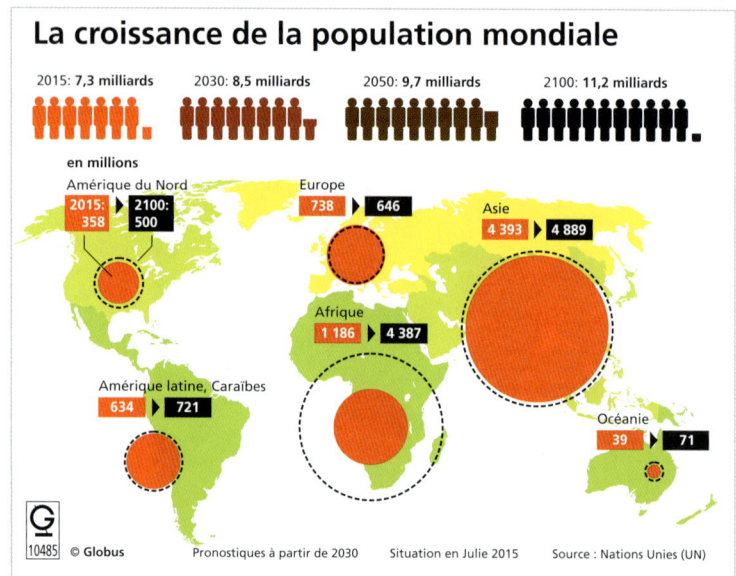

M3

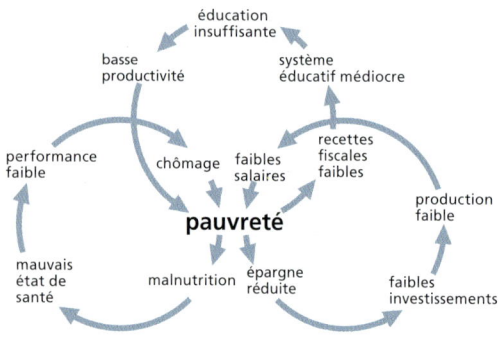

1. Indiquez les facteurs qui engendrent la pauvreté et les retards de développement.
2. Décrivez M1. Expliquez la relation entre le niveau de développement et la répartition de la population mondiale.
3. Analysez M2 :
   a) Décrivez la croissance de la population mondiale par continents. Quelles sont les prévisions jusqu'en 2050 ?
   b) Précisez respectivement les raisons de la croissance et de la baisse de la population.
4. Expliquez les cercles vicieux de la pauvreté.
5. De quelle manière ces cercles vicieux pourraient-ils être brisés ?

12.4 Ursachen für Armut und Entwicklungsrückstände

M4 Exemple : Nigéria

Comme chaque pays est différent, il faut déterminer avec exactitude les causes d'une situation dans un pays donné. Ici, il s'agit du Nigéria, l'un des plus grands pays d'Afrique.

Fiche Nigéria (L = Luxembourg)	
Type de gouvernement et capitale	République fédérale ; Abuja
Superficie	923.768 km² (L : 2586 km²)
Population (pays le plus peuplé d'Afrique)	habitants 181.562.056 (2016), 434 ethnies (dont 21 % de Haoussas)
Langues	500 langues. Langue officielle : anglais
Histoire	1861–1960 : colonie britannique 1967–1998 : alternance de gouvernements civils et de dictatures militaires 1998 : 4e République, émeutes politiques internes jusqu'à aujourd'hui
Religions	musulmans (plus de 50 %), chrétiens (40–48 %), religions africaines traditionnelles
Exportations	produits pétroliers (95 %), cacao, caoutchouc
Importations	33 % de produits manufacturés, 24 % de produits chimiques, 23 % de machinerie et équipements de transports, 6 % d'aliments
Population active par secteur	agriculture 32 %, industrie 41 %, services 27 %
PIB	397 milliards de dollars US (une des plus grandes économies nationales d'Afrique) (2018)
PIB par habitant	2.049 dollars US (L : 114.234 $) (2018)
Population sous le seuil de pauvreté	70 % (2010)
IDH	0,514 : 152e rang mondial (L : 0,892 = 19e rang)
Espérance de vie	53 ans (L : 79,7 ans)
Taux de mortalité infantile	(2015) 6,9 % (L : 0,15 %)
Travail des enfants (en-dessous de 14 ans)	à peu près 13 % (L : 0 %)
Taux d'alphabétisation	(2015) 78 % (L : 100 %)
Taux de chômage	(2015) taux officiel 8,2 % mais estimé à 40 % (L : 6,85 %)

La population haoussa musulmane vit dans le Nord, les Yorubas et Ibos, qui sont chrétiens, vivent dans le sud. Des tensions religieuses ne cessent de surgir depuis l'indépendance en 1960.

Port Harcourt est situé dans le centre de l'industrie pétrolière nigériane. Les sites de stockage de pétrole y sont plus grands que ceux des États-Unis et du Mexique réunis. Port Harcourt devrait être une métropole resplendissante.

6. Quels facteurs freinent le développement du Nigéria ? Dessinez les cercles vicieux de la pauvreté en vous référant au Nigéria.
7. Comparez les statistiques du Nigéria avec celles du Luxembourg.
8. Faites de courts exposés pour présenter d'autres pays en voie de développement.
9. Quelles sorties de la pauvreté seraient envisageables ? Discutez en adoptant la technique des scénarios.

Le pétrole – malédiction et bénédiction

Le Nigéria pourrait être un pays riche. Les recettes provenant de la production du pétrole sont énormes. Or, une immense flamme de gaz et de l'eau polluée sont les seules retombées pour les pauvres du delta du Niger. Seules les multinationales et une minorité corrompue profitent du pétrole. Aussi longtemps que le Nigéria, en tant que premier exportateur africain, base son économie uniquement sur le pétrole, il ne pourra dépasser le stade d'un pays en voie de développement.

12.5 Les hommes en mouvement

M1 Réfugiés aux frontières de l'Europe

D'après les estimations d'organisations internationales, 244 millions de personnes vivaient temporairement ou définitivement en dehors de leur pays d'origine en 2015. On les appelle des migrants. Le verbe « migrare » vient du latin et signifie « se déplacer, bouger ». « Immigrer » désigne donc le fait d'entrer dans un pays et « émigrer » consiste à le quitter.

La pauvreté et le désespoir causés par des guerres, des catastrophes naturelles, la surpopulation et la misère économique poussent les hommes à émigrer. Ensuite, il y a la perspective d'un emploi mieux rémunéré, le regroupement familial, les études universitaires ou simplement la curiosité. Les personnes qui sont persécutées à cause de leurs opinions politiques et religieuses bénéficient d'après l'ONU d'une protection accrue.

La plupart des migrants sont accueillis par les pays voisins qui ne sont souvent pas plus riches que les pays d'origine. D'autres quittent la campagne pour se réfugier dans les villes de leur propre pays. C'est ce que l'on appelle la migration intérieure. Elle provoque la formation de mégapoles qui comptent 10 millions d'habitants ou plus. Le nombre de réfugiés a atteint 25,9 millions et il n'a jamais été aussi élevé.

67 % des réfugiés sont originaires de 5 pays seulement : La Syrie reste le pays d'origine le plus important (6,7 millions de réfugiés). Mais dans beaucoup d'autres pays, des milliers de personnes sont également obligées de fuir. La famine en Afrique de l'Est, au Soudan du Sud et au Yémen, les combats en Irak, en République centrafricaine, au Burundi et en Ukraine forcent des millions de personnes à partir.

M2 Une planète en mouvement

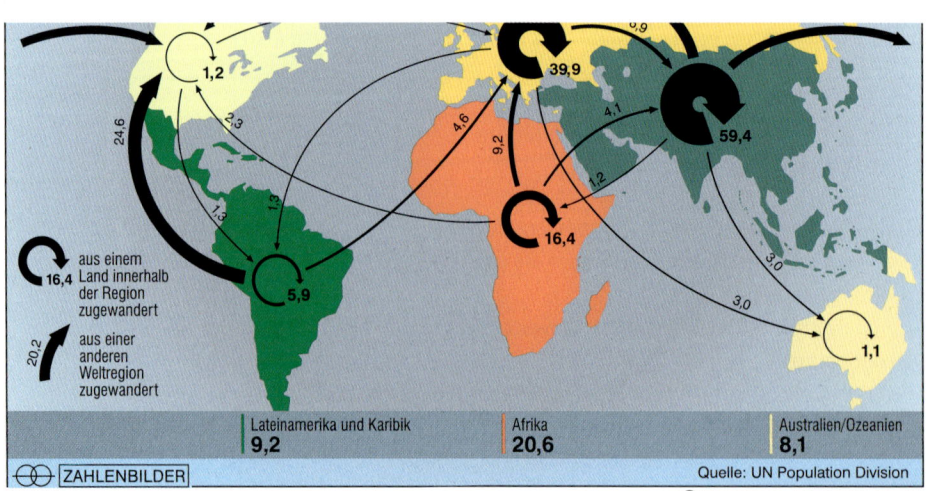

12.5 Migration – die Welt in Bewegung

M3 Les causes des migrations

Facteurs de répulsion (PUSH)	Facteurs d'attraction (PULL)
Guerres, violences	Paix
Catastrophes naturelles	État de droit
Famines, malnutrition	Conjoncture favorable
Chômage	Prestations sociales
…	…

Les facteurs « push » et « pull » sont les raisons qui incitent les hommes à migrer. Les facteurs « répulsifs » agissent dans le pays d'origine, les facteurs « attractifs » sont présents dans le pays de destination.

M4 Les réfugiés dans le monde: mi-2015, il y avait environ 59 millions de réfugiés.

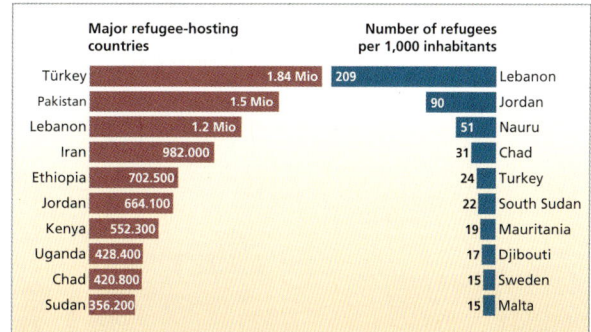

UNHCR Mid_Year Trends 2015

M5 Extrait d'un discours de Kofi Annan (Secrétaire général de l'ONU 1997–2006) devant le Parlement européen en 2004

« Sans l'immigration, la population de l'UE diminuerait. Dans ces conditions, il y aurait des emplois inoccupés et des services impossibles à assurer. Pour l'économie, ce serait le marasme ; pour la société, la stagnation. … j'encourage les États européens à ouvrir de nouvelles filières d'immigration régulière … Une Europe fermée serait une Europe plus dure, plus pauvre, plus faible, plus vieille. Une Europe ouverte sera plus juste, plus riche, plus forte et plus jeune, pourvu qu'elle sache gérer l'immigration. … Il ne faut pas minimiser les difficultés que [pose] l'immigration. … Et il ne faut pas oublier que sans les immigrants, les hôpitaux manqueraient de personnel, les parents auraient bien du mal à faire garder leurs enfants pendant qu'ils travaillent, beaucoup d'emplois resteraient inoccupés … et bien des sociétés vieillissantes se recroquevilleraient sur elles-mêmes. Plutôt que de voir l'immigration comme un problème, il faut la voir comme une solution. »

Bruxelles, 29.01.2004,
Discours prononcé par le Secrétaire général au Parlement européen, à l'occasion de la remise du prix Sakharov.
Source : http://www.runic-europe.org/french/eu_french.html (13.10.2012)

Le réfugié
(<> der Flüchtling)
Personne qui a dû fuir. D'un point de vue juridique, il s'agit d'une personne qui « craignant avec raison d'être persécutée du fait de sa race, de sa religion, de sa nationalité, de son appartenance à un certain groupe social ou de ses opinions politiques, se trouve hors du pays dont elle a la nationalité. » (Art.1 de la Convention relative au statut des réfugiés, 1951). Une protection particulière est accordée aux réfugiés.

1. Expliquez les termes « migrant », « réfugié » et « migration intérieure ».
2. Analysez M2 :
   a) Quels régions mondiales reçoivent le plus de migrants ? Pourquoi ?
   b) Dans quelles régions les mouvements migratoires internes sont-ils les plus importants ? Cherchez des explications.
3. Quels pays accueillent le plus de réfugiés d'après M4 ? Comparez les données.
4. Interrogez des immigrants dans votre entourage. Pourquoi ont-ils quitté leur pays natal ?
5. Dégagez les raisons pour lesquelles les « réfugiés économiques » ne sont pas protégés par la Convention de 1951. Qu'en pensez-vous ?
6. Analysez le discours M5. Indiquez les arguments en faveur de l'immigration. Sur quels problèmes Kofi Annan attire-t-il l'attention ?
7. Réfléchissez à vos propres projets, qu'est-ce qui pourrait vous pousser à émigrer ?

12.6 La coopération au développement

M1 Centre de Dépistage et de Traitement de l'Ulcère de Buruli à Allada au Benin, ouvert grâce à des fonds luxembourgeois.

Les nations industrialisées prêtent main forte afin que les conditions de vie s'améliorent dans les régions sous-développées. Conformément aux accords internationaux, 0,7 % du PIB devrait être réservé à la coopération au développement, ce qui est rarement le cas. En 2011, le Luxembourg a dépassé ce but avec 0,97 % et s'est classé au troisième rang mondial. De plus, de nombreuses ONG (Organisations non gouvernementales) s'engagent dans la coopération au développement.

Dans quelques pays en voie de développement, la situation s'est effectivement améliorée dans certains domaines au cours des dernières années. Mais les progrès sont irréalisables dans les régions où des affrontements guerriers, une situation politique instable ou encore des catastrophes naturelles comme des sécheresses ou des inondations entravent le développement économique. Souvent, l'aide internationale se limite à des actions d'urgence afin de protéger les hommes des épidémies ou de la famine.

En 2014, 1,2 milliards d'hommes disposent de moins d'1,25 dollar par jour, ce qui ne permet pas de vivre dignement, quel que soit l'endroit où l'on se trouve.

Le nombre de guerres et d'actes violents diminuerait, l'environnement serait protégé, les hommes pourraient rester dans leur patrie et jouer un rôle sur le marché mondial si les régions les plus pauvres de la terre bénéficiaient de mesures ciblées susceptibles de les aider.

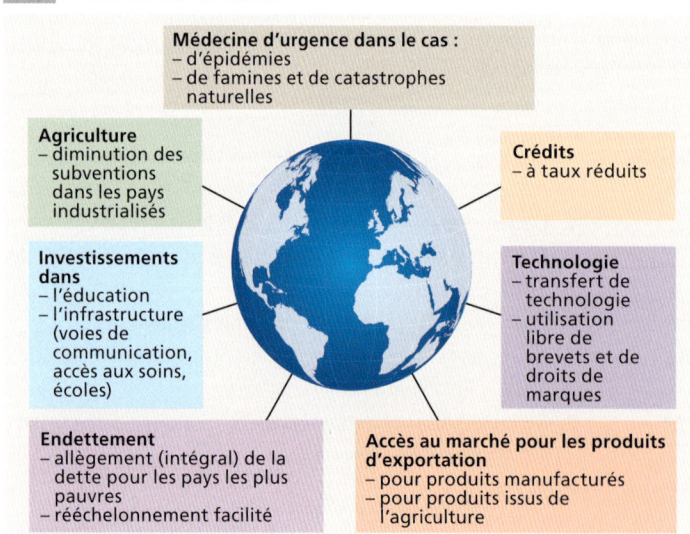

M2 Formes de soutien

M3 Transfert de technologie : panneaux solaires en Afrique du Sud

12.6 Entwicklungszusammenarbeit

M4 Des microcrédits pour les plus pauvres

En 2006, le spécialiste en économie Muhammad Yunus a obtenu le prix Nobel de la paix pour une idée qui a permis à beaucoup de personnes de sortir de la pauvreté. La Grameen Bank (« Banque des villages »), créée par Yunus au Bangladesh accorde des microcrédits, donc des prêts d'un faible montant que bon nombre d'habitants démunis n'auraient pas obtenus auprès d'autres banques. Il était convaincu que, si l'on prête de l'argent aux plus pauvres et qu'on les conseille dans leurs investissements, p. ex. lors de l'achat d'une machine à coudre, ils pourront gagner assez d'argent pour rembourser le crédit eux-mêmes. Cette méthode connut un tel succès, qu'elle fut adoptée par des firmes douteuses, appâtés uniquement par leurs propres gains et ne se souciant nullement de l'intérêt des paysans pauvres.

M5 Les dettes des pays en voie de développement

Le graphique montre le lien entre les dettes et le sous-développement. La dette des pays pauvres doit être allégée partiellement ou intégralement sous certaines conditions (réformes démocratiques et économiques, investissements dans l'éducation et la santé etc.).

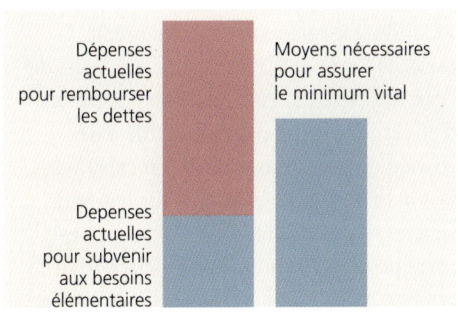

M6 Des médicaments onéreux

En Inde, des militants manifestent contre un droit de brevet qui, selon eux, rend difficile, voire impossible le traitement du sida sur le sous-continent puisqu'il provoque une hausse considérable des prix des médicaments. Des règlements internationaux sur les brevets s'opposent à un usage généralisé des génériques (reproductions). L'industrie pharmaceutique soutient que le financement de la recherche de nouveaux médicaments devient impossible sans bénéfices conséquents. De nombreux pays, sous la direction de l'Inde et du Brésil, exigent que la protection des brevets des médicaments vitaux soit assouplie, e. a. pour les médicaments contre le sida mais aussi contre le paludisme et la tuberculose.

1 Quels sont les buts poursuivis par la coopération au développement ?
2 Analysez M2. Rédigez un texte structuré sur les différentes formes de soutien.
3 Expliquez le principe des microcrédits. Dans quelle mesure ce succès peut-il devenir un problème ?
4 Décrivez M5. En quoi un allègement de la dette peut-il être une aide au développement ?
5 La coopération au développement, devrait-elle dépendre d'exigences politiques (lutte contre la corruption, respect des droits de l'homme, élections libres etc.) ? Prenez position.
6 Invitez un expert en matière de coopération au développement. Il pourrait s'agir d'un employé du Ministère des Affaires Étrangères ou d'un membre d'une ONG. Adoptez la méthode de l'enquête auprès d'experts.

12.7 L'eau – une source de conflits

M1 Disponibilité de l'eau douce

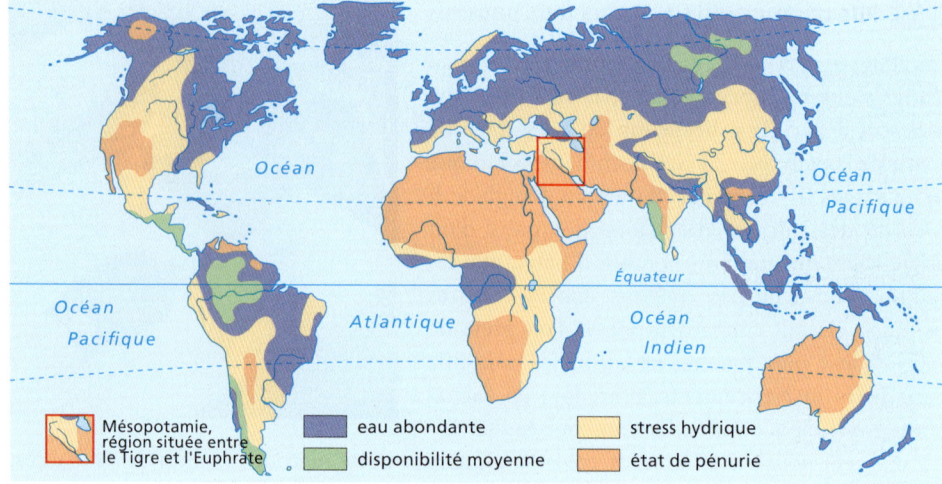

- Mésopotamie, région située entre le Tigre et l'Euphrate
- eau abondante
- disponibilité moyenne
- stress hydrique
- état de pénurie

M2 Dispute autour du Tigre et de l'Euphrate

L'eau en tant que facteur économique

L'Euphrate et le Tigre sont des fleuves qui prennent leur source dans l'est de la Turquie. En 1977, la Turquie décida de garantir à long terme l'approvisionnement en eau et en énergie en construisant 22 barrages le long de l'Euphrate et du Tigre. Le coût financier global correspond approximativement à un montant de 32 milliards de dollars US. La pièce maîtresse ... est le barrage Atatürk achevé en 1992. ... Grâce à ce projet de construction de barrages, la Turquie espère pouvoir étendre les terres cultivables pour l'agriculture de près de 100.000 hectares à 1,6 millions d'hectares. L'Anatolie deviendrait le grenier à blé et le potager du Proche-Orient. C'est ainsi, qu'il est prévu d'augmenter la production de coton de 150.000 à 400.000 tonnes par an. Dans ce cas de figure, la cueillette pourrait avoir lieu deux fois par an au lieu d'une seule. Par ailleurs, il est prévu de construire 19 usines de production d'énergie qui fourniraient de l'énergie à l'ensemble de la Turquie. L'eau dont la Turquie n'a pas besoin elle-même sera vendue aux zones arides du Proche-Orient. ... La Turquie deviendra ainsi le principal fournisseur d'eau au Proche-Orient.

Le conflit autour de l'or bleu

La Syrie et l'Irak utilisent également l'eau de l'Euphrate et du Tigre. En 1984 et en 1987, la Turquie garantit à ces États un débit volumétrique de 500 mètres cubes par seconde. En raison des faibles précipitations, la Syrie et l'Irak sont dépendants de l'eau des fleuves. Pour ces États, le projet d'envergure initié par la Turquie a des conséquences désastreuses. En raison de la construction de barrages sur les deux fleuves, ils n'ont plus assez d'eau pour leurs propres besoins. Par ailleurs, le recours de plus en plus fréquent à des pesticides et à des engrais dans l'agriculture turque pollue les eaux. Lorsqu'en 1990 la Turquie construisit le barrage Atatürk, le volume d'eau arrivant jusqu'en Syrie diminua pour passer par moments à 120 mètres cubes par seconde. L'alimentation en eau et en énergie de tout le pays était ainsi mise en péril.

Extrait de : Robby Geyer/Maike Gorsboth
Wasser – für alle!? Themenblätter im Unterricht 2006
(Nr. 52), éd. Bundeszentrale für politische Bildung,
p. 4 (trad.)

12.7 Konflikte um Wasser

M3 File d'attente pour l'eau potable en Inde

M4 Augmentation de la consommation mondiale d'eau

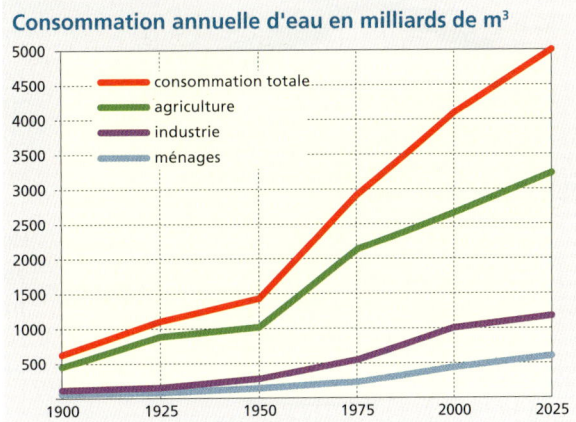

L'eau – un bien précieux

Dans certaines régions, l'eau est disponible en surabondance, dans d'autres, elle est fort rare. En général, les besoins en eau dépassent sensiblement la quantité susceptible de les assouvir grâce à des sources naturellement renouvelables.

L'eau potable devient un enjeu économique. La Banque mondiale estime qu'en 2020, le commerce de « l'or bleu » pourrait atteindre 40 % du volume des échanges pétroliers. Ce qui apparaît problématique à cet égard est le fait que le « marché de l'eau » soit géré par des entreprises privées âpres au gain. Des observateurs critiques craignent que le plus basique des aliments ne soit considéré de plus en plus sous son aspect financier : Seul celui qui dipose de l'argent nécessaire, aurait donc accès à l'eau potable.

D'après la « Gesellschaft für bedrohte Völker », le Soudan et ses voisins risquent de sombrer dans un long conflit pour l'eau qui toucherait des millions de personnes. L'Égypte souhaitant s'assurer une grande partie des eaux du Nil, ne s'intéresserait pas à une cohabitation pacifique avec son pays voisin.

M5 Causes des conflits liés à l'eau

Pénurie d'eau : On parle de « pénurie chronique d'eau » si un être humain doit se contenter de moins de 1000 litres d'eau douce par an.
Déviations d'eau : Un État situé plus près de la source d'un fleuve, dévie de l'eau par un canal si bien que les États situés au-dessous n'en ont plus assez.
Pollution de l'eau : Un État évacue les eaux usées dans un fleuve et les États voisins en subissent les conséquences écologiques.
Barrage de l'eau : À cause de la construction d'un barrage hydro-électrique, les régions situées en aval ne sont plus suffisamment approvisionnées en eau.

1. Expliquez à l'aide de M1 : Où se trouvent les régions qui manquent cruellement d'eau, où l'eau est-elle présente en abondance ?
2. Analysez la consommation mondiale d'eau à l'aide de M4.
3. À l'aide du texte d'auteur et de M5, désignez les facteurs qui pourraient accentuer le conflit lié à l'eau dans les années à venir.
4. Cherchez ensemble des solutions possibles que vous discuterez en classe.

12.8 La protection de l'environnement

M1

L'environnement n'a pas de frontières

Dans les années 1960, des biologistes ont trouvé dans la chair de pingouins du Cap Sud une très forte concentration de substances toxiques provenant des produits et des cheminées des industries chimiques qui avaient pénétré dans une nature apparemment intacte. En 1986, un accident dans la centrale nucléaire de Tchernobyl (ex-URSS, Ukraine actuelle) a provoqué une fusion fatale du cœur d'un des réacteurs. On n'a compris que peu à peu la gravité de cet incident : des milliers d'hommes tombèrent malades et meurent aujourd'hui encore des suites de cette catastrophe qui a même pollué les légumes luxembourgeois. Les conséquences écologiques de la destruction de la centrale japonaise de Fukushima en 2011 ne peuvent pas encore être déterminées avec précision. Depuis les années 1990, les efforts ont été multipliés au niveau international (p. ex. grâce à des conférences de l'ONU) pour déterminer des normes environnementales. Les institutions gouvernementales mais aussi des organisations comme Greenpeace s'engagent pour la protection de l'environnement. Pourtant, l'application de plusieurs centaines de traités écologiques interétatiques et mondiaux n'est que très lente.

M2 Défis écologiques pour le 21e siècle

Domaine	Problème	État actuel	But
Climat	L'émission de gaz à effet de serre provoque une augmentation de la température	La consommation d'énergie provoque l'émission d'env. 27 Mrd de tonnes de CO_2 par an (charbon, pétrole, gaz)	Geler les émissions de CO_2 au niveau de 1990 (2,1 Mrd de tonnes) jusqu'en 2050 ; à long terme : env. 14 Mrd de tonnes
Eau	Une grande partie de la population mondiale souffre d'une pénurie d'eau potable	20 % de la population mondiale n'a pas accès à l'eau potable	Réduction de la consommation d'eau dans l'agriculture et l'industrie grâce à une utilisation intelligente : accords internationaux, gestion améliorée de l'eau
Forêt et terre	La récupération de terres et l'exploitation détruisent la forêt pluviale et polluent les sols	Disparition de 11,2 ha de forêt par an entre 1990 et 1995 (29 terrains de football/minute)	Agriculture adaptée ; utilisation durable des ressources ; alternatives écologiques à la surexploitation des sols
Qualité de l'eau	Pollution de l'eau par des substances toxiques	1,2 Mrd d'hommes souffrent d'eau polluée (chaque 5e). Env. 15 Mio d'enfants en meurent chaque année	Évitement de substances nocives dans l'industrie, l'agriculture et dans l'extraction de matières premières ; traitement des eaux usées
Biodiversité	La destruction des milieux naturels entraîne la disparition de nombreuses espèces animales et végétales	On estime que 100 espèces animales et végétales disparaissent chaque jour	Aménagement de réserves naturelles ; utilisation adaptée des sols ; protection des systèmes écologiques

12.8 Umweltschutz als globale Herausforderung

M 3 Stations-service au Luxembourg
En 2014, l'État a collecté environ un milliard d'euros de taxes sur les carburants. Les 2,5 milliards de litres de carburant vendus pèsent lourdement dans le bilan énergétique du pays.

M 4 La protection du climat est un défi global

Les changements climatiques extrêmes augmentent en nombre et en intensité. Ouragans dévastateurs, « crues du siècle » ou longues sécheresses se multiplient, des vagues de chaleurs entraînent une sécheresse extrême et des pertes de récoltes. On estime que le changement climatique induira, jusqu'en 2050, des préjudices évalués à 200 billions de dollars US. La plupart des scientifiques s'accordent pour dire que l'effet de serre modifie le climat depuis plusieurs décennies et qu'il faut s'attendre à un décalage des zones climatiques dû au réchauffement global.

Seules les conventions internationales auxquelles adhèrent de nombreux États peuvent réduire de manière efficace l'émission de gaz à effet de serre. En 1997, plus de 160 nations ont signé le protocole de Kyoto. Les États signataires (les États-Unis n'en faisaient pas partie) se sont engagés à réduire jusqu'en 2012 les émissions de près de 5 % par rapport au niveau de 1990. Dans ce but, l'échange de quotas d'émission entre les États fut autorisé. On détermine alors pour chaque État un certain volume de polluants qu'il lui est permis de produire. Lorsque l'émission de polluants d'un pays est inférieure au quota déterminé, ce dernier peut vendre son crédit à un État qui produit une quantité de polluants supérieure à la quantité autorisée.

Fin 2015, lors de la Conférence de Paris sur le climat, un accord a été validé par les 195 pays participants, qui prévoit une limitation du réchauffement climatique. Pour atteindre l'objectif de limiter le réchauffement à 1,5 °C, les émissions de gaz à effet de serre doivent être progressivement réduites à zéro à l'horizon 2045-2060.

1. « L'environnement ne connaît pas de frontières. » Commentez cette affirmation à l'aide de M1.
2. Quels problèmes environnementaux décrits en M2 doivent être rapidement résolus à votre avis ? Justifiez votre opinion.
3. Par quels moyens tente-t-on de limiter ou de réduire les émissions au niveau international ?
4. Pourquoi est-il difficile de faire appliquer des normes et des conventions internationales en matière de politique environnementale ?

12.9 Problèmes et solutions à l'échelle globale

M2 „Non Violence", 1988
Sculpture en bronze offerte à l'ONU par le gouvernement luxembourgeois. L'œuvre de l'artiste suédois Carl Fredrik Reuterswärd se trouve devant le siège de l'ONU à New York.

Les Nations Unies

Après les horreurs de la Seconde Guerre mondiale, 51 États ont fondé l'Organisation des Nations Unies (◇ die Vereinten Nationen, UNO) dont les objectifs et principes ont été ancrés dans la Charte des Nations Unies de 1945 et dans la Déclaration des Droits de l'homme de 1948. Avec ses 192 membres (situation en 2011), l'ONU regroupe presque tous les États de la planète. En revanche, elle ne peut pas être considérée comme étant un gouvernement universel. Son action est liée aux décisions de ses membres et sa puissance dépend de leur bon vouloir.

M1 Charte des Nations Unies (ONU), signée le 26 juin 1945

Les Nations Unies poursuivent les buts suivants :
1. Maintenir la paix et la sécurité internationales et à cette fin : prendre des mesures collectives efficaces…, et réaliser, par des moyens pacifiques, conformément aux principes de la justice et du droit international, l'ajustement ou le règlement de différends ou de situations, de caractère international, susceptibles de mener à une rupture de la paix ;
2. Développer entre les nations des relations amicales fondées sur le respect du principe de l'égalité de droits des peuples et de leur droit à disposer d'eux-mêmes…
3. Réaliser la coopération internationale en résolvant les problèmes internationaux d'ordre économique, social, intellectuel ou humanitaire, en développant et en encourageant le respect des droits de l'homme et des libertés fondamentales pour tous, sans distinctions de race, de sexe, de langue ou de religion.
4. Être un centre où s'harmonisent les efforts des nations vers ces fins communes.

Source : http://www.un.org/fr/documents/charter/pdf/charter.pdf (13.10.2012)

M3 Organigramme de l'ONU

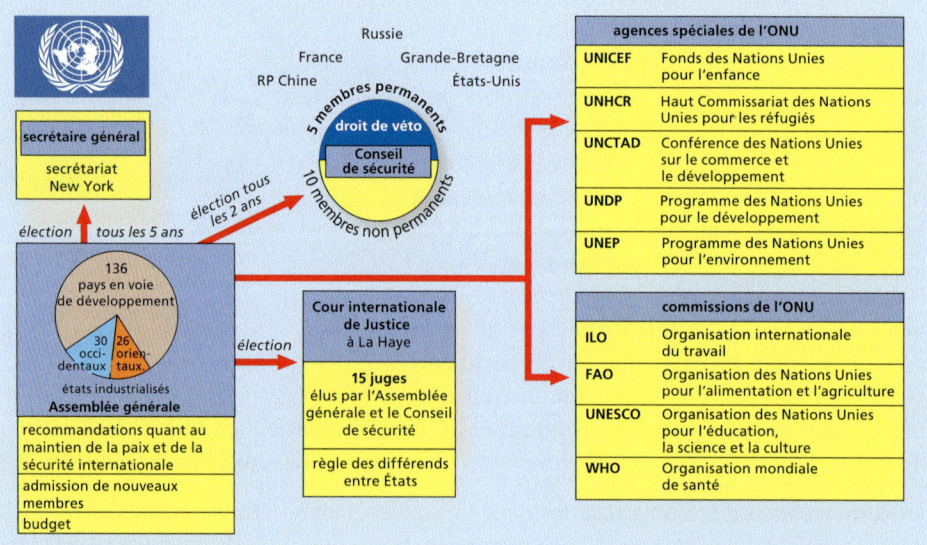

1 a) Quels sont les buts poursuivis par l'ONU d'après M1 ?
b) Commentez le schéma M3. Qui décide ?
c) Comment l'ONU essaie-t-elle concrètement d'atteindre ses buts ?
d) Établissez le profil d'une organisation spéciale de l'ONU (symbole, importance, trois exemples concrets d'actions).

12.9 Globale Probleme, globale Lösungen

Gouvernance mondiale

Les États ne sont plus capables de gérer seuls les défis actuels tels que le changement climatique, la destruction de l'environnement, le terrorisme, la pauvreté, la répartition inégale des richesses. À défaut d'un gouvernement mondial, les États et les organisations coopèrent dans le cadre d'un réseau d'institutions pour trouver des solutions. C'est ce que l'on appelle la gouvernance mondiale. Les communautés d'États (p. ex. UE, ANASE), les organisations internationales (p. ex. OTAN, ONU), ainsi que les acteurs de l'économie et de la société civile y jouent un rôle décisif.

M4 Global Governance

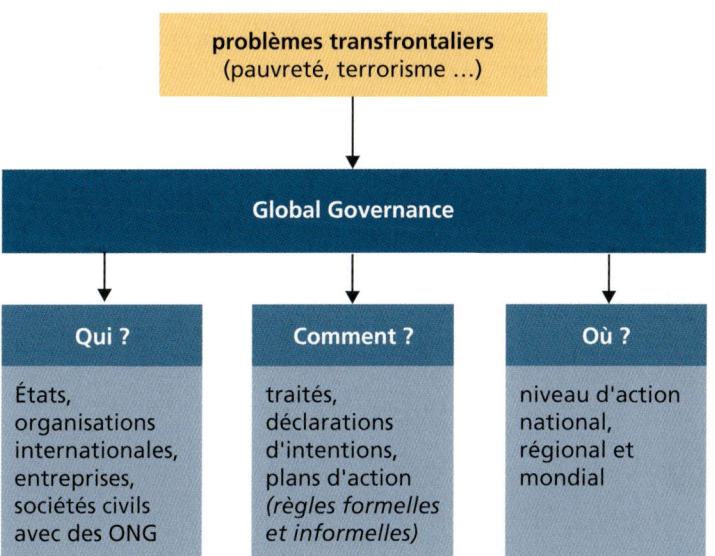

La société civile
(◇ die Zivilgesellschaft) Par société civile, on entend la partie de la société qui s'engage à titre bénévole pour des causes politiques et sociales, p. ex. ONG et initiatives privées.

M5 La lutte contre le sida

Cette maladie infectieuse est devenue un sujet débattu internationalement au plus haut niveau politique. L'ONU a fait de la lutte contre le sida un objectif du millénaire. À cet égard, la politique de santé publique internationale est fortement influencée d'une part par la Banque mondiale, qui finance des projets de lutte contre le sida, de l'autre par l'Organisation mondiale de la Santé (OMS) qui prodigue conseils politiques et techniques. Par ailleurs, d'autres réseaux comme le « Global Fund to fight Aids, Tuberculosis and Malaria » (CFATM) ont vu le jour. Ce réseau finance des programmes adaptés aux pays bénéficiaires avec l'aide de gouvernements et d'acteurs privés locaux.

M6 Des citoyens à Mumbai (Inde) montrent leur solidarité à l'occasion de la journée mondiale du Sida.

2 Expliquez ce que l'on entend par gouvernance mondiale.
3 Informez-vous sur les acteurs de la gouvernance mondiale (M4) et leurs missions.
4 Quelles sont les limites de la gouvernance mondiale ?

12.10 Le maintien de la paix

M1 Interventions approuvées par l'ONU

1991 : des troupes aériennes et terrestres multinationales sous commandement américain mandatées par l'ONU libèrent le Koweït, État pétrolier indépendant, occupé en 1990 par les troupes irakiennes et incorporé à l'Irak.

Printemps 2011 : En Libye, le chef de l'État Kadhafi fait tirer sur la population qui manifeste pour plus de liberté et de démocratie. L'OTAN, mandatée par les Nations Unies, mène des attaques aériennes.

Au 20e siècle, les guerres et le recours à la violence ont coûté la vie à 110 Mio de personnes. En 2015, on compta dans le monde 409 conflits dont 19 guerres. L'ONU a déjà souvent joué un rôle de médiateur, envoyé des Casques bleus pour maintenir la paix et effectuer des missions d'observation. Elle est aussi intervenue militairement en se référant au droit international public contribuant ainsi à un monde plus pacifique. Comme l'ONU ne dispose pas de troupes, elle dépend de leur mise à disposition par ses États membres. Elle peut aussi s'adresser à des alliances internationales comme l'OTAN. Or, les efforts de l'ONU ne sont pas incontestés. L'intervention des Casques bleus est souvent caractérisée par un équipement médiocre, un entraînement et des directives insuffisants. Le droit de véto du Conseil de sécurité s'oppose à une prise de décision rapide. Par ailleurs, l'ONU a du mal à réagir adéquatement à des conflits interétatiques en appliquant ses propres principes. Faut-il accorder la priorité à la protection des minorités contre la violation des droits de l'homme ou à la souveraineté des États ?

Le droit international
(◇ das Völkerrecht)
Principes juridiques liant les États et les organisations internationales (interdiction d'attaquer un autre État, interdiction de s'immiscer dans les affaires internes à l'État, etc.)

OTAN, l'Organisation du traité de l'Atlantique du Nord (◇ die NATO, North Atlantic Treaty Organization)
Alliance militaire dont l'objectif est de défendre les États membres et de s'engager pour la paix et la liberté.

M2 Le Conseil de sécurité de l'ONU (◇ der UN-Sicherheitsrat)

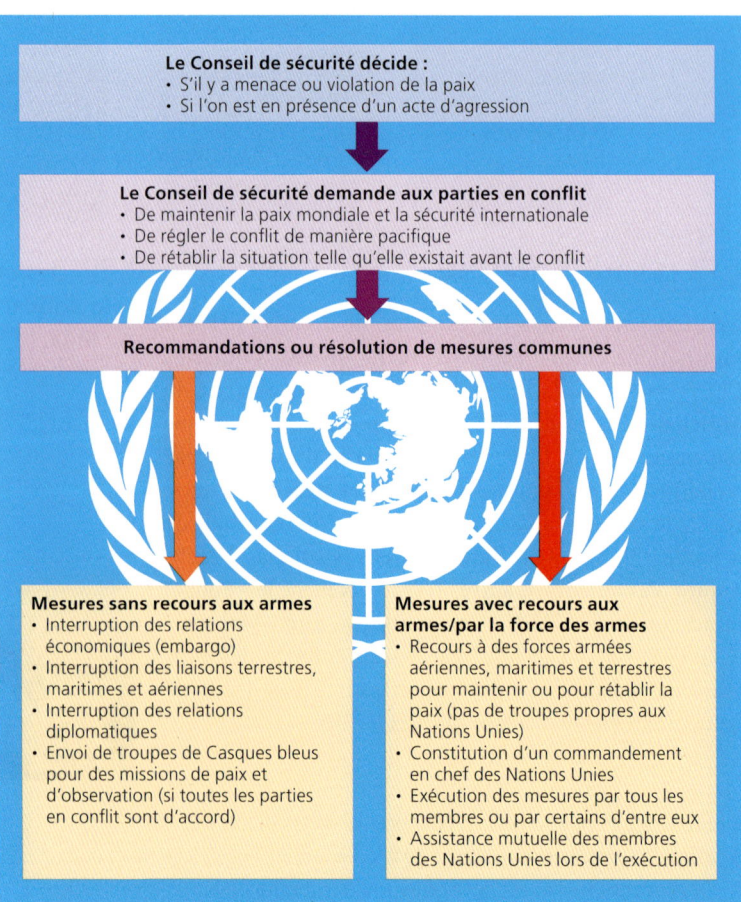

12.10 Friedenssicherung

M3 Troupes de Casques bleus (◇ die Blauhelmtruppen)

Les Nations Unies ont recours à ces troupes multinationales (soldats, civils) pour maintenir la paix et pour effectuer des missions d'observation. Elles contrôlent le respect des accords de cessez-le-feu, elles établissent une zone tampon entre les parties en conflit, surveillent les élections, prennent en charge des missions administratives, évacuent des mines, etc. Les Casques bleus doivent être neutres. Ce n'est que pour se défendre, qu'ils peuvent utiliser la force (mandat souple). Lorsqu'une mission pacifique risque d'échouer, le Conseil de sécurité peut autoriser le recours à la force armée (mandat robuste). En 1995, plusieurs milliers d'hommes bosniaques furent tués à Srebrenica malgré la présence des Casques bleus, ce qui démontre les conséquences néfastes d'un mandat interdisant l'usage de la force.

M4 Lutter contre l'impunité

Depuis la fin de la Première guerre mondiale on a tenté, à plusieurs reprises, de poursuivre en justice les crimes de guerre et les violations des Droits de l'homme dans le but de mettre fin à l'impunité des décisionnaires et de permettre aux victimes de s'exprimer. C'est en 1998, que la création de la Cour pénale internationale (CPI) (◇ der Internationale Strafgerichtshof, IStG) à La Haye a couronné ces efforts. Cette cour pénale indépendante et permanente punit le génocide, les crimes contre l'humanité et les crimes de guerre. 124 des 193 États membres de l'ONU on ratifié le traité portant création de la CPI. La Chine, l'Inde, la Russie, les États-Unis et la plupart des États du Proche et du Moyen Orient ne reconnaissent pas l'autorité de la Cour pénale internationale.

1. Analysez M1. Dans quel cas, l'ONU décide-t-elle d'une intervention militaire ? Qui intervient ? Comparez avec les principes du droit international. Que constatez-vous ?
2. Commentez le schéma M2. Comment le Conseil de sécurité peut-il procéder pour régler un conflit ?
3. Expliquez la différence entre un mandat robuste et un mandat souple (M3).
4. Formez des groupes de deux et informez-vous sur les interventions actuelles des Casques bleus (nombre, durée, efficacité, frais, missions …). Établissez une liste des missions des Casques bleus.
5. Quelles sont les forces et les faiblesses de la Cour pénale internationale (M4) ?
6. Discutez : l'ONU doit-elle et peut-elle être le gendarme du monde ?

12.11 Le terrorisme mondial

M1 **Attaques terroristes** sur le World Trade Center à New York en 2001 ❶, sur Bali (Indonésie) en 2002 ❷, sur une synagogue sur l'île de Djerba (Tunisie) en 2002 ❸, à Paris en 2015 ❹, à Bruxelles en 2016 ❺

Le terrorisme, c'est la propagation de la peur dans un but politique. La violence est souvent dirigée contre des objectifs très symboliques (lieux de culte, monuments, bâtiments importants) pour provoquer ou humilier l'adversaire, mais aussi contre des moyens de transport publics ou des places de marché afin de montrer que chacun peut en être victime.
Le terrorisme comme moyen politique n'est pas nouveau. Or, lors des attentats du 11 septembre 2001, la forme et la portée du terrorisme ont revêtu une nouvelle dimension. Plus de 3000 personnes y ont laissé la vie et le préjudice économique est immense. Le Conseil de sécurité des Nations Unies a estimé que ces attentats avaient mis en péril la paix mondiale et la sécurité internationale. En effet, c'est l'ordre international existant qui était visé. Ce sont surtout les États-Unis et ses alliés européens qui sont visés. L'objectif est double: repousser l'influence des « pays occidentaux » dans les régions considérées par les terroristes comme étant islamiques et déstabiliser les sociétés occidentales libres. Moralement, les auteurs des attentats se considèrent être dans leur bon droit et essayent de justifier leurs actes par leur foi. Cependant, l'Islam ne fait pas l'apologie de la violence. Ni le Coran, ni la charia (loi islamique) n'approuvent ou n'exigent les attentats terroristes. La Muru'a, le code d'honneur de l'homme, interdit expressément de s'attaquer au plus faible comme p. ex. aux femmes ou aux enfants.

1 Essayez d'expliquer pourquoi les terroristes ont choisi d'attaquer les lieux décrits en M1.
2 Les terroristes ont-ils atteint leurs objectifs politiques? Justifiez votre réponse.

12.11 Globaler Terrorismus

M2 Résolution des Nations Unies contre le terrorisme :

Le Conseil de sécurité… reconnaissant le droit inhérent à la légitime défense individuelle ou collective conformément à la Charte, condamne catégoriquement dans les termes les plus forts les épouvantables attaques terroristes qui ont eu lieu le 11 septembre 2001 à New York…, et considère de tels actes, comme tout acte de terrorisme international, comme une menace à la paix internationale…

Il appelle tous les États à travailler ensemble de toute urgence pour traduire en justice les auteurs, organisateurs et commanditaires de ces attaques terroristes et souligne que ceux qui portent la responsabilité d'aider, soutenir et héberger les auteurs, organisateurs et commanditaires de ces actes devront rendre des comptes…

Source : Résolution 1368 du Conseil de sécurité (12.09.2001)

M3 Lutte au quotidien contre le terrorisme

- Collecte d'informations sur les activités terroristes : p. ex. surveillance vidéo de lieux publics
- Remise en question de la protection des données
- Surveillance des flux financiers
- Amélioration de la protection contre la falsification des papiers d'identité
- Amélioration de la sécurité aérienne
- Fermeture des frontières

M4

L'islam (◇ der Islam)
Religion monothéiste fondée sur le Coran

Le musulman
(◇ der Muslim)
Adepte de l'islam

L'islamisme
(◇ der Islamismus)
Désignation d'un mouvement politique dont les adeptes (islamistes) se réfèrent à l'Islam et souhaitent établir un ordre islamique remplaçant toutes les autres formes de société. Certains islamistes voudraient imposer leur vision par la force et pensent que le Coran exige la guerre contre les non-croyants. L'islamisme est fréquemment qualifié de terrorisme islamique ou de fondamentalisme.

3 Énumérez les caractéristiques du terrorisme.
4 Comment les États réagissent-ils aux menaces terroristes ? Commentez la résolution des Nations Unies (M2, M3).
5 Où sont prises des mesures pour lutter contre le terrorisme ? Donnez des exemples concrets.
6 Commentez la caricature.
7 Discutez de l'efficacité des mesures prises contre le terrorisme (M2, M3).

MÉTHODE   Analyse d'un conflit politique

M1 « **Nous sommes ici depuis toujours.** » Caricature de Fritz Behrendt

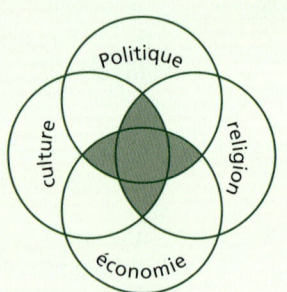

Se procurer des informations
- journaux, livres
- magazines politiques
- infos à la radio
- documentations télévisées
- recherches sur Internet
- experts

▶ LE SUJET

Nous utilisons souvent des termes comme « conflit », « paix » ou « guerre » mais que signifient-ils ?
Par conflit on entend généralement une opposition entre personnes, valeurs ou idées. Les conflits peuvent survenir au niveau politique, économique ou social. C'est lorsque les parties en conflit défendent des intérêts inconciliables ou qu'ils souhaitent absolument les imposer, que ces conflits peuvent dégénérer en guerre ou en guerre civile.
Outre les grands conflits du 20e siècle (guerres mondiales, Guerre froide, conflit Nord-Sud), de nouveaux foyers de conflits en rapport avec la mondialisation sont nés au cours des dernières décennies, p. ex. les pollutions transfrontalières.
Vous avez certainement remarqué que les informations télévisées ou les journaux parlent presque quotidiennement du conflit entre Israéliens et Palestiniens. En raison de l'actualité de ce sujet, nous aimerions l'utiliser en tant qu'exemple pour la méthode « analyse d'un conflit politique », à l'aide de laquelle vous pouvez vous-même l'appliquer. Dans ce cas précis, il s'agit d'un conflit ouvert dont la solution n'est pas en vue à l'heure actuelle.

▶ LE DÉROULEMENT

Les documents sur le conflit au Proche-Orient des trois pages suivantes vous permettront de vous familiariser avec la méthode.

1. Description de la situation initiale (historique et/ou actuelle)
- Qu'est-il arrivé ? Où et quand ?
- Qui est mêlé aux événements ?

2. Collecte et analyse d'informations
a) Causes :
- Existe-t-il un événement déclencheur ?
- Quelles sont les questions litigieuses ?
- Quelles en sont les causes ?
- Quel en est le contexte (politique, religion, économie) ?

b) Déroulement :
- Quels sont les événements importants survenus jusqu'alors ?
- Leur déroulement a-t-il généré des parties indirectement concernées, p. ex. des États tiers ?

c) Objectifs :
- Quels sont les objectifs des parties concernées ?
- Existe-t-il une différence entre les motifs « officiels » et les motifs implicites cachés ?

3. Discussion de solutions possibles
- Quels sont les débuts de solution/les compromis envisageables ?
- Une solution pacifique est-elle réaliste ?

EXEMPLE   Le conflit au Proche-Orient – Causes

1 Analysez la situation de départ et les causes du conflit au Proche-Orient en vous référant aux informations de cette page. Tenez compte des étapes 1 et 2a de la méthode.

M2 Les origines de la création de l'État d'Israël

La population arabe appelle Palestine le territoire de l'actuel État d'Israël sur lequel elle est implantée depuis des siècles. Entre 1919 et 1947, il fut placé sous mandat britannique. Ensuite, les Nations Unies décidèrent de partager la Palestine afin de créer un État arabe palestinien et un État juif avec 1,3 million d'Arabes et 608 000 Juifs. La ville de Jérusalem devait être mise sous contrôle international afin de permettre aux Juifs, aux Musulmans et aux Chrétiens d'accéder à leurs lieux saints. Les Juifs approuvèrent ce projet, alors que les Arabes y opposèrent un refus strict. Il y eut des conflits armés qui se soldèrent le 14 mai 1948 par une proclamation unilatérale de l'État d'Israël par le Conseil national juif placé sous la présidence de David Ben Gourion.

M3 Israël et ses voisins

M4 Extraits de la déclaration d'indépendance de l'État d'Israël du 14 mai 1948 :

Le peuple juif a ses racines en pays d'Israël. … Animés par la force de l'Histoire et de la tradition, des Juifs de toutes générations tentèrent de se réimplanter dans leur ancien pays. … La catastrophe dont le peuple juif fut victime récemment et qui en Europe a conduit à l'éradication de millions de Juifs a une fois de plus démontré à l'évidence que le problème de l'itinérance juive doit trouver sa solution dans la création d'un nouvel État juif en Israël. …

cit. d'après : Angelika Timm, Von der zionistischen Vision zum jüdischen Staat, dans : Informationen zur politischen Bildung 278, 1/2003, p. 10 (trad.)

M5 Extrait de la Constitution de l'OLP, 1968

La Palestine est le foyer du peuple arabe palestinien … qui est légitimement en droit d'y prétendre. … La lutte armée constitue la seule façon de libérer la Palestine … Le partage de la Palestine en 1947 et la création de l'État d'Israël sont absolument illégaux. Le peuple arabe palestinien rejette toute solution qui serait un substitut à la libération totale de la Palestine.

Charte nationale de la Palestine, 17 juillet 1968. Cit. d'après : http://www.palaestina.org/fileadmin/Daten/Dokumente/Abkommen/PLO/palaestinensische_nationalcharta.pdf, (1/11/2011)
© Délégation générale de la Palestine, Berlin (trad.)

EXEMPLE : Le conflit du Proche-Orient – Déroulement et objectifs

2 Analysez le déroulement du conflit au Proche-Orient et les objectifs des parties impliquées à l'aide des informations de la cette page. Suivez les étapes 2 b et c de la méthode.

M6 Chronologie

1948 Création de l'État d'Israël. La première guerre israélo-arabe (« Guerre d'Indépendance ») se termine par la victoire d'Israël. Fuite et expulsion d'environ 700 000 Palestiniens.

1964 Création de l'OLP (Organisation de libération de la Palestine), l'organe de représentation politique des Palestiniens.

1967 Troisième guerre du Proche-Orient (« Guerre des Six Jours »). Israël s'empare de Jérusalem-Est, occupe la Cisjordanie, la bande de Gaza, les hauteurs du Golan, la presqu'île du Sinaï et commence à coloniser ces régions.

1987 Début de la première Intifada (en arabe : soulèvement) : soulèvement populaire des Palestiniens dans la bande de Gaza, en Cisjordanie et à Jérusalem-Est.

1988 C'est en exil que le Conseil palestinien annonce la création d'un État palestinien indépendant.

1994/1995 Convention d'Oslo entre Israël et l'OLP. Les parties conviennent d'une reconnaissance mutuelle et d'une convention cadre afférente à l'autonomie partielle dans la bande de Gaza et à Jéricho ainsi que du retrait échelonné d'Israël des territoires occupés.

2000 Juillet : la conférence israélo-palestinienne à Camp David se solde par un échec. En septembre, déclenchement de la seconde Intifada après la confirmation de la prétention à Jérusalem-Est par le Premier ministre israélien Sharon. Escalade de la violence suite à des attentats suicides.

2003 Israël commence à ériger des barrières de séparation vers la Cisjordanie.

2005 Mahmoud Abbas est élu président des Palestiniens. Évacuation israélienne de la bande de Gaza.

2006 Victoire électorale du Hamas de tendance radicale-islamiste et premières luttes internes en Palestine.

2008 Israël et la Palestine conviennent d'un cessez-le-feu.

2009 Après la violation du cessez-le-feu par les deux parties, Israël mène une offensive militaire d'envergure dans la bande de Gaza.

2014/2015 Regain des tensions. La construction continue de colonies juives provoque des attaques à l'arme blanche de la part des Palestiniens contre Israéliens.

Situation actuelle...

M7 Benjamin Netanyahou, Premier ministre israélien depuis 2009

Concernant leurs objectifs, les Israéliens pourraient dire ceci :
Les colonies juives des territoires occupés protègent le centre du pays, surtout Jérusalem, le centre religieux. Les principales sources de notre approvisionnement en eau se trouvent sur les hauteurs du Golan et dans les territoires palestiniens occupés. Nous ne pouvons pas y renoncer sans mettre en péril l'approvisionnement en eau de la population et des exploitations agricoles. Nous refusons le retour des réfugiés palestiniens. Ils n'ont qu'à s'implanter dans des États arabes. Le regroupement familial doit rester une exception. Nos citoyens ont le droit de vivre sans peur du terrorisme et de la violence. Nous aspirons à un avenir sûr. Jérusalem-Est et le Mur des Lamentations font partie d'Israël.

Dans : Informationen für politische Bildung 278/2003, pp. 62. (trad.)

M8 Mohammad Shtayyeh, Premier ministre des territoires palestiniens autonomes depuis 2019

Concernant leurs objectifs, les Palestiniens pourraient dire ceci :
Il faut trouver une solution concernant et le territoire de notre futur État palestinien, et Jérusalem en tant que capitale. Nous critiquons la politique de colonisation juive et exigeons le retrait de tous les territoires occupés en 1967. Pour que notre État soit viable, son territoire doit être cohérent. Nous avons besoin des ressources en eau dans les territoires occupés et du Golan, car nous souffrons d'un manque dramatique d'eau.
D'après la résolution des Nations Unies de 1948, les réfugiés palestiniens ont le droit à une indemnisation ainsi qu'au retour dans leurs maisons et à la récupération de leurs biens. Jérusalem-Est et les lieux de pèlerinage musulmans appartiennent aux Palestiniens.

Dans : Informationen für politische Bildung 278/2003, pp. 62. (trad.)

EXEMPLE : Le conflit du Proche-Orient – Des ébauches d'une solution

3 Discutez les solutions potentielles du conflit au Proche-Orient à l'aide des informations de cette page. Référez-vous à la 3e étape de la méthode.

M9 Points litigieux

- **La construction de colonies.** Il faut convenir en détail du tracé de la frontière entre Israël et la Palestine. Ce sont surtout les colonies juives, la ville de Jérusalem et la question d'une sécurité satisfaisante pour les deux États qui jouent un rôle déterminant. Dans les sociétés israélienne et palestinienne, la plupart des citoyens reconnaissent que seule la création de deux États distincts est une option réaliste garantissant un règlement durable du conflit.
- **La création de deux États.** La question des frontières et celle du statut international d'un futur État palestinien doit être résolue. Israéliens et Palestiniens doivent renoncer à prétendre qu'il s'agit de « leur » pays.
- **Jérusalem.** Une solution du conflit ne doit pas seulement tenir compte de la signification religieuse de la Ville Sainte pour les trois religions monothéistes et garantir le libre accès aux lieux saints. Elle doit également tenir compte de l'intérêt territorial de Jérusalem-Est pour une communauté palestinienne viable. Enfin, elle doit tenir compte de la signification politique de la ville pour les deux parties.
- **La question des réfugiés.** Au cours des conflits armés de 1948, près de 700 000 Palestiniens ont quitté le territoire actuel d'Israël ou en ont été expulsés, dans la bande de Gaza et en Cisjordanie, mais aussi dans les États arabes avoisinants. Seuls près de 100 000 hommes et femmes choisirent de rester en Israël et y formèrent la minorité arabe. L'occupation de la Cisjordanie, de la bande de Gaza et du Golan en 1967 provoqua une nouvelle vague de réfugiés. Selon les indications des Nations Unies, entre 250 000 et 300 000 Palestiniens s'enfuirent pour se réfugier essentiellement dans les pays arabes avoisinants, nombre d'entre eux pour la deuxième fois. Il existe différentes approches pour régler la question des réfugiés : le retour, l'indemnisation, une (nouvelle) implantation. Une implantation est envisageable dans le futur État palestinien en tant que citoyens de plein droit dans les États d'accueil actuels ou dans des États tiers.
- **L'eau, matière à conflit.** Actuellement Israël couvre majoritairement ses besoins en eau en recourant à des sources qui se trouvent ou prennent naissance en dehors de son territoire. Les principales sources de l'approvisionnement en eau d'Israël se trouvent dans les territoires palestiniens occupés ou dans le Golan. Il s'agit des trois bassins d'eau souterraine de Cisjordanie, du Jourdain et de ses affluents. Après l'occupation des territoires palestiniens, toutes les ressources d'eau y furent déclarées propriété de l'État israélien. Depuis, toute utilisation des eaux souterraines par la population palestinienne fut contrecarrée.

The show must go on

4 Décrivez la caricature M1 (double page antérieure) et dites ce qu'elle veut exprimer.

5 Partagez votre classe en deux groupes, Israéliens et Palestiniens. Mettez-vous à leur place et notez les conditions qu'ils poseraient pour la paix.

6 Expliquez votre point de vue dans le cadre de la discussion y faisant suite. Réfléchissez ensemble à la manière dont on pourrait trouver un compromis pour chaque point litigieux et résumez vos résultats par écrit au tableau. Exemple : « Si les Palestiniens renoncent aux attentats terroristes, les Israéliens seront prêts à négocier. »

12.12 En bref

Mondialisation
- Interconnexion mondiale de la politique, de l'économie, de la culture, de l'environnement et de la société.
- Les échanges commerciaux ont lieu entre les pays industrialisés et n'englobent que peu de pays en voie de développement.
- Acteurs : firmes multinationales, OMC, Banque mondiale…

Défis globaux
- Développement inégal
- Fuite et migration
- Protection de l'environnement
- Répartition de l'eau
- Maintien de la paix
- Terrorisme

Développement inégal
- D'après le PIB ou HDI : Subdivision en pays en voie de développement, émergents et industrialisés.
- Retards de développement pour des raisons historiques, économiques, politiques, sociales et religieuses
- Coopération au développement : microcrédits, annulation de dettes, droits de brevet justes, transfert de technologies, investissements…

Gouvernance mondiale
- Coopération entre États, institutions internationales, économie et sociétés civiles afin de relever les défis mondiaux.

Mondialisation			
communication	économie	société	sécurité
« un monde interconnecté »	« marché intérieur mondial »	« village monde »	« le monde – une société à risques »
caractéristiques			
innovation en microélectronique et télécommunication	suppression de barrières commerciales, mobilité des capitaux, baisse des coûts de transport	États-nations et caractéristiques nationales perdent leur importance	dangers transfrontaliers (climat, pauvreté, migration) mettent en danger l'humanité
Chancen (+) und Gefahren (–)			
+ participation à la communication mondiale + renforcement des relations internationales + connaissances approfondies sur le monde et diffusion rapide des informations + suppression de préjugés – genèse d'une élite informée – surcharge d'informations	+ création de nouveaux emplois à l'échelle mondiale + baisse des coûts de production – concurrence sur le marché mondial – suppression d'emplois; insécurité sociale; renforcement de l'exploitation du Sud – fin de la solidarité – destruction de l'environnement	+ démocratisation + sentiment d'union (« un monde ») + possibilité d'action globale – perte de l'identité et de la patrie – réveil du nationalisme (en tant que mouvement d'opposition) – influence croissante et incontrôlable des multinationales sur les décisions politiques	+ prise de conscience qu'il s'agit « d'un monde » + obligation de coopération – problématique complexe – surcharge pour certains gouvernements – dégâts en partie irréversibles – risque de déléguer la responsabilité

Uli Jäger, Globalisierung – Ängste und Kritik, Themenblätter im Unterricht, 2003 (Nr. 28), hrsg. v. der Bundeszentrale für politische Bildung, Bonn (trad.)

12.12 Das Wichtigste auf einen Blick

Maîtriser des savoirs (◇ **Sachkompetenz**)
1 Expliquez les termes suivants : mondialisation, IDH, migration, gouvernance mondiale, terrorisme.
2 Comment classe-t-on les pays en fonction de leur niveau de développement ?
3 Expliquez le changement climatique et la protection du climat en tant que défi mondial.
4 Citez les causes et les conséquences de la migration internationale.

Utiliser des méthodes (◇ **Methodenkompetenz**)
5 Faites l'analyse d'un conflit politique en vous référant à un exemple actuel.

Juger et agir (◇ **Urteils- und Handlungskompetenz**)
6 Formulez les revendications que les pays en voie de développement et les pays émergents adressent aux pays industrialisés.
7 Commentez les caricatures et donnez votre avis sur les différentes affirmations.
8 Résumez les avantages et les inconvénients que présente la mondialisation pour vous.
9 Donnez votre avis sur cette phrase de Winston Churchill : « L'ONU n'a pas été fondée pour nous apporter le ciel, mais pour nous préserver de l'enfer. »

ANNEXE — Méthodes et techniques de travail

⮕ Analyser une pyramide des âges ⮕ p. 180

⮕ Analyser des images/des caricatures

Qu'il soit question de caricatures, d'illustrations, de photos ou de publicités, l'analyse peut être effectuée en suivant les méthodes de travail et les lignes directrices décrites ci-après.

1. **Présenter le support visuel :** De quel type d'image s'agit-il (caricature, photo, publicité, etc.) ? Qui est l'auteur ? Qui est le commanditaire ? À qui l'image s'adresse-t-elle ? Où et quand a-t-elle été publiée ? Renseignez-vous sur le contexte historique de la publication.
2. **Description :** Quels sont vos premières impressions spontanées en regardant l'image ? Décrivez de manière précise ce que le dessinateur, le caricaturiste, le photographe, etc. a voulu représenter. Comment et par quels moyens le sujet est-il présenté ? (couleurs, personnages, objets, symboles, gestes, expressions, perspectives, cadrage, etc.)
3. **Interprétation :** Essayez de découvrir le message de l'image, l'intention de l'auteur, etc. Que pensez-vous du message de la caricature, de l'intention du photographe ?

⮕ Discussion ⮕ Tableau pour ou contre ⮕ Débat pour ou contre

Au cours d'une discussion, des avis différents sont présentés, défendus et évalués. Le but est d'échanger des idées au sein d'un groupe. On parle également de débat. Défendre ses idées par des mots fait partie de la démocratie. Mais il faut que la discussion reste fair-play. Personne ne doit se sentir vexé.

1. **S'informer :** pour argumenter de manière intelligente, il faut bien connaître le sujet du débat et avoir sa propre opinion sur la question.
2. **Exposer ses arguments :** il ne suffit pas d'avoir un avis. Il faut savoir le défendre. C'est là que les arguments sont utiles. Les arguments les plus convaincants sont ceux qui sont suivis d'un exemple.
3. **Accepter l'opinion d'autrui :** c'est ce qu'il y a de plus difficile dans un débat. On n'est pas obligé de trouver les arguments des autres valables, et on peut essayer de convaincre l'autre, mais on doit toujours respecter le fait que des personnes différentes ont des opinions différentes.
4. **Planter un cadre :** définissez une durée de débat pour que la discussion ne dépasse pas certaines limites. Vous pouvez choisir un animateur de discussion chargé de coordonner les interventions, d'orienter le débat et de résumer les résultats. Vous pouvez aussi désigner une personne chargée d'établir un protocole et quelqu'un qui vérifie que les règles sont bien appliquées.

Règles de discussion essentielles :
- participer de manière active
- justifier son opinion
- écouter attentivement
- ne pas interrompre les autres (pas d'interpellations !)
- ne pas vouloir avoir le dernier mot à tout prix

⮕ Organiser une excursion

Lors d'une excursion, comme par exemple la visite à la Chambre des Députés, à la commune ou au Parlement européen, vous pouvez obtenir des informations sur des questions importantes et jeter un coup d'œil derrière les coulisses.

1. **Obtenir des informations :** vous trouverez l'adresse de l'objet de l'excursion sur Internet ainsi que diverses informations concernant les horaires d'ouverture, les visites guidées, les personnes à qui vous adresser par e-mail ou par téléphone.
2. **Organiser l'excursion :** arrêtez une date et un horaire, choisissez un moyen de transport et renseignez-vous sur les tarifs. Vérifiez si votre école, le comité des parents d'élèves ou même l'Union européenne peuvent cofinancer votre projet.
3. **Lire le matériel d'information :** consultez l'ensemble du matériel d'information que vous avez réuni et planifiez les étapes de l'excursion. Certains

ANHANG   Methoden und Techniken

groupes d'élèves peuvent préparer de courts exposés sur l'édifice à visiter, par exemple. D'autres peuvent préparer un ensemble de questions auxquelles ils souhaitent obtenir une réponse.
4. **Répartir les tâches :** réserver le moyen de transport, la visite, avertir l'école et les parents, superviser les recettes et les dépenses, etc.
5. **Documenter les résultats :** rédigez un bref rapport après l'excursion.
6. **Faire le point sur ses expériences :** réfléchissez à la façon dont vous avez organisé l'excursion. Qu'est-ce qui a bien marché ? Qu'est-ce que vous pourriez améliorer ?

Interroger un expert ⊃ p. 225

Étude de cas

Lors d'une étude de cas, l'objectif est de trouver des solutions alternatives à l'aide d'un exemple (construction d'un nouveau lotissement, hébergement des réfugiés dans une commune X). Vous devez étudier le cas sous toutes les coutures pour pouvoir trouver ensuite des solutions possibles. À la fin, comparez vos propres décisions avec le déroulement réel du cas correspondant. Ceci aide à comprendre les processus de décisions politiques.
1. L'animateur/le professeur présente le cas aux participants.
2. Les participants analysent en groupes la situation qui pose problème, relèvent les informations dont ils vont avoir besoin et se renseignent en utilisant le matériel à disposition.
3. Les participants discutent en groupes des solutions envisageables et de leurs conséquences. Il peut être utile de formuler au préalable une série de questions-clés.
4. Chaque groupe choisit une solution après avoir dégagé les avantages, les inconvénients et les conséquences possibles.
5. Les groupes présentent et expliquent leur choix à la classe.
6. L'animateur/le professeur présente la décision qui a été prise en réalité. Les solutions proposées par les groupes sont comparées à la solution réelle et on discute des différences.

Analyser des photos ⊃ p. 254

Technique de lecture ⊃ Déchiffrer un document écrit

Pour tirer des informations provenant de textes difficiles (ou qui ont l'air d'être difficiles) on peut avoir recours à la technique de lecture en cinq points.
1. **Se procurer un aperçu :** lisez le texte une première fois et inscrivez un point d'interrogation dans la marge à chaque fois que vous rencontrez des mots difficiles ou des passages qui ne vous semblent pas clairs.
2. **Rechercher :** trouvez la définition des termes que vous ne comprenez pas.
3. **Lire en profondeur :** relisez le texte. Ce faisant, soulignez les passages importants, les énumérations, les arguments, etc. Faites attention, ne soulignez pas plus de 10 à 20 % du texte, sinon, ce qui est rehaussé perd son intérêt.
4. **Résumer les paragraphes :** associez des mots-clés aux différents paragraphes et donnez-leur un titre.
5. **Résumer le texte dans vos propres mots :** essayez de noter les informations les plus importantes en posant les 5 questions principales : « Qui ? », « Quand ? », « Où ? », « Pourquoi ? », « Comment ? ».

Rechercher sur Internet

Internet est une source d'informations inépuisable, mais c'est aussi une « poubelle de données ». Malheureusement, on ne sait pas toujours qui a mis certaines informations sur le Net. C'est pour ça qu'il convient de faire le tri lorsqu'on cherche des informations.

Trouver des mots-clés : notez ce que vous recherchez sous forme de mots-clés. Plus les mots-clés sont précis, plus il est facile de chercher et de trouver des informations.

ANNEXE Méthodes et techniques de travail

Utiliser des dictionnaires en ligne : pour une première orientation, vous pouvez consulter des dictionnaires en ligne faits par des experts tels que www.larousse.fr ou www.bpb.de (Bundeszentrale für politische Bildung), par exemple. D'autres encyclopédies contenant des informations dans tous les domaines de la connaissance peuvent être complétées et modifiées par les utilisateurs eux-mêmes (Wikipédia, par exemple). Il est important de ne pas se limiter à une seule source, mais de varier ses recherches.

Utiliser des moteurs de recherche : un autre moyen de faire une recherche est d'utiliser des moteurs de recherche. Mais là encore, même principe, changez de moteur de recherche car les différents moteurs de recherche ne font pas toujours apparaître les mêmes résultats.
- Entrez les termes de recherche de la manière la plus exacte possible : « Nations Unies + aide aux réfugiés » et non pas « ONU + aide », par exemple.
- Vous pouvez également cibler votre recherche en cliquant sur « Paramètres de recherche ».
- En sélectionnant « Images » ou « Actualités », vous pouvez obtenir directement des résultats correspondant à un mot-clé.

Faire une sélection :
- Vérifiez que la page est compréhensible et qu'elle vous sera utile.
- Vérifiez la source de l'information. En règle générale, les journaux ou les institutions publiques (www.gouvernement.lu ou www.europa.eu notamment) fournissent des informations plutôt fiables.
- Lisez le texte avec attention. Notez ou enregistrez les informations principales. N'imprimez pas tout.
- N'oubliez pas de noter les adresses exactes des pages utilisées ainsi que la date. Exemple : http://europa.eu/about-eu/basic-information/symbols/index_de.htm (10.05.2016)

⊃ Faire une interview ⊃ Interroger un expert

Méthode d'interview :
1. Réfléchissez qui est le mieux placé pour répondre à vos questions sur le sujet choisi. Définissez où et quand l'interview aura lieu.
2. La deuxième étape consiste à rassembler les questions que chacun souhaite poser au spécialiste.
3. Toutes les questions sont classées par type :
- Questions concernant la personne
- Questions concernant sa carrière
- Trouvez d'autres domaines et les questions correspondantes.
4. Préparez l'interview.
   Discutez à l'avance de l'organisation technique (dictaphone) et du déroulement.
5. Faites le point une fois l'interview terminée. Présentez les résultats par exemple sous forme d'un bref résumé.

- **Analyser des caricatures** ⮕ p. 280
- **Analyse d'un conflit politique** ⮕ p. 308
- **Étudier des marchés** ⮕ p. 83
- **Carte des idées (Mindmap)**

Une mindmap (carte des idées) permet de présenter des informations de manière structurée et de mieux les visualiser. On choisit d'abord un terme générique ou une question. Puis on regroupe d'autres termes ou aspects importants autour du premier terme. Tous ces nouveaux termes ajoutés prennent la forme de branches qui se ramifient de plus en plus vers leurs extrémités. Les termes peuvent être complétés par des images et des symboles pour une meilleure visualisation.

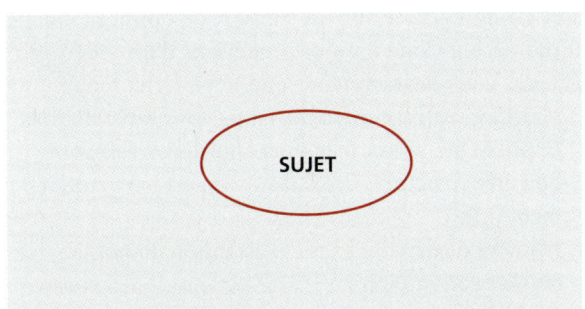
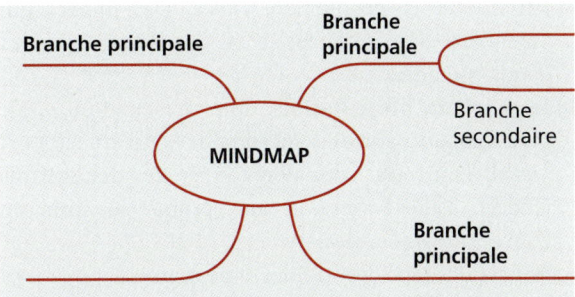

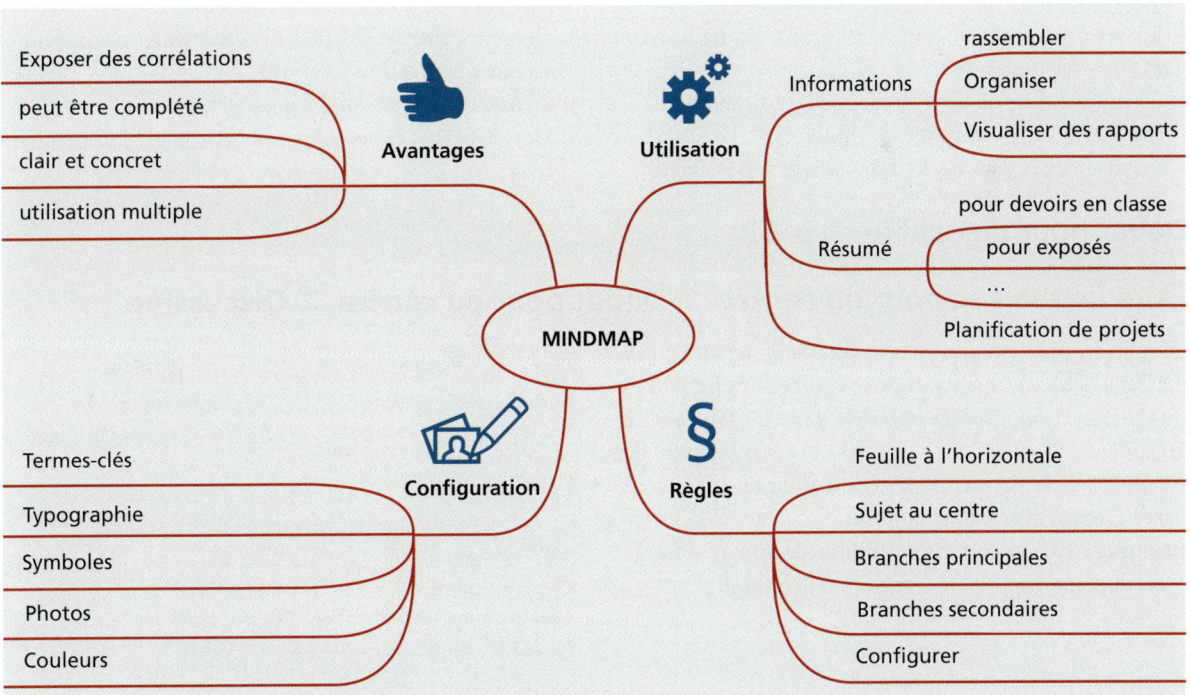

- **Jeu de simulation** ⮕ p. 122

⮕ Présenter et visualiser ⮕ Carte des idées (Mindmap)

Lors d'une présentation, vous exposez vos résultats aux autres. Les présentations peuvent être orales, écrites, sur support audiovisuel ou interactives. On a souvent recours à plusieurs formes de présentation. Vous trouverez ici quelques conseils :

a) **Affiche/journal mural** (forme écrite/visuelle) : Pour les affiches, utilisez de grands caractères, de 4 cm au moins. Testez l'effet au préalable. Utilisez des caractères d'imprimerie, mais alternez entre majuscules et minuscules. Concentrez-vous sur l'essentiel, laissez des espaces. Les couleurs permettent de renforcer le message d'une affiche lorsqu'elles sont utilisées avec parcimonie et de manière ciblée. Des images qui créent un effet de surprise ou des dessins servent d'aide-mémoire.

b) **Logiciel de présentation :** une présentation orale peut s'appuyer sur un logiciel pour offrir un support visuel. Pour cela, vous devez créer des diapositives (slides). Faites attention aux points suivants en concevant vos feuilles :
- utiliser des modèles simples et personnels,
- le nombre de messages par diapo doit pouvoir être saisi en un regard,
- laisser un espace suffisamment grand sur les bords et entre les lignes,
- les diapositives de texte doivent contenir au maximum 8 lignes et 10 mots par ligne,
- ne pas utiliser plus de 10 diapositives si possible,
- choisir des lettres bien lisibles,
- taille des lettres : titre principal en caractères gras (32 points) ; sous-titres en caractères gras (28 points) ; corps de texte (24 points) ; légendes (20 points),
- utiliser des couleurs de manière ciblée pour accentuer qch., différencier ou structurer,
- utiliser uniquement des images pour les messages principaux,
- ne pas utiliser d'effets superflus.

Les diapositives sont censées compléter la présentation, mais elles ne la remplacent en aucun cas. La présentation est enregistrée sur un support de données mobile et montrée à l'aide d'un ordinateur et d'un vidéo-projecteur. Vous devez vérifier que le matériel fonctionne et planifier suffisamment de temps pour l'installation.

c) **Exposé :** peu importe le sujet choisi, votre exposé doit être structuré. Le plan suivant est particulièrement utile :
1. **Élément de départ :** gagner l'attention du public, éveiller son intérêt.
2. **Élément d'introduction :** introduction au cœur du sujet, aperçu du contenu de l'exposé.
3. **Élément central :** pas plus de 3 parties qui exposent les idées centrales
4. **Élément final :** résumé, conclusion.
5. **Mot de la fin :** la dernière impression est importante.

⮕ Débat pour ou contre ⮕ p. 63

⮕ Faire un tableau pour ou contre ⮕ Débat pour ou contre ⮕ Discussion

Le tableau pour ou contre sert à rassembler des informations. Des arguments pour et contre sont listés dans un tableau et opposés en parallèle dans un tableau. Les arguments doivent être fondés et étayés par des exemples. Cela permet de les confronter et de les comparer avec les arguments opposés.

Exemple : Est-ce que l'interdiction de fumer dans les cafés et restaurants a été une bonne décision ?

Pour	Contre
Fumer porte atteinte à la santé et peut provoquer des cancers.	Cela représente une entrave à la liberté.
Les non-fumeurs fument de manière passive, ce qui est très dangereux.	Les restaurateurs ont peur d'avoir moins de clients.
On pourrait faire des économies dans les dépenses de santé.	L'État perd les recettes des accises sur le tabac.
Les jeunes ne voient pas d'exemples négatifs.	Interdiction difficilement contrôlable.

⮕ Jeu de rôle ⮕ p. 36

Rédiger un paragraphe argumenté

Vous devez souvent rédiger un court texte sur un sujet donné (prise de position, commentaire, résumé, …). Après vous être renseigné sur le sujet que vous devez traiter en consultant différentes sources, commencez la rédaction du texte.

1. **Analyser la documentation sur le sujet donné :** lire attentivement la problématique telle qu'elle est posée et la documentation qui s'y réfère. La technique des cinq questions (qui ?, quand ?, où ?, pourquoi ?, comment ?) peut être utile.
2. **Établir une structure :** classez les informations principales par domaine.
3. **Rédiger :**
- **Introduction :** on nomme le sujet de façon précise et on rédige une ou deux phrases d'amorce.
- **Partie principale :** on aborde les différents aspects du sujet. Toute assertion doit être justifiée. Les arguments doivent être présentés de manière structurée. Lorsque les textes sont longs (exposés écrits, par exemple), il est possible d'énumérer les différents points.
- **Conclusion :** il convient de répéter les informations les plus importantes, d'en tirer une conclusion et de donner une ouverture.

Exemple : conflits liés à l'eau (➲ chapitre 12)
1. **Analyser la documentation sur le sujet donné :**
Quels sont les facteurs qui, à l'avenir, peuvent renforcer les conflits liés à l'eau ?
- Où y a-t-il pénurie ou excédent d'eau ?
- À qui le commerce de l'« or bleu » profite-t-il ?
- Qu'implique la pénurie d'eau pour les personnes ?
- Comment la consommation d'eau a-t-elle évolué depuis 1900 à l'échelle mondiale ?
- Quelles sont les causes des conflits liés à l'eau ?
- Pourquoi … ?

2. **Établir une structure**
Problématique : Quels sont les facteurs qui, à l'avenir, peuvent renforcer les conflits liés à l'eau ? Rédigez un texte d'une demi-page.
Structure possible : Introduction/facteurs (économique, social, écologique, politique)/conclusion.

3. **Rédiger**
Introduction : *Depuis 1900, la consommation mondiale d'eau a presque été multipliée par 10. Cela entraîne des problèmes.*
Partie principale : *De nombreux facteurs jouent un rôle :*
- *L'eau représente un enjeu économique (dans la production d'énergie, notamment).*
- *L'« or bleu » aura autant de valeur que le pétrole.*
- *Seuls les plus riches auront accès à de l'eau propre et potable.*
- *Les déviations, barrages et pollutions d'eau entraînent des conflits entre les États.*

Conclusion : *La pénurie d'eau et la qualité de l'eau représentent un problème à l'échelle planétaire qui ne peut être résolu que si l'ensemble des États concernés accepte de collaborer.*

Analyser un schéma

1. **Identifier la structure**
- Quel est le titre du schéma ?
- De quel sujet traite-t-il ?
- De quelles parties se compose-t-il ?
- Quelles couleurs a-t-on utilisé ?
- Les différentes parties du schéma sont-elles reliées entre elles ?

2. **Expliquer le contenu**
- Que représentent ces différentes parties et pourquoi suivent-elles un ordre de classement donné ?
- Quelle est la signification des différentes couleurs ?
- Que signifient les différents liens ?

3. **Interpréter le schéma**
- Quelles informations le schéma nous donne-t-il ?
- Pour quelles raisons a-t-on choisi ce classement sur le schéma ?
- Que peut-on en conclure (p. ex. concernant la répartition des pouvoirs, l'importance de certaines personnes et organes) ?

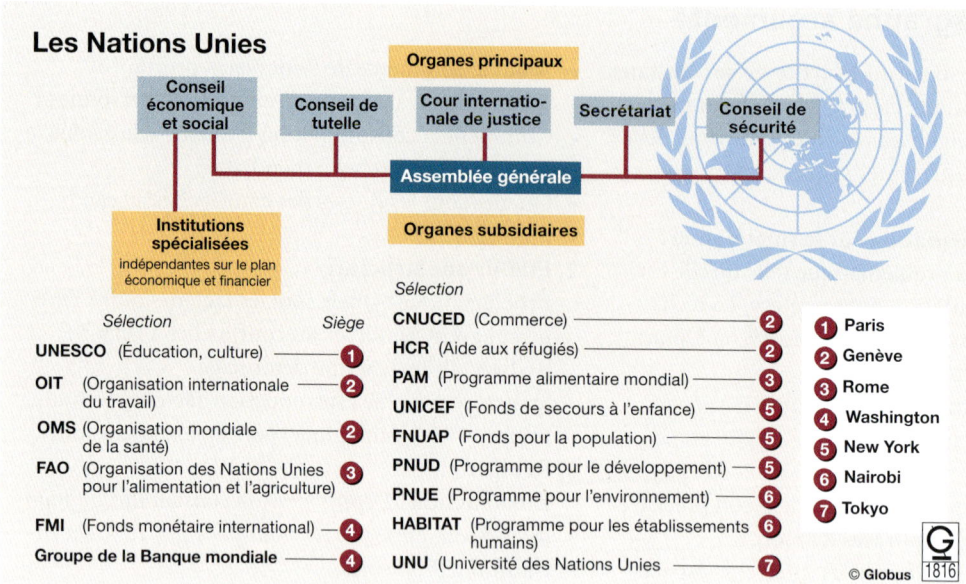

⇨ Simulation/Technique des scénarios

La technique des scénarios permet de simuler de possibles évolutions ainsi que d'évaluer leurs conséquences.

1. Une sorte de brainstorming sert dans un premier temps à rassembler toutes les idées et images importantes concernant une thématique.
2. Ensuite, imaginez deux scénarios opposés : un scénario « réussite » qui décrit ce qui se passerait en cas d'une évolution positive (dans le meilleur des cas), et un scénario « catastrophe » décrivant l'évolution la plus négative possible.
3. Réfléchissez à un comportement qui vous permettrait d'influencer l'une ou l'autre des évolutions.

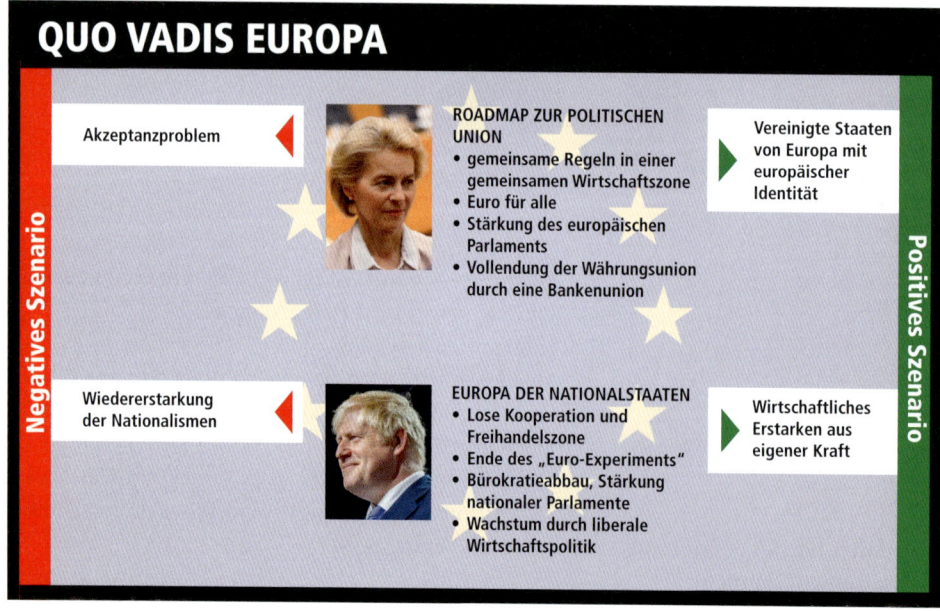

Vers où l'UE se dirige-t-elle ?

Déchiffrer un document écrit → Technique de lecture

Dans le domaine de l'éducation à la citoyenneté on fait appel à de nombreuses sources d'information. Il peut s'agir d'articles de journaux, de publications en ligne ou encore d'extraits de discours. Chaque texte doit être examiné sous un angle critique. Les points suivants peuvent être utiles.

1. **Questions concernant l'origine du texte**
- Que savez-vous sur son auteur (dates de vie, origine, charge, position, …) ?
- S'agit-il d'un témoin de l'époque (source primaire) ou d'un rapport de « seconde main » (source secondaire) ?
- De quel type de texte s'agit-il (article, chapitre de livre, interview radio, etc.) ?
- Quand et où le texte a-t-il été publié ?

2. **Questions concernant le texte**
- Quel est le sujet ? De quoi est-il question ? (questions fondamentales)
- Sur quoi l'auteur met-il l'accent ? Où veut-il en venir ? Quelle est l'intention qui se cache derrière ce texte ?
- La description se veut-elle neutre, critique, autre ?
- Comment le texte est-il structuré ?
- Quelles sont les caractéristiques principales du langage utilisé ? L'auteur emploie-t-il sciemment un certain registre de langue, un certain style (langage de jeunes, langage scientifique, nombreux mots étrangers) ? Le ton est-il posé ou plutôt excité ?
- À qui ce texte s'adresse-t-il ?

3. **Interprétation et critique**
- Quel est le message principal du texte ?
- Quelles conclusions peut-on globalement en tirer ?
- Que pensez-vous du texte, des thèses et des arguments qui y sont formulés ?

Analyser une carte thématique

Dans le cadre de l'éducation à la citoyenneté, on a affaire à des cartes sur les thèmes les plus divers et variés (répartition de la population, frontaliers, droits de l'homme, pollution de l'environnement, etc.). Elles représentent des situations ou des résultats d'analyse et informent au sujet d'événements, d'évolutions et de changements. La démarche suivante vous servira de clé de lecture et d'analyse.

1. **Définir le thème :** relevez le thème de la carte, la région représentée et l'époque.
2. **Lire la légende :** la légende de la carte contient des couleurs, des nuances et des symboles. Quelle est leur signification ? Quelle échelle a-t-on choisi ? À quoi correspondent les distances ?
3. **Analyse :** prenez quelques notes sur les différents éléments de la légende. Formulez un message global que vous expliquerez. Y a-t-il encore des questions ?

Faire un sondage → p. 25

Analyser des statistiques → p. 132

Travailler avec des tableaux et des graphiques

Nous rencontrons tous les jours des tableaux – dans les journaux et magazines, à la télévision ou ailleurs. En classe, des rapports entre différentes régions et leurs évolutions apparaissent souvent sous forme de chiffres. Pour une meilleure lisibilité, les chiffres sont classés sous forme de tableau ou de diagramme.

Tableau : dans un tableau, les chiffres se rapportant à un sujet donné sont classés de manière claire et ordonnée. Le sujet figure dans le titre du tableau. Le tableau comprend des lignes horizontales et des colonnes verticales. Une source en bas du tableau renseigne sur l'origine des chiffres utilisés.

Graphique : dans un graphique, les valeurs sont représentées sous forme graphique. Contrairement au tableau, il permet une meilleure visualisation. On distingue plusieurs types de graphiques (diagrammes).

- Diagramme en barres : permet de comparer facilement différentes quantités telles que le nombre d'habitants ou de tonnes, par exemple. Il existe des diagrammes à barres verticales et des diagrammes à barres horizontales.
- Diagramme en courbes : permet d'afficher des évolutions chronologiques de manière particulièrement claire.
- Diagramme circulaire : permet de bien visualiser les différentes parts d'une quantité totale donnée en pourcentages, par exemple.

La démarche de travail suivante vous aidera à analyser les tableaux et les diagrammes :

1. Présentation
- Quel est le thème ?
- Peut-on identifier le contexte spatio-temporel ?
- Les données chiffrées sont-elles actuelles ?

2. Forme de la représentation
- S'agit-il d'un tableau ou d'un diagramme ?
- De quel type de diagramme s'agit-il ?
- Quelle est l'unité de mesure choisie ?

3. Contenu de la représentation
- Y a-t-il des termes que vous ne connaissez ou ne comprenez pas et qui doivent-être expliqués ?
- Remarquez-vous des points inhabituels, particuliers ?

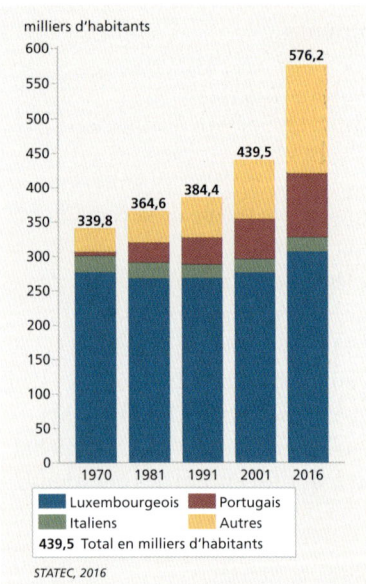
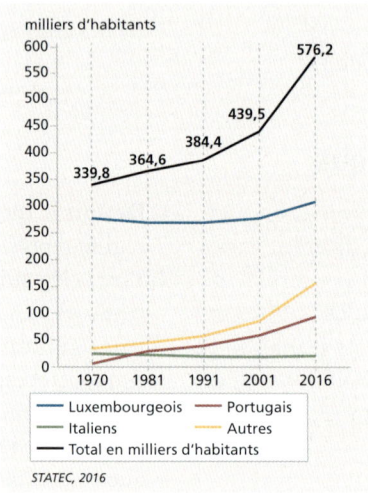
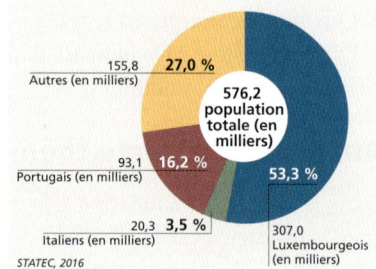

◯ **Analyser des affiches électorales** ◯ **p. 197**

◯ **Atelier avenir** ◯ **p. 158**

Index

action 102
Administration de l'emploi 128
allocation familiale 41
Alzette 138
aménagement du territoire 142
arbre généalogique 35
argent 98, 100
assurance accident 125
assurance dépendance 125
assurance maladie 125
assurance vieillesse et
   invalidité 125

banque 100
Banque centrale européenne 272
Banque européenne
   d'investissement 274
banques centrales 101
besoins 78
biens 78, 79, 90
bourgmestre 60, 64, 74
bourse 102
budget 58, 74
bureau de l'état civil 56

campagne électorale 196
candidats 66
cartel 88
carte thématique 143
casier judiciaire 224
Casques bleus 304, 305
CECA 274
Chambre des Députés 22, 198
chambres professionnelles 120
changement climatique 156, 301
chèques-service 40
chômage 128
chômage des jeunes 132
circuit économique 100
cité 12
citoyen 14
citoyenneté européenne 267
citoyens 16
classe d'impôt 127
climat 150

CO_2 145, 152, 153
coalition 199, 202
Code Civil 39
collège échevinal 60
comité d'action 211, 248
comité de quartier 68
commissions 68
communauté de droit 38
communauté économique 266
Communauté européenne du
   charbon et de l'acier/CECA 275
communauté légale 39
communautés de vie 34
commune 53, 56, 70
compétences 43
concurrence 88, 91
conditions de travail 116, 118, 122
conflit au Proche-Orient 309
conflit de rôles 49
congé parental 40
congés 109, 116
conjoncture 101
conseil communal 60, 64, 74
Conseil de l'UE 272
Conseil d'État 205
Conseil Économique et Social 120
Conseil européen 272
consommation d'eau 147
Constitution 14, 16, 17, 190, 191,
   203, 206, 208, 216
contrat 230, 232
contrat collectif 114
contrat d'apprentissage 115
contrat de travail 114
coopération au développe-
   ment 296
Cour de justice de l'UE 274
Cour de Justice européenne 272
Cour des comptes euro-
   péenne 272, 274
Cour pénale internationale
   (CPI) 305
curriculum vitae 112

débat pour ou contre 63

déchets 148, 151
délégation 120
démocratie 16, 20, 22, 26, 28, 172,
   191, 248
démocratie directe 21
démocratie indirecte/
   représentative 21
démocratie parlementaire 189
député 20, 192, 198, 200
développement durable 81, 142
dictature 28
Digital Natives 242
directives européennes 268, 272
disparités Nord-Sud 290
dividende 102
droit 215, 216, 217, 218
Droit civil 218
Droit de la famille 50
Droit de pétition 267
droit de vote 14, 172, 192, 193,
   267
droit de vote actif 64
droit de vote passif 64, 74
droit du travail 116
droite 194
droit international 304
Droit pénal 218
Droits de l'homme 14, 18, 28
Droits des citoyens européens
   270
droits fondamentaux 14, 22, 26

eau 146, 299
échevins 58, 64, 74
école 42, 44, 50
économie 77
économie libérale 94
économie sociale 94
éducation 36
effet de serre 150
électeurs 64, 248
élections 14, 22, 192–193,
   196–197, 212
élections communales 66, 67, 74
émigration 170, 178, 294

émissions de CO$_2$ 151, 154, 300–301
employés   116, 120
employeur   107, 116, 120, 125
entreprises   90
environnement   154
État   16, 94, 124, 189
état civil   74
État de droit   16, 22, 28, 206
État-providence   94, 130
Euro   262, 263, 266
évolution démographique   141
exécutif   212
extrémisme   26, 27

Facebook   243
facteurs de production   86, 90
facteurs « push » et « pull »   295
famille   32, 34, 38, 40, 50
Fête nationale   165
FIAS   284
finances communales   58
firmes transnationales   286
Fonds national de solidarité   125
Fonds pour l'emploi   125
formation   42, 44, 45, 50
formation continue   128
formation des prix   86, 88
formation professionnelle   42
formes de gouvernement   16
frontaliers   142, 171
Frontex   279
frontières intérieures   278
fusions de communes   70, 74

gauche   194
gaz à effet de serre   153
génération   40
germanisation   176
Global Governance   303
globalisation   152, 286
gouvernance mondiale   303
gouvernement   202
Grand-Duc   172, 208, 212
Grande Région   275

groupe   48, 50
groupe politique   199
groupes de pression   26
groupes sociaux   32
Gutland   138

Haute Autorité   274
histoire   168, 186
hommes politiques   252, 253

IDH (Indice de développement humain)   290
immigration   170, 180, 182, 294
impôts   58, 130
impôts communaux   59
impôts directs   96
impôts indirects   96
indice   99, 122, 126
Indice de Développement Humain (IDH)   291
industrie   170
industrie sidérurgique   140
inflation   99
initiative citoyenne   20, 271
Inspection du travail et des mines   118
Internet   240, 242, 244, 245, 246, 247, 253
Intifada   310
Islam   307
Islamisme   27, 307
Israël   309, 310

jeu de rôle   36
jeunesse   32, 46
journal à sensation   251
judiciaire   212
justice   219

label énergétique   155
législatif   212
lettre de motivation   112
libre circulation   267, 269
licenciement   117
lobby   211

loi   206, 227, 236
loi communale   67
loi de l'offre et de la demande   84, 102
loi électorale   65
lois   16, 204, 215, 216
loisirs   46, 47

maire   58
majorité   22, 199, 202
majeur   14
manipulation d'images   254, 255
marché   84, 94, 270
Marché commun   263
mariage   35, 39
marketing   88
médias   210, 239, 240, 241, 242
médias de masse   240, 248
médias imprimés   240, 244, 253
médias numériques   240
Médiateur européen   267, 271
médiation   234, 235
microcrédits   297
migration intérieure   294
Minette   138, 139
ministres   202
missions de la commune   56
missions de paix   279
mobilité   137, 144, 151
modèle de marché   85, 88
modes d'élections   66
monarchie   189, 208
mondialisation   152, 286
monopole   88
Moselle   138
moyens de production   90
musulman   307

nation   166, 186
navetteur   142, 145
Nord-Sud   290

obligation scolaire   42, 50
offre et demande   88, 94

OLP (Organisation de libération de la Palestine)   309, 310
ONG (Organisation non gouvernementale)   296
ONU   175, 304
OPEP   87
opposition   199
Organisation des Nations Unies   302
Organisation Mondiale du Commerce (OMC)   288
organisations patronales   120
Ösling   139
OTAN (Organisation du traité de l'Atlantique du Nord)   175, 304

pacte de solidarité   124
Palestine   309
panacher   66
panier de référence   127
parenté   35
Parlement   12, 172, 198
Parlement européen   272
partenaires sociaux   120
partenariat (PACS)   38, 39
parti   16, 194, 212, 248
participation   24
participation démocratique   44
patriotisme   166
pays émergents   290
pays en voie de développement   290
pays industrialisés   290
peine de mort   19, 228
PESC   268, 279
pétition   199
PIB   292
plan d'aménagement général (PAG)   142
politique   12, 28
politique régionale de l'UE   277
pouvoir d'achat   86
pouvoir exécutif   61, 191
pouvoir judiciaire   191, 206
pouvoir législatif   61, 191, 198

Première Guerre mondiale   174
prestations de services   90
prestations familiales   125
prestations sociales   126, 130
principe de majorité   22
principe du maximum   79
principe du minimum   79
principe économique   79, 90
procès   224
produit intérieur brut (PIB)   96, 290
programme Erasmus   268
protection de la maternité   117
protection de l'environnement   300
protection des consommateurs   89
protection des mineurs   117, 227
protocole de Kyoto   301

quatrième pouvoir   248

rareté des biens   86
réchauffement climatique   150
recyclage   149
référendum   21, 67, 193
réfugié   295
règlement   60, 272
règlement communal   74
règles de comportement   33
réintégration   228
réseau social   284
Résistance   176, 177
ressources naturelles   137
retraites   40
révolution des médias   240
rôles   33

salaire   126
salaire social minimum   122, 126
salarié   107, 125
Schengen   274, 278
Seconde Guerre mondiale   175, 177
secteurs économiques   77

sécurité sociale   124
séparation des pouvoirs   190, 191
services   78
socialisation   32, 50
société   90
société civile   303
société de services   171
sociologie   32, 50
sondage   25
sphère privée   246
stabilité des prix   99, 101
stratégies de vente   82
suffrage censitaire   14
suffrage de liste   66
symboles nationaux   164, 165
syndicat   120, 122
syndicats de communes   70, 74
syndicats intercommunaux   148
système de la représentation proportionnelle et le système de la majorité relative   74
système électoral   66, 192

tâches de la commune   74
taux directeur   101
taxes   58
téléréalité   256
télévision   253
terrorisme   306
travail   108
tribunal   220, 221, 236
troc   98

vallée de l'Alzette   139
vallée de la Moselle   139
vote   20
vote obligatoire   65, 74
vote par correspondance   193

Web 2.0   240

zone euro   262

Bildquellen

Titelfoto: Corbis/Don Hammond/Design Pics; S. 3.1/S. 10-11 Daniel Hoesch, Nürnberg; S. 3.2/S.30.4 Shutterstock/Goodluz; S. 3.3/S. 52-53 Volkhard Binder, Berlin; S. 4.1/S. 76.1 picture-alliance/dpa/dpaweb; S. 4.2/S. 106-107 Marc Schoentgen, Diekirch; S. 4.3/S. 8.1/S. 136.1 Global View/Simon Schmitt, Louvain-la-Neuve, Belgien; S. 5.1/S. 162-163 ddp images/ddp images; S. 5.2/S. 188.5 akg-images/Alfons Rath; S. 6.1/S. 214-215 Tom Wagner, Bettembourg; S. 6.2/S. 238-239 ddp images/Picture Press; S. 6.3/S. 260-261 Shutterstock/ixpert; S. 7/S. 284-285 Facebook Ireland Ltd.; S. 8.2/S.136.3 © Photothèque de la Ville de Luxembourg; S. 8.3/S. 78.M1 Erich Rauschenbach, Berlin; S. 8.4/S. 78.M2.1 Shutterstock/DiversityStudio; S. 8.5/S. 78.M2.2 Fotolia/© DiversityStudio; S. 8.6/S. 78.M2.3 COLOURBOX9459149; S. 8.7/S. 78.M.2.4 COLOURBOX9081344; S. 8.8/S. 79 Jupp Wolter (Künstler)/Haus der Geschichte, Bonn; S. 9.1/S. 63 Fotolia/Monkey Business; S. 9.2/S. 319 Shutterstock/Christo; S. 9.3/S. 28 Gerhard Mester, Wiesbaden; S. 12.M2 Gabriele Heinisch, Berlin; S. 13.M4 Charles Caratini, Bergem; S. 13.M6 Nicolas Bouvy; S. 14.M1 bpk/RMN–Grand Palais/Bulloz; S. 15.M6 Jean-François Batellier, Auvers sur Oise; S. 16.M1 Fotolia/© Felix Pergande; S. 16.M3 Viacom International Media Networks, Berlin; S. 17.M5 Jeff Danziger, New York; S. 17.M6 action press/ISOPIX/action press; S. 18.M1.1 Reuters/Reuters/mecom; S. 18.M1.2 Laif/contrasto/laif; S. 18.M1.3 picture-alliance/AP Photo; S. 18.M1.4 Shutterstock/Shutterstock; S. 18.M1.5 picture-alliance/dpa; S. 18.M1.6 picture-alliance/ZB; S. 18.M1.7 picture-alliance/AP Photo; S. 19.M2 Volkhard Binder, Berlin; S. 20.M1/M3 Chambre des Députés, Luxemburg; S. 20.M2 pictures-alliance/dpa; S. 20.M4 Fir de Choix, Luxemburg; S. 21.M6 Peter Wirtz, Dermagen; S. 22.M1 Markus (Künstler)/Museum für Kunst und Gewerbe Hamburg; S. 22.M2 Atelier Ursula Behr, Fulda; S. 23.M4 Burkhard Mohr, Königswinter; S. 24.M2 Ministére de la Familie et de l'Intégration, Luxemburg; S. 25.1 F1 online; S. 26.M1 Nicolas Spinga, Paris; S. 27.M.3.1 Horst Haitzinger, München; S. 27.M3.2 Martin Erl, Ingolstadt (Künstler)/Toonpool GmbH, Berlin; S. 27.M3.3 Gerhard Mester, Wiesbaden; S. 27.M3.4 Klaus Stuttmann, Berlin; S. 30.1 picture-alliance/dpa/picture-alliance; S. 30.2 Shutterstock/William Perugini; S. 30.3 Shutterstock/Syda Productions; S. 30.5 Shutterstock/Dmitry Kalinovsky; S. 31.1 Shutterstock/DNF Style; S. 31.2 Fotolia/Ingo Bartussek; S. 31.3 Shutterstock/Elena Stepanova; S. 32.M1 Fritz Wolf (Künstler †)/Marcus Wolf, Fritz-Wolf-Gesellschaft e.V., Osnabrück; S. 33.M4 Matthias Pflügner, Berlin; S. 34.M1 Anette Schamuhn (Künstlerin)/Cornelsen Verlag GmbH, Berlin; S. 34.M2 Jim Unger (Künstler †)/Universal Uclick, Kansas City; S. 35.M6 Baaske Cartoons, Mülheim; S. 36.1 stern.de GmbH, Hamburg; S. 36.2 SPIEGEL-Verlag Rudolf Augstein GmbH & Co. KG, Hamburg; S. 36.3 RTL/Frank Hempel/Warner Bros. Entertainment; S. 37 RTL Luxemburg/Steve Schmit; S. 38.M3 Horst Haitzinger, München; S. 40.M2 Globus-Grafik 2878; S. 41.M4 Renate Alf, Weimar; S. 42.M1 Universal Uclick, Kansas City; S. 42.M2 Cartoon-Archiv Reinhold Löffler, Dinkelsbühl; S. 43.M5 Globus-Grafik 8975; S. 44.M1 picture-alliance/Klaus Rose; S. 44.M2 Shutterstock/Monkey Business Images; S. 45.M4 Lycée Téchnique, Privé Emile Metz; S. 45.M5 Dirk Tonn (Künstler †)/Dieter Tonn, Bovenden-Lenglern; S. 47.M3 Peter Wirtz, Dormagen; S. 48.M2 Carlos Urban, Hoya; S. 49.M3 Daniel Hoesch, Nürnberg; S. 50 Rolf Robischon, Freiburg; S. 54.M1 Communale de Mersch; S. 54 li. Volkhard Binder, Berlin; S. 54.M2 Roi Schleich, Ettelbruck; S. 55.M4 Communale de Mersch; S. 56.M1.1 Incendie / Sauvetage Walferdange, Feuerwale Walferdange; S. 56.M1.2 Tom Wagner, Bettembourg; S. 56.M1.3 Archiv Luxemburger Wort, Luxemburg; S. 57.M3 Communale de Mersch; S. 58.M3 Simone Kayser; S. 58.M4 Jan Tomaschoff (Künstler)/ Toonpool GmbH, Berlin; S. 60.M1 Ministère de l'Éducation nationale et de la Formation professionnelle, Luxemburg; S. 60 u. Archiv Luxemburger Wort, Luxemburg; S. 62 Volkhard Binder, Berlin; S. 63 Fotolia/Monkey Business Images; S. 64.M1/M.2 Tom Wagner, Bettembourg; S. 65.M5 Peter Wirtz, Dormagen; S. 68.M1 Tom Wagner, Bettembourg; S. 69.M5 Archiv Luxemburger Wort, Luxemburg; S. 69.M6 Shutterstock/ miumi; S. 69.M7 Nicola Aquaro, Mamer; S. 70.M1 TICE, Esch-sur-Alzette; S. 70.M2 Tom Wagner, Bettembourg; S. 70.M3 Volkhard Binder, Berlin; S. 70.M4 cba christian bauer & associés, Luxemburg; S. 71 Volkhard Binder, Berlin; S. 71 (Wappen) Communale de Mersch; S. 72.M3 Volkhard Binder, Berlin; S. 73.M4 © Romain Müller, Ville d'Esch-Développement Urbain; S. 74 Horst Wendland, Frickenhausen; S. 76.2 dpa/picture-alliance; S. 76.3 Fotolia/© Kitty; S. 76.4 Shutterstock/Dmitry Kalinovsky; S. 76.5 Fotolia/© Minerva Studio; S. 76.6 Archiv Luxemburger Wort, Luxemburg (f17043990/Foto: Guy Wolff); S. 77.1 Shutterstock/Pavel L Photo and Video; S. 77.2 Shutterstock/pryzmat; S. 77.3 picture-alliance/ZB; S. 80.M1 Anette Schamuhn (Künstlerin)/Cornelsen Verlag GmbH, Berlin; S. 80.M2 die-KLEINERT.de/Martin Guhl, München; S. 81 Anette Schamuhn (Künstlerin)/Cornelsen Verlag GmbH, Berlin; S. 82.1 picture-alliance/Markus C. Hur; S. 82.2 picture-alliance/ZB; S. 82.3 mauritius images/Patti McConville/Alamy; S. 83 o. trivago GmbH, Düsseldorf; S. 83 u. Mike Baldwin (Künstler)/CartoonStock; S. 84.M1.1 METRO Cash & Carry Deutschland; S. 84.M1.2 ddp images; S. 84.M1.3 Shutterstock/sima; S. 85.M2 Fotolia/© lenetsnikolai; S. 85.M3 Fotolia/Dino Osmic; S. 86.M1 Erich Schmidt Verlag/Zahlenbild 200 310; S. 86.M2 Shutterstock/windu; S. 87.M4 Globus-Grafik 10632; S. 87.M5 Stacey Fairrington (Künstlerin)/Cagle Cartoons Inc.; S. 88.M1 Waldemar Mandzel, Bochum; S. 88.M2 Gabriele Heinisch, Berlin; S. 89.M3 Shutterstock/ Monkey Business Images; S. 89.M4 Fotolia/© beugdesign; S. 90.1 shutterstock/prudkov; S. 90.2 Archiv Luxemburger Wort, Luxemburg (f17003666/Foto: Serge Waldbillig); S. 90.3 Fotolia/© IckeT; S. 91.M4 Erich Schmidt Verlag/Zahlenbild; S. 92.M1 Archiv Luxemburger Wort, Luxemburg(f17339315/Foto: Marc Wilwert); S. 94 o. Archiv Luxemburger Wort, Luxemburg; S. 95.M3 Gerhard Mester, Wiesbaden; S. 95. M4 Shutterstock/Petr Malyshev; S. 95.M5 Walter Hanel (Künstler)/Haus der Geschichte, Bonn; S. 96.M2 li. Guido Lessing; S. 96.M2 re. Marc Schoentgen, Diekirch; S. 96.M2 u. imago sportfotodienst/imago stock&people; S. 97.M3 Archiv Luxemburger Wort, Luxemburg (f367338/Foto: Teddy Jaans); S. 97.M4 Archiv Luxemburger Wort, Luxemburg (f17558003/Foto: Marc Wilwert); S. 97.M5 Archiv Luxemburger Wort, Luxemburg (f430628/Foto: Serge Waldbillig; S. 97.M6 © Michel Brumat/Université du Luxembourg; S. 97.M7 Archiv Luxemburger Wort, Luxemburg (f17508205/Foto: Serge Waldbillig); S. 97.M8 Police Grand-Ducale, Luxemburg; S. 98.M1 Detlev Schüler, Berlin; S. 98.M2 Deutsche Bundesbank, Frankfurt am Main; S. 99.M3 Fotolia/© VRD; S. 99.M6 IAM/akg-images; S. 100.M1 F1 online; S. 101 re. Fotolia/© Fotolys; S. 102.M1 Laif/© Justin Guariglia 2011/Redux/laif; S. 103.M2 ArcelorMittal, Luxemburg; S. 103 u. Iris-Christiana Leier (Künstlerin)/Irl-Cartoons, Bruchsal/Toonpool GmbH, Berlin; S. 104 Anette Schamuhn (Künstlerin)/Cornelsen Verlag GmbH, Berlin; S. 105 Joachim Gottwald (Künstler)/Cornelsen Verlag GmbH, Berlin; S. 108.M1 Burkhard Fritsche, Köln; S. 109.M3 akg-images/Dodenhoff S. 109.M4 Christoph Berten, Berlin; S. 109.M5 CartoonStock/David Brown; S. 110 u. Archiv Luxemburger Wort, Luxemburg; S. 111.M6 Hans Traxler, Frankfurt am Main; S. 112.1 Fotolia/© Fabio Balbi; S. 112.2 Shutterstock/© Antonio Jorge Nunes; S. 112.3 Shutterstock/BestPhotoStudio; S. 112.4 Shutterstock/photobank.ch; S. 112.5 Fotolia/© azazello; S. 115.M2 Anette Schamuhn (Künstlerin)/Cornelsen Verlag GmbH, Berlin; S. 116.M1.1 Shutterstock/© Antonio Jorge Nunes; S. 116.M1.2/M.1.3 Peter Wirtz, Dormagen; S. 118.M1 Shutterstock/ dragon_fang; S. 118.M2 Fotolia/© bilderzwerg; S. 118.M4 Centre de Recherche Public de la Santé, Strassen; S. 119.M6 Ministère de l'Égalité des chances, Luxemburg; S. 119.M7 LCGB Lëtzebuerger Chrëschtleche Gewerkschaftsbond//Christlicher Gewerkschaftsbund Luxemburg; S. 120.M1 Horst Haitzinger, München; S. 121.M4.1 LCGB Lëtzebuerger Chrëschtleche Gewerkschaftsbond/Christlicher Gewerkschaftsbund Luxemburg; S. 121.M4.2 OGBL Onofhängege Gewerkschaftsbond Lëtzebuerg/Unabhängiger Gewerkschaftsbund Luxemburg, Esch-sur-Alzette; S. 121.M4.3 FNCTTFEL-Landesverband, Luxemburg; S. 121.M5 Carlo Schneider, CH-Langnau; S. 124.M1 Gabriele Heinisch, Berlin; S. 126.M1 Fotolia/© eyetronic; S. 127 Shutterssock/Ljupco Smokovski; S. 128.M2 L'essentiel, Differdange; S. 129.M4 Globus-Grafik 1666; S. 130.M1 Horst Haitzinger, München; S. 130.M2 Photothèque de la ville de Luxembourg; S. 131.M4 Luis Murschetz, München; S. 131.M8 Thomas Plaßmann, Essen; S. 132.M1 Globus-Grafik 10293; S. 135 Fotolia/© momius; S. 138.M1 Volkhard Binder, Berlin; S. 139.1/2/4 aus: Der Luxemburg Atlas, Emons Verlag, Köln 2009, S. 94/95/Fotos: Robert Wealer; S. 139.4 David Flammang; S. 140.M1 Volkhard Binder, Berlin; S. 140.M2 © Photothèque de la Ville de Luxembourg; S. 141.M3 Claude Piscitelli (Collage)/Ville de Differdange; S. 142 o. Fabienne Schoentgen, Niederfeulen; S. 142.M2 Anette Schamuhn (Künstlerin)/Cornelsen Verlag GmbH, Berlin; S. 143.M4 Volkhard Binder, Berlin; S. 144.M2 Verkéiersverbond Communauté des Transports, Luxemburg; S. 144.M3 Tom Wagner, Bettembourg; S. 145 u. Martin Thierry, Luxemburg; S. 146.M1.1 SEO Société Electrique de l'Our, Luxemburg; S. 146.M1.2 Archiv Luxemburger Wort, Luxemburg; S. 146.M2 Franz-Josef

Appendice — sources d'images

Domke, Hannover; S. 148.M1 Veronique Krettels, Bissen; S. 148.M2 Globus-Grafik 10934; S. 149 Guido Lessing; S. 150.M1 Globus-Grafik 1336; S. 151.M3 Horst Haitzinger, München; S. 152.M1 Globus-Grafik 10972; S. 152 Mi.re. SPF Santé publique, Sécurité de la Chaine alimentaire et Environnement; S. 152 u.re. © WWF Schweiz; S. 153 o.re. Rettet den Regenwald e.V./Regenwald.org, Hamburg; S. 153 u.re. SPF Santé publique, Sécurité de la Chaine alimentaire et Environnement; S. 154.M1 KlimAktiv gemeinnützige Gesellschaft zur Förderung des Klimaschutzes mbH, Tübingen; S. 154.M3 Ministère du Développement durable et des Infrastructures, Luxemburg; S. 155.M5 https://ec.europa.eu/energy/en/energy-labelling-tools; S. 155.M6 oekotopten, Luxemburg; S. 155.M7 CartoonStock/Clive Goddard; S. 156.1 Shutterstock/Johnny Adolphson; S. 156.2 Reuters (mecom); S. 156.3 action press/OTTO, KARLHEINZ; S. 156.4 action press/Zhang Jiansong/Xinhua News Ageaction press; S. 157.1 360 Creative/ddp images/ddp images; S. 157.2 Imagebroker RM/F1online; S. 157.3 action press/UNICEFaction press; S. 157.4 action press/ABACA PRESS; S. 157.5 Fotolia/© Andreas Edelmann; S. 158 Peter Wirtz, Dormagen; S. 159.M3 Reinhard Trummer/Trumix Comics, Konstanz; S. 160 Horst Haitzinger, München; S. 161 Volkhard Binder, Berlin; S. 164.M1 Carlo Schneider, CH-Langnau; S. 164.M3 Shutterstock/INTERPIXELS; S. 165 F1online; S. 166.M1 Archiv Luxemburger Wort, Luxemburg (20110314); S. 166.M2 Forum A.S.B.L. Luxemburg; S. 167.M4 Shutterstock/Asma Samoh; S. 168.M1.1 Siebengebirgsmuseum der Stadt Königswinter; S. 168.M1.2 Tom Wagner, Bettembourg; S. 168.M1.3 akg-images; S. 168.M1.4 Archiv Luxemburger Wort, Luxemburg (20030417); S. 168.M1.5 akg-images; S. 168.M1.6 Archiv Luxemburger Wort, Luxemburg (20100825); S. 169.M2 Volkhard Binder, Berlin; S. 169.M5 picture-alliance/Romain Fellen; S. 170.M1 Photothèque de la ville de Luxembourg; S. 170.M2/M3 ArcelorMittal, Luxemburg; S. 171.M5 Tom Wagner, Bettembourg; S. 171.M7 SES Deutschland, Unterföhring; S. 172.M2.1 Photothèque de la ville de Luxembourg; S. 172.M2.2 Archiv Luxemburger Wort, Luxemburg (f18139681, Foto: Romain Schanck); S. 174.M1 picture-alliance/Schütze/boxen; S. 174.M2 S. 174.M3.1 Photothèque de la ville de Luxembourg; S. 174.M3.2 Deutsches Historisches Museum, Berlin (Inv.Nr. F87/199); S. 175.M4 CVCE Luxemburg/ http://www.cvce.eu/content/publication/1997/11/17/77920b2d-2b40-4849-9f06-f7336bc355f5/publishable.jpg; S. 175.M5 picture-alliance/picture alliance/AA; S. 176.M1.2 Archives nationales de Luxembourg/ANLUX, ICO-1-2-0139, VDB Muttersprache, o.D.; S. 176.M1.3 Bundesarchiv Koblenz; S. 176.M1.4 aus: Paul Spang (1992)/Archives nationales de Luxembourg; S. 177.M2.1 Centre de Documentation et de Recherche sur la Résistance Luxembourg; S. 177.M2.3 Archives nationales de Luxembourg; S. 177.M3.1 Archiv Luxemburger Wort, Luxemburg; S. 177.M3.2 Archiv Luxemburger Wort, Luxemburg (20011007); S. 177.M3.3 Archiv Luxemburger Wort, Luxemburg (20020124); S. 178.M1 Tom Wagner, Bettembourg; S. 180.M2 Carlo Schneider, CH-Langnau; S. 182.M1.1 Barbara Hammerschmitt, Stuttgart; S. 182.M1.2/3/4 Peter Wirtz, Dormagen; S. 183.M2 Fechenbach-Kooperative/Discordia Verlag, Morsbach; S. 184.M1 Tom Wagner, Bettembourg; S. 184.M2 Photothèque de la ville de Luxembourg; S. 185.M4 Archiv Luxemburger Wort, Luxemburg; S. 187 o. Carlo Schneider, CH-Langnau; S. 187 u. Bulls Pressedienst GmbH, Frankfurt am Main; S. 188.1 Association de Soutien aux Travailleurs Immigrés Luxembourg; S. 188.2 Claude (Foto)/LCTO Luxembourg City Tourist Office; S. 188.3 Tom Wagner, Bettembourg; S. 189.1 Volkhard Binder, Berlin; S. 190.1 Shutterstock/Asma Samoh; S. 190.2/3 Tom Wagner, Bettembourg; S. 190.4 Archiv Luxemburger Wort, Luxemburg (20020124); S. 190.5 ACL Automobile Club du Luxembourg, Bertrange; S. 190.6 OGBL Onofhängege Gewerkschaftsbond Lëtzebuerg/Unabhängiger Gewerkschaftsbund Luxemburg, Esch-sur-Alzette; S. 190.7 Shutterstock/Bildagentur Zoonar GmbH; S. 190.8 Shutterstock/Li Wa; S. 191.M2 Archives nationales de Luxembourg; S. 192.M2 ClipDealer/Erwin Wodicka; S. 192.M3 Erich Schmidt Verlag/Zahlenbild 86 030; S. 193.M4 Volkhard Binder, Berlin; S. 193.M6 Gouvernement du Grand-Duché du Luxembourg/https://de.wikipedia.org/wiki/Kammerwahl_2013#/media/File:Specimen_Elections_legislatives_Luxembourg_2013.png; S. 195.M2.1 CSV Chrëschtlech Sozial Vollekspartei (www.csv.lu); S. 195.M2.2 LSAP Lëtzebuerger Sozialistesch Arbechterpartei (www.lsap.lu); S. 195.M2.3 DP Demokratesch Partei (www.dp.lu); S. 195.M2.4 Déi Gréng (www.greng.lu); S. 195.M2.5 ADR Alternativ Demokratesch Reformpartei (www.adr.lu); S. 195.M2.6 Déi Lénk (www.dei-lenk.lu); S. 195.M2.7 KPL Kommunistesch Partei Lëtzebuerg (www.kp-l.org); S. 195.M2.8 piratepartei (www.piratepartei.lu); S. 196.M4 Gerhard Mester, Wiesbaden; S. 197.1 LSAP, www.lsap.lu; S. 197.2 Déi Gréng; S. 197.3 DP, www.dp.lu; S. 197.4 CSV, www.csv.lu; S. 198.M1 Tom Wagner, Bettembourg; S. 200.M1.1 Archiv Luxemburger Wort, Luxemburg (f18383563/Foto: Guy Jallay); S. 200.M1.2 mauritius images / Markus Wissmann / Alamy; S. 200.M1.3/4 Tom Wagner, Bettembourg; S. 201.M2 o. re. Shutterstock/abd; S. 202.M1 Tom Wagner, Bettembourg; S. 203.M3 Bergmoser+Höller Verlag AG/Zahlenbild 67 123; S. 203.M5 Carlo Schneider, CH-Langnau; S. 205.M2 Archiv Luxemburger Wort, Luxemburg (20060406); S. 205 u. Ministère de la Santé Luxembourg; S. 206.M1 Fotolia/© jfe32; S. 207.M5 li Thomas Wizany, A-Salzburg; S. 207.M5 re. Corbis/Corbis; S. 208.M1.1 (20111017)/2 (20110623)/3 Archiv Luxemburger Wort, Luxemburg (20100907); S. 208.M1.4/5 Service central de Législation Luxembourg; S. 209.M3 picture-alliance/dpa; S. 210.M1 Tom Wagner, Bettembourg; S. 211.M2.1 asti Association de Soutien aux Travailleurs Immigrés, www.asti.lu; S. 211.M2.2 UEL Union des Entrepises Luxembourgeoises, www.uel.lu/; S. 211.M2.3 Intra Muros asbl, www.intramuros.lu; S. 211.M2.4 LCGB Lëtzebuerger Chrëschtleche Gewerkschaftsbond//Christlicher Gewerkschaftsbund Luxemburg; S. 211.M2.5 ACL Automobile Club du Luxembourg, Bertrange; S. 211.M3 Günther Kellner, S. 212 Déi Lénk (www.dei-lenk.lu); S. 213.1 Gerhard Mester, Wiesbaden; S. 213.2 Burkhard Mohr, Königswinter; S. 213.3 Thomas Plaßmann, Essen; S. 217 Ernst Hürlimann (Künstler †)/Dorothea Hürlimann, München; S. 219.M3 Fotolia/© rupbilder; S. 219 re. photo: L'essentiel/Jmh; S. 220.M1 Global View/Simon Schmitt, Louvain-la-Neuve, Belgien; S. 220.M2 Volkhard Binder, Berlin; S. 222.M1 Shutterstock/© racorn; S. 222.M2 Fotolia/© juniart; S. 222.M3 Ministère du Développement durable et des Infrastructures Luxembourg; S. 224.M2 Thomas Maria Malangeri, Berlin, www.tausendschwarz.de; S. 225 Marc Schoentgen, Diekirch; S. 226.M1.1 Gerhard Mester, Wiesbaden; S. 226.M1.2/3 Thomas Plaßmann, Essen; S. 228.M1.1 action press/ZUMA PRESS INC.; S. 228.M1.2 Archiv Luxemburger Wort, Luxemburg; S. 228.M1.3 Reuters/mecom; S. 228.M1.4 F1online/ Jim West/AGE/F1online; S. 228.M1.5 picture alliance/dpa; S. 229 Fotolia/© Alexander Raths; S. 230.M1 Fotolia/© takasu; S. 231.M4 CartoonStock/Kes; S. 232.M1 Shutterstock/wavebreakmedia; S. 232.M3 dieKLEINERT.de/Martin Guhl; S. 237 Walter Kurowski, Oberhausen; S. 240.M2.1 bpk/ Museumslandschaft Hessen Kassel; S. 240.M2.2 National Media Museum/SSPL/Süddeutsche Zeitung Photo; S. 240.M2.3 Science Museum/SSPL/Süddeutsche Zeitung Photo; S. 240.M2.4 F1online; S. 240.M2.5 Interfoto/TV-Yesterday; S. 240.M2.6 Shutterstock/suksawad; S. 240.M2.7 Science Museum/SSPL/Süddeutsche Zeitung Photo; S. 241.M2.8 mauritius images/Richard Levine/Alamy; S. 241.M2.9 Shutterstock/vierra; S. 241.M2.10 Shutterstock/Evan Lorne; S. 241.M2.11 Shutterstock/italianphoto; S. 241.M2.12 Shutterstock/Benguhan; S. 241.M2.13 Fotolia/© selensergen; S. 241.M2.14 Shutterstock/tanuha2001; S. 241.M2.15 Shutterstock/Umberto Shtanzman; S. 242.M2 Shutterstock/Vjom; S. 242.M3 Globus-Grafik 3961; S. 243.M4 L'essentiel Online, Luxemburg; S. 243.M5 picture-alliance/Marc Tirl; S. 243.M7 Shutterstock/Monkey Business Images; S. 244.M1 Globus-Grafik 5188; S. 244.M2.1 Shutterstock/r.nagy; S. 244.M2.2 Shutterstock/Mila Supinskaya; S. 245.M4 Baaske Cartoons, Mülheim; S. 245.M5 Axel Springer Syndication GmbH, Berlin; S. 246.M1.1/2/3/4 SNJ – Service Nationale de la Jeunesse Luxembourg; S. 248.M1 Simone Kayser; S. 249.M2 Globus-Grafik 10110; S. 249.M4 dieKLEINERT.de/Martin Guhl, München; S. 250.M1 Evangelische Pressedienst, Bildservice (epd-Grafik), Frankfurt am Main; S. 250.M2 Ulrich Kieser (Künstler)/Baaske Cartoons, Mülheim; S. 251.M4 Bettina Nutz (Künstlerin)/Cornelsen Verlag GmbH, Berlin; S. 252.M1.1 picture-alliance; S. 252.M1.2 Ann Sophie Lindström, Luxemburg; S. 252.M1.3 picture-alliance/dpa; S. 252.M1.4 ddp images; S. 252.M1.5 picture alliance/dpa; S. 252.M1.6 Corbis; S. 253.M2 Thomas Plaßmann, Essen; S. 254.M1.1 picture-alliance/dpa; S. 254.M1.2 Cornelsen Verlag GmbH, Berlin; S. 255.M2.1/2 bpk, Berlin; S. 255.M3.1 picture-alliance/dpa; S. 255.M3.2 action press/REX FEATURES LTD.; S. 255.M4.1/2 PantherMedia Stockphotos (RF)/© philipus; S. 256.M1.1 picture-alliance/empics; S. 256.M1.2 picture-alliance/AP Images; S. 256.M1.3 Allstar; S. 258 Fotolia/© Piotr Adamowicz; S. 259 Götz Wiedenroth, Flensburg; S. 261 u. © Europäische Union, 2016; S. 262.M1 Süddeutsche Zeitung Photo; S. 262.M2/M3 Publications Office oft he European Union Luxemburg; S. 264.M1 dpa-Grafik 13794, picture alliance; S. 265.M3 Pawel Matuska, CZ-Trebechovice; S. 265.M4.1 Shutterstock/jdrv; S. 265.M4.2 Shutterstock/Atlaspix; S. 266.M1.1 Publications Office oft he European Union Luxembourg; S. 266.M1.2 Fotolia/© Pekchar; S. 266.M2.1 ImageBroker/Andrey Nekrasov; S. 266.M2.2 Fotolia/© eyewave; S. 267.M4 © Europa Union 2015; S. 267.M5 Ministère des Affaires étrangères et européennes; S. 268/269 Mara Burmester, Berlin; S. 270.M1 Corbis Creative/©Juice Images/Corbis; S. 270.M2 Pierre Kroll, Brüssel; S. 270.M3 © EU 2016 Source EP/Michael Christen; S. 271.M4 © European Union 2016/European Youth Portal; S. 271.M5 Laif/Thierry Monasse/Polaris/laif; S. 271.M6 imago sportfotodienst/imago stock&people; S. 271.M7 picture alliance/zb; S. 273.

327

Appendice sources d'images

M3.1 PantherMedia Stockphotos (RF)/© joexx; S. 273.M3.2 Shutterstock/Kiev. Victor; S. 273.M4 picture-alliance/JOKER; S. 273.M5 action press/ISOPIX SPRL; S. 273.M6 Globus-Grafik 13106, picture-alliance; S. 273.M7.1 dpa Picture-Alliance/Lehtikuva/Heikki Saukkomaa; S. 273.M7.2 dpa Picture-Alliance/Xinhua/Xinhua News; S. 273.M7.3 imago images/ZUMA Press; S. 274.M1 Global View/Simon Schmitt, Louvain-la-Neuve, Belgien; S. 274.M2 Photothèque de la Ville de Luxembourg; S. 274.M3 Archiv Luxemburger Wort, Luxemburg; S. 275.M5 Info-Institut e.V., Saarbrücken; S. 276.M1 Globus-Grafik 2704; S. 276.M1.1 blickwinkel/allOver; S. 276.M1.2 Fotolia/© Wolfgang Jargstorff; S. 276.M1.3 Shutterstock/QQ7; S. 276.M1.4 Archiv Luxemburger Wort, Luxemburg; S. 278.M1 Globus-Grafik 10842; S. 279.M2 action press/Remko de Waal/ANP Photo action press; S. 279.M3 imago sportfotodienst/imago stock&people; S. 279.M4 Thomas Plaßmann, Essen; S. 280 Gerhard Mester, Wiesbaden; S. 281.M1 Vision C/Karl Gerd Striepecke, Kalletal-Varenholz; S. 281.M2 Patrick Chappatte (Künstler)/Globe Cartoon; S. 281.M3 Thomas Plaßmann, Essen; S. 281.M4 CartoonStock/Pete Canary; S. 281.M5 Patrick Chappatte (Künstler)/Globe Cartoon; S. 281.M6 Burkhard Mohr, Königswinter; S. 282 picture alliance/die-KLEINERT.de; S. 283 Bundeszentrale für politische Bildung, 2009, www.bpb.de/Creative Commons by-nc-nd/3.0/de/Prof. Dr. Eckart D. Stratenschulte, Berlin; S. 284 u.1 action press/CHINE NOUVELLE/SIPA action press; S. 284 u.2 picture-alliance/dpa; S. 285 u.1 picture-alliance/dpa; S. 286.M1.1 Shutterstock/MJTH; S. 286.M1.2/3 picture-alliance/dpa; S. 287.M3.B Dan Piraro, Pasadena; S. 287.M3.C Bundeszentrale für politische Bildung, 2015, www.bpb.de/Creative Commons by-nc-nd/3.0/de; S. 288.M1 Globus-Grafik 10900; S. 289 o. Shutterstock/Fotocrisis; S. 289 u. Laif/ChinaFotoPress/laif; S. 290.M1 Volkhard Binder, Berlin; S. 291.M2 Fotolia/© Ciaobucarest; S. 291.M3 © le monde diplomatique/taz Verlags- und Vertriebs GmbH Berlin; S. 291.M4 picture-alliance/ZB/euroluftbild; S. 291.M5 Globus-Grafik 2857; S. 292.M1 Globus-Grafik 6114; S. 292.M2 Globus-Grafik 10485; S. 293 o.re. Isabella von Galanty, Berlin; S. 293 Mi.re. picture-alliance/dpa/dpaweb; S. 294.M1 stock.adobe.com/zef art; S. 294.M2 Bergmoser+Höller Verlag AG/Zahlenbild 603 201; S. 296.M1 Fondation Follereau Luxembourg; S. 296.M2 Fotolia/© nmarques74; S. 296.M3 picture alliance/africamediaon; S. 297.M4 Corbis RM; S. 298.M1 Volkhard Binder, Berlin; S. 298 u. picture-alliance/dpa; S. 299.M3 picture-alliance/dpa; S. 300.M1 Klaus Espermüller, München; S. 301.M3 picture-alliance/dpa; S. 301 u. Til Mette, Bielefeld; S. 302.M2 Glow Images/Superstock RM; S. 302.M3 Shutterstock/weerapong pumpradit; S. 303.M6 imago sportfotodienst/imago stock&people; S. 304.M1.1 picture-alliance/dpa; S. 304.M1.2 action press/XINHUA; S. 304.M2 Shutterstock/weerapong pumpradit; S. 305.M3 Laif/ VU/laif; S. 305.M4 Patrick Chappatte (Künstler)/Globe Cartoon; S. 306.M1.1 ap/dpa/picture alliance/Süddeutsche Zeitung Photo; S. 306.M1.2 Reuters/RTRC14J; S. 306.M1.3 picture alliance/ASSOCIATED PR; S. 306.M1.4 picture alliance/ZUMAPRESS.com; S. 306.M1.5 Philip Reynaers/PHOTONEWS/GAMMA-RAPHO/laif; S. 307.M3 ADV Arbeitsgemeinschaft Deutscher Verkehrsflughäfen e.V., Berlin; S. 307.M4 Gerhard Mester, Wiesbaden; S. 308.M1 Fritz Behrendt (Künstler †); S. 309.M3 Volkhard Binder, Berlin; S. 310.M7 action press/Public Address action press; S. 310.M8 picture alliance; S. 311 Burkhard Mohr, Königswinter; S. 313.1/2 Gerhard Mester, Wiesbaden; S. 314 Fotolia/© reeel; S. 316 Helga Bachmann/Greenpeace Hamburg; S. 319 Shutterstock/Christo; S. 320 o. Globus-Grafik 1816; S. 320 Mi.1 imago images/ZUMA Press; S. 320 Mi.2 imago images/Eibner Europa